AUTOESTIMA

Si este libro le ha interesado y desea que lo mantengamos
informado de nuestras publicaciones, puede escribirnos a
comunicacion@editorialsirio.com,
o bien suscribirse a nuestro boletín de novedades en:
www.editorialsirio.com

Título original: SELF-ESTEEM
Traducido del inglés por Begoña Merino
Maquetación y diseño de interior: Natalia Arnedo

© de la edición original
2016 de Matthew McKay y Patrick Fanning
New Harbinger Publications, Inc.
5674 Shattuck Avenue
Oakland, CA 94609
www.newharbinger.com

© de la presente edición
EDITORIAL SIRIO, S.A.
C/ Rosa de los Vientos, 64
Pol. Ind. El Viso
29006-Málaga
España

www.editorialsirio.com
sirio@editorialsirio.com

I.S.B.N.: 978-84-17030-58-2
Depósito Legal: MA-1699-2017

Impreso en Imagraf Impresores, S. A.
c/ Nabucco, 14 D - Pol. Alameda
29006 - Málaga

Impreso en España

Puedes seguirnos en Facebook, Twitter, YouTube e Instagram.

Dr. MATTHEW McKAY
& PATRICK FANNING

AUTOESTIMA

EDITORIAL
SIRIO

A mis queridos padres, Bert y Grace Fanning
P. F.

En recuerdo de mi padre, George Edward McKay
M. M.

Un agradecido reconocimiento para Eugene B. Sagan,
doctor en psicología clínica, que me descubrió la crítica patológica
y algunas de las técnicas más importantes de este libro
M. M.

ÍNDICE

1

LA NATURALEZA
DE LA AUTOESTIMA

La autoestima es necesaria para la supervivencia psicológica, es un requisito emocional. Sin autoestima, la vida puede ser enormemente dolorosa. Una persona sin autoestima incluso puede dejar de satisfacer muchas de sus necesidades básicas.

Una de las principales características que diferencian al ser humano de los demás animales es la consciencia de sí mismo. Somos capaces de establecer nuestra identidad y darle un valor. Dicho de otra forma, podemos definir quiénes somos y luego decidir si nos gusta nuestra identidad o no. El problema de la autoestima reside en esta capacidad humana de juzgar. Te pueden desagradar algunos colores, sonidos, formas o sensaciones, pero cuando se rechazan partes de uno mismo, se causa un gran daño a las propias estructuras psicológicas que, literalmente, tienen la importante función de mantenernos vivos.

Cuando nos juzgamos y nos rechazamos a nosotros mismos, nos infligimos un enorme dolor. Y del mismo modo que evitas todo lo que pueda agravar el dolor provocado por una herida física, también evitas todo lo que pueda hacer más intenso el dolor que causa rechazarse a uno mismo. Así que no asumes riesgos de ningún tipo, ni sociales, ni académicos ni profesionales. Relacionarte con la gente te resulta más difícil, igual que pasar por una entrevista para un nuevo puesto de trabajo o perseguir un objetivo que no sabes con seguridad si llegarás a alcanzar. Limitas tu capacidad de abrirte a los demás, de expresar tu sexualidad, de ser el centro de atención, de escuchar las críticas o de pedir ayuda y resolver problemas.

Para evitar nuevos juicios y autorrechazos, levantas barreras defensivas. Quizás culpes a otros y te enfades o te refugies en un empeño perfeccionista. O bien fanfarroneas o pones excusas. A veces recurres al alcohol o las drogas.

Este libro habla de cómo poner fin a esos juicios contra uno mismo. De cómo puedes curar las antiguas heridas causadas por el sufrimiento y el autorrechazo. La forma en que te percibes y te sientes a ti mismo puede cambiar. Y cuando cambian estas percepciones y sentimientos, se produce un efecto de onda expansiva que se extiende a todas las áreas de la vida, procurándote una sensación de libertad cada vez mayor.

CAUSAS Y EFECTOS

Centenares de investigadores han entrevistado a millares de personas de distintas edades en situaciones diversas, para determinar cuál es el origen de la autoestima, quién la tiene más alta, cuál es su importancia, cómo puede incrementarse, etcétera.

Las investigaciones realizadas con niños pequeños muestran claramente que la forma en que los padres crían a sus hijos durante los tres o cuatro primeros años de vida determina su grado de autoestima inicial. Después de esto, la mayoría de los estudios de niños mayores, adolescentes y adultos acaban cayendo en una confusión común: ¿cuál es la causa y cuál el efecto?

¿Es la autoestima la razón del éxito académico o bien nace de él? Un estatus social alto ¿causa una autoestima elevada o, por el contrario, es esta la que te proporciona ese estatus? ¿Beben los alcohólicos porque se odian a sí mismos o se odian a sí mismos porque beben? ¿Se agradan las personas a sí mismas porque funcionan bien en las entrevistas de selección para un empleo o rinden mejor en las entrevistas porque se gustan a sí mismas?

Autoestima — Misión de vida)

Estas son algunas de esas preguntas en las que no se sabe qué fue primero, si el huevo o la gallina. Igual que los huevos vienen de las gallinas y las gallinas de los huevos, parece que la autoestima se origina a partir de las circunstancias de la vida, y a la vez, la propia autoestima influye decisivamente en estas circunstancias. ¿Qué fue primero? Si tu objetivo es aumentar tu autoestima, la respuesta a esta pregunta es determinante.

Si las circunstancias determinan la autoestima, todo lo que tienes que hacer para mejorarla es mejorar tus circunstancias. Digamos que tienes una autoestima baja porque no terminaste el bachillerato, porque eres bajito, porque tu madre se odiaba a sí misma, porque vives en un barrio pobre y porque pesas 40 kilos más de lo que deberías. La solución sería matricularte en clases nocturnas de bachillerato para conseguir el título, crecer diez centímetros, vivir con una madre distinta, mudarte a un barrio mejor y perder 40 kilos. Parece fácil, ¿verdad?

Pero sabes que nunca lo harás. No puedes cambiar a tus padres ni tu altura. Tu única esperanza es que las cosas sean al revés: que sea la autoestima la que cambie las circunstancias. Esto significa que si la mejoras, tus circunstancias también mejorarán. Así que deja de odiarte, y crecerás, tu madre cambiará y esos 40 kilos de más se esfumarán.

Si te parece que todo lo anterior es poco probable, mereces que te feliciten por tener una comprensión sensata de cómo funciona el mundo real.

Lo cierto es que la autoestima y sus circunstancias están relacionadas solo indirectamente. Hay otro factor importante que determina la autoestima, y son tus ideas.

Por ejemplo, te miras al espejo y piensas: «Qué gordo estoy. ¡Doy asco!». Este pensamiento te machaca la autoestima. Si te mirases al espejo y pensases: «¡Bien, muy bien, no me queda nada mal el pelo así!», el efecto sobre tu autoestima sería el contrario. La imagen en el espejo sigue siendo la misma; lo único que ha cambiado son tus pensamientos.

O digamos que estás comentando las noticias y cuando opinas sobre los *insurgentes derechistas*, tu amigo quisquilloso te corrige: «No, querrás decir los *insurgentes izquierdistas*». Si te lamentas: «La verdad es que parezco tonto», tu autoestima sufrirá un bajón. Si en cambio te dices: «¡Es verdad, la próxima vez tengo que fijarme en lo que digo», tu autoestima no sufrirá tanto. En cualquier caso, tú no cambias las circunstancias, solo la forma de interpretarlas.

¿Quiere eso decir que las circunstancias no tienen nada que ver con la autoestima? No. Obviamente, si pensamos en el estatus social, los subdirectores de banco tienen más oportunidades de sentirse mejor por su carrera profesional que los conductores de taxi. Por eso un estudio de cien vicepresidentes y cien taxistas «probará» que cuanto más elevado sea tu estatus, mayor es tu autoestima. Pero las estadísticas no tienen en cuenta que hay algunos vicepresidentes que machacan su autoestima diciéndose: «Ya tendría que ser director del banco. Soy un fracasado», igual que hay algunos conductores de taxi que se sienten bien consigo mismos porque piensan: «No soy más que un taxista, pero llevo el sustento a casa, los niños van bien en el colegio y del resto no me puedo quejar».

Este libro te propone que emplees algunos métodos de la terapia cognitivo-conductual para incrementar tu autoestima cambiando la forma en que interpretas tu vida. Aprenderás a descubrir y analizar las afirmaciones negativas que haces sobre tu persona de forma habitual. Descubrirás cómo crear nuevas afirmaciones, objetivas y positivas, que reforzarán tu autoestima en lugar de destruirla.

CÓMO UTILIZAR ESTE LIBRO

Este libro se ha organizado siguiendo una ordenación lógica. Esto quiere decir que el material más importante y que puede aplicarse de manera general lo encontrarás al principio.

En el capítulo 2 presentamos la crítica patológica, esa voz interior que te critica y mantiene baja tu autoestima.

En el capítulo 3 te explicamos cómo desmontar la voz crítica para que te sientas libre con el fin de empezar a potenciar tu autoestima sin interferencias.

En el capítulo 4 aprenderás cómo hacer una autoevaluación precisa de tus puntos fuertes y débiles, un primer paso, y muy importante, para potenciar tu autoestima.

En el capítulo 5 explicamos qué son las distorsiones cognitivas, formas de pensar irracionales que influyen negativamente sobre el aprecio a uno mismo.

En el capítulo 6 presentamos el proceso de desactivación del pensamiento (defusión), que permite acabar con los juicios sobre uno mismo y con los pensamientos en bucle.

En el capítulo 7 tratamos el concepto de compasión. Entenderás por qué la autoestima tiene un relación muy estrecha con la compasión hacia los demás y hacia uno mismo.

En el capítulo 8 hablamos de tus «deberías», ese conjunto de reglas que uno se impone y que le dicen cómo tiene que actuar, sentirse y ser. Revisar los propios «deberías» es una de las formas más potentes de desactivar tu antigua programación negativa.

En el capítulo 9 aprenderás a descubrir tus valores y las referencias realistas que le dan sentido y dirección a tu vida, y a actuar siguiéndolos.

En el capítulo 10 mostramos cómo afrontar los errores del pasado cambiando la forma de relacionarte con ellos y dejándolos ir.

En el capítulo 11 te presentamos formas en que puedes reaccionar a la crítica a la vez que conservas tu autoestima y sin necesidad de atacar a los demás.

En el capítulo 12 te explicamos cómo pedir lo que quieres, una de las tareas más difíciles para las personas con baja autoestima.

En el capítulo 13 te mostramos cómo fijarte objetivos prácticos y cómo preparar planes detallados para conseguirlos.

En el capítulo 14 aprenderás poderosas técnicas de visualización, un método para establecer y alcanzar objetivos en tu camino hacia la autoestima.

El capítulo 15 está pensado para ayudarte a dejar de huir del dolor mientras desarrollas una actitud en la que no quepan las críticas.

El capítulo 16 te ayudará a explorar, cuestionar y cambiar las convicciones negativas arraigadas acerca de tu propia valía.

El capítulo 17 habla de los niños y explica lo que puedes hacer para regalarles a tus hijos la inapreciable herencia de una autoestima elevada.

Este es un libro fácil de usar. Sigue leyendo hasta el final del capítulo 3, «Desarma a tu voz crítica», donde encontrarás un cuadro que puedes consultar para saber qué capítulo tienes que leer para afrontar tus problemas concretos. Si quieres aprender sobre la autoestima en general y mejorarla, lee el libro en orden de principio a fin.

Para sacarle el máximo partido, no basta con leerlo; tendrás que trabajar un poco. Muchos capítulos incluyen ejercicios que te guían en el aprendizaje de nuevas habilidades. Cuando el texto te dice «cierra los ojos y recuerda una escena de tu pasado», tienes que cerrar los ojos y recordar esa escena. Cuando se dice «escribe en un papel tres situaciones en las que sentiste que no valías suficiente», tienes que tomar un trozo de papel y un lápiz que escriba y sentarte a describir esas tres situaciones.

Los ejercicios son necesarios. No basta con imaginarte que los haces. Leerlos por encima con la intención, más o menos sincera, de dejarlos para otro día no es suficiente. Tampoco basta con llevar a cabo solo los ejercicios que te parecen fáciles o que te gustan. Si hubiese una forma de mejorar tu autoestima más sencilla, estaría en este libro. Hemos escogido los ejercicios que te mostramos en estas páginas porque son los mejores, los más fáciles y la única forma que conocemos de hacer crecer tu autoestima.

Dedica tiempo a leer este libro. Contiene multitud de ideas y de acciones que puedes emprender. Léelo a un ritmo que te permita entender bien su contenido y asimilarlo. Al principio, la autoestima tarda mucho en desarrollarse. Piensa que has pasado toda tu vida construyendo el nivel de amor propio que tienes ahora. Hace falta tiempo tanto para socavar la autoestima como para hacerla crecer. Comprométete ahora mismo a tomarte el tiempo que necesites.

COMENTARIO PARA PSICOTERAPEUTAS

En su libro *The Shrinking of America* (*Loqueros* en América), Bernie Zilbergeld afirma que el poder de la psicoterapia para resolver algunos de los problemas que trata es limitado. Pero cuando este autor revisó los resultados de los estudios, se dio cuenta de que esta disciplina afecta de forma positiva a la autoestima y que la mejora del amor por uno mismo puede ser «el logro más importante de la psicoterapia».

Las personas llegan a psicoterapia pidiendo ayuda para combatir la ansiedad, la depresión, los trastornos de la alimentación, los problemas sexuales, las dificultades en las relaciones y muchas otras disfunciones. A veces estos problemas mejoran, pero otras veces persisten a pesar de años de terapia intensa. Sin embargo, la mayoría de los pacientes alcanzan un mayor sentido de valía personal gracias a la terapia psicológica. Puede que algunos síntomas no cambien, pero el paciente empieza a sentirse mejor, más digno y más capaz.

El problema de la terapia psicológica es el tiempo. Con los meses, y a menudo con los años, la percepción que el paciente tiene de sí mismo cambia como respuesta a la consideración positiva permanente que el psicoterapeuta le proporciona. La sensación de aprobación de una figura de autoridad, en particular de alguien que sustituye al padre crítico, tiene un potencial curativo enorme. Sin embargo, este proceso fundamental de potenciación de la autoestima, que puede cambiar muchos aspectos de la experiencia del paciente, se desarrolla de forma ineficaz y aleatoria. A menudo, el proceso requiere más tiempo del que debería y se desarrolla sin un plan previo y sin intervenciones específicas que puedan facilitar su eficacia.

Este libro trata sobre las formas de facilitar el proceso. Con las técnicas cognitivas estructuradas que se presentan aquí, puede aumentarse la autoestima de un paciente con más rapidez y eficacia. Explorando la negatividad crónica de la voz interior, discutiendo de forma sistemática las distorsiones cognitivas y desarrollando una autoevaluación más precisa y compasiva, el psicoterapeuta puede intervenir directamente para ayudar al paciente a aumentar su autoestima.

Una cuestión de diagnóstico

Los problemas de autoestima se cimentan sobre dos tipos de factores: situacionales y caracterológicos. La baja autoestima situacional tiende a mostrarse solo en áreas concretas. Por ejemplo, una persona puede tener confianza en sí misma como padre, conversador y pareja sexual, y esperar fracasar en las situaciones profesionales. Otra persona puede sentirse socialmente inepta, pero considerarse fuerte y capaz en el ámbito profesional. Una baja autoestima caracterológica suele tener su origen en experiencias tempranas de maltrato o abandono. En este caso la sensación de inadecuación es más general y tiende a afectar a muchas áreas de la vida.

La baja autoestima situacional es un problema que se resuelve muy bien con las técnicas de reestructuración cognitiva. El objetivo es confrontar las distorsiones cognitivas, destacar los puntos fuertes del paciente y desarrollar habilidades concretas para manejar los errores y las críticas. Como el paciente no se rechaza a sí mismo globalmente, el psicoterapeuta observará cómo al cambiar las pautas de pensamiento desadaptativas, aumenta significativamente la confianza en sí mismo.

En cambio, la baja autoestima caracterológica procede de una formulación básica de la identidad, una *sensación* de escasa o ninguna valía. En este caso, no basta con cambiar la forma en que el paciente piensa. Identificar y controlar la voz interior crítica será útil, pero no hará desaparecer por completo los sentimientos de infravaloración. Por eso el énfasis terapéutico debe ponerse en la identidad negativa que origina los pensamientos negativos. Hay que centrarse en ayudar al paciente a desarrollar la compasión hacia sí mismo y un talante no crítico (ver el capítulo 7). Estas actitudes pueden reforzarse mediante las técnicas de visualización y de defusión.

Reestructuración cognitiva de la autoestima

El mejor punto de partida son los pensamientos del paciente. El psicoterapeuta debe preguntarle qué estaba pensando durante un episodio reciente de reproches a sí mismo. Tiene que conseguir el mayor número de detalles posible acerca de su voz crítica interior, para después introducir la noción de crítica patológica (ver los capítulos 2 y 3). Se le debe animar a desarrollar un nombre específico para cada crítica, para que empiece a hacer suyo el concepto. Los nombres típicos son «el abusón», «el tiburón», «el crítico», «don Perfecto», «Laura (la madre del paciente)», etcétera.

Al personalizar la crítica, el paciente empieza a exteriorizar la voz autoacusadora. El psicoterapeuta quiere que viva la voz como algo que viene de fuera de él, en lugar de como algo que está en el flujo normal de su pensamiento. Es más fácil combatir algo que se percibe como externo. También es más fácil hacer egodistónica la voz crítica, algo que el paciente rechaza: «no soy yo».

Al mismo tiempo que el psicoterapeuta ayuda al paciente a identificar la crítica patológica y ponerle nombre, puede presentarle su «voz sana». La voz sana es la capacidad para pensar de forma realista. Subrayando y reforzando esta capacidad, el psicoterapeuta está posicionando al paciente para que empiece a responder a la crítica. Los nombres que suelen utilizarse para esta voz sana incluyen «mi parte racional», «mi parte tolerante», «mi parte compasiva», «mi parte sana», etcétera. El paciente elige un nombre que cuadre con el concepto que tiene de sí mismo (es decir, racional, compasivo, solícito, objetivo, etcétera).

Al crear esta división entre la voz crítica y la voz sana, se le anima a enfrentarse con sus propios juicios. La siguiente conversación es un ejemplo de este proceso:

PSICOTERAPEUTA: Entonces, ¿qué dijo el crítico cuando esperabas noticias de tu nuevo amigo y no te llamó?

PACIENTE: Que no soy interesante, que le aburro y que se ha cansado de mí.

PSICOTERAPEUTA: ¿Qué opina de eso tu parte sana?

PACIENTE: Que las conversaciones con mi amigo eran interesantes y divertidas. Que había sintonía entre nosotros. Me di cuenta de eso.

PSICOTERAPEUTA: ¿Qué más? ¿Cree tu parte sana que tienes que molestarte porque tu amigo no te haya llamado o cree que hay algo que puedas hacer?

PACIENTE: Podría llamarlo yo y averiguar qué le pasa.

Veamos otro ejemplo:

PACIENTE: No he terminado a tiempo un trabajo.

PSICOTERAPEUTA: ¿Qué dice el abusón sobre eso?

PACIENTE: Que soy un eterno vago: «Eres vago, vaya metedura de pata, así no llegarás a ningún sitio».

PSICOTERAPEUTA: ¿Puedes darle espacio a tu voz sana para que le responda?

PACIENTE: Solo oigo al abusón.

PSICOTERAPEUTA: Prueba ahora a ver si puedes encontrar tu voz sana para responderle. ¿De verdad eres vago y has metido la pata?

PACIENTE: Bueno, mi voz sana dice: «Es verdad, has sido lento, pero lo has acabado. A nadie le importa que hayas acabado tarde, solo a ti».

PSICOTERAPEUTA: ¿Así que el abusón está exagerando tu retraso?

PACIENTE: Sí, siempre exagera.

El siguiente paso de la reestructuración cognitiva es identificar la función principal de la voz crítica de un paciente (ver «Cómo se refuerza la voz crítica», en el capítulo 2). En todos los casos, queda reforzada porque cumple alguna función positiva: promueve una determinada conducta, protege la autoestima (paradójicamente) o controla sentimientos dolorosos.

El paciente necesita comprender para qué le sirve la voz crítica y cómo le ayuda a protegerse. Veamos un ejemplo que muestra cómo tratar este aspecto:

PSICOTERAPEUTA: ¿Qué decía el crítico cuando te sentías nervioso durante la cena?

PACIENTE: No le vas a gustar a esta mujer. Eres un ignorante y no tienes un duro. Y tampoco eres muy divertido que se diga.

PSICOTERAPEUTA: Recuerda que hablamos de que el crítico siempre trata de responder a alguna necesidad. ¿De qué trataba de protegerte, en este caso?

PACIENTE: De que ella me rechazara.

PSICOTERAPEUTA: ¿Intentaba protegerte del miedo al rechazo?

PACIENTE: Sí.

PSICOTERAPEUTA: ¿Cómo?

PACIENTE: Esperándolo para que no me doliera tanto.

PSICOTERAPEUTA: Así que el crítico te estaba preparando, insensibilizándote. Así no te sentirías tan mal si no le gustases a ella, porque ya te lo esperabas. Ya hemos hablado de esto antes. Es una de las funciones de tu crítico: protegerte del rechazo.

Para descubrir la función del crítico hace falta una indagación meticulosa. Hay que explicarle al paciente que cada pensamiento, sin importar lo molesto que sea, existe porque, de alguna forma, le compensa de algún modo, Los ataques a uno mismo, por tanto, siempre responden a una función importante. Hay que preguntarle al paciente: «¿Qué te verías obligado a sentir o entender si el crítico no te atacara en esta situación? ¿Cómo te ayuda esta voz en esta situación? ¿Qué temes que tendrías que hacer y no hacer si no estuviera presente en esta situación?». En el capítulo 3 se enumeran algunas de las principales funciones de la voz crítica. El psicoterapeuta puede utilizar este capítulo para sugerir las principales funciones que cree que tiene en el caso de su paciente.

Una vez descubierta la función de la voz crítica, esta información puede utilizarse repetidamente durante las confrontaciones. «Estás utilizando la crítica una y otra vez para obligarte a un nivel de rendimiento imposible», «Otra vez afrontas el miedo al fracaso dejándole decir al crítico que no puedes hacerlo y que para qué lo vas a intentar entonces», «Estás dejando al crítico que te castigue nuevamente para no tener que sentir tanta culpa».

Cuando conseguimos identificar qué es lo que refuerza la voz crítica, hemos ganado la mitad de la batalla. Además, el paciente tiene que aprender que esas necesidades que su crítico le ayuda a cumplir pueden satisfacerse de otras formas más sanas (ver «Inutiliza a tu voz crítica», en el capítulo 3). La crítica no es la única forma de afrontar el miedo al fracaso, al rechazo, a la culpa, etcétera. Ahora tenemos que crear nuevas estrategias que no sean perjudiciales.

PSICOTERAPEUTA: ¿Hay otro sistema que podrías usar para reducir tu ansiedad por un posible rechazo? ¿Una forma en la que no haya lugar para el crítico?

PACIENTE: Supongo que sí. Podría recordarme a mí mismo que seguramente ella también está nerviosa. Y que estamos allí simplemente para pasar una noche agradable, que no tiene por qué ir más lejos.

PSICOTERAPEUTA: Dicho de otra forma, que solo es una cita y que no esperas gustarle tanto como para pasar el resto de tu vida con ella.

PACIENTE: Eso.

PSICOTERAPEUTA: ¿Reduce tu ansiedad este nuevo planteamiento?

PACIENTE: Creo que sí.

Identificación de las distorsiones. El capítulo 5 presenta nueve categorías distintas de pensamiento distorsionado que afectan negativamente a la autoestima. La identificación y la confrontación de estas distorsiones a través de la técnica de defusión, como se describe en el capítulo 6, pueden llegar a ser una parte básica del plan de tratamiento.

El psicoterapeuta puede inventar sus propios términos, pero es importante definir la distorsión concreta de la forma más clara y llena de ejemplos posible.

PSICOTERAPEUTA: Palabras como *estúpido*, *farsante* e *idiota* son etiquetas nocivas porque te descalifican como persona. Son censuras globales. No estás diciendo que no sabes nada de impuestos, estás diciendo que eres estúpido. No estás diciendo que te sientes inseguro respecto a algunas facetas de tu trabajo, estás diciendo que eres un farsante. Al calificarte así estás rechazando todas tus capacidades y puntos fuertes. Son peyorativas y crueles porque generalizan lo negativo y olvidan lo positivo. Son sencillamente falsas e imprecisas. Parte de nuestro trabajo es encontrar formas de huir de esas etiquetas para ser más exactos.

▼El psicoterapeuta ha definido la distorsión y también está describiendo la tarea. Ahora empieza a enseñarle al paciente a cambiar las etiquetas tóxicas por un lenguaje preciso.

PSICOTERAPEUTA: Así que te llamas a ti mismo «farsante». Es un término peyorativo, además de demasiado general. ¿Cómo podríamos reformular esa idea de forma más exacta?

PACIENTE: Diría que intento dar la impresión de tener más confianza de la que en realidad tengo.

PSICOTERAPEUTA: ¿Continuamente o solo en ciertas cosas?

PACIENTE: Bueno, sobre todo en lo que tiene que ver con el cromatógrafo de gas. Doy la imagen de saber más de lo que sé en realidad.

PSICOTERAPEUTA: Así que una manera más exacta de decirlo sería que sabes menos de lo que la gente espera sobre el cromatógrafo de gas. ¿Es así?

PACIENTE: Sí.

PSICOTERAPEUTA: Eso es muy distinto de ser un farsante.

PACIENTE: Es verdad. Lo de «farsante» es una verdadera exageración.

Durante las primeras sesiones, el psicoterapeuta debe formular muchas preguntas específicas sobre el contenido de cualquier pensamiento de autocrítica: «¿Qué te dijo el crítico cuando pasaste revista a la casa? ¿Cuando terminaste el trabajo de clase? ¿Cuando se enfadó tu hijo? ¿Al final de nuestra última sesión?». Cuanto más conozca sobre el contenido de la voz crítica de su paciente, más preparado estará para afrontar distorsiones específicas.

Cuando el psicoterapeuta introduzca el concepto de distorsiones cognitivas, solo debe prestar atención a las más importantes. Hay que evitar saturar al paciente. La mayoría no es capaz de combatir más de una o dos pautas de pensamiento negativo en un momento dado.

Cuando el psicoterapeuta valore por primera vez las distorsiones, es útil que repase tres o cuatro cogniciones autocríticas y que muestre lo que tienen en común.

PSICOTERAPEUTA: La semana pasada dijiste que te habías retrasado y que eras un inepto. Luego estuviste hablando de tus dificultades con los impresos de los impuestos y dijiste que eras estúpido. Hoy te describes como un farsante y un idiota en el trabajo. Estas son formas tóxicas de referirte a ti mismo que de verdad afectan negativamente a tu autoestima. Son parte del problema que estamos tratando. Cada vez que utilizas uno de estos apelativos, te dañas un poco más, te haces «un corte» un poco más profundo. ¿Te has dado cuenta de hasta qué punto tu crítico usa calificativos tóxicos para desanimarte?

El psicoterapeuta de este ejemplo ha hecho sus deberes. Puede señalar nombres tóxicos completos para que la discusión tenga más impacto. Ha elegido el término *etiqueta tóxica* (oficialmente conocido como «etiqueta global») porque su paciente es químico orgánico y la palabra tóxico tiene más sentido para él.

La mejor técnica para ayudar al paciente a llegar a reformular sus juicios de una forma más precisa es la interrogación socrática. Sócrates utilizaba este método para mostrar las incongruencias lógicas de los argumentos de los estudiantes. Pueden usarse tres líneas principales de interrogación:

- Preguntas que evidencian la generalización excesiva: «¿De verdad eres siempre un inepto? ¿En todas y cada una de tus tareas? ¿Qué es eso que nunca te sale bien?».
- Preguntas que revelan una etiqueta inexacta: «¿De verdad crees que sacar una nota baja significa que eres un inepto?».
- Preguntas que evidencian la falta de pruebas: «¿Qué pruebas tienes de que la gente te considere un inepto?».

Así es como funciona este método durante una sesión:

PSICOTERAPEUTA:	Así que últimamente el abusón te ha estado diciendo que eres fea con ganas.
PACIENTE:	Sí, me ha estado machacando con eso.
TERAPEUTA:	¿Son feas todas las partes de tu cara y de tu cuerpo, o solo algunas? (Aquí se muestra la generalización excesiva).
PACIENTE:	Sobre todo mi nariz, y creo que también mi papada. Y mi estómago está blando y deforme después de dar a luz.
PSICOTERAPEUTA:	¿Hay alguna parte de tu cuerpo que te guste?
PACIENTE:	Las piernas, supongo. El pelo y los ojos.
PSICOTERAPEUTA:	Así que lo que estás haciendo es convertir esos tres rasgos específicos en generales y considerándote completamente fea.
PACIENTE:	Sí, es un poco absurdo.
PSICOTERAPEUTA:	¿De verdad tu barbilla y tu nariz son completamente feas y repulsivas? (Se muestra la etiqueta inexacta).
PACIENTE:	Bueno, la verdad es que atractivas, no son.
PSICOTERAPEUTA:	Pero ¿de verdad son feas?
PACIENTE:	No, en realidad, no.
PSICOTERAPEUTA:	Así que, ¿cómo podrías decir esto de otra manera, qué diría tu voz sana?
PACIENTE:	Que tengo las piernas, el pelo y los ojos bonitos, y que no me gustan mi nariz, mi barbilla y mi barriga.

1. Refutar la crítica. El objetivo del psicoterapeuta es desarrollar refutaciones concretas que el paciente pueda poner por escrito para utilizarlas después de cada ataque crítico. Las refutaciones se crean mediante diálogos entre la voz crítica y la sana, la interrogación socrática y la técnica de las tres columnas (ver «Técnica de las tres columnas», en el capítulo 5). Con el tiempo, el psicoterapeuta podrá valorar y modificar las refutaciones —herramientas que utilizará durante toda la terapia— hasta lograr que sean creíbles y eficaces. Debería identificar las distorsiones y enfrentarse a ellas cada vez que las oiga. De este modo, durante la sesión le ofrece al paciente un modelo de lo que debería empezar a hacer solo.

Cuando se afronta de forma clara y constante la crítica interior del paciente, cuando no se deja que aparezca ninguna distorsión, se le está animando a luchar eficazmente en casa.

PSICOTERAPEUTA: De acuerdo, la voz crítica te está diciendo que estás arruinando la relación con tu hijo. Otra vez una autoacusación. ¿Qué podría responder a eso tu voz sana?

2. Identificar los puntos fuertes. El psicoterapeuta trabaja con el paciente para vencer al crítico, pero al mismo tiempo debe fijar un programa para reforzar su conciencia de sus puntos fuertes y cualidades. El capítulo 4 contiene una metodología bastante detallada que explica cómo proceder. Lo mínimo que el psicoterapeuta debe hacer incluye:

1. Ayudar al paciente a crear una lista de puntos fuertes y cualidades. Si tiene dificultades para identificarlos, hay que decirle que trate de verse a sí mismo como lo ven sus amigos o las personas que lo quieren.
2. Intenta que identifique las debilidades propias que le resultan más problemáticas.
3. Indicarle cómo, a veces, expresa las debilidades en un lenguaje peyorativo; revisar estas etiquetas usando descripciones

precisas y no valorativas y pedirle que cuando hable con el psicoterapeuta solo use la descripción precisa.

4. Animarlo a utilizar afirmaciones a partir de la lista de puntos fuertes. Las afirmaciones pueden reforzarse usando letreros (por ejemplo, en el espejo del cuarto de baño, la cartera, etcétera).

☉ El psicoterapeuta selecciona de la lista entre dos y cuatro puntos fuertes que realmente valore del paciente. Debería trabajarse al menos uno en cada sesión. Se trata de encontrar una forma creativa de destacar un punto fuerte concreto que encaje en el contexto de la sesión.

PSICOTERAPEUTA: Soy consciente de la tenacidad que has necesitado para afrontar el problema de tu hija con las drogas. Es una cualidad que he visto en ti una y otra vez.

PSICOTERAPEUTA: Eso me recuerda de nuevo la capacidad que tienes para interesarte de verdad por los demás y apoyarlos. Te has entregado mucho a tu hermano.

PSICOTERAPEUTA: De nuevo constato tu capacidad para resolver problemas y afrontar una situación de crisis. Acuérdate de que la última vez que lo hiciste fue cuando...

☉ Repetir los puntos fuertes es imprescindible. El psicoterapeuta debe recordar que la autoestima de su cliente resultó dañada porque una figura de autoridad (padre) puso en tela de juicio una y otra vez su valía. Hace falta una considerable dosis de repetición positiva de otra figura de autoridad (psicoterapeuta) para empezar a deshacer esa programación temprana. El decirlo una vez, cinco veces, probablemente no servirá de mucho. Hay que recordárselo al paciente diez, quince o veinte veces para que el elogio tenga algún impacto. Esa es la razón por la que solo pueden elegirse entre dos y cuatro cualidades positivas. Si se intenta elogiar demasiados puntos fuertes, la atención que se presta a cada uno de ellos es mucho menor.

3. Autoaceptación. La autoestima es más que reconocer las propias cualidades. Se trata de una actitud de aceptación sin juicio, para con uno mismo y para con los demás. Los capítulos 3, 6, 7 y 14 incluyen ejercicios específicos para desarrollar una voz interior compasiva y acrítica. Al final, la única forma de vencer de verdad al crítico es separar al paciente de cualquier valoración, crear mantras de aceptación que el psicoterapeuta tiene que repetirle una y otra vez hasta que empiece a mostrar una nueva actitud. El término clave aquí es *constancia*. El psicoterapeuta tendrá que recordarle al paciente, una y otra vez, los mantras de autoaceptación que han creado juntos. Si se introduce la pauta, se abandona durante las seis sesiones siguientes y se recupera después, seguramente se producirá un impacto mínimo. El concepto y el lenguaje de la autoaceptación deben irse tejiendo con constancia durante toda la labor terapéutica.

Problemas especiales. Hay cuatro problemas especiales que inciden de forma negativa sobre la autoestima: las reglas y los «deberías» inflexibles, el perfeccionismo, una extrema vulnerabilidad a la crítica, y la falta de asertividad. Cuando alguno de estos rasgos está presente en un grado importante, hay que tratarlo de forma muy específica. Las estrategias para afrontar estos problemas se detallan en los siguientes capítulos:

- Para los «deberías», ver el capítulo 8.
- Para el perfeccionismo, ver el capítulo 10.
- Para la vulnerabilidad a la crítica, ver el capítulo 11.
- Para la falta de asertividad, ver el capítulo 12.

4. Reforzar la voz sana. Las personas con una voz crítica poderosa siempre tendrán contacto, en alguna medida, con su voz interior negativa. El objetivo del psicoterapeuta es reducir la intensidad de los autoataques, promoviendo un diálogo interno más constructivo. Dicho de otra forma, tal vez no puedas liberarte completamente de esa voz interior que te reprocha: «Te has equivocado, eres boba», pero puedes hacer que crezca una voz paralela, incluso más fuerte, que diga: «Todo está bien, estoy haciendo todo lo que puedo». A medida que la voz sana se haga más fuerte, responderá más rápidamente, con más intensidad y con más credibilidad a los ataques de la voz crítica.

Hay varias intervenciones específicas que el psicoterapeuta puede llevar a cabo para reforzar la voz sana:

- **Defusión.** Este proceso se describe en el capítulo 6 y puede servirle al paciente para aprender a observar sus pensamientos y dejarlos pasar, ganando perspectiva y distanciándose de la voz crítica.
- **Afirmaciones protectoras.** Pueden adoptar la forma de afirmaciones o refutaciones específicas de los ataques que la voz crítica suele lanzar.
- **Visualizaciones.** Las técnicas que se describen en el capítulo 14 permitirán al paciente empezar a considerarse una persona con confianza en sí misma, socialmente cómoda y competente. La visualización facilita un cambio más rápido del concepto de sí mismo porque el paciente literalmente ve su cuerpo y su conducta de una forma distinta.
- **Anclaje.** Descrita en el capítulo 15, esta técnica ayuda a recuperar los sentimientos de confianza y autoestima de épocas pasadas y traerlos al presente. La capacidad de recuperar sentimientos positivos de manera voluntaria tiene un importante efecto de fortalecimiento de la voz sana.

2

LA CRÍTICA PATOLÓGICA

El término crítica patológica lo acuñó el psicólogo Eugene Sagan para describir la voz interior negativa que te ataca y te juzga. Todo el mundo la tiene, pero en el caso de las personas con autoestima baja, suele ser una voz más despiadada y patológicamente habladora.

La crítica te culpa de lo que va mal. Te compara con los demás (con sus logros y sus puntos fuertes) y siempre te encuentra insuficiente. La crítica te pone unas metas de perfección imposibles y luego te castiga ante el mínimo error. Tiene apuntados todos tus fracasos, pero ni una sola vez te recuerda tus logros ni tus puntos fuertes. La crítica tiene un manual de instrucciones que te dice cómo tienes que vivir y te grita que eres malo y estás equivocado cuando satisfaces tus necesidades y te saltas sus normas. La crítica te dice que has de ser el mejor, y si no, no eres nadie. Te llama estúpido, incompetente, feo, egoísta, débil y te hace creer que eso es verdad. La crítica «lee» la mente de tus amigos y te convence de que están aburridos, cansados, desanimados o disgustados por tu culpa. La crítica exagera tus debilidades asegurando que «siempre dices estupideces», que «siempre estropeas las relaciones» o que «nunca acabas nada a tiempo».

La crítica patológica se dedica a debilitar tu valía todos y cada uno de los días de tu vida. Su voz es tan maliciosa, está tan grabada en tus pensamientos, que no llegas a darte cuenta de su efecto destructivo. Los ataques a uno mismo siempre parecen tener razón de ser y estar justificados. La voz interior criticona y sentenciosa parece natural, una parte de ti que además te resulta familiar. En realidad, la crítica es una especie de maltratador psicológico que, con cada ataque, debilita y destruye los buenos sentimientos que puedas tener hacia ti mismo.

La voz crítica no tiene sexo, puede sonar como la de tu madre, tu padre o la tuya propia.

Lo primero, y lo más importante, que necesitas saber sobre ella es que no importa lo exagerados o distorsionados que sean sus ataques, porque tú siempre vas a creerla. Cuando te dice: «¡Dios! Soy una imbécil», este juicio te parece tan cierto como que esta mañana estabas cansada, como que tienes los ojos castaños o como que no entiendes las fórmulas de las hojas de cálculo. Te parece normal juzgarte porque eres íntimamente consciente de lo que sientes y haces. Pero sus ataques no son parte del proceso normal de percepción de lo que sientes y haces. Por ejemplo, cuando piensas sobre cómo te sentiste después de una primera cita, aparece la voz crítica y acaba con cualquier reflexión normal y razonable, gritándote que fuiste un loro inepto, un torpe, un tipo nervioso y falso, y que la persona con quien saliste no querrá verte nunca más. La crítica agarra tu autoestima y la hace picadillo.

Una voz crítica intensa y parlanchina es enormemente tóxica. Es más venenosa para tu salud psicológica que casi cualquier trauma o pérdida. Mientras que la pena y el dolor se pasan con el tiempo, la crítica está siempre contigo: juzgándote, culpándote, encontrándote errores... No tienes manera de defenderte de ella: «Ya estás otra vez haciendo el idiota». Y automáticamente te sientes mal, como un niño al que le han dado un cachete por decir algo que no debía.

Un entomólogo de veintinueve años que acababa de doctorarse solicitó un puesto en la universidad. Durante las entrevistas se fijó en la forma de vestir y las maneras del comité de entrevistas y empezó a hacer suposiciones sobre el tipo de personas que eran y sobre cómo reaccionaban ante él. Antes de responder a sus preguntas, las pensaba, buscando la respuesta más adecuada, la que el comité parecía esperar. Y mientras hacía todo esto, también escuchaba un diálogo interno continuo en el que su crítico le decía: «Eres un farsante, no sabes nada. No vas a engañar a esta gente. Espera a que lean esa mediocre sarta de tonterías a la que llamas "tesis"... Vaya respuesta estúpida acabas de dar. ¿No se te ocurre una broma? ¡Haz algo! Se van a dar cuenta de lo aburrido que eres. Aunque consigas el trabajo, lo perderás en cuanto noten tu incompetencia. No vas a engañar a todo el mundo».

El entomólogo se creyó cada palabra. Todo parecía tener sentido, porque llevaba años escuchando ese discurso: ese flujo constante de veneno le parecía normal, razonable y cierto. Durante la entrevista se puso cada vez más rígido y sus respuestas se volvieron cada vez menos concretas. Su voz empezó a sonar monótona, comenzó a sudar y tartamudeó un poco. Estaba escuchando a su voz crítica, que le estaba convirtiendo precisamente en todo lo que él temía ser.

Hay otro aspecto importante que debes saber sobre la voz crítica, y es que habla *en clave*. Puede que diga simplemente la palabra *vago*, pero estas dos sílabas detonan el recuerdo de los cientos de veces que tu padre se quejó de que eras vago, criticó tu pereza y te dijo cuánto la detestaba. Todo está ahí, y cuando tu voz crítica pronuncia esa palabra, la sientes con todo su peso.

Algunas veces utiliza imágenes o figuras del pasado para dañar tu sensación de valía. Puede reproducir un momento difícil con tu pareja, recordarte la bronca que te echó tu jefe o traerte las imágenes de una relación frustrada o escenas de las veces que pegaste a tus hijos.

Una secretaria judicial descubrió que su voz crítica siempre utilizaba la palabra *inútil*. Cuando se paró a pensarlo, se dio cuenta de que *inútil* en realidad significaba toda una retahíla de cualidades negativas. Ese término definía a alguien incompetente, desagradable, que asumía riesgos insensatos, alguien que, como su padre, huía de los problemas. Cuando su voz crítica le decía «inútil», ella creía de verdad que era todas esas cosas.

Otra de las extrañas características de la crítica es que a menudo parece tener más control de tu mente que tú. De golpe, suelta las acusaciones, lanzando un ataque detrás de otro, o recordándote una y otra vez una escena dolorosa. Mediante un proceso llamado encadenamiento puede mostrarte un fracaso del pasado, que te trae otro, y otro, y otro... concatenando una larga lista de asociaciones dolorosas. Y aunque intentes callarla, la voz te recuerda otro error, otro rechazo, otra confusión.

Aunque parece tener vida propia, eso es solo una ilusión. La verdad es que te has acostumbrado a escucharla y a creerla, y no sabes cómo desactivarla. Pero con práctica puedes aprender a analizar y refutar lo que te dice. Puedes aprender a desconectarte de ella antes de que tenga la oportunidad de envenenar tu autoestima. ❦

Tu arsenal de reglas y valores: los «deberías»

La voz crítica interior tiene muchas armas. Las más eficaces contienen los valores y las reglas de vida con los que creciste. La manera que tiene de volver sus «deberías» contra ti es comparar tu forma de ser actual con la que deberías mostrar, diciéndote que eres incompetente o inútil. Si el resultado A que, según ella, deberías haber conseguido se convierte en un resultado B, te llama estúpida. Asegura que «un matrimonio debe durar para toda la vida», y por tanto te llamará fracasado cuando te divorcies. Cree que «un hombre de verdad mantiene a su familia», y así cuando te despiden, te llama pobre diablo. Dice que lo primero son los niños, por eso te llama egoísta si sales algunas noches.

Un camarero de treinta y cinco años explica cómo su voz crítica utilizaba los «deberías» que había aprendido de pequeño: «Mi padre era abogado, así que la crítica me dice que yo debería tener un título académico y que todo lo demás es perder el tiempo. Siento que debí obligarme a estudiar, que debería haber leído libros importantes en vez de la página de deportes. Siento como si debiera estar haciendo algo en el mundo en vez de preparar combinados y apalancarme en casa de mi novia». La autoestima de este hombre estaba gravemente perjudicada por una voz crítica que insistía en que debía ser una persona distinta a la que era. La verdad es que a él le gustaba el compañerismo que había en el bar y que no sentía la menor inquietud intelectual. Sin embargo, se rechazaba a sí mismo continuamente por no vivir según las expectativas de su familia.

EL ORIGEN DE LA CRÍTICA

La crítica aparece por primera vez durante las primeras experiencias de socialización que proporcionan los padres. Durante toda tu infancia, ellos te enseñaron qué conductas son aceptables o valiosas, cuáles peligrosas o moralmente reprobables y cuáles son las que molestan. Esto lo consiguen abrazándote y elogiándote cuando te comportas según lo correcto y castigándote por tus conductas peligrosas, equivocadas o molestas. Crecer equivale a experimentar innumerables situaciones de castigo, a las que el teórico de la personalidad Harry Stack Sullivan denominó gestos prohibitivos.

Por su misma naturaleza, los gestos prohibitivos causan miedo y rechazo. Un niño que recibe un cachete o una bronca de su padre siente con mucha intensidad que le están retirando la aprobación paterna. Por unos momentos, es una mala persona. De forma consciente o inconsciente, los niños saben que sus padres son su fuente de sustento físico y emocional. Si su familia los rechazase o los marginase, morirían. Por tanto, para ellos la aprobación de sus padres es una cuestión de vida o muerte. La experiencia de ser malo puede llegar a sentirse de forma muy intensa, porque supone el terrible riesgo de perder el apoyo que más necesitan.

Todos los niños crecen con residuos emocionales de estos gestos prohibitivos y recuerdan de forma viva —como hemos indicado, consciente e inconscientemente— los momentos en que los riñeron y sintieron que eran malos. Crecer deja este tipo de cicatrices inevitables en la autoestima. Experiencias como estas también son el punto de partida de la crítica, que se alimenta de los sentimientos de «no ser bueno». En ti queda aún una parte dispuesta a creer que eres malo tan pronto como alguien se enfada contigo, cuando te equivocas o en el momento en que no consigues alcanzar un objetivo que te has fijado. Esta antigua sensación de no ser bueno es la razón por la que los ataques de la voz crítica parecen encajar con lo que opinas de ti mismo. Es la voz de un padre censurador, que castiga y prohíbe y que forjó tu conducta durante la niñez.

La cantidad y la maldad de los ataques de la crítica se relacionan directamente con la intensidad que tengan tus sentimientos de no ser lo suficientemente bueno. Si los gestos prohibitivos tempranos fueron comedidos, la voz crítica raramente te atacará cuando seas adulto. Pero si durante tu niñez recibiste mensajes directos sobre tu inadecuación, la crítica adulta disparará sobre ti en cuanto pueda.

Los principales factores que determinan la fuerza del sentimiento de «no ser valioso» son cinco:

- **La medida en que los gustos y las necesidades personales, de seguridad o de buen criterio se hicieron pasar por obligaciones morales.** En algunas familias, cuando el padre quiere tranquilidad, hace sentir moralmente mal a los niños que hacen ruido. Otras familias convierten una mala nota en un pecado. A algunos niños se les hace creer que pasar tiempo con amigos o tener impulsos sexuales no es lo correcto. Otros niños son malos si se olvidan de hacer los deberes, si les gusta determinado corte de pelo o si corren por la calle con su monopatín. Cuando los padres hacen sentir moralmente mal al niño por cuestiones que en realidad son de preferencia personal, de incumplimiento de tareas o de mal criterio, están poniendo los cimientos para que tenga una baja autoestima. Es importante darse cuenta de que algunas expresiones y frases transmiten fuertes mensajes morales. Cuando un niño oye que es perezoso o egoísta, o que su aspecto es desastroso o que parece que está atontado, las situaciones reales se olvidan muy pronto y lo que queda es una sensación de incorrección permanente.
- **La medida en que los padres no diferenciaron entre conducta e identidad.** Un niño que oye una advertencia clara sobre los peligros de correr por la calle tendrá mejor autoestima que uno que oye que es «malo» porque corre por la calle. El «niño

malo» recibe el mensaje de que él y su conducta no son buenos, no aprende a diferenciar entre lo que hace y lo que es. Cuando sea adulto, su voz crítica atacará tanto a su conducta como a su valía. Los padres que tienen el cuidado de diferenciar entre las conductas inapropiadas y la bondad intrínseca del niño están criando a hijos que se sentirán mejor con ellos mismos y con una voz crítica mucho más atenuada.

- **La frecuencia de los gestos prohibitivos.** Esta frecuencia tiene efecto sobre los primeros sentimientos de valía personal. El ministro de propaganda de Hitler dijo en una ocasión que el secreto para que cualquier mentira pasara por verdad era repetirla suficientes veces. No bastó con que tus padres dijeran que no eras bueno una sola vez para que creyeras esa falsedad: para aprenderla tuviste que escucharla una y otra vez. Para que el mensaje cale, tienes que oír innumerables veces frases como «¿qué pasa contigo?» o «deja de molestar». Y después de un tiempo, captas el mensaje: no eres bueno.

- **La coherencia de los gestos prohibitivos.** Imagina que a tus padres no les gustaba que dijeras «mierda». Puede que te pareciera una prohibición absurda, pero si ellos fueron coherentes con esa regla, al final dejaste de utilizar esa palabra tan versátil. En cambio, supón que te dejaran decir «mierda» a veces y otras te pegaran por hacerlo. Y supongamos que fueron igual de incoherentes con otras normas. Al principio te sentirías confundido, pero la aleatoriedad de los ataques acabaría llevándote a una conclusión dolorosa. No era lo que hacías (a veces estaba bien, otras no), eras tú. Había algo equivocado en ti. Los niños que han vivido una educación incoherente suelen sentir una indescriptible sensación de culpa. Tienen la impresión de haber hecho algo malo, pero como nunca llegan a conocer las reglas del juego, no saben cuál ha sido su error.

- **La frecuencia con que los gestos prohibitivos estuvieron asociados a la indignación o al rechazo de los padres.** Los niños pueden tolerar una buena cantidad de crítica sin que llegue a dañarse su sentido de valía personal. Pero si se acompaña del enfado o el rechazo de los padres, tanto amenazantes como reales, la crítica es enormemente potente. El enfado y el rechazo transmiten un mensaje claro: «Eres malo y te repudio». Esto es lo más terrible que puede escuchar un niño y es algo que, sin duda, recordará. Mucho después de que el incidente haya pasado, mantendrá la fuerte vivencia de su inadecuación como persona. Y la crítica utilizará esta sensación para castigarlo psicológicamente y maltratarlo ya de adulto.

POR QUÉ PRESTAS OÍDOS A LA CRÍTICA

Escuchas a tu voz crítica porque te conviene. Por increíble que parezca, hacerlo te ayuda a satisfacer algunas necesidades básicas y escuchar sus ataques despiadados puede ser reforzador. Pero ¿cómo puede ser reforzador tanto dolor? ¿Cómo es posible que atacarse a uno mismo pueda proporcionar algún sentimiento placentero o ayudar a satisfacer las propias necesidades?

El primer paso para entender el papel de tu voz crítica es aceptar que todo el mundo tiene necesidades básicas. Todos necesitamos sentirnos:

- Seguros y sin miedo.
- Eficaces y competentes para desenvolvernos en el mundo.
- Aceptados por nuestros padres y nuestros seres queridos.
- Con sensación de valía y bienestar en la mayoría de las situaciones.

Las personas con suficiente autoestima suelen disponer de más estrategias para satisfacer estas necesidades. Cuando tienes suficiente autoestima, también cuentas con un cierto grado de confianza en ti mismo. Te sientes seguro enfrentándote a lo que te da miedo (o eliminándolo). En lugar de preocuparte por los problemas, los resuelves y encuentras la forma de que la gente te responda de forma positiva. Afrontas directamente los conflictos interpersonales en vez de esperar a que se resuelvan solos. Por el contrario, la baja autoestima te deja sin confianza en ti mismo. No te sientes capaz de afrontar la ansiedad, los problemas interpersonales o las situaciones que te resultan difíciles. La vida es más dolorosa porque no te sientes tan eficaz, y es difícil lidiar con la ansiedad que supone cambiar las cosas.

Aquí es donde aparece la voz crítica. Las personas con baja autoestima recurren con frecuencia a ella para que las ayude a afrontar los sentimientos de ansiedad, impotencia y rechazo. Curiosamente, a la vez que reciben los golpes de la crítica, también se sienten mejor. Por eso cuesta tanto librarse de ella. Lo cierto es que puede tener un papel decisivo para ayudarte a sentirte más seguro y cómodo en el mundo. Por desgracia, el precio que pagas a cambio es muy alto, pues se daña tu sentimiento de valía. Pero a cambio recibes un refuerzo para seguir escuchándola porque esta voz se las arregla para hacer que te sientas un poco menos ansioso, incompetente, impotente o vulnerable frente a los demás.

CÓMO FUNCIONA EL REFORZAMIENTO

Para comprender cómo los dolorosos ataques de la crítica pueden ser reforzadores, primero hay que entender cómo influye el refuerzo en tu conducta y tu pensamiento.

Cuando después de una determinada conducta vives un hecho gratificante, tiene lugar el reforzamiento positivo, y aumenta la probabilidad de que esa conducta se repita en el futuro. Si tu mujer te da las gracias y un abrazo cariñoso después de que cortes el césped, está reforzando positivamente que cuides el jardín. Si tu jefa elogia la redacción pulcra y clara de tu último informe, está reforzando positivamente la forma de escritura que prefiere. El afecto y el elogio son recompensas muy poderosas. Por eso hay muchas probabilidades de que repitas el trabajo de jardinería y la manera de redactar tu informe.

Con la conducta cognitiva (los pensamientos) ocurre lo mismo que con la conducta física, también puede potenciarse mediante el reforzamiento positivo. Si te sientes estimulado después de vivir una fantasía sexual, es muy probable que la repitas. Una actitud crítica hacia los demás puede reforzarse con progresivos sentimientos de valía. Pensar en unas vacaciones próximas, si estos pensamientos van seguidos de una sensación de excitación y anticipación, hará que los pensamientos se repitan. La creciente sensación de valía que acompaña a tus recuerdos de éxito y de haber alcanzado un objetivo aumenta la probabilidad de volver a vivir esa sensación. Los pensamientos obsesivos sobre las desgracias de alguien a quien odias pueden ser reforzados por los sentimientos de placer o venganza que esto te provoca.

El reforzamiento negativo solo aparece cuando se siente dolor físico o psicológico. Cualquier conducta que detenga el dolor quedará reforzada y por tanto tendrá más probabilidades de aparecer cuando sientas un dolor similar en el futuro. Un buen ejemplo es la época en que los estudiantes preparan los exámenes finales: las actividades más aburridas y triviales, como dibujar garabatos o contar las canastas a la papelera, se vuelven increíblemente atractivas. Estas actividades alivian el estrés de tener que estudiar. Y por regla general, todo lo que alivie el estrés y la ansiedad se reforzará. Los enfados suelen reforzarse porque después del estallido de ira, se consigue descargar la tensión. Ver la televisión, comer, darse un baño caliente, aislarse, quejarse, dedicarse a una afición y hacer deporte son actividades que se refuerzan cuando reducen la tensión o la ansiedad. Culpando a los demás se alivia la ansiedad que te causa haberte equivocado; esta actitud puede reforzarse hasta que se convierta en una conducta muy frecuente. La actitud dominante de algunos hombres tiene el efecto de aliviar su ansiedad social. Como dicha conducta, por tanto, es gratificante, el estilo machista llega a ser una potente coraza en la que quedan atrapados.

Igual que el reforzamiento positivo, el reforzamiento negativo conforma tu manera de pensar. Cualquier pensamiento que alivie tus sentimientos de ansiedad, culpa, impotencia o inadecuación quedará reforzado. Supón, por ejemplo, que te sientes ansioso cada vez que visitas a tu suegro, un hombre irascible y criticón. Un día, conduciendo hacia su casa, empiezas a pensar en lo extremista que es, en que sus opiniones casi nunca se basan en los hechos, en lo tiránico que es cuando se le lleva la contraria. De repente, la ira es mayor que la ansiedad y sientes un inesperado alivio. Tus pensamientos críticos quedan reforzados al conseguir reducir la ansiedad y te das cuenta de que en las visitas posteriores tienes una actitud cada vez más crítica hacia él.

Una persona a quien la posibilidad de cometer errores en el trabajo le provoca ansiedad puede encontrar una forma de reducirla devaluando su empleo («Es un trabajo de idiotas») y al jefe («Un tío maniático, un quisquilloso»). Y es probable que los pensamientos devaluadores reaparezcan cuando vuelva a aumentar la ansiedad. Los sentimientos de impotencia pueden aliviarse a veces con fantasías románticas, visiones grandiosas de éxito, sueños de salvación o huida o simples pensamientos de resolución de problemas. De cualquier manera, el pensamiento (cognición) que consiga reducir esta sensación de impotencia tiene más probabilidades de repetirse en el futuro.

Cuando se reproduzcan esos sentimientos, hay una alta probabilidad de que la persona recurra a los mismos pensamientos. El proceso de duelo tras la pérdida de un ser querido muestra de forma clara el poder del reforzamiento negativo. ¿Por qué nos recreamos en los recuerdos tristes de la persona que hemos perdido? ¿Por qué seguimos pensando una y otra vez en los días felices que nunca más viviremos? Es paradójico, pero estos bucles obsesivos sobre la pérdida consiguen aliviar el dolor. La consciencia de una pérdida provoca mucha tensión física y emocional. La frustración y la impotencia aumentan hasta que llega un momento en que necesitan descargarse. Al evocarse los recuerdos o imágenes específicos de la persona perdida, ayudamos a descargar la tensión en forma de llanto y de un breve período de entumecimiento. Esa etapa de los recuerdos obsesivos en el duelo está reforzada por la reducción de la tensión y unos instantes de relativa paz.

En resumen, el reforzamiento negativo es básicamente un proceso de resolución de problemas. Sientes dolor y quieres sentirte mejor. Empiezas a buscar alivio en algo que puedas hacer o pensar. Cuando encuentras ese algo que alivia tu dolor, lo escoges como una buena solución a ese problema particular. Cuando el problema reaparece, volverás una y otra vez a la estrategia defensiva que ya has probado.

LAS PAUTAS DE REFORZAMIENTO VARIABLE

Hasta ahora hemos hablado de las pautas de reforzamiento continuo. Esto significa que siempre se refuerza un pensamiento o conducta particular. Cada vez que adoptas esa conducta sientes alivio, lo que la refuerza. Un aspecto importante de las pautas de reforzamiento continuo es que, si el pensamiento o conducta deja de ser reforzado, se abandona rápidamente. Poco después de que ya no consigas una recompensa con un pensamiento o conducta antes reforzado, simplemente dejarás de repetirlo.

El caso de las pautas de reforzamiento variable es muy distinto. Aquí el reforzamiento no es continuo. Puedes obtener una recompensa después de poner en práctica la conducta cinco veces, luego después de veinte, luego después de cuarenta y tres, luego de doce, etcétera: la pauta no se puede predecir. En ocasiones puede que necesites repetir la conducta cientos o miles de veces antes de que se refuerce. El resultado de esa aleatoriedad es que seguirás manteniendo una conducta anteriormente reforzada durante bastante tiempo incluso sin nuevo reforzamiento antes de que desaparezca. Extinguir esa conducta lleva mucho tiempo.

Las máquinas tragaperras están diseñadas para provocar una pauta de reforzamiento variable. Por eso la gente acaba haciéndose adicta al juego y llega a perderlo todo. En ocasiones ganas el premio enseguida, pero otras el premio llega después de cien intentos. La gente juega mucho antes de abandonar porque el reforzamiento podría aparecer en cualquier jugada.

La pauta del reforzamiento variable puede influir poderosamente en tus pensamientos, tal como muestran los siguientes dos ejemplos:

- Cuando las preocupaciones obsesivas acaban dando como resultado una solución viable que reduce la ansiedad, se refuerza la creencia en la utilidad de la preocupación. Esto puede suceder una o dos veces al año, o hasta unas pocas veces en la vida. Pero la persona sigue saltando de preocupación en preocupación, como el jugador que inserta las monedas en la máquina una vez después de otra, esperando que la próxima ganará.

- A veces, se revive de forma obsesiva una interacción social incómoda porque esa revisión queda reforzada por los maravillosos momentos en que, de repente, la situación se ve de forma diferente y uno no se siente rechazado o incompetente. Recordar algo que hiciste o dijiste parece salvar la situación en tu mente. Tu vergüenza desaparece y de nuevo te sientes una persona aceptable. La triste realidad es que esta remisión difícilmente recompensa esa repetición obsesiva. La película mental de un intercambio embarazoso se repite una y otra vez, causándote sufrimiento, a la espera de recuperar aquel instante que te haga sentirte competente otra vez.

CÓMO SE REFUERZA LA VOZ CRÍTICA

Tus autocríticas pueden recibir refuerzos positivos o negativos. Irónicamente, mientras la crítica te machaca, también te ayuda a resolver tus problemas y a satisfacer, aunque sea de una forma limitada, algunas de tus necesidades básicas.

Reforzamiento positivo de la crítica

Veamos algunos ejemplos que muestran cómo la crítica te ayuda a satisfacer algunas de tus necesidades:

La necesidad de hacer lo correcto. Todos tenemos una larga lista de reglas y valores propios que rigen la forma en que nos comportamos. Estas reglas son útiles porque controlan los impulsos peligrosos y aportan estructura y orden a nuestras vidas. Nos proporcionan un marco ético, puesto que definen lo que es moral e inmoral. Nos dicen cómo hay que actuar con las figuras de autoridad y con nuestros amigos, cómo vivir nuestra sexualidad, cómo manejar el dinero, etcétera. Cuando rompes estas reglas, la vida se convierte en un caos y pierdes el sentido del propio valor. La crítica te ayuda a seguirlas. Te dice lo malo y lo inadecuado que eres cada vez que quebrantas una regla o te sientes tentado de hacerlo. Te repite una y otra vez que intentes «hacer lo correcto». Como decía un hombre: «Mi voz crítica me ayuda a no ir por ahí mintiendo, engañando y siendo un vago. La necesito».

La necesidad de sentirse bien. Aun cuando la crítica te dice que no eres bueno, paradójicamente puede darte una mayor sensación de valía y aceptación. El inconveniente es que solo lo hace de forma temporal.

- *Sentimientos de valía personal.* Hay dos maneras en que la crítica te ayuda a sentirte más valioso, aunque sea de forma temporal: haciendo que te compares con los demás y poniéndote normas demasiado perfeccionistas.

  La comparación funciona evaluando constantemente cómo rindes en aspectos como tu inteligencia, tus logros, tu capacidad para ganarte la vida, tu atractivo sexual, tu facultad de agradar, tus habilidades sociales, tu carácter abierto: básicamente todos los rasgos o cualidades que tú valoras. A menudo te descubres a ti mismo menos adecuado que la otra persona en uno o más aspectos, y tu autoestima se resiente. Pero a veces decides que eres más atractivo, listo o cariñoso que otros y sientes la satisfacción pasajera de ser mejor. Aunque solo ocurra de vez en cuando, esta satisfacción momentánea es reforzadora.

  La comparación que hace tu voz crítica se refuerza con una pauta de reforzamiento variable. La mayoría de las veces en que te comparas con los demás te acabas sintiendo inferior, pero aquellas veces en las que sucede lo contrario, esas en que resultas mejor que los demás, te mantienen atrapado en el hábito de la comparación.

  La segunda forma que la crítica tiene de aumentar tu valía personal es poniéndote unas normas increíblemente exigentes que te dicen cómo debes rendir en el trabajo, en tu papel de amante, de padre, de conversador, como ama de casa o como corredor. La mayor parte de las veces no conseguirás estar a la altura de las exigencias de tu voz crítica y te sentirás incompetente.

Pero en algunas ocasiones maravillosas, todo se ordena en una perfección milagrosa. Consigues un gran logro en el trabajo, tienes una conversación entrañable y profunda con tu hijo, ganas una competición y cuentas seis historias entretenidas durante una comida en la pizzería. Y es así como refuerzas a tu voz crítica: con una pauta de refuerzo variable. Normalmente vives sintiendo la presión de sus exigentes normas y otras veces, aunque brevemente, te sientes en paz contigo mismo. Por eso la crítica sigue insistiendo en la perfección, porque cuando, ocasionalmente, la alcanzas, te sientes perfecto.

- *Sentirse aceptado por unos padres críticos.* Para satisfacer esta necesidad, tu voz crítica se une a tus padres en el ataque. Si ellos censuraron tu egoísmo, tu crítica hará lo mismo. Si tus padres reprobaron tu conducta sexual, tu crítica interior también dirá que eres inmoral. Si te llamaban estúpido, gordo o fracasado, tu crítica se unirá a ellos llamándote igual. Cada vez que te repites una afirmación autocrítica que coincide con los juicios negativos de tus padres, la sensación de proximidad con ellos refuerza la crítica. Identificándote con su punto de vista, y aunque sea paradójico, te sientes más seguro, aceptado y querido. Estás viendo las cosas de la misma forma que ellos, lo que te proporciona una sensación de unión y seguridad emocional que refuerza tu propia voz crítica con intensidad.

La necesidad de obtener logros. La crítica te ayuda a alcanzar las metas fustigándote como a un caballo. Te maneja lanzando violentos ataques a tu valía personal. Si no consigues tres ventas esta semana, eres perezosa, incompetente e indigna de confianza para tu familia. Si no consigues una nota media de ocho, eres estúpido y memo, y todos se darán cuenta de que no serás capaz de graduarte. Lo que refuerza la crítica es que consigues las cosas cuando te estimulan: vendes, hincas los codos. Y cada vez que tu voz crítica te espolea para realizar una tarea, su cáustico azote se refuerza.

Reforzamiento negativo de la crítica

La crítica puede ayudarte a satisfacer la necesidad de controlar los sentimientos dolorosos a través del refuerzo negativo. Cuando la voz crítica te ayuda a reducir o detener por completo los sentimientos dolorosos, su voz queda muy reforzada. Aunque el resultado a largo plazo sea destrozar tu autoestima, el efecto a corto plazo es que reduce un sentimiento doloroso. La crítica puede ayudarte a sentirte menos culpable, asustado, deprimido y enfadado de las siguientes formas:

- **Sentirse mal, malo o sin valor.** Podemos decir que todo el mundo tiene dudas sobre su valía, aunque sean dudas a un nivel muy profundo. Pero para las personas con una baja autoestima, esas dudas pueden ser tan grandes que una buena parte de su vida interior esté dominada por sentimientos de inferioridad y desesperanza. Esta sensación es tan increíblemente dolorosa que uno hace lo que sea por escapar de ella. Aquí entra la crítica, que te ayuda a afrontar esa situación fijándote normas de perfección imposibles. Te tienen que conceder un ascenso cada seis meses, debes saber preparar guisos de *gourmet* y pasarte tres horas cada noche ayudando a hacer los deberes a tu hijo, has de consumir de deseo a tu pareja y que tu conversación sea constantemente interesante. Es una exigencia imposible de cumplir, pero mientras la crítica te exige ser perfecto, dejas de sentirte inepto y desesperado. En cambio, sientes una especie de omnipotencia: «si trabajase lo suficiente, me exigiera lo suficiente, luchase lo suficiente para cambiar, todo sería posible».
- **Miedo a fracasar.** Una mujer que estaba pensando en dejar su empleo para dedicarse a una actividad más creativa empezó a ponerse muy nerviosa ante la perspectiva de perder la

seguridad de su antiguo trabajo. Su crítica vino a rescatarla, diciéndole: «No eres capaz. Te despedirán porque no tienes bastante talento artístico. Te van a pillar». Agobiada por el ataque de afirmaciones de autorrechazo, decidió esperar un año antes de hacer nada. Al momento, se redujo su nivel de ansiedad. Así es como la voz crítica se reforzó, debido a que su ataque había dado lugar a la desaparición casi instantánea del malestar. Por eso es tan útil para protegerse de la ansiedad y el riesgo que todo cambio conlleva. Tan pronto como destruye tu confianza, hasta el punto de hacerte abandonar tus planes de cambio, queda reforzada por el alivio que sientes.

- **Miedo al rechazo.** La mejor forma de controlar el miedo al rechazo es predecirlo, para que así nunca nos sorprenda. A la crítica le encanta leer la mente: «No le vas a gustar a esta mujer», «Está mortalmente aburrido», «En realidad no te quieren en el comité. No les gusta tu trabajo», «Por el gesto de tu novio se ve que está perdiendo interés por ti». La lectura mental te ayuda a protegerte de la posibilidad de que el rechazo te pille desprevenido. Si anticipas un rechazo, un fracaso o una derrota, no te hará tanto daño cuando ocurra. La lectura mental que la crítica hace queda reforzada por una pauta de reforzamiento variable. A veces, la crítica acierta prediciendo algún daño o rechazo. Y como la anticipación ayuda a evitarte la peor parte del dolor, se está reforzando la afición de la voz crítica a hacer lecturas mentales.

Otra forma de afrontar el temor al rechazo es rechazarte antes a ti mismo. Cuando la crítica te ataca por tus fallos y tus errores, nadie podrá decir algo que tú no te hayas dicho antes. Un administrativo bancario de treinta y ocho años lo explicaba así: «Después de divorciarme, empecé a llamarme patético. Creo que eso me protegió. Parecía que, al decírmelo yo, nadie me lo diría ya. No tenían que llamarme patético porque ya me lo llamaba yo». Un famoso poeta describía la misma sensación: «Siempre tuve la impresión de que si echaba por tierra mi trabajo, disuadiría a otros de hacerlo, como por arte de magia». Criticarse a uno mismo es muy reforzador si te sirve para aliviar la ansiedad que te causa el posible ataque de otros.

- **Cólera.** La ira hacia las personas a las que queremos puede ser un sentimiento muy temible. A medida que vas haciéndote consciente del enfado, puedes sentir una enorme ansiedad. Para gestionarla, una opción es volver la cólera contra ti mismo y atacarte. Tú eres el que ha fallado, el que no ha entendido, el que ha causado el problema con sus errores. A medida que la autocrítica avanza, tu ansiedad remite. Ahora ya no estás en riesgo de atacar a nadie, o lo que sería aún peor, de atacar a alguien y que, al defenderse, te haga daño.
- **Culpa.** Gracias a la crítica, puedes afrontar la culpabilidad castigándote a ti mismo. Has cometido un pecado y la crítica está dispuesta a hacer que lo pagues. A medida que recibes sus ataques por tu insensibilidad, tu egoísmo o tu avaricia, va apareciendo una sensación de expiación, a veces incluso de enmienda por tu mala acción, como si esta nunca hubiera ocurrido. Mientras te sientas en la sala de proyección a ver los vídeos de tus transgresiones que la crítica proyecta una y otra vez para ti, desaparece el sentimiento de culpa. Una vez más, la voz crítica queda reforzada debido a que la violencia que inflige a tu autoestima te ayuda a sobreponerte, aunque sea por unos instantes, a ese vergonzoso sentimiento de no valer nada.
- **Frustración.** Una enfermera de cuidados intensivos de treinta y seis años relata: «He cuidado a siete personas enfermas todo el día, he hecho la compra, he cocinado, he escuchado los estridentes ruidos de la guitarra de mi hijo, he ordenado las facturas en la mesa de la cocina. Esos son los momentos en los que sigo criticándome a mí misma. Pienso en todas las decisiones estúpidas que he tomado y me pongo muy furiosa. Llego a la conclusión de que soy la que ha creado esta vida, la que echó a perder mi matrimonio, la que tiene un miedo horrible a no poder cambiar nada. Después me tranquilizo un poco y me voy

a dormir». En su relato puede verse cómo los ataques de la crítica se refuerzan al reducirse los niveles de estimulación. La ira, cuando se dirige a uno mismo, ayuda a descargar la tensión de un día agotador, de una casa ruidosa y de la preocupación por pagar las facturas. Cuando utilizamos la voz crítica para enfadarnos con nosotros mismos, nuestra meta encubierta puede ser, en realidad, un intento de reducir nuestro alto nivel de frustración y de estimulación negativa. Tanto como funcione esta estrategia para reducir la tensión, así se reforzará su hostigamiento.

Los anteriores ejemplos muestran cómo la voz crítica ayuda a responder a algunas necesidades básicas, pero no son exhaustivos. Se han escogido para ayudarte a pensar sobre tu propia voz crítica y a entender cómo se refuerzan sus ataques. Es muy importante que aprendas a identificar cuál es la función de sus ataques, además de la forma en que te ayudan y en que te dañan. Ahora, vuelve a la lista de refuerzos positivos y negativos de la crítica y marca con un asterisco los que veas que pueden aplicarse en tu caso. Una vez hayas determinado qué necesidades te está ayudando a satisfacer tu autocrítica, y algunas de las formas en que los ataques se refuerzan, puedes dar el siguiente paso: cazar a la crítica.

CAZA A TU VOZ CRÍTICA

Para conseguir controlar la crítica, primero tienes que ser capaz de oírla. En todos y cada uno de los momentos conscientes de tu vida, hay en ti un diálogo interior. Interpretas las experiencias, resuelves problemas, especulas sobre el futuro, revisas los acontecimientos que han ocurrido... La mayor parte de esta conversación interior continua es útil, o al menos inofensiva. Pero en algún lugar de ese diálogo interior se ocultan las denuncias de tu voz crítica. Para cazarlas en el acto, se requiere una vigilancia especial. Tienes que escuchar tu diálogo interior, atrapar a la crítica cuando te dice: «Estúpido», «Otro error absurdo», «Eres débil», «Nunca conseguirás un empleo porque hay en ti algo que no funciona», «Eres mal conversador», «La estás desanimando».

A veces esa voz te trae antiguas imágenes de errores o fracasos. En ocasiones no utiliza palabras o imágenes, sino que el pensamiento llega en forma de un estado de consciencia, un conocimiento, una impresión. La crítica es tan rápida que parece superar al lenguaje. Un vendedor lo expresaba así: «Hay veces en que sé que estoy echando a perder mi vida. Puedo experimentar esta sensación de vacío. Es como una sensación de pesadez en el estómago».

Cazar a la voz crítica exige un auténtico compromiso por tu parte. Tienes que ser especialmente consciente de tu diálogo interior en las situaciones siguientes:

- Encontrarte con personas desconocidas.
- Estar en contacto con alguien que te resulta atractivo sexualmente.
- Situaciones en las que has cometido un error.
- Situaciones en las que te sientes criticado y a la defensiva.
- Interacciones con figuras de autoridad.
- Situaciones en las que te sientes herido o alguien se ha enfadado contigo.
- Situaciones en las que te expones a un rechazo o a un fracaso.
- Conversaciones con tus padres o con alguien que puede demostrarte desaprobación.

EJERCICIO

Controla a tu voz crítica. Durante un día, permanece en un estado lo más vigilante que puedas, observando sus ataques. Cuenta el número de afirmaciones críticas que te diriges a ti mismo. Puede llegar a sorprenderte la frecuencia con que tu diálogo interior se convierte en autoevaluación negativa. Al segundo y al tercer día, en lugar de simplemente contar los ataques de la voz crítica, ten a mano un cuaderno y ponlos por escrito. Cuantos más autoataques registres, mucho mejor. Felicítate si cazas al menos diez ataques de tu crítico cada día. Por la noche tendrás otra tarea que hacer. Dibuja una línea recta en el medio de un trozo de papel, de arriba abajo. En un lado escribe «Me ayuda a evitar sentir». En el otro lado escribe «Me ayuda a sentir o a hacer». Ahora anota la función de cada pensamiento crítico (cómo resulta reforzado positiva o negativamente, cómo te permite sentir o hacer algo agradable o te evita sentir algo desagradable). Este es un ejemplo, tomado de una profesora de veinticuatro años:

NÚMERO DE PENSAMIENTO	HORA	AFIRMACIÓN CRÍTICA
1	8.15	La directora debe de estar harta de que llegue tarde
2	8.40	Plan de clases muy superficial. Dios, qué vaga soy
3	9.30	Estos chicos son lentos y yo no los estoy ayudando
4	9.45	Ha sido estúpido enviar a Sheila con la lista del comedor; va a armar jaleo por el pasillo
5	10.00	Pero ¿qué clase de profesora soy? Estos chavales avanzan demasiado lentamente
6	12.15	Comentario estúpido en el comedor
7	12.20	¿Por qué soy tan tonta?
8	2.20	Esto ha sido una casa de locos. ¿Cuándo aprenderé a controlar la clase?
9	2.35	¿Por qué no he puesto algunos de los dibujos de los niños en las paredes? Qué desorganizada soy

NÚMERO DE PENSAMIENTO	HORA	AFIRMACIÓN CRÍTICA
10	3.10	He aparcado como una idiota. Fíjate en qué ángulo hace el coche...
11	3.40	Qué desastre. Bonita forma de ordenar la casa

NÚMERO DE PENSAMIENTO	ME AYUDA A SENTIR O A HACER	ME AYUDA A EVITAR SENTIR
1		Sorpresa y dolor si ella me llama la atención sobre mis retrasos
2	Motivación para ser más cuidadosa con mi trabajo	
3	Motivación para crear un plan de clases más creativo, tal vez para pedir consejo	
4	Motivación para prestar más atención a quién envío	
5	Motivación para trabajar más duro en mi plan de clases	
6		Ansiedad social. Yo ya sé que soy estúpida, así que no pueden herirme
7		Ansiedad social

NÚMERO DE PENSAMIENTO	ME AYUDA A SENTIR O A HACER	ME AYUDA A EVITAR SENTIR
8	Motivación para consultar con otros profesores sobre técnicas de disciplina en el aula	Sorpresa y dolor si el director me critica
9		Culpa al romper mi compromiso de ser más organizada
10	Motivación para prestar más atención a cómo aparco	Culpa al aparcar de mala manera
11	Motivación para ser más pulcra	

A medida que analizó la lista, la profesora se dio cuenta, como te ocurrirá a ti cuando hagas este ejercicio, de que se repetían algunos temas. Muchos de los ataques críticos quedaban reforzados porque la llevaban a mejorar su desempeño y sus logros. Cuando pensó en ello, se dio cuenta de que su voz crítica le estaba imponiendo unas exigencias de rendimiento muy altas. En las escasas ocasiones en que logró alcanzar ese nivel, experimentó un maravilloso sentimiento de autoaceptación. Este sentimiento era embriagador, y ella sabía que reforzaba su perfeccionismo. También percibió que había evitación de la ansiedad social y miedo de ser sorprendida por el rechazo de alguien. Con estos nuevos conocimientos, la profesora estaba preparada para el paso más importante: calmar al crítico.

3

DESARMA A TU VOZ CRÍTICA

E n este punto ya deberías estar más familiarizado con tu voz crítica. Posiblemente ya has aprendido a separarla del flujo continuo del diálogo interno que se mantiene todo el día. Esta tarea es parecida a grabar la conversación telefónica de un supuesto narcotraficante. Tienes que examinar un buen número de conversaciones inofensivas para conseguir oír cómo se traiciona a sí mismo. No puedes dejar de escuchar porque en algún momento puede decir algo que le delate.

Antes de poder desarmar a tu crítico, tienes que conocerlo. La discreción es su mayor fortaleza. De modo que para obtener una victoria importante sobre él, tienes que ser muy bueno en escuchar e identificar su voz. Recuerda que cada vez que te ataca, te está causando un importante daño psicológico. Además, está dañando tu autoestima e impide que te sientas competente y feliz en el mundo. No puedes dejar que te haga eso. Te sale demasiado caro.

En realidad es imposible estar completamente alerta en cada instante de tu vida consciente; por eso necesitas saber cuándo tienes que estar especialmente atento. En el capítulo anterior hemos presentado una lista de situaciones problemáticas: momentos en los que has cometido un error, has recibido críticas o te has relacionado con personas que pueden ser hostiles. Pero hay otro momento en el que debes estar atento a la crítica: cuando te sientes deprimido o abatido. Estas emociones suele provocarlas la voz crítica. Su presencia indica que la voz está activa. Para cazarla in fraganti cuando te estás deprimiendo, tienes que hacer cuatro cosas:

- Cierra los ojos e inspira profundamente varias veces. Lleva el aire hasta el fondo del abdomen, para que el diafragma se ensanche y se relaje.
- Relaja tu cuerpo. Nota y suprime cualquier tensión de piernas y brazos, cara, mandíbula, cuello y hombros.
- Percibe en qué parte de tu cuerpo sientes la depresión o el abatimiento. Concéntrate en ese lugar y familiarízate con la sensación justo en ese punto.
- Escucha los pensamientos que acompañan a la sensación en esa parte del cuerpo. Escucha todo lo que te estás diciendo. Ahora intenta recordar cómo comenzó esa sensación y qué te decía la voz crítica entonces.

Si cada vez que te sientas deprimido o abatido sigues estos cuatro pasos, discernirás mucho mejor qué mensajes específicos contienen los ataques de la crítica.

Si has completado el ejercicio del capítulo 2, ahora conoces los principales temas de tu voz crítica. A medida que analices tus pensamientos críticos, y descubras qué te ayudan a sentir o a evitar sentir, empezarás a ver una pauta en esos ataques. Por ejemplo, puedes descubrir que la función principal de tu voz crítica es ayudarte a expiar la culpa. O puedes sufrir una crítica que tenga como objetivo darte la motivación para hacerlo mejor. Otra persona puede tener una voz crítica que le ayude a no sentir el temor al rechazo. La crítica también puede castigarte para conseguir que optes por el camino correcto. Cuando descubres el tema o los temas que tu crítica utiliza, estás preparado para combatirla.

Para desarmarla debes seguir tres pasos: primero, desenmascarar su propósito, segundo, responderla y tercero, conseguir que sea inútil.

Descubre su propósito

Para desmontar un argumento, lo más eficaz es desenmascarar repentinamente las intenciones ocultas de tu adversario. Un ejemplo clásico es la «investigación» de una empresa tabacalera que afirma que el tabaco y las enfermedades de corazón no guardan ninguna relación. Como los motivos subyacentes de la industria del tabaco están claros, pocas personas se tomarán en serio este argumento.

Cuando destapas a tu voz crítica, estás dejando en evidencia su verdadero propósito y cometido. Hay distintas formas en que puedes desenmascararla, tal y como muestran los siguientes ejemplos:

- Me estás fustigando para obligarme a cumplir las reglas que me han inculcado.
- Me estás comparando con todo el mundo para obligarme a compararme siempre y que de vez en cuando encuentre a alguien inferior a mí.
- Me estás castigando como hacían mis padres, y te creo porque a ellos los creía.
- Me estás atizando para que rinda cada vez más y quizás así me sienta mejor conmigo mismo.
- Insistes en que sea perfecto, porque si hiciese todo perfectamente bien, al final me acabaría sintiendo bien conmigo mismo.
- Me dices que no puedo hacerlo para que ni siquiera lo intente y no tenga que pasar por la ansiedad de afrontar algo nuevo.
- Aseguras que no les voy a gustar para que no sufra si me rechazan.
- Dices que ella está enfadada conmigo para que, sea cual sea la verdad, esté preparado para lo peor.
- Me dices que sea perfecta para que tenga la creencia absurda de que tal vez puedo ser perfecta y sentirme mejor conmigo misma unos minutos.
- Me estás fustigando para que expíe mi culpa por divorciarme de ella.

Cuando descubras la función de la crítica, todas sus afirmaciones perderán credibilidad. Ya sabes qué motivo ocultos la mueven. Por muchas vueltas que dé, ya conoces sus razones secretas, y te sientes menos indefenso frente a ella. Recuerda que la crítica te ataca porque, de algún modo, su voz queda reforzada. Cuando aprendas a identificar cuál es su papel en tu vida psicológica, cuando seas capaz de jugar su juego, habrás empezado a minar de verdad la credibilidad de su mensaje.

● RESPONDE A LA VOZ CRÍTICA

Puede que la idea de responder a tu propia voz crítica te parezca extraña. Pero en realidad gran parte de este libro trata de eso: cómo aprender a refutar y rechazar el antiguo condicionamiento negativo al que estuviste sometido durante tu niñez. Mientras creció, Victoria recibió, literalmente, miles de mensajes devaluadores, primero de su padre y luego de su propia voz crítica. Cada vez que su padre se enfadaba, la llamaba estúpida. En especial, la ridiculizaba por «hacer las cosas de mala manera» y por sacar solo aprobados. Toda su vida, Victoria ha creído lo que su padre decía. Ahora, su voz crítica la castiga constantemente por hacer las cosas «de la forma más estúpida». Su autoestima no podrá mejorar hasta que detenga esos mensajes, aprendiendo a responder a su voz crítica. Necesita un cañón psicológico para dispararle, de forma que finalmente salte por los aires y se calle.

A continuación mostramos dos métodos para responder a la crítica que, si se siguen bien, la acallarán durante unos minutos. Prueba cada uno de ellos, juntos o por separado. Descubre cuál te funciona mejor.

Preguntar el precio. Una de las mejores formas de desarmar a la crítica es pensar en el precio que pagas por sus ataques. ¿Cuál es el coste de escucharlos? Un vendedor de una imprenta, de treinta y dos años, hizo la siguiente lista cuando evaluó el precio que la crítica imponía a su trabajo, sus relaciones y su bienestar:

- Estoy a la defensiva ante cualquier crítica de mi mujer.
- Le pego a mi hija cuando se porta mal.
- Rompí mi amistad con Al por culpa de mi hostilidad.
- Lo pago con mi madre ante la mínima crítica de ella.
- Me asusta ser asertivo con posibles nuevos clientes por miedo a que me rechacen. Esto posiblemente me hace perder cada año diez mil dólares en comisiones.
- Suelo mostrarme frío y distante con mis jefes y otras figuras de autoridad, por miedo.
- Me muestro ansioso y reservado con la gente.
- Creo que no les gusto a los demás.
- Tengo miedo de empezar cosas nuevas por temor a hacerlo mal.

Este vendedor estaba pagando un precio muy alto en todos los ámbitos de su vida por culpa de la baja autoestima. Cuando la crítica lo atacaba, él podía responderle diciendo: «Me haces estar a la defensiva y tener miedo de la gente, me recortas los ingresos, me haces perder amigos y ser duro con mi hija pequeña».

Ahora evalúa cuánto te está costando tu propia voz crítica. Haz una lista de las formas en que tu nivel de autoestima ha afectado a tus relaciones, tu trabajo y tu bienestar. Cuando hayas terminado esta enumeración, selecciona los puntos más importantes y combínalos en una frase resumen que puedas utilizar cuando la crítica te ataque. Lucha contra ella diciéndole: «No me puedo permitir esto, me ha costado...».

Afirmación de tu propia valía. Este método es muy difícil de practicar, en especial si la convicción de que hay algún problema en ti está muy arraigada. Pero tienes que aprender a autoafirmarte para poder desarmar por completo a la crítica. El primer método de respuesta es importante, pero insuficiente. No puedes desactivar todo el tiempo el veneno de la crítica simplemente insistiendo en el precio que pagas por ella. Esto servirá solo un rato. Al no poner nada en su lugar, estás creando un vacío. Y como resultado su voz volverá a sonar de nuevo muy pronto, llenando ese vacío con más ataques. Cuando hayas silenciado a la crítica, tienes que sustituir su voz por una consciencia positiva de tu propia valía.

No es una tarea fácil. En este momento, estás convencido de que tu valor depende de tu conducta. Usando una metáfora para explicarlo, ahora mismo te ves como un recipiente vacío que tienes que llenar, gota a gota, con tus logros. De entrada careces de valor, eres un cuerpo que anda y habla. La crítica te hará creer que tu vida no tiene un valor en sí misma, solo el potencial de hacer algo importante y valioso.

Lo cierto es que tu valía es tu consciencia, tu capacidad de percibir y sentir. El valor de una vida humana es su propia existencia. Eres un complicado milagro de la creación, una persona que intenta vivir. Y eso te convierte en alguien tan valioso como cualquier otro individuo en tu misma situación. Tus logros no tienen nada que ver con tu valía. Cualquiera de tus acciones o de tus aportaciones no debe venir de tu necesidad de probar tu valía, sino que debe ser el resultado natural del vivir. Tus acciones han de ser la consecuencia natural del impulso de vivir plenamente, en vez del resultado de una lucha para justificarte a ti mismo.

Tanto si eres una investigadora que intenta encontrar una cura para el cáncer como un barrendero que trabaja en la calle, has conocido la esperanza y el miedo, el amor y la pérdida, el deseo y la decepción. Has mirado el mundo y has intentado darle un sentido, has afrontado los problemas únicos con los que viniste a él, has soportado el dolor. Un año detrás de otro, has probado distintas estrategias para aliviar el dolor que sentías. Algunas no te sirvieron, otras sí. Algunas te fueron útiles a corto plazo, pero a largo plazo te han causado mucho malestar. No importa. Estás intentando vivir. Y a pesar de lo difícil que es la vida, lo sigues intentando. Esta es tu valía: tu propia humanidad.

Estas afirmaciones son una muestra de lo que puedes decirte para mantener a raya a la crítica:

- Soy valiosa porque respiro y siento y soy consciente.
- ¿Por qué me estoy haciendo daño a mí mismo? Estoy intentando sobrevivir y hago lo que puedo.

- Siento dolor, amo e intento sobrevivir. Soy una buena persona.
- Mi dolor, mi esperanza y mi lucha por vivir me conecta a todos los demás seres humanos. Todos intentamos vivir y lo hacemos lo mejor que podemos.

Alguna de estas reflexiones puede hacer que te sientas bien. O quizás ninguna. Lo importante es que llegues a una afirmación en la que creas y que puedas usar para sustituir a tu voz crítica.

Ahora dedica un tiempo a escribir tu propia afirmación. Si encuentras dificultades para pensar en una afirmación verdadera que sea creíble, los capítulos 4, 7 y 10, sobre la autoevaluación, la compasión y cómo manejar los errores, te ayudarán a traer a tu mente afirmaciones creíbles.

Recuerda que necesitas afirmaciones positivas para sustituir la voz de la crítica. Intenta utilizar una afirmación cada vez que consigas acallar uno de sus ataques.

ANULA LA UTILIDAD DE TU VOZ CRÍTICA

La mejor forma de desarmar a tu crítica es volverla inútil. Quítale su papel, y al menos se quedará callada. No basta con entender cómo funciona. Ahora ya sabes que su propósito es presionarte para aumentar tu rendimiento, protegerte del miedo al rechazo o pagar una culpa. Pero conocer estas funciones no cambia las cosas. Ahora debes encontrar otro modo de responder a esas mismas necesidades, de forma nueva y más adaptada, antes de conseguir estar dispuesto a renunciar a los servicios de la crítica. Este libro te aporta formas nuevas y constructivas de atender a tus necesidades sin tener que usar para ello la voz crítica.

La siguiente lista procede del anterior capítulo y enumera las necesidades que la crítica suele ayudarte a responder. Después de cada apartado hay un breve comentario con alternativas sanas para satisfacer la necesidad que prescinden de ella. También encontrarás indicaciones de qué capítulos de este libro pueden servirte de ayuda específica.

La necesidad de hacer lo correcto. Tu estrategia hasta ahora ha sido confiar en la crítica para obligarte a «seguir el camino correcto». Pero la estrategia más sana es reevaluar tu lista de «deberías» y normas personales para ver cuáles pueden aplicarse realmente a ti y tu situación actual. En el capítulo 8, que habla de los «deberías», encontrarás un método por pasos para evaluar las reglas que sigues en tu vida. También se describe un sistema sano para motivarte a vivir según tus propios valores: basando tus decisiones en una comprensión clara de las consecuencias de cada alternativa a corto y a largo plazo.

La necesidad de sentirte bien. Tu estrategia hasta ahora ha sido compararte con los demás o ponerte unos niveles de exigencia demasiado perfeccionistas. La estrategia más sana es aprender a verse a uno mismo en términos más realistas (ver los capítulos 4, 5 y 6, sobre la autoevaluación precisa, las distorsiones cognitivas y cómo desactivar los sentimientos dolorosos) y adoptar una autoaceptación genuina (ver el capítulo 7, sobre la compasión). El capítulo 14 reforzará esas nuevas formas de concebirte y hablarte a ti mismo mediante técnicas de visualización. De hecho, gran parte de este libro habla de tu necesidad de sentirte bien e intenta ayudarte a desarrollar una autoevaluación precisa y tolerante.

La necesidad de alcanzar logros. Tu estrategia hasta ahora ha sido utilizar a la crítica como motivación para conseguir algo. Pero el precio es sentirte mal y despreciable cada vez que fracasas en lograr lo que te has propuesto, cada vez que cometes un error, cada vez que pierdes el empuje. Sin embargo, el mayor problema es que acabas creyéndote la premisa básica del ataque de la crítica. Te crees la mentira de que tu valía depende de tu conducta. El primer paso, pues, para responder a tu necesidad de alcanzar logros de forma sana es cuestionar tu antigua creencia de que vales según lo que haces (consulta el apartado «Afirma tu valía», en el capítulo 7).

El segundo paso consiste en aprender a evaluar las metas que te has fijado, para determinar si son adecuadas para ti. ¿Eres tú quien quiere comprar tu casa o es tu padre o tu pareja, o incluso algún ideal sobre ser «el sostén de la familia»? El capítulo 8, que habla de los «deberías», te proporcionará ayuda para evaluar tus metas. Analizarás tus objetivos en términos de las consecuencias que tendrán para ti a corto y a largo plazo, para determinar así si son adecuados. Cuando los examines con sinceridad, verás con claridad de forma inevitable que algunos de ellos implican, sencillamente, un precio demasiado alto.

El último paso para satisfacer tus necesidades de forma sana es encontrar nuevas maneras de motivarte. Tu antiguo motivador era la crítica, que te castigaba si no te esforzabas lo suficiente para conseguir tus metas. Pero hay otro modo más sano de motivarte para lograr tus metas, que consiste en visualizar las consecuencias positivas del logro. Cuando te ves recogiendo los beneficios de lo que has logrado, te imaginas cada detalle de tu éxito, oyes la aprobación de tus amigos y sientes la satisfacción, creas una fuerza motivacional extraordinariamente poderosa. En el capítulo 14, hablamos de la visualización, donde encontrarás instrucciones detalladas para usar la imaginería[1] para provocar en ti la conducta que deseas.

La necesidad de controlar los sentimientos negativos. En el capítulo anterior viste cómo, de forma paradójica, los ataques de tu voz crítica te ayudan a controlar el miedo, la culpa, la ira y otros sentimientos negativos. Es algo parecido a clavarse las uñas en la palma de la mano para distraer la atención de otro estímulo doloroso. Algunos de los sentimientos negativos que la crítica te ayuda a controlar son:

1. **Sentirte inadecuado, mal o sin valor.** La crítica te ayuda a bloquear estas sensaciones marcándote unos niveles de perfección elevados. Esto quiere decir que todo lo que tienes que

---

1. N. del T.: la versión española del *Diccionario conciso de psicología* de la Asociación Estadounidense de Psicología, publicado por Manual Moderno, traduce *imagery* como «imaginería», un término de uso corriente en obras de divulgación psicológica y de autoayuda que se refiere a la generación de imágenes mentales.

hacer para convertirte en tu yo ideal es trabajar duro. Para aprender a controlar estas sensaciones sin necesidad de recurrir a la crítica, sigue lo descrito en «La necesidad de sentirte bien», en la página 64. Una vez más, la estrategia que debes seguir es aprender a valorarte con precisión y con auténtica aceptación.

2. **Temer al fracaso.** La crítica hace desaparecer tu miedo al fracaso diciéndote «no puedes hacerlo». Así, ya ni siquiera lo intentas y el miedo se esfuma. Una estrategia más sana para controlar el miedo al fracaso es replantearte qué significan para ti tus propios errores. Quienes tienen una autoestima baja creen que los errores indican una falta de valor personal. Cada equivocación confirma tu creencia de que hay algo terriblemente malo en ti. En el capítulo 10, sobre la forma de manejar los errores, analizaremos una de las leyes fundamentales de la naturaleza humana: que siempre escoges hacer aquello que parece tener más probabilidades de responder a tus necesidades a partir de lo que sabes en ese momento. Tú tomas la mejor decisión que puedes tomar en cualquier momento, a partir de lo que sabes y lo que quieres. El secreto para superar cualquier error es reconocer que cada decisión que tomaste era la mejor que podías tomar en aquellas circunstancias.

3. **Miedo al rechazo.** La crítica te ayuda a afrontar el rechazo prediciéndolo y, por tanto, insensibilizándote al posible daño. Y además, te hace actuar de forma que los demás no se atrevan a criticarte. Una estrategia más sana para afrontar el miedo al rechazo es, en primer lugar, crear una nueva definición para los errores sociales, explicándolos como el resultado de tomar la mejor decisión posible en aquel momento (consulta el capítulo 10); en segundo lugar, desarrollar cualidades específicas para afrontar las críticas (consulta el capítulo 11, sobre responder a las críticas), y por último, aprender a comprobar si el rechazo es verdaderamente real, en lugar de leer la mente (consulta el apartado sobre lectura mental, en

el capítulo 5). El primer paso exige que te hables de una forma diferente. Los errores sociales no son una indicación de tu valía, no son más que decisiones que tomaste, decisiones que si hubieras sopesado con más calma, habrías cambiado. El segundo paso modifica tu conducta. Aprende a responder afirmativamente a la crítica en lugar de sumirte en una orgía de autorreproches. El tercer paso exige la decisión de no confiar en tus suposiciones sobre los pensamientos y sentimientos de los demás. En cambio, desarrolla la capacidad de comprobar: haz preguntas específicas para aclarar supuestos sentimientos negativos de los demás.

4. **Cólera.** La crítica te ayuda a resolver tu miedo al enfado redirigiéndolo hacia ti mismo. Una estrategia más sana para afrontarlo es aprender a decir lo que quieres y a negociar el cambio. Muchas veces, la ira es resultado de la impotencia, porque no has conseguido comunicar tus necesidades o lo has hecho ineficazmente. Tienes el derecho a indagar lo que quieres, aunque tal vez no lo consigas. En el capítulo 12 podrás aprender a expresar tus necesidades de forma más eficaz. Ser más asertivo te permitirá reducir tus sentimientos de ira tanto hacia los demás como hacia ti mismo.

5. **Culpa.** Mediante el castigo, la crítica te ayuda a controlar tu culpa. Una estrategia mejor es averiguar si tu culpa procede de saltarte un valor sano o dañino. El capítulo 8 te habla de los «deberías», ofreciéndote un contexto para poder analizar tu sistema personal de valores. Verás si la regla que has roto y por la que te sientes culpable es lo suficientemente flexible para encajar contigo y si es aplicable a tu situación particular. También descubrirás si la regla que has quebrantado es realista, es decir, si se basa en las consecuencias y resultados probables de tu conducta y no en las dicotomías absolutas de bien y mal. Si descubres que la regla no es sana, puedes combatir la culpa empezando a cuestionar ese viejo valor. Esto es algo más fácil de decir que de hacer, pero en el capítulo 9 encontrarás un

método por pasos para descubrir tus valores sanos y ponerlos en práctica para mejorar tu autoestima.

6. **Frustración.** La crítica te ayuda a controlar la frustración echándote las culpas y machacándote hasta que consigas descargar suficiente energía negativa y, en consecuencia, reducir tu nivel de tensión. La estrategia más sana es afirmar tu valor intrínseco repitiéndotelo una y otra vez y recordarte que los errores que has cometido son el resultado de tomar la  mejor decisión posible para ti en cada momento, dadas las circunstancias.

Cuadro resumen

— El siguiente cuadro es una guía para usar el resto de los capítulos de este libro. En el lado izquierdo encontrarás la lista de necesidades que tu voz crítica te ayuda a satisfacer. A lo largo de la parte superior del cuadro están los títulos de los capítulos donde encontrarás alternativas concretas para dar respuesta a esas mismas necesidades de formas más saludables. Las aspas indican qué capítulos ofrecen la respuesta apropiada para cada necesidad específica.

NECESIDADES QUE LA CRÍTICA TE AYUDA A SATISFACER	La autoevaluación precisa	Las distorsiones cognitivas	Desactiva tus pensamientos dolorosos	La compasión	Los «deberías»	Pon en práctica tus valores	Maneja los errores	Responde a las críticas ajenas	Pide lo que quieres	Márcate objetivos y planifícalos	La visualización	Aún no estoy bien
La necesidad de hacerlo bien					X	X	X			X		
La necesidad de sentirse bien	X	X		X							X	X
La necesidad de lograrlo					X	X	X			X	X	
La necesidad de controlar los sentimientos negativos			X									
Sentirse no válido	X	X	X	X		X				X	X	X
Temor al fracaso			X			X	X			X		
Miedo al rechazo		X	X					X	X			
Cólera			X						X			
Culpa			X		X							
Frustración			X									

4

LA AUTOEVALUACIÓN PRECISA

Un grupo de solteros había implantado la costumbre de que fueran las mujeres quienes invitaran a los hombres a bailar durante la primera canción de la noche. Este diálogo ocurrió entre una mujer atractiva que se acercó a la mesa de un hombre delgado y bien vestido para invitarlo a bailar:

MUJER: ¿Te apetece bailar?

HOMBRE: (mirando alrededor) ¿Me hablas a mí?

MUJER: No hay nadie más en tu mesa.

HOMBRE: Supongo.

MUJER: (molesta) No parece que te entusiasme la idea.

HOMBRE: No creí que me elegirías.

MUJER: (sentándose) ¿Y por qué no? Me pareces majo.

HOMBRE: ¿Majo? (sarcástico). Este traje tiene quince años y no me
          queda bien, tengo la nariz de Pinocho, estoy perdiendo
          pelo y bailo como un pato.

MUJER: (silencio).

HOMBRE: ¿Quieres bailar?

MUJER: (levantándose) Voy a pensarlo.

El hombre del diálogo era uno de los más atractivos del grupo de solteros aquella noche. Pero su autoconcepto (su valoración de sí mismo) estaba distorsionado por una atención excesiva a sus rasgos negativos. Su consciencia estaba filtrando todos sus rasgos positivos y se centraba solo en sus supuestos defectos.

Las personas con baja autoestima no se perciben con claridad a sí mismas. La imagen que ven de ellas aumenta sus puntos débiles y minimiza sus cualidades, como en los espejos deformantes de un parque de atracciones. El resultado habitual de este reflejo distorsionado es una fuerte impresión de deficiencia, al compararse de forma desfavorable con las personas de su alrededor. Al mirar a los demás, los ves de forma mucho más precisa que a ti mismo, porque tienes presente su equilibrio de puntos fuertes y débiles. En comparación con toda esa gente «normal», la imagen distorsionada que ves de ti sobre el espejo cóncavo parece terriblemente imperfecta.

Para aumentar tu autoestima, es absolutamente necesario que rompas los espejos trucados y aprendas a distinguir con precisión tu singular equilibrio de puntos fuertes y débiles. Este capítulo te ayudará a crear una descripción clara y precisa de tu persona. Dejarás de menospreciar tus talentos y magnificar tus debilidades y aprenderás a reconocer y valorar a la persona que realmente eres.

El primer paso para la autoevaluación precisa es describir con el máximo detalle posible cómo te percibes actualmente. El siguiente «inventario del concepto de ti mismo» te ayudará a organizar tu propia descripción.

INVENTARIO DEL CONCEPTO DE TI MISMO

Escribe el mayor número posible de palabras o frases que puedas para describirte en las siguientes áreas:

- **Aspecto físico.** Incluye tu altura, peso, aspecto facial, cualidad de la piel, pelo y tipo de vestimenta, además de descripciones de zonas corporales específicas como cuello, pecho, cintura y piernas.

- **Cómo te relacionas con los demás.** Describe tus habilidades y debilidades en tus relaciones íntimas y con tus amigos, familia y compañeros de trabajo, así como de la forma de relacionarte con extraños en diferentes situaciones sociales.
- **Personalidad.** Describe tus rasgos de personalidad positivos y negativos.
- **Cómo te ven los demás.** Especifica las cualidades y debilidades que perciben tu familia y amigos.
- **Rendimiento en la escuela o el trabajo.** Incluye la descripción de tu manera de afrontar las principales tareas en la escuela o el centro de trabajo.
- **Ejecución de las tareas cotidianas.** Pueden incluirse descripciones de áreas como higiene, salud, mantenimiento de el entorno vital, preparación de alimentos, cuidado de tus hijos y cualquier otra forma de atención a las necesidades personales o familiares.
- **Funcionamiento mental.** Incluye la valoración de cómo razonas y resuelves problemas, tu capacidad de aprender y tu cultura general, tus áreas de conocimientos especiales, tu formación particular, tu intuición, etcétera.
- **Sexualidad.** Escribe cómo te percibes y sientes como persona en el ámbito sexual.

Cuando hayas terminado el inventario, vuelve atrás y añade un signo positivo (+) en los apartados que representan las habilidades o los aspectos que te gustan de ti. Pon un signo negativo (−) en los apartados que consideres debilidades o que te gustaría cambiar. No pongas nada en aquellos que consideras neutrales, las observaciones basadas en hechos.

Esta es la muestra de cómo Eleanor, vendedora de una compañía farmacéutica, rellenó su «inventario del concepto de sí mismo».

Aspecto físico

- + Grandes ojos marrones
- + Pelo negro rizado
- + Piel aceitunada
- + Piel transparente, de aspecto joven
- − Dientes de caballo
- − Vientre abultado
- − Muslos gordos
- + Caderas bonitas
- + 1,65 cm de altura, 59 kg de peso

- − Pecho plano
- − Nariz fea
- + Buen aspecto con vestidos estilo años treinta
- + No necesito maquillaje
- + Visto informal, con vaqueros y camisetas de algodón
- + Cuello largo

Cómo me relaciono con los demás

- + Cariñosa
- + Abierta
- + Tolerante y flexible
- − No sé poner límites ni decir no
- − Demasiado tolerante, luego resentida
- + Buena comunicadora
- + Divertida
- − Falsa con mis amigos
- + Socialmente competente

- + Se me da bien escuchar
- − No sé pedir lo que quiero
- − Incómoda con los desconocidos
- + Protectora
- + Mantengo mis compromisos
- − Utilizo la culpa para controlar a mis hijos
- − Algunas veces ataco y molesto a mis hijos

Personalidad

- + Responsable
- + Divertida
- + Abierta, extrovertida
- + Afable
- − Odio estar sola
- − Bocazas

- − Antipática cuando no consigo lo que quiero
- − Irritable, a veces
- + Cariñosa con mi familia
- + Me encanta estar atareada
- − Me esfuerzo demasiado en complacer a otros

Cómo me ven los demás

- Ignorante
- Dispersa
- Indecisa
- Desbordada por las obligaciones

- Olvidadiza
- Lo pierdo todo
+ Positiva
+ Competente
+ Divertida

Rendimiento en el trabajo

+ Dispuesta
+ Esforzada, motivada
+ Agradable
+ Accesible con la gente
- Hiperestresada
- Pésima en las conversaciones telefónicas

- Evito las ventas por teléfono
+ Experta en mi campo
+ Buena vendedora
- Torpe con el papeleo
- Inquieta

Ejecución de las tareas cotidianas

- Olvido las citas
- Postergo las tareas
+ Cocinera buena y rápida
- Ama de casa desordenada
+ Concienzuda en la higiene dental

+ Buena higiene y limpieza de los niños
- Compro de forma absurda
+ No me preocupa mi aspecto

Funcionamiento mental

- Mala debatiendo y argumentando
- Ignoro los temas de actualidad
- Perezosa mentalmente
+ Intuitiva
- Poco lógica

+ Me gusta aprender cosas nuevas
+ Curiosa por el funcionamiento de las cosas
+ Mente rápida
- Poco creativa

Sexualidad

+ Habitualmente excitada, con interés en el sexo
+ Acepto las iniciativas sexuales de mi pareja
− Inhibida
− Siento temor a iniciar relaciones

+ Comunico bien mis preferencias sexuales
+ Puedo expresar los sentimientos sexualmente
− Puedo sentirme muy rechazada y deprimida
− Pasiva

A Eleanor le llevó cerca de una hora de esfuerzo intenso hacer esta lista. Enseguida aprendió algo muy importante sobre ella misma. Vio que tenía casi tantos aspectos positivos como negativos en cada categoría del inventario. Aunque podía reconocer sus cualidades, también estaba claro que tenía muchas opiniones negativas sobre quién era ella, y esto afectaba a todas las áreas de su vida.

No todo el mundo muestra la misma pauta de respuesta que Eleanor. Tal vez en tu caso, la gran mayoría de las opiniones negativas se concentren en una o dos áreas del inventario. Si es así, tu autoestima es buena en general, pero tiene algunos puntos débiles. Cuanto menos dispersos estén tus aspectos negativos por todo el inventario y mayor sea su proporción con respecto a los positivos, más esfuerzo te supondrá conseguir un autoconcepto positivo en términos reales.

LISTA DE DEFECTOS

Toma una hoja de papel en blanco y divídela en dos columnas. En la de la izquierda escribe cada apartado en el que hayas tenido una calificación negativa. Deja tres líneas entre cada apartado para tener suficiente espacio para volver a escribir y hacer cambios.

No hay nada malo en tener defectos, todo el mundo los tiene. No hay en la Tierra una sola persona sin una lista de aspectos en los que le gustaría ser diferente. El problema no es tener esta lista, sino la forma en que utilizas tus debilidades para los autoataques destructivos. Decir que escondes tu ira con tus amigos es una valoración razonable. Pero condenarte como una «persona falsa con sus amigos», como hizo

Eleanor, es una opinión que daña tu autoestima. Tener presente el tamaño de tu cintura y que quieres perder 6 centímetros es una valoración realista de algo que quieres cambiar. Pero decir que tienes una «barriga abultada» es como clavar alfileres en tu autoestima.

Cuando empieces a revisar los aspectos de tu lista de debilidades, debes seguir cuatro normas:

1. **Utiliza un lenguaje no peyorativo.** Hay que cambiar la descripción «dentadura de caballo» por «dientes frontales, prominentes», «pésima en las conversaciones telefónicas» por «me siento incómoda cuando no puedo ver a la gente para recibir pistas; me pongo un poco nerviosa por teléfono» o «compro de forma absurda» debe cambiarse por «hago demasiados viajes al supermercado porque compro justo lo que necesito para cenar cada noche». Repasa tu lista y elimina todas las palabras con connotaciones negativas: *estúpido, bocazas, indeciso, descuidado, gordo, feo* y así sucesivamente. Tienes que desterrar estos términos de tu vocabulario de autodescripción. Estas etiquetas negativas, como las pirañas, no son muy peligrosas cuando se presentan aisladas alguna vez. Pero cuando llegan en una gran avalancha, pueden devorar tu autoestima.

2. **Utiliza un lenguaje preciso.** No exageres ni embellezcas los rasgos negativos. Repasa cada enumeración de tu lista de puntos débiles para asegurarte de que sean puramente descriptivos. Limítate a los hechos. «Muslos gordos» es, además de peyorativo, inexacto. Para Eleanor, la descripción exacta sería «muslos de 53 centímetros». «Torpe con el papeleo» es otro término impreciso. Eleanor lo reescribió diciendo que «ocasionalmente me olvido de anotar algún punto en las hojas de pedido». Su descripción de «indecisa» la reformuló como «tiendo a conceder la autoridad a los que tienen opiniones sólidas». En cuanto a lo de ser « poco lógica», se dio cuenta de que era una opinión de su marido

y de que, en realidad, no se consideraba a sí misma una persona «ilógica».

3. **Usa un lenguaje específico en lugar de general.** Elimina términos como *todo*, *siempre*, *nunca*, *totalmente*, etcétera. Reescribe la lista de forma que tu descripción se limite a la situación concreta, contexto o relación particular donde aparece el rasgo. Las acusaciones generalistas como «no sé poner límites ni decir no» deberían revisarse para reflejar solo las relaciones específicas en las que este problema ocurre. Cuando Eleanor pensó sobre este caso concreto, se dio cuenta de que expresado así, sencillamente era falso. Podía decir que no a los vendedores, a sus hijos, a su madre y a los vecinos que le pedían cosas absurdas. Pero tenía problemas para fijar límites con su marido y con algunas amigas íntimas. De modo que reformuló este rasgo escribiendo que «me cuesta decir que no a mi marido y a algunas amigas íntimas cuando necesitan o piden ayuda». También reconsideró el rasgo «utilizo la culpa para conseguir que mis hijos hagan las cosas». Se dio cuenta de que había solo dos situaciones en las que se este problema surgía, por lo que lo cambió por «hago sentir mal a mis hijos cuando se pegan o por no visitar a sus abuelos». El rasgo «odio estar sola» pasó a «me pongo nerviosa y ansiosa cuando estoy sola en casa después de las ocho o las nueve de la noche». «Lo pierdo todo» lo cambió por «a veces pierdo las llaves o un jersey». Fíjate en cómo el hecho de especificar una debilidad hace que parezca menos general e inapropiada. Tu problema no es ya general. Reconoces que ocurre solo en algunas ocasiones y con algunas personas.

4. **Encuentra excepciones o puntos fuertes equivalentes.** Este es un paso esencial para aplicar a los aspectos que te hacen sentir muy mal sobre ti mismo. Por ejemplo, Eleanor sabía que tenía problemas para pedir lo que quería. Su crítica patológica utilizaba esto con frecuencia como arma para atacar su noción de valía personal. Así que reformuló este aspecto, indicando

primero algunas excepciones: «Soy razonablemente asertiva con mis compañeros de trabajo, mis amigas Bárbara y Julie y mis hijos, pero no con mi marido y algunos amigos íntimos». Otro aspecto que hacía que Eleanor se sintiese especialmente vulnerable era el calificativo de «mentalmente perezosa». Reformuló este aspecto reconociendo áreas de conocimiento por las que no sentía interés alguno y añadiendo luego una excepción importante: «Me aburren las cuestiones políticas y filosóficas, el pensamiento abstracto. Me gusta pensar en las motivaciones e impulsos que dirigen la conducta humana». El aspecto «mala debatiendo y argumentando» era otra zona de especial sensibilidad para ella. Esta crítica tenía la consecuencia de no hacer valer su posición en las discusiones. De manera que reformuló este apartado incluyendo un don: «No tengo suficientes datos ni soy implacable. Lo que me gusta, sin embargo, es que no siento que deba tener la razón siempre. No me hundo cuando la gente no está de acuerdo conmigo».

Lista revisada de defectos de Eleanor

VERSIÓN ORIGINAL	VERSIÓN REVISADA
1. Aspecto físico	
Muslos gruesos Vientre abultado Dientes de caballo Pecho plano Nariz fea	Muslos de 53 centímetros Cintura de 81 centímetros Dientes frontales prominentes Talla 34B de sujetador Nariz grande proporcionada
2. Cómo me relaciono con los demás	
No sé poner límites ni decir no	Me cuesta decir que no a mi marido y a amigos cercanos cuando necesitan o piden ayuda
Demasiado tolerante, luego resentida	Dejo a mi marido hacer lo que necesita hacer, pero si no me presta suficiente atención, aparece el resentimiento
Falsa con mis amigos	Reticente a expresar la ira con mis amigos
No sé pedir lo que quiero	Soy razonablemente asertiva con mis compañeros de trabajo, mis amigas Bárbara y Julie, y mis hijos, pero no con mi marido y algunos amigos íntimos
Incómoda con los desconocidos	Incómoda con hombres desconocidos en entornos sociales
Utilizo la culpa para conseguir que mis hijos hagan las cosas	Hago sentir mal a mis hijos cuando se pegan y por no visitar a sus abuelos
Algunas veces ataco y molesto a mis hijos	El noventa por ciento de las veces soy comprensiva, pero varias veces a la semana ataco y molesto a mis hijos por sus deberes y la limpieza de la cocina

VERSIÓN ORIGINAL	VERSIÓN REVISADA

3. Personalidad

VERSIÓN ORIGINAL	VERSIÓN REVISADA
Odio estar sola	Me pongo nerviosa y ansiosa cuando estoy sola en casa después de las ocho o las nueve de la noche
Bocazas	Dos veces el año pasado dije algo que no debí haber dicho
Antipática cuando no consigo lo que quiero	Me molesta cuando mi marido trabaja hasta tarde y no hago un esfuerzo por estar de buen humor
Irritable, a veces	Irritable con mis hijos sobre los deberes y las tareas de casa un par de veces a la semana
Me esfuerzo demasiado en complacer a otros	Desbordada por mi marido y mis amigos íntimos

4. Cómo me ven los demás

VERSIÓN ORIGINAL	VERSIÓN REVISADA
Indecisa	Tiendo a conceder la autoridad a los que tienen opiniones sólidas
Desbordada por las obligaciones	Trabajo y tengo tres hijos, un marido y amigos. No hay tiempo suficiente
Olvidadiza	Me olvido de los cumpleaños, de las citas con el médico a veces, y de los nombres de algunas personas
Lo pierdo todo	A veces pierdo las llaves o un jersey
Ignorante	Sé poco de actualidad y de historia; no leo el periódico. Sé un poco de psicología, farmacia, niños, danza moderna y hacer que funcione una familia
Dispersa	Ver «Olvidadiza» y «Lo pierdo todo»

VERSIÓN ORIGINAL	VERSIÓN REVISADA

5. Rendimiento en el trabajo

Hiperestresada	Por lo general muy cansada cuando llego a casa; bien los fines de semana
Pésima en las conversaciones telefónicas	Me siento incómoda cuando no puedo ver a la gente para recibir pistas, me pongo un poco nerviosa por teléfono
Torpe con el papeleo	Ocasionalmente me olvido de anotar algún punto en las hojas de pedido
Evito las ventas por teléfono	Reticente a las llamadas de ventas. He pospuesto unas pocas llamadas desagradables hasta una semana. Solo he evitado completamente la llamada a un médico.
Inquieta	Ser inquieta no es un problema, no perjudica mi trabajo

6. Desempeño de las tareas cotidianas

Postergo las tareas	Aplacé la visita a mi madre, la limpieza y hacer que los niños cumplieran sus tareas. En general, soy responsable con las obligaciones familiares y de trabajo
Compro de forma absurda	Hago demasiados viajes al supermercado porque compro justo lo que necesito para cenar cada noche
Ama de casa desordenada	Algunas veces se apilan los platos para fregar, la mesa del comedor y el salón son un desastre. Hago la limpieza general una vez a la semana

VERSIÓN ORIGINAL	VERSIÓN REVISADA
7. Funcionamiento mental	
Mala debatiendo y argumentando	No tengo suficientes datos ni soy implacable. Lo que me gusta, sin embargo, es que no siento que deba tener la razón siempre. No me hundo cuando la gente no está de acuerdo conmigo
Ignoro los temas de actualidad	Ver «Ignorante» en el apartado 4
Perezosa mentalmente	Me aburren las cuestiones filosóficas y políticas y el pensamiento abstracto. Me gusta pensar en las motivaciones e impulsos que dirigen la conducta humana
Poco lógica	«Ilógica» es un calificativo de mi marido. En realidad no creo ser así
Poco creativa	No me interesa el arte ni hacer cosas. Se me da muy bien decorar casas, disfruto mis clases de baile moderno
8. Funcionamiento sexual	
Inhibida	Incómoda al desvestirme delante de mi marido o cuando mira mi cuerpo muy de cerca
Puedo sentirme muy rechazada y deprimida	Pero disfruto probando cosas nuevas sexualmente
Siento temor a iniciar relaciones	Estoy ansiosa cuando inicio la interacción, porque si él no está interesado me duele. Pero soy yo quien toma la iniciativa una cuarta parte de las veces
Pasiva	Dejo que él marque el tono sexualmente, pero eso no es un problema en realidad

Ahora revisa cada punto débil del lado izquierdo de la lista. Hazlo minuciosamente, tomándote tanto tiempo como necesites. Es una tarea difícil. Pero estarás dando un paso decisivo hacia un cambio de las autoevaluaciones negativas que te hacen sentir mal o inadecuado.

Recuerda que cada aspecto revisado debe: eliminar todo el lenguaje peyorativo, ser preciso y puramente basado en los hechos, eliminar las descalificaciones generales y sustituirlas por situaciones específicas en las que tus puntos fuertes se ponen de relieve e incluir el mayor número posible de excepciones y cualidades equivalentes que puedas imaginar.

LISTA DE CUALIDADES

El siguiente paso para realizar una autoevaluación precisa consiste en reconocer tus cualidades. Pero esta tampoco es una tarea fácil. La cultura occidental es algo ambivalente en cuanto a mostrar orgullo de uno mismo. Los héroes y sus acciones hablan por sí mismos, no necesitan pregonarlas. Se evita a los fanfarrones. Además de estas prohibiciones culturales, tal vez hayas tenido experiencias en tu propia familia que te hagan reacio a reconocer tu lado positivo. Los padres críticos a menudo castigan a sus hijos por hablar bien de sí mismos. Muchos niños viven centenares de interacciones como estas:

JIMMY: Mamá, he hecho muy bien la prueba de lectura.
MADRE: Sí, pero la semana pasada sacaste un deficiente y el maestro dice que no haces todos los deberes.

SUSAN: He subido al árbol del patio, papá.
PADRE: No hagas eso, es peligroso.

MIKE: Hoy he llevado mi colección de conchas al colegio.
PADRE: ¿Y luego la trajiste o la has perdido?

Como resultado del condicionamiento cultural y paterno, dar crédito a tus habilidades y talentos puede causarte ansiedad. Parece peligroso, casi como si alguien pudiese hacerte daño o matarte por tu audacia.

Ahora es el momento de ser audaz, de hacer sonar tu cuerno, de indagar y reconocer todo lo apreciable que hay en ti. Vuelve a tu «Inventario del concepto de ti mismo». En una hoja de papel, escribe todos los aspectos marcados con un signo positivo. Ahora mira los aspectos de tu lista revisada de puntos débiles en la que apuntaste tus habilidades equivalentes. Si alguna de ellas no está en tu lista de habilidades, añádela ahora.

Lee despacio los aspectos de tu lista de cualidades. Intenta pensar en otras habilidades o capacidades especiales que no hayas incluido. Piensa en los cumplidos que te han hecho, recuerda los pequeños éxitos, piensa en los obstáculos que has superado y en aquello por lo que te has interesado. Incluye todos los premios, distinciones o buenas calificaciones que hayas conseguido. El siguiente ejercicio puede ayudarte a recordar algunos de los aspectos que valoras de tu persona.

EJERCICIO

Piensa unos momentos en las personas a las que más has querido o admirado. ¿Qué cualidades despiertan tu afecto o tu admiración? ¿Qué te hace realmente querer a alguien? Ahora mismo, antes de seguir leyendo, escribe en un trozo de papel las cualidades que más aprecies de esas personas.

En este momento, tu lista debería estar completa. Puedes usarla como herramienta de introspección. Repásala lentamente, punto por punto, y pregúntate cuáles de esas cualidades hay en ti. Busca ejemplos de tu pasado o tu presente.

Puede sorprenderte descubrir que muchas de las cualidades que te inspiran a cuidar y respetar a los demás también te describen. Si no has incluido en tu lista algunas de las cualidades especiales que valoras en los demás y reconoces en ti mismo, puedes hacerlo ahora.

Repasa una vez más tu lista de dotes. Vuelve a escribirlas completando frases, utilizando sinónimos, adjetivos y adverbios para ello. Deshazte de los negativos en favor de los positivos y elimina cualquier «cumplido forzado». Cuando Eleanor revisó su lista de capacidades, cambió el «no necesito maquillaje» por «tengo un color natural excelente», «divertida» por «tengo un fino sentido del humor que le encanta a la gente» y «no sé pedir lo que quiero» por «cuando realmente importa, puedo recurrir a mí misma y no pedir ayuda a los demás. Tengo un fuerte centro de energía y resolución que todos valoran».

Has pasado años recreándote en tu lista de puntos negativos y puliéndolos. Ahora concédete el mismo tiempo con tu lista de cualidades positivas. Recréate en ellas. Imagínate que escribes una carta de recomendación para alguien a quien realmente quieres y a quien le deseas el éxito. Cuando Eleanor llegó a aspectos como «me gusta aprender cosas nuevas» y «curiosa por el funcionamiento de las cosas», se volcó realmente en ellos. Esta es un área en la que tendrás que recrearte, para contrarrestar tu tendencia habitual a menospreciar tus puntos positivos.

UNA NUEVA DESCRIPCIÓN DE TI MISMO

Ha llegado el momento de unir tus puntos fuertes y débiles en una descripción de tu persona que sea precisa, justa y compasiva. Esta descripción no debe evitar la verdad. Tiene que reconocer las debilidades que tal vez quieras cambiar. Pero también tiene que incluir las habilidades personales que, de forma innegable, configuran tu identidad. Tu nueva descripción debe cubrir las ocho áreas del «inventario del concepto de ti mismo», incluidos los puntos fuertes y débiles más significativos (solo de la versión revisada). Eleanor se describió así:

Mido 1,65 y peso 52 kilos; tengo los ojos castaños y grandes, una nariz grande y proporcionada, labios carnosos, dientes frontales protuberantes, cabello oscuro rizado y tez clara de aspecto joven. Tengo un color natural excelente. Mido 66 centímetros de cintura, 53 de muslos y tengo unas caderas bien formadas.

Soy una persona afectuosa y amigable, que se comunica bien. Soy razonablemente asertiva con mis compañeros de trabajo y con mis hijos. Tengo dificultades para pedir lo que quiero y en poner límites a mi marido y a algunos amigos. Hago amigos con facilidad, aunque soy reacia a expresar enojo con ellos. Tengo una buena relación con mis hijos. En ocasiones los regaño por sus deberes y por el desorden. Soy buena escuchando y soy intuitiva, sobre todo cuando puedo relacionarme cara a cara.

Soy extraordinariamente responsable. Tengo un sentido del humor fino y perceptivo que gusta a la gente. Me esfuerzo mucho por ser cariñosa. Disfruto cuando la familia está reunida en casa por las noches, y me cuesta quedarme sola después de las ocho o las nueve de la noche. Me gusta de verdad la gente, pero a veces me esfuerzo y hablo demasiado si empiezo una conversación con alguien.

Los demás me ven como alguien positivo, competente y fuerte. Pero suelo ceder ante las personas que tienen opiniones más enérgicas. Sé poco de los sucesos actuales y de política, pero creo conocer bien lo que me interesa de verdad: psicología, niños, mi trabajo, baile moderno y hacer funcionar una familia. Cuando realmente hace falta, puedo ser independiente y no pedir ayuda a nadie. Tengo mucha energía y resolución que puedo movilizar a voluntad.

En el trabajo soy una persona trabajadora y concienzuda y me va bastante bien con la gente. Odio el papeleo y a veces paso por alto algunos detalles. Me siento incómoda al teléfono y tiendo a posponer las llamadas a algunos médicos. Soy una buena vendedora cuando puedo sentarme cara a cara con una persona. Puedo vender los productos con facilidad. Soy una persona rápida, resolutiva y eficiente en lo que se refiere a cocina, labores domésticas y aseo. Tiendo a posponer actividades como visitar a mi madre y hacer limpieza general. Por suerte, soy muy tolerante con los niños. Los domingos hago la limpieza general en casa.

Soy bastante inteligente y me gusta aprender cosas nuevas. Mi curiosidad es insaciable. Me gusta saber cómo funcionan las cosas, tanto si es un nuevo medicamento que vamos a vender como una tostadora. Esto me hace progresar y cambiar. Evito las discusiones políticas y filosóficas y me aburren la teorías abstractas. Me gusta hablar de la naturaleza humana y sobre lo que mueve a la gente. No soy buena en las manualidades pero me agrada decorar la casa.

Me siento sexualmente viva y abierta a la experimentación sexual, aunque me siento inhibida al desnudarme o pasear desnuda, incluso frente a mi marido. Soy intuitiva y capaz de comunicarme con facilidad sobre el sexo.

Tu nueva descripción puede valer su peso en oro. Debes leértela en voz alta, poco a poco y cuidadosamente, dos veces al día durante cuatro semanas. Este es el mínimo tiempo necesario para empezar a cambiar espontáneamente tu forma de pensar sobre ti mismo. Igual que aprendes una canción tarareándola una y otra vez, puedes aprender una forma de concebirte más compasiva y exacta, leyendo cada día la nueva descripción de tu persona.

Felicítate por tus cualidades

Has enumerado las cualidades que valoras de ti mismo. Pero para que esto signifique algo, tienes que poder recordarlas. Cuando la crítica te ataque por ser estúpido o egoísta o por tener miedo a la vida, debes recordar tus habilidades para poder responder al ataque. Tienes que ser capaz de decir, por ejemplo: «Espera un minuto, no voy a escuchar nada de eso. Sé que soy creativa y generosa con los niños y que intenté empezar en una nueva profesión con cuarenta años».

Para recordar tus cualidades, sobre todo en el momento en que te sientas más abatido, necesitas desarrollar un sistema de recuerdos diarios. Los tres métodos siguientes te ayudarán a tener presentes tus cualidades positivas:

1. **Afirmaciones diarias.** Una forma de recordarte tus cualidades es combinar varias en una afirmación positiva de una frase que te repites a intervalos durante el día. Estas son algunas de las afirmaciones que hizo Eleanor:

- Soy una persona cariñosa, abierta y tolerante.
- Soy divertida y agradable y tengo muy buenos amigos.
- Soy competente y trabajadora y muy buena en lo que hago.

Escribe una nueva afirmación cada mañana. Tiene que ser algo que puedas creer de ti mismo, algo que te proporcione consuelo y apoyo. Ten presente tu afirmación durante todo el día, como si fuese una especie de meditación. Cuando te sientas estresado crítico, úsala como un talismán, como un hecho tranquilizador que te dice que eres una persona buena y valiosa.

2. **Notas recordatorias.** Otro método para subrayar tus cualidades y que puedes utilizar junto a las afirmaciones son las notas recordatorias. Escribe una breve afirmación en mayúsculas en un trozo de papel o una tarjeta y colócala en el espejo. Haz copias y colócalas en la parte de atrás de la puerta principal de tu casa, en la mesita de noche, en el baño y en la puerta de la nevera, cerca de un interruptor de luz. La idea es colocar notas recordatorias en los lugares donde tu vista va a parar. También puedes hacer notas más pequeñas, del tamaño de una tarjeta de visita. Guárdalas en tu maletín, en el cajón de tu escritorio en el trabajo, en tu cartera o en la funda para las tarjetas de crédito. Cámbialas o rótalas cada pocos días.

   Hay quien considera absurda o tonta la idea de usar estos carteles, pero quienes los utilizan aseguran que les refuerza y fortalece su sensación de valía personal. Estas notas son una forma de obligarte a tener presentes las cualidades que valoras en ti.

3. **Integración activa.** Una tercera forma de tener más consciencia de tus cualidades es recordar ejemplos específicos y ocasiones en que las demostraste claramente. Selecciona cada día tres cualidades de tu lista. Luego busca en tu pasado situaciones que muestren estas cualidades concretas. Este ejercicio se denomina integración activa porque transforma ese montón de palabras de tu lista en recuerdos concretos. Te

Reforzar y fortalecer valía personal

ayuda a creer y recordar que estas cualidades positivas realmente son tuyas. Puedes seguir tu lista y encontrar ejemplos tantas veces como quieras. Pero intenta hacerlo con toda la lista al menos una vez. En su proceso de integración activa, Eleanor pensó en ejemplos como estos:

- **Agradable.** La vez que Jeanne dijo que yo tenía una personalidad encantadora y Ellen añadió que la divertía mucho en la oficina.
- **Competente.** Soy la número tres de mi zona, algo condenadamente bueno teniendo en cuenta que hago este trabajo desde hace solo cuatro años.
- **Independiente.** Como cuando enviaron a mi marido a Arabia Saudí durante tres meses y pude cuidar de la familia sin él.

Comprométete con la exactitud. Una autoevaluación precisa supone, en primer lugar, reconocer y recordar tus cualidades y, en segundo lugar, describir con precisión tus puntos débiles, de forma específica y sin ser peyorativo. Este segundo aspecto exigirá un compromiso fundamental por tu parte. Cuando la voz crítica te ataca, cuando exagera y utiliza esas generalizaciones negativas, tienes que pararla. La verdad la detendrá: exactitud, especificidad, ausencia de crítica. Presta atención porque la antigua forma negativa de hablarse es un hábito muy arraigado. Tienes que responderle, una y otra vez, con el nuevo lenguaje más preciso que has aprendido.

5

LAS DISTORSIONES COGNITIVAS

❋ ❋ ❋

Hábitos de Pensamiento

Las distorsiones cognitivas son instrumentos de la crítica patológica, los medios que emplea para actuar, las armas que dirige contra tu autoestima. Si las creencias irracionales son la ideología de la crítica patológica (tesis que se analiza en el capítulo 8), las distorsiones cognitivas pueden considerarse su metodología. Utiliza las distorsiones como un terrorista utiliza las bombas y las pistolas.

Las distorsiones cognitivas son en realidad malos hábitos: hábitos de pensamiento que usas de forma constante para interpretar la realidad de forma irreal. Por ejemplo, cuando un compañero de trabajo se niega a participar en una reunión que diriges, puedes tomarlo como la simple decisión que es. O puedes aplicar tu hábito de considerar cualquier rechazo como un insulto personal y darle así otro azote a tu ya castigada autoestima.

Los estilos de distorsión cognitiva son difíciles de diagnosticar y tratar porque están muy vinculados con tu forma de percibir la realidad. Incluso las personas más sanas y racionales funcionan a cierta distancia de la realidad. Es inevitable, dada la programación incorporada de la mente y los sentidos del ser humano.

Para explicarlo de una manera gráfica podríamos decir que todo el mundo se mira a sí mismo como por un telescopio. Si tu telescopio es perfectamente redondo y está bien conservado, te verás bastante grande e importante en el universo, bien enfocado y con tus distintas partes bien proporcionadas. Por desgracia, pocas personas disponen de un telescopio en buen estado. Puede estar invertido, de forma que ven una imagen de ellas empequeñecida y reducida. Las lentes pueden estar sucias, torcidas, rotas o desenfocadas. Las obstrucciones del tubo pueden bloquear la vista e impedirte ver algunos aspectos de ti. Otros tienen caleidoscopios en lugar de telescopios. Y hay quien no puede ver nada porque sus imágenes de un yo falso velan la lente.

Las formas de pensar distorsionadas te separan de la realidad de distintas maneras. Las distorsiones te juzgan; automáticamente aplican etiquetas a personas y cosas antes de que uno tenga la oportunidad de evaluarlas. También tienden a ser inexactas e imprecisas. Su alcance y su aplicación son siempre generales y no tienen en cuenta las circunstancias y las características particulares. Solo dejan ver un lado de la cuestión, por lo que la imagen del mundo que ofrecen es desequilibrada. Y, por último, las distorsiones no se basan en procesos racionales, sino emocionales.

En este capítulo se analizan las nueve distorsiones cognitivas más frecuentes que suelen afectar a la autoestima. Aprenderás a reconocerlas y a desarrollar técnicas de refutación efectivas que te permitirán atravesar el velo de distorsión y afrontar la realidad de forma más equilibrada, precisa y autocompasiva.

DISTORSIONES

Las distorsiones son una cuestión de estilo. Pueden basarse en creencias irreales muy arraigadas, pero no son creencias en sí mismas, son hábitos de pensamiento que te meten en problemas. A continuación encontrarás las nueve distorsiones más frecuentes que afectan a la autoestima.

1. Generalización excesiva

Las distorsiones cognitivas cambian la misma naturaleza del mundo en el que vives. Las generalizaciones excesivas crean un universo reducido en el que leyes cada vez más absolutas convierten la vida en algo cada vez más limitado. Es un universo en el que se le da la vuelta al método científico. En lugar de observar todos los datos disponibles, formular una ley que los explique y luego contrastarla, se toma un hecho o acontecimiento aislado y se extrae de él una regla general que nunca llega a comprobarse.

Por ejemplo, un contable jefe llamado George le propuso a una contable de su departamento que saliese a cenar con él. Ella rechazó la invitación, diciendo que nunca salía con sus jefes. George sacó la conclusión de que ninguna de las mujeres de su departamento querría salir con él nunca. Generalizó en exceso un rechazo y lo convirtió en la regla de no pedirle nunca más salir a ninguna mujer de su empresa.

Si generalizas demasiado, un mal paso significa que eres socialmente incompetente. Una cita frustrada con una mujer mayor te convence de que todas las mujeres mayores van a pensar que eres superficial e inexperto. Una mesa mal serrada te hace creer que nunca dominarás la carpintería. Borrar un archivo por accidente te convierte automáticamente en un analfabeto tecnológico. Y precisamente, ese hábito de generalizar en exceso no te permite comprobar si esas reglas son ciertas.

Una señal de que estás generalizando en exceso es que tu crítica patológica utiliza términos como *nunca*, *siempre*, *todo*, *cada*, *ninguno*, *nadie*, *ni uno*, *todos* o *todo el mundo*. La crítica se vale de los absolutos para cerrar las puertas a las posibilidades, bloqueando tu acceso al cambio y al crecimiento: «Yo siempre lo hago todo mal», «Nunca llego a la hora al trabajo», «Nadie se preocupa realmente de mí», «Todo el mundo piensa que soy difícil».

2. Etiquetas globales

Las etiquetas globales aplican marcas estereotipadas a clases enteras de personas, objetos, conductas y experiencias. Cuando aplicamos esta clase de distorsión, convertimos el mundo en un universo poblado por personajes de una compañía teatral que representan melodramas irreales. Las personas con baja autoestima que etiquetan de forma global asumen ellas mismas el papel de villano o de víctima.

Este estilo de pensamiento está muy relacionado con las generalizaciones excesivas, pero en lugar de convertirse en una regla, la distorsión adopta la forma de una etiqueta. Las etiquetas globales son incluso más dañinas por su forma de crear estereotipos y de separarte de la auténtica diversidad de la vida real. Por ejemplo, un aspirante a escritor trabajaba en un almacén y escribía por las noches. Tenía asma leve y cojeaba. Había creado etiquetas para todo: el dueño de los almacenes era una hiena capitalista. Los editores que rechazaban sus cuentos eran parte de la Casta Literaria. Su trabajo era una cinta de correr. Su forma de escribir era un garabateo neurótico. Él mismo era un esqueleto asmático. Creía que tenía complejo de inferioridad. Sus palabras favoritas eran todas peyorativas. Tenía un millón de etiquetas, y todas eran clichés de pérdida y de insatisfacción. Con tantas etiquetas pegadas en su vida, estaba demasiado apegado al *statu quo* para ser capaz de cambiar alguna parte de sí mismo.

Deberías sospechar que estás usando etiquetas globales si los mensajes de tu crítica son clichés peyorativos sobre tu aspecto, tu rendimiento, tu inteligencia, tus relaciones, etcétera: «Mi relación amorosa es un lío inútil», «Soy un fracasado», «Mi casa es una cuadra», «Mi título es papel mojado», «Soy un neurótico», «Soy estúpido», «Soy una nulidad y un torpe», «Todos mis esfuerzos son inútiles».

3. Filtrado

Cuando filtras la realidad, ves el universo a través de un cristal oscuro: solo puedes ver y oír de forma parcial. Como una grabadora activada por la voz, tu atención solo se activa ante determinados estímulos: ejemplos de pérdida, rechazo, injusticias, y así sucesivamente. Te centras de manera selectiva en algunos hechos de la realidad y solo les prestas atención a ellos, ignorando el resto. Vives con puntos ciegos que ocultan la evidencia de tu propia valía personal. El filtrado te convierte en un mal reportero de su propia experiencia vital. Es igual de peligroso para tu autoestima que conducir un coche con las ventanas pintadas de negro.

Un ejemplo de filtrado es la cena íntima en casa de Raimon y Carla. Ella alaba el vino que él ha elegido y las flores que le ha traído, y le corresponde asando perfectamente los bistecs y las mazorcas de maíz más dulces que ha encontrado. Luego le sugiere que la próxima vez que traiga ensalada para cenar, le ponga un poco menos de sal. Raimon se siente abatido e incompetente de golpe porque a Carla no le gusta el aliño de la ensalada. Los cumplidos de ella no pueden consolarle porque estaba demasiado ocupado filtrando el contenido crítico de la conversación.

Podrías estar utilizando el filtrado cuando tu crítica patológica vuelve una y otra vez a ciertos temas o palabras clave: *pérdida*, *pasado*, *dolido*, *peligroso*, *injusto*, *estúpido*. Revisa tus recuerdos de acontecimientos sociales o conversaciones para ver si te acuerdas de todo lo que sucedió o se dijo. Si de una cena de tres horas solo recuerdas bien los quince minutos en que derramaste el vino y te sentiste mortificado, posiblemente estás filtrando tus experiencias en busca de evidencias de tu falta de valía personal.

Lo negativo acerca de ti mismo en lo que te centras se convierten en el motivo central de la sinfonía de tu vida. Lo escuchas con tanta atención que pierdes la pista de las melodías y movimientos mayores y más importantes. Es como el aficionado al flautín que nunca ha oído los cañones en la *Obertura 1812*.

4. Pensamiento polarizado

Si sueles utilizar el pensamiento polarizado, vives en un universo en blanco y negro, sin colores o tonos de gris. Todos tus actos y experiencias son dicotomías, según estándares absolutos. Te juzgas como santo o pecador, buen chico o mal chico, éxito o fracaso, héroe o villano, noble o indigno.

Por ejemplo, Anne estaba empleada en una tienda de tejidos. A veces bebía demasiado en las fiestas. Un lunes se quedó en casa y no fue a trabajar a causa de la resaca. Durante una semana se sintió terriblemente mal por este incidente porque tendía a juzgar a las personas o como sobrias o alcohólicas. Por una vez que se había pasado de la cuenta se había convertido, según ella, en una alcohólica empedernida.

El problema que plantea el pensamiento polarizado es que, sin remedio, terminas en el lado negativo del polo. Nadie puede ser siempre perfecto, así que al primer error, llegas a la conclusión de que eres malo. Esta forma de pensar de «un golpe y estás acabado» es mortal para la autoestima.

Puedes descubrir si sigues este estilo de pensamiento si escuchas mensajes de este tipo de tu crítica patológica: «O gano la beca o mi futuro está perdido»; «Si no puedes ser divertido y animado, eres un aburrimiento total», o «Si no puedo calmarme, soy una histérica». A veces, se formula solo la mitad de la dicotomía y se considera implícita la otra mitad: «Solo hay una forma correcta de vivir (y todas las demás son malas)», «Esta es mi gran oportunidad para una buena relación (y si la pierdo, me quedaré solo)».

5. Autoacusación

Esta forma de pensamiento distorsionado hace que te acuses a ti mismo de todo, tengas la culpa o no. En el cosmos de autorreproches, eres el centro de un universo de historias negativas, y todas son culpa tuya.

Te culpas de todos los fallos, de ser ordinario, gordo, perezoso, disperso, incompetente o cualquier otra cosa. Te culpas de cuestiones que están bajo tu control de forma muy indirecta, como tu mala salud o la forma de reaccionar de los demás. Si la culpa es un hábito profundamente arraigado, puedes sentirte responsable de elementos que es obvio que no están bajo tu control, como el tiempo, los horarios de vuelo o los sentimientos de tu pareja. Asumir la responsabilidad de tu vida es conveniente, pero en el caso de la autoinculpación grave, te consideras responsable de una forma patológica.

El síntoma visible más frecuente de esta distorsión es disculparte de forma constante. Tu anfitriona quema el asado, y tú te disculpas.

Tu pareja no quiere ver la película que tú prefieres, y tú te disculpas. El funcionario de Correos te dice que el franqueo de tu correo es insuficiente, y tú le dices: «Dios, qué estúpida soy, lo siento».

La autoacusación te impide ver tus buenas cualidades y logros. Un hombre tenía tres hijos: una llegó a ser una buena asistente social, el otro un químico competente y el tercero se convirtió en drogadicto. El padre envenenó sus últimos años cavilando sobre los errores que había cometido con su tercer hijo. Olvidó cualquier influencia que pudiese haber ejercido sobre los otros dos.

6. Personalización

En un universo personalizado, el núcleo eres tú. Todos y cada uno de sus átomos están relacionados de alguna forma contigo. Todo lo que sucede, bien descifrado, parece tener relación con tu persona. Por desgracia, la sensación de poder o de mantener el control sobre los acontecimientos es muy escasa. Más bien parece que estés bajo presión, acorralado u observado por todos los que te rodean.

La personalización tiene un componente narcisista. Llegas a una sala llena de gente y enseguida empiezas a compararte con los demás: quién es más listo, tiene mejor aspecto, es más competente o más popular, etcétera. Tu compañera de habitación se queja de lo estrecho que es el apartamento, e inmediatamente supones que esto significa que tienes demasiadas cosas. Un amigo dice que está aburrido, y piensas que se aburre contigo.

El gran error de la personalización es que te hace reaccionar de forma inadecuada. Tal vez inicies una pelea con tu compañera de habitación por un problema que no existe. O intentes ser menos aburrido contando chistes sin gracia y así llegar a convertirte en alguien aburrido de verdad. Reacciones inadecuadas como estas pueden molestar a las personas que te rodean. La hostilidad o desaprobación de los demás, en un primer momento imaginaria, puede acabar convirtiéndose en realidad y alimentar otra ronda de interacciones distorsionadas.

Es difícil detectar la personalización en uno mismo. Una forma sería prestar mucha atención cuando alguien se queja de ti. Por ejemplo, si un compañero de trabajo dice que alguien no devuelve a su sitio las herramientas y los suministros, ¿cómo reaccionarías? ¿Pensarías enseguida que se está quejando de ti? ¿Supondrías al segundo que esa persona quiere que hagas algo al respecto? Si es así, estás personalizando. Tal vez relacionas la queja contigo mismo al momento y no se te ocurre pensar que a lo mejor no tiene nada que ver contigo. Otra forma de detectar si personalizas es intentar identificar cuándo te comparas negativamente con los demás, llegando a la conclusión de que eres menos listo, atractivo, competente, etcétera.

7. Leer la mente

Leer la mente es un estilo de pensamiento distorsionado en el que se supone que todas las personas son como uno. Esto se basa en el fenómeno de la proyección: supones que los demás se sienten como tú, basándote en la creencia de que la naturaleza y la experiencia humana son comunes, algo que puede ser cierto o no.

La lectura mental es fatal para la autoestima porque tienes una tendencia a pensar que todo el mundo comparte tu opinión negativa sobre ti mismo: «La aburro. Puede decir que soy un aburrido que intenta engañarla»; «No habla porque he llegado tarde y está molesto»; «Está atento a todos mis movimientos en busca del más mínimo error. Quiere echarme».

Leer la mente causa tristes errores en tus relaciones. Harry era un electricista que suponía siempre que su mujer, Marie, estaba enfadada con él cuando la veía dando vueltas por la casa con un gesto de disgusto. Él afrontó ese supuesto rechazo volviéndose muy brusco y retraído. En realidad, Marie hacía esa mueca por el dolor de los calambres que su menstruación le causaba, cuando tenía prisa y cuando estaba preocupada por la economía doméstica. Pero el retraimiento que Harry le mostraba hacía que le costara más decirle por qué estaba así. Ella interpretaba el rechazo de él como falta de interés y no hacía nada. La interpretación que Harry hizo con su lectura mental dio al traste con las oportunidades de que hubiera una verdadera comunicación con ella.

Cuando estás aplicando la lectura mental, tu percepción parece correcta, así que actúas como si lo fuese. No compruebas tus interpretaciones con los demás porque parece que no hay nada que consultar, que lo que piensas es verdad. Escucha con atención lo que dices cuando te presionan, cuando te preguntan por qué hiciste una suposición, para descubrir si estás utilizando esta distorsión: «Tengo una intuición muy fuerte», «Lo creo y basta», «Lo sé», «Tengo esa sensación», «Tengo sensibilidad a estas cosas». Este tipo de expresiones muestran que estás extrayendo conclusiones sin tener verdaderas pruebas.

8. Falacias de control

Las falacias de control o bien te hacen responsable del universo entero o bien responsabilizan a todos menos a ti.

Cuando utilizas este estilo de pensamiento distorsionado por hipercontrol tienes una sensación de omnipotencia, por supuesto falsa. Intentas controlar todos los aspectos de cualquier situación. Te haces responsable de la actuación de todos los invitados a la fiesta que das, de las notas de tus hijos en la escuela, de la puntualidad de los mensajeros, de cómo tu madre lleva la llegada de su menopausia y del resultado de tu campaña en Manos Unidas. Cuando los invitados ponen los pies en los muebles, cuando tu hijo suspende álgebra, cuando el paquete no llega el día esperado, cuando tu madre te llama llorando o cuando se desestima tu moción en la reunión del comité, crees que has perdido el control. Entonces puede llegar el resentimiento, la ira y una sensación intensa de fracaso personal que machaca tu autoestima.

Otro estilo de pensamiento distorsionado es el de subcontrol, que, por el contrario, te deja sin posibilidad de control alguno. Te sitúas al margen de las situaciones, sin posibilidad de influir en los otros. Tu impresión es que el resultado de los acontecimientos casi siempre está fuera de tu dominio. Molly era una recepcionista que a menudo caía en esta falacia. Siempre pensaba que no podía hacer nada por su vida, se despojaba a sí misma de su poder, lo que hacía de ella una víctima perpetua. Tenía problemas con su jefe porque llegaba tarde con frecuencia, su cuenta bancaria estaba en números rojos y su novio dejó de llamarla. La impotencia la invadió cuando pensó en su situación. Parecía que su jefe, el banco y su novio se habían aliado contra ella. Su voz crítica le decía cosas como: «Eres débil, estás indefensa. No puedes hacer nada». Era literalmente incapaz de hacer planes para levantarse antes por las mañanas, hablar con el banco para refinanciar sus deudas o llamar a su novio y saber qué había ocurrido.

De las dos falacias de control, el subcontrol es la peor para la autoestima. Renunciar al propio poder trae un sentimiento de impotencia, un deprimente sentido de desesperanza, resentimiento y depresión.

9. Razonamiento emocional

Un universo emocional es caótico: está gobernado por sentimientos cambiantes en lugar de por leyes racionales. En lugar de recurrir al razonamiento, evitas o descartas tu pensamiento y utilizas las emociones para interpretar la realidad y actuar.

Sussie era una diseñadora de moda que vivía en una montaña rusa emocional. Un día se sentía feliz y pensaba que su vida iba muy bien. Al día siguiente podía estar triste, y si le preguntabas, te aseguraba que su vida era una tragedia. Al otro día te decía que se sentía un poco nerviosa y estaba convencida de que su vida era, de alguna forma, bastante peligrosa. Lo cierto es que los hechos reales de su vida no cambiaban de un día a otro: lo único que cambiaba eran sus emociones.

Esto tiene implicaciones desastrosas para la autoestima: te sientes inútil; por tanto, seguramente lo eres. Crees que no vales nada, así que eso debe de ser verdad. Te ves feo, así que lo eres. Eres lo que sientes.

La crítica patológica utiliza las emociones como armas, susurrándote en el oído: «Débil, descerebrado». Este perverso pensamiento desencadena sentimientos propios de la depresión. Te sientes desamparado y paralizado. La crítica te machaca otra vez con una perversa muestra de razonamiento circular: «Eres lo que sientes. Te sientes desamparado, luego estás desamparado». Para entonces, ya te has olvidado de que fue la crítica la que inició esta argumentación. Caes en un argumento circular que rechazarías sin dudarlo si lo leyeras en un libro.

El verdadero error cuando se emplea el razonamiento emocional es olvidarte de los primeros pensamientos que tu voz crítica utilizó, los pensamientos que iniciaron tus emociones dolorosas. Para corregir el error hay que recordar de nuevo el proceso y fijarte en cómo la voz distorsiona la realidad para provocar emociones negativas.

COMBATE LAS DISTORSIONES

Para afrontar las distorsiones cognitivas, la habilidad que más necesitas aprender es la vigilancia. Tienes que escuchar de forma constante lo que te estás diciendo a ti mismo. No te rindas a la depresión; insiste en analizar los pensamientos que activan tus emociones dolorosas.

Te servirá recordar que una autocstima baja conlleva algunos beneficios a corto plazo. Cuando empiezas a minar la voz crítica y a refutar las formas de pensamiento distorsionado que utiliza para atacarte, estás abandonando estas recompensas a corto plazo, tomando un camino alternativo. Escoges el malestar ahora para obtener un beneficio futuro. Este riesgo te causará miedo unas veces y otras tedio. El proceso te parecerá inútil o demasiado complicado. Empezarás a maquinar racionalizaciones para explicar por qué no va a funcionar y por qué es mejor seguir como hasta ahora. Estos son los últimos intentos de lucha de la crítica patológica.

Para combatir las distorsiones de pensamiento, debes estar listo para adoptar un compromiso: estar vigilante de forma constante, aunque te desagrade. Este compromiso es más importante que el que tienes con tu familia, tus amigos o tus ideales, porque es un compromiso con tu propia persona.

Técnica de las tres columnas

Esta es una técnica sencilla para debatir las distorsiones cognitivas; lo difícil es que te comprometas a utilizarla. Primero, escribe todas tus respuestas en un papel (o en el formulario que encontrarás en el anexo de este libro). Cuando, más adelante, la técnica se convierta en hábito, podrás hacerlo mentalmente.

Cuando te encuentres en una situación que te haga sentir deprimido o desanimado, cuando tu opinión de ti mismo sea negativa, toma bolígrafo y papel y haz tres columnas como estas:

Afirmación	Distorsión	Refutación

En la primera columna, escribe lo que te dice la crítica patológica de la situación. Incluso si no te viene nada a la mente, sigue reviviendo la situación hasta que logres que te vengan una o dos palabras. Tus afirmaciones sobre tí mismo pueden llegar de forma muy rápida o resumida, así que tendrás que intentar ralentizarlas y completarlas por escrito.

A continuación, analiza tus afirmaciones sobre tu persona, buscando distorsiones que machaquen tu autoestima. Aquí tienes un resumen de las nueve distorsiones más frecuentes, que acabamos de ver, para hacer un repaso rápido:

1. **Generalización excesiva.** Creas una regla general y universal a partir de un hecho aislado. Si fracasaste una vez, siempre fracasarás.

2. **Etiquetas globales.** Usas etiquetas peyorativas de forma automática para describirte, en lugar de describir con exactitud tus cualidades.

3. **Filtrado.** Prestas atención solo a lo negativo y no reparas en lo positivo.

4. **Pensamiento polarizado.** Llevas las cosas a sus extremos, las expresas en términos de blanco o negro, sin un término medio. Si no eres perfecto, no vales nada.

5. **Autorreproche.** Te culpas constantemente de cosas que no pueden ser culpa tuya.

6. **Personalización.** Supones que todo tiene algo que ver contigo y te comparas con todos, siempre negativamente.

7. **Leer la mente.** Crees que no les gustas a los demás, que están enfadados contigo, que no les importas, etcétera, sin evidencia real alguna que apoye tus suposiciones.

8. **Falacias de control.** Te sientes responsable absoluto de todo lo que ocurre, o bien sientes que no tienes control sobre nada, que eres una víctima impotente.
9. **Razonamiento emocional.** Das por sentado que las cosas son como tú las sientes.

En la última columna, rebate tus afirmaciones, atacando cada una de las distorsiones.

Joan tenía problemas de relación en el trabajo. Sus compañeros se reunían en la cafetería y salían a comer juntos. Mientras tanto, ella se quedaba en su despacho o daba paseos solitarios durante la hora de comer. Muchos de sus compañeros le gustaban y los apreciaba, pero tenía dificultades para unirse a ellos. Un día, durante la hora de comer, se quedó en el despacho, probó la técnica de las tres columnas y escribió esto:

AFIRMACIÓN	DISTORSIÓN	REFUTACIÓN
Van a rechazarme. Verán lo nerviosa que estoy y lo rara que soy. Ellos ya piensan que soy rara	Leer la mente	No tengo forma de saber qué piensan. Es cosa de ellos
Voy a quedarme en blanco, no voy a saber qué decir. Siempre me pasa lo mismo	Generalización excesiva	¡No siempre! A veces soy bastante expresiva
Soy una inepta	Etiqueta global	No, no soy inepta. Solo me he quedado callada
Todos estarán mirándome: mirarán mi rara indumentaria que no me pega nada, mi absurdo peinado	Leer la mente	Les da igual mi aspecto. Todo esto es cosa mía
No hay nada que hacer. No puedo hacer nada	Falacia de control	Siempre se puede hacer algo. Basta de derrotismo

Crea tu voz refutadora

Una vez te hayas comprometido, te enfrentarás a la difícil tarea de crear refutaciones eficaces a tus afirmaciones. Te será muy útil imaginarte que tu voz refutadora es una persona: alguien capaz de responder a tu crítica patológica cuando estás desanimado. Esta persona será la defensora de tu causa, tu consejera, tu maestra o tu instructora. Aquí tienes algunas sugerencias que te ayudarán a representártela:

Entrenador sano. Si eres aficionado al deporte, tal vez te guste la idea de un entrenador sano. Es una persona con experiencia que se ha comprometido a ayudarte a ganar. Te da indicaciones y consejos, te marca un programa de actividades sanas para hacer cada día y te mantiene en forma y lleno de motivación.

Amigo tolerante. Es el amigo que te conoce hace tiempo y que acepta todas tus rarezas y fracasos. Puedes decirle lo que quieras y nada de lo que él te diga puede hacerte daño. Está de tu lado cien por cien, dispuesto a comprenderte y recordarte tus cualidades cuando a ti se te olviden.

Representante asertivo. Imagina a un representante totalmente dedicado a ti. Va por todas partes anunciando tus buenas cualidades, día y noche. Piensa que eres el mejor, que puedes hacerlo todo, que llegarás a lo más alto, que no puedes fallar. Tu representante es también un hombro sobre el que llorar, una reserva de confianza a la que puedes recurrir cuando a ti te falte.

Maestro racional. Es el maestro firme pero amable, racional pero cariñoso, cuyo único objetivo es que aprendas. Te muestra las oportunidades para aprender y crecer. Sus comentarios son siempre objetivos y perspicaces; te desvelan y descubren cómo funciona el mundo y cómo actúas en él.

Mentor compasivo. Es una persona mayor y más sensata que ha decidido guiarte en tu desarrollo para convertirte en un ser humano sano. Lo ha visto todo, ha pasado por todo y es una fuente impagable de consejos. Su principal característica es una compasión profunda hacia ti y hacia todos los seres vivos. Con él estás totalmente seguro.

Puedes elegir a una de estas personas como voz refutadora o imaginarte una voz a partir de alguien real a quien conoces, de quien has leído o a quien has visto en una película. Puede ser un sacerdote o un rabino, un actor de cine o incluso un ser de otra galaxia, cualquiera con quien te sientas seguro, alguien que te va a ayudar. Incluso puedes imaginarte un entorno en el que esta persona te acompaña siempre, apoyándote y aconsejándote cuando lo necesites.

La idea es que cuando refutes a tu crítica patológica, oigas a esa ayuda imaginaria hablándote en segunda persona, llamándote por tu nombre: «No, John, no eres raro. Tienes mucha imaginación y una forma particular de ver las cosas. Tienes derecho a tener tu punto de vista y a vivir tus propios sentimientos». Luego repite mentalmente esas afirmaciones en primera persona y cambia las palabras para hacerlas más convincentes y decirlas de forma eficaz y contundente: «Es verdad, no soy raro. Tengo muchísima imaginación y mi propio punto de vista, y eso vale mucho. Tengo derecho a ser diferente si quiero y me niego a seguir calificándome con nombres ofensivos».

Reglas para la refutación

¿Qué debe decir la voz refutadora? ¿Cómo rebates distorsiones como leer la mente o el razonamiento emocional, en apariencia tan justas, tan irrefutables?

Hay cuatro reglas que debes tener en cuenta cuando escojas una refutación eficaz para combatir una afirmación distorsionada sobre tu persona:

1. **Las refutaciones tienen que ser enérgicas.** Imagínate refutaciones dichas en voz fuerte y grave. Si escoges a un entrenador, mentor o maestro, imagínate a una persona fuerte y con carácter. Tu voz crítica es poderosa y lleva años lanzándote mensajes destructivos. Tienes que afrontarlos con una fuerza igual o superior. Trata de empezar tus objeciones con una fuerte exclamación mental que calle a tu voz crítica: «¡No!», «¡Calla!» o «¡Mentira!». Incluso puedes hacer algo con tu

cuerpo para interrumpir la cadena de pensamientos negativos: chasquear los dedos o pellizcarte, por ejemplo.

2. **Las refutaciones no deben contener críticas.** Esto quiere decir que si has estado utilizando las etiquetas globales, todos los adjetivos y adverbios peyorativos, como «vergonzoso, desagradable, horrible», tienen que desaparecer. Debes librarte de las nociones de bien y mal. Concéntrate en lo que es, no en lo que debería ser. No eres estúpido, solo has sacado un aprobado en sociología. No eres egoísta, solo quieres algo de tiempo para ti. Ser preciso en tus afirmaciones, en lugar de exagerar o minimizar, te ayudará a suprimir la naturaleza crítica de las afirmaciones sobre tu persona. No eres gordo, pesas 80 kilos. Tu presión arterial no está por las nubes, es de 180 sobre 90. No eres un insociable en las fiestas, es que no te gusta iniciar conversaciones con extraños, prefieres que sean ellos los primeros en hablar.

3. **Las refutaciones han de ser específicas.** Piensa en una conducta o problema concreto. No digas: «Todo lo que hago acaba siendo un error»; especifica más: «Solo vinieron a mi fiesta tres de las ocho personas a quienes invité». No digas: «Nadie volverá a quererme», sino: «Ahora mismo no tengo ninguna relación fija». No digas que no tienes amigos; hay tres personas a las que puedes llamar si quieres. El hombre con quien saliste no estuvo frío y con actitud de rechazo, solo te dijo que estaba cansado y que quería irse pronto.

   Pregúntate constantemente: «¿Cuáles son los hechos? ¿Qué explicación se aceptaría en un tribunal? ¿Qué es lo que sé con seguridad?». Esta es la única forma de identificar la lectura mental y el razonamiento emocional. Si crees que tu jefe está en tu contra, analiza los hechos: todo lo que sabes en realidad es que aún no te ha dicho nada del informe que le enviaste y que parpadea mucho cuando te mira. Más allá de eso, todo es pura invención.

4. LAS REFUTACIONES HAN DE SER EQUILIBRADAS. Incluye tanto lo positivo como lo negativo: «Cinco personas no vinieron a mi

fiesta, pero vinieron tres y lo pasaron bien»; «Ahora no tengo una relación fija, pero la he tenido en el pasado y la volveré a tener en el futuro»; «Peso 80 kilos, pero tengo un gran corazón»; «No soy el más guapo de mi clase, pero sé que conseguiré hacer algo en la vida».

Cuando utilices estas reglas para crear tus propias refutaciones, ponlas por escrito siguiendo la técnica de las tres columnas. Seguramente obtendrás un párrafo largo de análisis, refutaciones y afirmaciones positivas para refutar cada afirmación negativa sobre tu persona. Cuando acabes, destaca las partes de tu refutación que te parezcan más fuertes. Estas son las que recordarás y utilizarás la próxima vez que tu crítica patológica empiece a atacarte.

Refutaciones

Empieza por usar las refutaciones sugeridas en este apartado, siguiéndolas al pie de la letra. Más tarde verás que las que creas tú mismo son las más eficaces.

1. Generalización excesiva

Para combatir la generalización excesiva, primero debes librarte de conceptos absolutos como «todo», «cada», «nadie», «ninguno», «todo el mundo», «nunca», etcétera. Sigue con fidelidad la regla de construir contestaciones específicas y equilibradas. Por último, evita las afirmaciones sobre el futuro: no tienes ninguna forma de predecirlo. Aquí tienes algunos ejemplos:

- ¿Qué pruebas tengo que permitan llegar a esa conclusión?
- ¿De verdad tengo bastantes datos para extraer una regla?
- ¿Qué otras conclusiones podrían sostener estas pruebas? ¿Qué otra cosa podrían significar?
- ¿De qué otra forma puedo contrastar esa conclusión?
- Nada de absolutos: cuantifica con exactitud.
- No puedo predecir el futuro.

He aquí un ejemplo de cómo un fontanero llamado Harold combatió algunas poderosas afirmaciones negativas sobre sí mismo. Su crítica patológica solía decirle lo siguiente:

- No le gusto a nadie.
- Nadie me invita a ninguna parte.
- Le caigo mal a todo el mundo.
- No soy más que un fontanero estúpido.
- No he hecho ni un solo amigo en todo el mundo.
- Nunca tendré amigos.

Lo primero que notó Harold después de poner por escrito estas afirmaciones fue el número de absolutos que contenían: «nadie», «ninguna parte», «todo el mundo», «ni un solo amigo», «nunca». Se preguntó entonces: «¿Qué prueba tengo que avale estas conclusiones?». Vio que podía ser más preciso y restarle veneno a estas afirmaciones sustituyendo lo anterior por «poca gente», «algunos lugares», «algunas personas», «pocos amigos».

Harold aplicó la regla de especificidad nombrando a las personas a las que creía que les caía mal y con las que desearía relacionarse. Aplicó la regla de la ponderación citando a aquellas a las que les gustaba y que pasarían un tiempo con él. Enfatizó su refutación precediéndola de un «¡Basta ya!» expresado interiormente en voz alta. Por último, suprimió la etiqueta crítica de «fontanero estúpido», lo equilibró con sus buenas cualidades y empezó a dejar de intentar predecir el futuro. Esta es la refutación completa de Harold:

- ¡Basta ya!*
- ¿Qué pruebas tengo para sacar estas conclusiones tan absolutas?
- No he conocido a todo el mundo.
- No he estado en todo el mundo.
- Parece que les desagrado a algunas personas, como a Bob.
- Pero les gusto mucho a otras, como a Gordon.

- Ralph y Sally no me invitaron a su fiesta.
- Pero mi padre, Molly y el señor Henderson me invitan con frecuencia.
- Entonces, tengo algunos amigos.*
- Seguramente tendré amigos en el futuro.
- Por lo tanto, ¡ya basta! Deja de anticipar la soledad.
- Soy un buen fontanero.*
- La fontanería es un trabajo respetable.

Las afirmaciones señaladas con un asterisco son las que Harold consideró más poderosas. Así que las memorizó para poder utilizarlas cuando su crítica patológica empezara a decirle que «no tenía amigos» y que era «un inútil».

2. Etiquetas globales

Cuando escribas tus afirmaciones negativas en un papel, busca los sustantivos, adjetivos y verbos que sean etiquetas globales despreciativas. Busca nombres como fracaso, zángano o desgracia. Los adjetivos pueden ser peores: *perezoso, estúpido, feo, débil, torpe, blando, sucio* o *desesperado.* Los verbos también pueden servir para asignarte etiquetas globales: *perder, equivocarse, fracasar, desperdiciar, desagradar.*

Recuerda que cuando combatas las etiquetas globales, ser específico significa que tu etiqueta se refiere solo a una parte de ti o de una experiencia. Especifica, sustituyendo la etiqueta por una definición exacta de lo que no te gusta. Por ejemplo, en lugar de «soy gordo», di «peso ocho kilos más de lo que debería» o en lugar de «me comporté como un idiota», di «tartamudeé cuando me preguntó por mi antigua novia».

Ser ponderado consiste en describir alguna de las muchas partes de ti que no están afectadas por tu etiqueta: «Peso ocho kilos más de lo que debería, pero lo llevo bien y me sienta bien la ropa nueva» o «Tartamudeé cuando me preguntó por mi antigua novia, pero le conté muy bien la historia del viejo médico».

Estas son algunas de las afirmaciones que te ayudarán a acostumbrarte a refutar las designaciones globales:

- ¡Para ya! Solo es una etiqueta.
- Ese no soy yo, es solo una etiqueta.
- Las etiquetas exageran una parte pequeña de mí.
- Ya basta de etiquetas, hay que especificar más.
- Me niego a ponerme etiquetas despectivas.
- ¿Qué entiendo exactamente por _____?
- Mi experiencia es demasiado limitada para que mis etiquetas globales lleguen a ser ciertas.
- Tengo muchas más cualidades que defectos.

Veamos el ejemplo de una mujer que utilizaba las etiquetas globales y que logró deshacerse de ese hábito. Peg era madre de cuatro hijos y su crítica solía atacarla con una mezcla de etiquetas:

- ¿Madre tú? Tú eres una bruja con tus hijos.
- Has fracasado con Billy. Va atrasado.
- Ignoras a los niños mayores. Y se están echando a perder.

Peg puso por escrito estas afirmaciones y subrayó todas las etiquetas globales: «bruja», «fracaso», «atraso», «ignorar», «perder». En su refutación sustituyó las etiquetas por hechos: «A veces les levanto la voz a mis hijos», «Me preocupo porque Billy tiene dos años y no habla mucho», «Paso mucho tiempo con Billy y Susan, los pequeños, y por tanto tengo menos tiempo para mis hijos mayores».

Para equilibrar sus errores, incluyó sus cualidades positivas: «Mantengo reglas coherentes con mis hijos, los visto y alimento bien, me tomo un verdadero interés en su educación». Esta es su refutación completa:

- ¡Ya es suficiente!*
- Estos calificativos son hirientes y están distorsionados.*
- A veces, grito a mis hijos.
- Les impongo normas coherentes y las hago cumplir.
- Me preocupa que Billy no hable, pero es normal.

- No es culpa mía que no hable mucho.*
- Billy hablará cuando sea el momento.
- Me gustaría tener más tiempo para mis hijos mayores, pero en realidad aprovecho bien el tiempo que puedo dedicarles.
- Ellos disfrutan de la libertad.
- Me niego a seguir asignándome etiquetas despectivas.*
- Siempre he hecho lo que he podido, y es lo que seguiré haciendo.*

Peg marcó con un asterisco las refutaciones más poderosas y las utilizaba siempre que empezaba a criticarse por ser mala madre.

3. Filtrado

La regla más importante para crear refutaciones al filtrado es buscar un equilibrio. Te has atascado en un lugar del que solo puedes sacar cosas negativas. Necesitas hacer un verdadero esfuerzo para salir de ese hoyo y ver lo positivo. Si tiendes a prestar atención a las pérdidas que ha habido en tu vida, construye afirmaciones que subrayen todo lo bueno que no has perdido. Si todo lo que ves a tu alrededor es rechazo, escribe descripciones de las veces en que fuiste aceptado y querido. Si te empeñas en buscar muestras de fracaso, debes crear refutaciones que te recuerden tus éxitos.

Aquí tienes algunas refutaciones que puedes utilizar para combatir el filtrado:

- ¡Espera! ¡Abre los ojos! Vamos a ver el conjunto.
- Tal vez he perdido cosas en mi vida, pero aún tengo muchos tesoros valiosos que aprecio.
- Ya estamos otra vez, buscando rechazos.
- Esta derrota puede servirme para recordarme las victorias que he logrado.
- En la vida hay más que dolor (o peligro, o tristeza, etcétera).
- Puedo optar por dejar de ignorar lo bueno que hay en mi vida.

Bill siempre filtraba su realidad buscando indicios de rechazo. Cualquier mañana podía regalarse este tipo de afirmaciones negativas sobre su persona:

- El conductor del autobús se ha molestado porque yo no tenía suelto.
- Maggie se ha enfadado conmigo porque no quiero comprarle una secadora nueva.
- A la nueva contable no le gustarán mis registros.
- Dios, Stan está irritable, hay que ir con pies de plomo con él.

Tras analizarlo, Bill se percató de que estas relaciones presentaban otros aspectos que no había tenido en cuenta. Reprodujo mentalmente conversaciones y situaciones hasta que pudo identificar los elementos positivos: puede que el conductor del autobús fuera antipático, pero la mayoría de los conductores son neutrales o incluso afables si se es amable con ellos. Su esposa, Maggie, no estaba enfadada por lo de la secadora; tenía una opinión diferente y parecía dispuesta a hablarlo con tranquilidad. Además, durante la semana pasada él y Maggie habían compartido momentos de cercanía y alegría. Sin conocer siquiera al nuevo contable, Bill estaba filtrando el futuro, prediciendo un rechazo sin ninguna prueba. Sobre su amigo Stan, recordó que a menudo estaba irritable. Por tanto, ¿en qué había cambiado la situación? Esta es la refutación completa de Bill:

- ¿Y qué si no le gusto a un conductor de autobús? Dentro de media hora nos habremos olvidado el uno del otro.
- Maggie y yo nos sentimos muy próximos y eso es lo que importa.
- Los desacuerdos no tienen por qué equivaler a un rechazo o a un enfado.
- No debo predecir el rechazo.*
- Tengo las mismas probabilidades de gustar a los demás como de no gustarles.

- Lo importante es que me guste a mí mismo.*
- El único rechazo grave es el rechazo a uno mismo.*
- No tiene por qué agradarme la gente.*
- Fíjate en el lado amable, fíjate en las sonrisas.
- Stan y yo somos amigos desde hace diez años; ¿de qué me preocupo?

Los aspectos marcados con un asterisco son los que Bill encontró especialmente reveladores. Los recordaba cada vez que sentía la conocida sensación de un rechazo inminente, o cuando se sentía deprimido después de un intercambio social que parecía haber ido mal.

4. Pensamiento polarizado

Seguir la regla de ser específico te ayudará a combatir el pensamiento polarizado. En lugar de describir tu vida en términos absolutos, define los matices concretos. Tan pronto te encuentres haciendo un juicio apresurado sobre tu persona, di: «Espera un minuto. Voy a describir esto con más precisión».

Una técnica útil para redactar refutaciones al pensamiento polarizado es utilizar porcentajes. La muestra de coches antiguos no fue un desastre total: tu modelo antiguo consiguió ochenta puntos de un total de cien. La comida que preparaste no era basura: el entrante estaba bien en un cincuenta por ciento, la ensalada en un ochenta por ciento bien y el postre en un cuarenta por ciento. Tu fiesta no fue un aburrimiento total: el sesenta por ciento de tus invitados lo pasaron bien, el treinta por ciento se aburrieron y los restantes nunca se lo pasan bien, vayan adonde vayan. Estas discusiones generales muestran la estrategia que hay que seguir con el pensamiento polarizado:

- ¡Falso!
- Nada es totalmente nada.
- Voy a ser más preciso.
- Recuerda la zona de grises.
- No más absolutos.

- ¿Cuáles son los porcentajes?
- Todo lo que hago tiene infinitos grados de bueno y malo.

Arlene es un ejemplo de pensamiento polarizado. Era administrativa de un banco, un trabajo que desgraciadamente reforzaba su tendencia al pensamiento polarizado: a los solicitantes se les daba el crédito o no, no había término medio. Su problema era que aplicaba esta misma regla a su propia conducta: o era competente en su trabajo o no lo era. Su crítica patológica lo decía así:

- Tienes que tener listos estos informes de crédito a las tres en punto.
- Si no los tienes, estás perdida.
- O eres competente o no lo eres.
- Te retrasaste con los informes. Qué desastre.
- No puedes hacer nada bien.
- Estás totalmente desorganizada. Fíjate en tu mesa.
- Si no haces bien este trabajo, terminarás en la beneficencia.

Arlene contrarrestó este pensamiento polarizado creando una voz refutante. Se imaginó a un profesor paciente y sabio, parecido a uno que tuvo en la universidad. Este profesor estaba con ella en todo momento, como un ángel de la guarda invisible. Esta es la refutación que escribió y que imaginó en boca de su profesor:

- Reduce la marcha ahora.*
- Deja de pensar en blanco y negro.
- A veces eres perfectamente competente.
- Algunas veces eres menos competente.
- Nunca eres totalmente incompetente.
- No todas las tareas son cuestión de vida o muerte.*
- No todo plazo que se rebasa es un desastre.
- Eres puntual el noventa por ciento de las veces.
- Tu trabajo es seguro y lo haces bien.

- Todo el mundo comete errores.
- No es el fin del mundo.*

Lo marcado con asteriscos era lo más importante para ella. Cuando oía a su voz crítica en el trabajo, Arlene hacía que su profesor le dijera sus comentarios sensatos.

5. Culpa

Para refutar las afirmaciones de autorreproche, tienes que descartar de forma muy rigurosa las afirmaciones críticas y sustituirlas por otras más equilibradas. Describe los hechos de la situación sin juzgarte y utiliza afirmaciones indulgentes y reforzadoras, como las siguientes:

- ¡No más culpas!
- Todo el mundo comete errores: es humano.
- Se acabaron las cavilaciones obsesivas. Lo pasado, pasado está y no puedo hacer nada para cambiarlo.
- Puedo reconocer mis errores y seguir adelante.
- Siempre lo hago lo mejor que puedo según lo que sé en ese momento.
- ¡Déjalo estar!
- No soy responsable de los demás.
- No tengo por qué culparme de la conducta de los demás.
- Acepto las consecuencias de mis actos, pero no me voy a culpabilizar por los errores del pasado.

George era un camarero en paro que se culpaba de sus problemas y de los de su novia. Se echaba la culpa de haber perdido su trabajo, de no encontrar otro, de estar deprimido, de deprimir a su novia y de comer demasiado porque estaba preocupado. Siempre que pensaba en el trabajo o en su novia, la simple frase «es culpa mía» brillaba en su mente como un rótulo luminoso. Enseguida le inundaban sentimientos de culpa y depresión.

Para refutar su pensamiento recurrente, George escribió una especie de arenga que le dirigía su antiguo entrenador del instituto:

- ¡Pamplinas!*
- Todo no es culpa tuya.*
- Deja de insultarte.
- Te echaron porque iba mal el negocio; eso no es culpa tuya.
- Es difícil conseguir trabajo en un restaurante por la misma razón; tampoco es culpa tuya.
- La pena y la culpa te están restando todas tus fuerzas.*
- Polly es una gran chica. Ella es responsable de su vida y de sus sentimientos.
- Tú no puedes hacerla sentir de una forma o de otra.
- Acepta su ayuda y deja de torturarte.

George les dio protagonismo a las afirmaciones que necesitaba oír más a menudo, las marcadas con un asterisco, y las memorizó.

6. Personalización

Si tu voz crítica se compara con los demás de forma constante, tu refutación debe insistir en que las personas somos individuos, cada uno con una combinación única de cualidades positivas y negativas. Debes enfocarte en afirmar tu derecho a ser exactamente como eres, sin disculparte ni juzgarte.

Si tu forma de personalizar es suponer que en cualquier situación o interacción se va a juzgar tu personalidad, debes crear refutaciones que insistan en que la mayor parte de los hechos que ocurren no tienen nada que ver contigo. Anímate a comprobar las cosas, y no supongas nada.

Hay algunas refutaciones típicas eficaces para contrarrestar una voz crítica que suele personalizar:

- ¡Para ya! ¡Nada de comparaciones!
- Todo el mundo es diferente, con diferentes cualidades positivas y negativas.

- Yo soy solo yo, sin comparaciones.
- Puedo describirme con precisión sin tener que hacer referencia a los demás.
- ¡No supongas nada!
- Comprueba las cosas.
- La mayor parte de lo que ocurre en el universo no tiene nada que ver conmigo.
- ¡No seas tan paranoico!
- Todo el mundo está demasiado ocupado consigo mismo. Nadie me vigila.

Gracie era una mala jugadora de tenis que había empeorado debido a la personalización. Creía que todos los jugadores de las pistas adyacentes estaban pendientes de cómo jugaba. Se comparaba con los demás y casi siempre llegaba a la conclusión de que su juego era peor. Su crítica patológica le decía cosas como estas:

- Todos te están mirando.
- ¡Uf, vaya servicio! El mío es la mitad de rápido.
- Mira cómo Denny está siempre bien situada, mientras que yo me piso los pies.
- Mi pareja está callada. ¿Qué habré hecho?
- ¡Perdí la bola! Maldita sea, parezco una aficionada.

Todo iba tan mal que al final evitaba jugar. Tuvo que dedicar una semana a pensar en los ataques de su voz crítica para poder ponerlos por escrito. A partir de ahí pudo formular la siguiente refutación:

- ¡Ya basta!*
- Solo es un juego con el que divertirse.*
- Todos están concentrados en su propio juego.
- La capacidad atlética no determina la valía personal.
- Deja de hacer comparaciones.*
- Todo el mundo tiene fallos ocasionales cuando juega.

- Todos somos como somos, con nuestras cualidades y debilidades.*
- No me están mirando a mí, están mirando la pelota.*

Gracie se dio cuenta de que podía recordar las afirmaciones que había destacado con asteriscos y utilizarlas cuando volvía a las pistas. Su forma de jugar mejoró al dejar de comparar cómo jugaba ella y cómo jugaban los demás, y se concentró en darle a la pelota. Y su autoestima también mejoró mucho porque ahora se divertía con el juego, en lugar de castigarse con tantas comparaciones en las que siempre salía perdiendo.

7. Leer la mente

Si tienes el hábito de leer la mente, necesitas crear refutaciones muy enérgicas que te devuelvan a la realidad. La regla más importante es ser concreto y preciso. Y la mejor forma de dejar de dar por sentado que los demás están pensando mal de ti es centrarte en los hechos que conoces.

Aquí tienes algunas refutaciones concretas que te resultarán útiles si tienes el hábito de leer la mente:

- ¡Para ya! No tiene sentido.
- No tengo forma de saber qué están pensando.
- La única manera de conocer la opinión de los demás es preguntarla directamente.
- No supongas nada.
- Comprueba los hechos.
- ¿Qué otras cosas podría significar esto? ¿Por qué suponer lo negativo?
- ¿Cuáles son los hechos? Detállalos.
- La «intuición» no es más que un pretexto para seguir suponiendo.

Josh era bibliotecario pero le daba miedo trabajar atendiendo al público. Creía que los usuarios se molestarían con él si no era capaz de responder a las preguntas, si se veía obligado a imponerles sanciones por retrasos o si tenía que hacerles esperar en las horas de más afluencia. Su cabeza se llenaba de adjetivos de reproche: «lento», «estúpido», «torpe», «arrogante», etcétera. Eso le hacía sentirse muy ansioso y aturdido. Cuando observó las palabras que aparecían en su cabeza, se dio cuenta de que tenían su origen en que leía la mente. Al hacerse consciente de eso pudo detener su ritmo y pensar sobre ellas. Este es el flujo de diálogo interno negativo que puso por escrito:

- Ella cree que soy lento.
- Me odia.
- Piensa que soy estúpido porque no conozco a ese autor.
- Está siendo amable, pero también condescendiente. En realidad está echando pestes por dentro porque he sido lo bastante idiota de cobrarle toda la multa.
- Cree que soy un funcionario arrogante porque la hice esperar mientras esos niños ojeaban sus libros. Le gustaría quejarse de mí al director de la biblioteca.

La refutación de Josh adoptó la forma de constantes llamadas de atención dentro de su cabeza, poniendo el énfasis en los hechos observables. Esta es la refutación completa que escribió:

- ¡Para ya!
- Esta no es más que la abuela de alguien que intenta colarse.
- No sé lo que piensa y no me importa.
- ¡Ya está bien!
- Es alguien que no sabe quién escribió el libro que está pidiendo. Es lo único que sé de esta persona.
- ¡Basta!
- Este es el pobre chico que se olvidó de devolver sus libros a tiempo. Es amable a pesar de tener que pagar la multa. ¿Quién sabe lo que estará pensando?
- ¡Es suficiente!

- Esta chica del jersey rosa tuvo que esperarse hasta que acabasen los niños. Ella no me conoce de antes y yo no sé lo que piensa.
- Si fuese importante saber qué piensan de mí estas personas, podría preguntárselo. Pero inventar sus opiniones es una total pérdida de tiempo.

Cuando volvió al trabajo, Josh ya no pudo repetir mentalmente esos diálogos tan largos. Cuando el calificativo «estúpido» le venía a la mente, simplemente respondía: «¡Para ya! No es más que un chico que quiere información..., eso es todo».

8. Falacias de control

Si tu voz crítica interior utiliza la falacia de subcontrol, tu refutación debe centrarse en tu control real sobre tu vida. Aquí lo más importante es ser específico: tienes que decirte qué puedes hacer exactamente para recuperar el control de una situación concreta. Aquí tienes algunas de las refutaciones específicas para empezar:

- ¡Espera! Voy a hacerlo otra vez.
- Ya basta de victimismo estúpido.
- Yo me he metido en este lío y yo puedo salir de él.
- Vamos a ver, ¿qué puedo hacer?
- Esta sensación de impotencia solo es la voz de la crítica. Me niego a dejar que me quite mi poder personal.
- Esta situación es resultado de una larga serie de acciones u omisiones por mi parte. Puedo modificarla mediante la acción directa.

Randy acababa de ser padre por primera vez y se sentía sobrepasado. El bebé había cambiado sus rutinas, dormía mal y su voz crítica estaba aprovechando la oportunidad para castigar su autoestima. Esto es lo que le decía:

- Estás agotado.
- No puedes con esto.
- Nunca te organizas.
- Estás indefenso.
- No haces más que achicar agua.
- No puedes hacer nada.
- Las tareas no se acaban nunca.
- Esto será así al menos los dos próximos años.

Randy sabía que necesitaba crear una refutación enérgica para detener esa corriente constante de derrotismo. En lugar de «¡no!» o de otra interrupción mental, se imaginaba una bomba estallando en su mente. Cuando se despejaba el humo, aparecía un mentor prudente y compasivo que refutaba con tranquilidad todo lo que le decía su crítico patológico. Decía que su mentor se parecía a Yoda, de la película *La guerra de las galaxias*. Esto es lo que Randy escribió para su mentor:

- (¡PUM!)
- Randy, relájate y respira hondo.
- Deja de pensar en todo lo que crees que tienes que hacer.
- Busca la tranquilidad dentro de ti. Respira hondo y disfruta de un momento de paz.*
- Tú estás al frente de esto, no el bebé.
- Cierto, debes atender a tu hijo, pero puedes elegir cómo. Cada vez lo harás mejor.
- Haz acopio de todos tus recursos y úsalos.*
- Recuerda tus opciones: hacer turnos con tu mujer, canguros, dejar que los abuelos os ayuden, uniros a grupos de padres primerizos, contratar a alguien para que os eche una mano...
- Puedes soportarlo.
- Puedes conseguir suficiente descanso y disfrutar de tu bebé.

La falacia de hipercontrol, en la que asumes la responsabilidad por el dolor e infelicidad de las personas que te rodean, funciona de forma parecida al autorreproche. Utiliza las refutaciones sugeridas en ese apartado para afrontar el exceso de control.

9. Razonamiento emocional

Para combatir el razonamiento emocional, tienes que seguir las reglas de ser concreto y de evitar juzgarte. Crea refutaciones que omitan palabras con carga emocional como *amor*, *odio*, *desagradable*, *furioso*, *deprimido*, etcétera. Motívate a considerar los pensamientos que hay debajo y que crean las emociones dolorosas que sientes. Son esos pensamientos los que necesitan ser refutados.

Aquí tienes algunas afirmaciones que te permitirán rebajar la agitación emocional y contrarrestar los pensamientos distorsionados subyacentes:

- ¡Mentira! Mis emociones me engañan.
- Desconfía de todos los sentimientos repentinos.
- En mis sentimientos no hay nada que sea verdad de forma automática.
- Presta atención a los pensamientos que hay bajo esos sentimientos.
- ¿Qué me estoy diciendo que me hace sentir tan triste, ansioso y enfadado?
- Corrige estos pensamientos, y el dolor se irá.

Marjorie era la encargada de horno de una pastelería para *gourmets*. Sus compañeros nunca sabían si estaría de buen o mal humor. Vivía dominada por sus sentimientos. Leía una noticia de un accidente de aviación y pensaba en la muerte, la invadía la tristeza y razonaba emocionalmente que su vida no valía mucho porque podía perderla en un segundo. Entonces alguien podía hacerle una pregunta inocente sobre las magdalenas del horno y ella interpretaba que la estaba criticando, se sentía amenazada y ansiosa y a partir de esas emociones llegaba a la conclusión de que podía perder su puesto de trabajo. Se decía que nunca conseguiría pagar los gastos que cargaba a su tarjeta de crédito, se deprimía y decidía que era un fracaso, que siempre sería pobre y desgraciada.

El problema de Marjorie se agravaba porque no era consciente de la reacción en cadena que tenía lugar desde su experiencia, pasando por sus pensamientos y sus emociones, hasta llegar al razonamiento emocional. Se sentía aturdida y suponía que así se sentiría siempre. Cuando empezó a poner por escrito su diálogo interior, le costó mucho volver a reproducir sus pensamientos. Esto es lo que le vino a la mente en primer lugar:

- Me siento triste, desesperada. La vida es tan frágil...
- Tengo miedo de perder mi trabajo. No sé por qué, siempre me siento al borde del despido cuando alguien mira lo que hago.
- Debo de ser un fracaso. Mis deudas me abruman.

Para continuar, Marjorie tenía que inventar, literalmente, sus pensamientos. Construía un pensamiento que parecía poder explicar sus sentimientos. Una vez hecho esto, descubrió que podía decir: «Sí, eso es» o «No, es más bien así...». Finalmente, completaba la lista:

- Voy a morirme.
- Es horrible.
- No puedo soportarlo.
- Me echarán a la calle y no me darán referencias.
- Me moriré de hambre.
- Perderé mi apartamento, mi moto, todo.
- Me arruinaré y tendré que recurrir a la beneficencia.
- Todos mis amigos me odiarán.

Estos mensajes catastróficos de la crítica patológica le causaron una depresión. Empezó a crear su refutación centrándose en las palabras con carga emocional: *morir*, *horrible*, *echarme*, *perder*, *bancarrota*, *odio*.

Después Marjorie empezó a aplicar la refutación para salir de esa confusión emocional. Por último, preparó algunos recordatorios que la ayudasen a ser más concreta y una lista equilibrada de sus recursos racionales para contrarrestar las predicciones catastróficas de su voz crítica. Esta fue su refutación completa:

- ¡Para ya! ¡Para en este mismo momento, Marjorie!
- Esta basura está hecha de sentimientos en un noventa y nueve por ciento. *
- Los sentimientos no dicen nada que sea verdad automáticamente. Cuando cambia mi forma de pensar, mis sentimientos también cambian.*
- ¿Cómo me metí en esto? ¿En qué estaba pensando?*
- Esto es ridículo. Es la voz de mi crítica.*
- Tengo más virtudes de las que estoy reconociendo.*
- Disfruto de buena salud. Puedo cuidar de mí misma.*
- Soy una buena panadera. Todos dependen de mí aquí.
- Aún soy joven y bastante lista para arreglar mis finanzas.

Marjorie utilizaba las refutaciones con asterisco cuando se sentía superada. Dependiendo de los pensamientos que desencadenaban el ataque, improvisaba el resto de su refutación. A veces no conseguía identificar los pensamientos que la sumían en el conocido camino del razonamiento emocional. En esas ocasiones tenía que volver al papel y lápiz y utilizar la técnica de las tres columnas.

No siempre conocía los pensamientos negativos originales. Se dio cuenta de que en esos casos era útil decirse: «Son sentimientos, no hechos. Pasarán en un rato. Ten un poco de paciencia». Y a las pocas horas, la tormenta emocional empezaba a remitir y recuperaba la confianza en sí misma.

6

DESACTIVA TUS
PENSAMIENTOS DOLOROSOS

Algunas veces, la crítica patológica parece incansable. Sin inmutarse ante tus intentos de pensar con precisión, el crítico sigue hablando demasiado. Un pensamiento agresivo sigue a otro en un proceso llamado encadenamiento, como comentamos en el capítulo 2. Y cada uno de esos pensamientos encadenados tiene un tema de fondo, tus defectos y tus fracasos. Después de algunos minutos de encadenamiento comienza el dolor. Tu estado de ánimo y tu autoestima caen en picado.

En estos momentos, rebatir a la voz crítica no parece suficiente. Los pensamientos vienen a ti con una velocidad y una verosimilitud tales que te abruman y dañan tu determinación de resistirlos. Pero hay una forma de superar y vencer este reto. Se llama desactivación del pensamiento o defusión. Esta técnica tiene su origen en un proceso fundamental en la modalidad de psicoterapia conocida como terapia de aceptación y compromiso (Hayes, Strosahl y Wilson, 2013). La defusión es una estrategia que te permite ganar distancia y perspectiva cuando aparecen los pensamientos o bucles obsesivos. En lugar de «fundirte» con las cogniciones de autoataque, puedes usar la defusión para ayudarte a observar y luego dejar ir la charla mental más molesta.

Aprenderás a observar tu mente como si fuera una máquina de hacer palomitas, escupiendo pensamiento tras pensamiento. Después descubrirás cómo etiquetar los juicios a tu persona, dejarlos ir y distanciarte de ellos, restándoles importancia a medida que son proyectados en tu pantalla mental. En lugar de ser tus pensamientos («Soy estúpido» o «Soy aburrido»), puedes aprender a simplemente tener un pensamiento («Estoy teniendo el pensamiento de que soy tan solo estúpido» o «Estoy teniendo el pensamiento de que soy aburrido»). Fíjate en la diferencia: «Soy estúpido» no deja lugar a dudas y mezcla tu identidad con un estado intelectualmente inferior. «Estoy teniendo el pensamiento de que soy estúpido» es tan solo una idea, no una realidad. El núcleo de tu yo y la idea de estupidez quedan separados.

Tienes sesenta mil pensamientos al día. Son productos de tu mente, no son extraordinariamente importantes; ni necesariamente ciertos. Mediante las técnicas de defusión puedes aprender a dejarlos pasar y permitir que se alejen. Esos pensamientos no son más que vías neuronales bien señalizadas, y las técnicas que aprenderás en este capítulo te ayudarán a dejar de creer todos esos antiguos insultos y juicios.

OBSERVA TUS PENSAMIENTOS

La defusión comienza por observar tu mente. Hay dos formas de aprender esto: una es un sencillo ejercicio llamado la meditación de la sala blanca, que puede ayudarte a observar tu mente y ver lo que hace. El enfoque consciente también puede ayudarte a observar los procesos mentales.

MEDITACIÓN DE LA SALA BLANCA

Imagina que estás en una sala completamente blanca: las paredes, el suelo y el techo. A tu izquierda hay una puerta abierta; a la derecha hay otra. Ahora imagina que tus pensamientos entran por la puerta de la izquierda, pasan por delante de ti y salen por la puerta de la derecha. A medida que cruzan la sala, puedes asignarles una imagen (pájaros volando, animales corriendo) o simplemente puedes decir «pensamiento» según los veas entrar. No los analices ni te enganches a ellos. Solo permite que cada uno de ellos pase por delante de ti un instante, antes de marcharse por la puerta de la derecha.

Algunos pensamientos parecen insistentes y piden más atención. Tienden a quedarse más tiempo que otros. Otros son persistentes y aparecen una y otra vez. Así son a menudo los pensamientos: insistentes, persistentes. Simplemente obsérvalos y deja que se vayan. Dirige tu atención al próximo pensamiento, y al siguiente. Haz esta meditación durante cinco minutos y observa qué sucede. ¿Se aceleran tus pensamientos o se ralentizan? ¿Parecen más insistentes? ¿Cuánto te cuesta dejar ir un pensamiento y fijarte en el siguiente? El simple hecho de observarlos a menudo tiene el efecto de ralentizarlos y hacerte sentir más calmado. Pero independientemente de cómo te haga sentir la meditación, lo importante es aprender a observar la máquina de palomitas de tu mente.

ENFOQUE CONSCIENTE

Esta técnica se ha extraído de prácticas budistas que se remontan miles de años atrás. Comienza por prestar atención a la respiración, síguela a través de la nariz, hacia abajo, en el fondo de tu garganta, en los pulmones y hacia el lugar donde el diafragma se estrecha y la suelta. A medida que exhalas, cuenta uno en la primera exhalación, dos en la segunda, y así hasta llegar a cuatro. En la cuarta exhalación, empieza a contar desde uno otra vez.

A medida que te concentras en tu respiración, es inevitable que aparezcan pensamientos. Puedes utilizar la experiencia de observar tu respiración como una oportunidad de ser consciente de lo que hace tu mente. Cuando aparezca un pensamiento, admítelo (es un pensamiento) y luego vuelve tu atención a la respiración. La secuencia completa del enfoque consciente es observar y contar tus respiraciones, darte cuenta de cuándo aparece un pensamiento, aceptar el pensamiento, y volver a observar y contar cada respiración.

Practica entre cinco y diez minutos de enfoque consciente cada día durante una semana. Observar cómo aparecen los pensamientos mientras regresas a la respiración cada vez es una buena forma de observar la mente. No importa cuánto intentes permanecer centrado en la respiración, tu mente seguirá «disparando» pensamientos. También notarás que algunos parecen más insistentes y es más difícil dejar que se marchen.

ETIQUETA LOS PENSAMIENTOS

Otra forma de distanciarte de tus pensamientos es etiquetarlos. Hay varias maneras de hacerlo:

* *Estoy teniendo un pensamiento que...* Cada vez que tu crítica patológica te machaque con un pensamiento negativo («Soy feo» o «No le gusto a nadie»), repítelo de esta manera: «Estoy teniendo el pensamiento de que soy feo». Estoy teniendo el pensamiento de que no le gusto a nadie». Como se indicó antes, etiquetar los pensamientos de esta forma hace que parezcan menos insistentes y creíbles. Después de todo, son solo eso, pensamientos.
* *Ahora mi mente está teniendo un pensamiento.* Las etiquetas específicas para este ejercicio pueden incluir «pensamientos de temor», «pensamientos críticos», «pensamientos de no ser lo suficientemente bueno» o «pensamientos sobre errores». Puedes crear tus propias etiquetas; lo importante es que utilices la frase «Ahora mi mente está teniendo un pensamiento», porque crea distancia entre tu pensamiento y tú. Prueba el

ejercicio de meditación de la sala blanca de nuevo, pero esta vez etiqueta cada uno de los pensamientos que aparezcan. Fíjate en de qué forma etiquetar los pensamientos hace que cambie la experiencia de observar tu mente.

* *Gracias, mente.* Gracias, mente, por ese pensamiento crítico. En este caso se trata de reconocer que tu mente está tratando de ayudarte con esos pensamientos. Puedes expresar reconocimiento (distanciándote más de la cognición) mientras etiquetas el tipo de pensamiento que tu mente te ha dado.

SUELTA TUS PENSAMIENTOS

Ahora que eres más capaz de darte cuenta de los pensamientos críticos y de etiquetarlos, el próximo paso, y el más importante, es dejarlos ir. La mayoría de las estrategias de «dejar ir» comportan imaginería que, de algún modo, cree más y más distancia física del pensamiento, hasta que desaparezca. Estos son algunos ejemplos, pero puedes crear fácilmente tu sistema:

* **Hojas en la corriente.** Imagina que los pensamientos críticos son hojas de otoño que han caído de un árbol. Caen en un río que se mueve rápidamente, las arrastra a través de la corriente y las hace desaparecer de la vista.
* **Globos.** Imagínate a un payaso sosteniendo un montón de globos de helio. Según llega cada pensamiento, añádelo a un globo que se eleva y flota hacia el cielo.
* **Trenes y barcos.** Obsérvate de pie en un cruce de raíles, a medida que se acerca un tren de carga. Vincula los pensamientos críticos a cada vagón que pasa por delante de ti. También puedes imaginarte en la orilla de un río: cada pensamiento es un barco que pasa por delante de ti y que desaparece de tu vista.
* **Vallas publicitarias.** Observa cada pensamiento proyectado en una valla publicitaria, uno detrás de otro, en un largo tramo de una autopista. Según aparece cada nueva valla, dejas atrás la antigua (y el pensamiento correspondiente).

- **Ventanas emergentes en tu navegador.** Igual que las ventanas emergentes con publicidad aparecen de repente en tu pantalla, imagina los pensamientos críticos apareciendo. Cuando el nuevo pensamiento surge, el viejo se desvanece.

Para algunas personas es más sencillo dejar ir los pensamientos haciendo algo físico:

- **Girando la mano.** Mantén la mano abierta con la palma hacia arriba e imagínate cada pensamiento sentado en ella. Ahora gira lentamente la mano hasta que la palma quede hacia abajo y el pensamiento cae y desaparece de la visión. Repite el proceso para cada nuevo pensamiento. Tomar aire. Mientras el crítico golpea, respira profundamente y observa el pensamiento doloroso. Mientras exhalas, deja que el pensamiento se vaya y se disperse con el aire.

Combina la observación, el etiquetado y el dejar ir

Es hora de unir todo lo que has aprendido hasta ahora. La prioridad es estar pendiente del crítico. Darte cuenta de los pensamientos de ataque, cuando llegan, es la forma de dejar de encadenarlos y de empezar a desactivarlos. A menudo puedes comenzar a reconocer la voz crítica por el modo en que afecta a tu estado de ánimo. Tan pronto como empieces a sentirte bajo o desanimado, presta atención a tus pensamientos.

Ahora etiqueta el pensamiento: «Estoy teniendo el pensamiento de que...» o «Estoy teniendo un pensamiento _____». Como dijimos antes, esto es importante porque crea una distancia desde la cognición y te recuerda que solo está en tu mente.

Por último, escoge una visualización o una respuesta física (girar tu mano, tomar una inspiración) para ayudarla a dejarlos ir. A menudo es eficaz tener uno de cada (una imagen del pensamiento que se marcha flotando y una experiencia física que te ayude a dejarlo ir).

Ejercicio: ponlo todo junto

Para aprender a desactivar tus pensamientos necesitas desarrollar músculo mental. Una buena forma de practicar es visualizar una molestia reciente en la que tu crítico empezó a machacarte. Sigue mirando esa escena con tu ojo mental hasta que la crítica aparezca. Date cuenta de los pensamientos, de cómo la máquina de hacer palomitas de tu cerebro empieza a producir autoataques.

Ahora, a medida que aparece cada pensamiento, etiquétalo. Y luego emplea una visualización para dejar ir o una respuesta física para distanciarte del ataque. Sigue practicando con cada pensamiento crítico hasta que parezcan menos reales y menos poderosos.

Tony era un desarrollador de aplicaciones móviles cuyo crítico le dijo que hacía las cosas «como un estúpido», que sus buenas ideas eran «obvias» y que sus soluciones de programación eran «poco elegantes» y «torpes». Además, lo atacaba con frecuencia por el modo de hablar a sus clientes e incluso a sus amigos.

Tony decidió probar la defusión o desactivación de los pensamientos porque en el momento en que el crítico le saltaba encima, le costaba recordar formas de resistir. «Creo que no valgo para esto», le dijo a su padre cuando hablaron sobre sus problemas en el trabajo.

Practicó la meditación de la habitación blanca, pero el enfoque consciente le resultó más útil porque podía volver a centrar la atención en su respiración entre pensamientos. Después de un rato empezó a etiquetar los pensamientos durante el enfoque consciente. Utilizó las etiquetas «pensamiento crítico», «pensamiento de preocupación» y simplemente «pensamiento» para otras categorías. Luego se dedicó a usar las mismas etiquetas siempre que notaba que le venía el bajón y que acudían a su mente los pensamientos atacantes.

Para dejar ir los pensamientos, comenzó con la visualización de las hojas en la corriente, pero se dio cuenta de que en el trabajo le resultaba más eficaz hacer algo físico. Cuando aparecían los pensamientos críticos, los etiquetaba y tomaba una inspiración. A medida que exhalaba, hacía un pequeño gesto (como empujando algo lejos de sí) y lo dejaba ir.

Tony descubrió que la defusión hacía cada vez menos posible que quedara atrapado en largas cadenas de energía negativa. También le hizo estar más alerta al crítico cuando aparecía y le ayudó a darse cuenta de que solo eran pensamientos, no «la voz de Dios».

Distánciate de la voz crítica

Ahora que estás empezando a observar, etiquetar y dejar ir los pensamientos de autoataque, hay algunas actividades avanzadas de desactivación del pensamiento que pueden distanciarte más del crítico:

Repetición de pensamientos. La investigación muestra que simplemente repetir un pensamiento en voz alta reduce su poder para dañarte. Toma por ejemplo el autojuicio «soy un mal padre». Su poder procede de olvidar que esto es un pensamiento y de aceptarlo como una verdad. Si repites «soy un mal padre» cincuenta veces o más, ocurre algo importante. Las palabras pierden su significado; se convierten en simples sonidos. Pruébalo. Escoge un ataque reciente de tu crítico y condénsalo en una frase de pocas palabras. Ahora repite esas palabras en voz alta hasta que las sientas desprovistas de emoción, sin importancia. Date cuenta de cómo ahora parecen una secuencia de sonidos privados de significado. Cada vez que quieras, puedes repetirte las palabras del crítico hasta que pierdan su capacidad de golpearte.

Llevar tarjetas. Cuando un pensamiento de autoataque aparezca, puedes conseguir distancia emocional escribiéndolo y llevando la tarjeta escrita contigo. Cada vez que el pensamiento reaparezca, puedes recordarte a ti mismo: «Tengo ese pensamiento y no necesito pensar en él ahora mismo».

Representar materialmente los pensamientos. El objetivo es otorgarle al pensamiento propiedades físicas: ¿qué tamaño tiene?, ¿qué color?, ¿qué forma?, ¿qué parece?, ¿cómo suena? Tony intentó darle materialidad a su pensamiento «soy estúpido». Se lo imaginó como una pelota terapéutica[1] gris, grande, pesada y con textura de papel de lija. Emitía un ruido sordo al lanzarla. Cuando convirtió «soy estúpido» en una pelota terapéutica, el pensamiento le pareció menos importante.

Nombres y voces absurdos. Cuando un pensamiento crítico aparece con frecuencia, trata de darle un nombre ridículo. Tony empezó a referirse a sus pensamientos sobre su inteligencia como pensamientos de pelota terapéutica. Otros ejemplos son «pensamientos bombas fétidas», «pensamientos oscuros y tormentosos», «los pensamientos de papá», «los pensamientos de la muñeca repollo», y así sucesivamente. Escoge nombres lo más estúpidos y absurdos que puedas.

También puedes usar voces tontas o burlonas para ridiculizar a los pensamientos críticos. Tony usaba la voz de un locutor de deportes para burlarse de sus pensamientos de autoataque: «La pelota terapéutica le ha dado una paliza hoy en el trabajo». Su padre lo entretenía con imitaciones del pato Donald cuando era pequeño. Empezó a usar esa voz para decir en voz alta sus pensamientos críticos.

Otra técnica es cantarte algunos de tus ataques a ti mismo (utilizando melodías populares y pegadizas).

Los tres bloques de preguntas. Cuando te viene el mismo pensamiento autocrítico, una y otra vez, intenta formular las siguientes preguntas:

1. ¿Qué antigüedad tiene el pensamiento? ¿Empezó después de una ruptura? ¿Después de que perdieras un empleo? ¿Se remonta a la escuela? Si no estás seguro, haz una suposición general de cuándo empezó.

2. ¿Cuál es la función del pensamiento? ¿Qué dolor está tratando de evitarte? ¿Sentirte avergonzado o mal sobre ti mismo?

---

1. Se refiere a las pelotas que utilizan los fisioterapeutas.

¿Sentir temor del rechazo o del desprecio de otros? ¿Sentirte inadecuado o defectuoso? ¿Sentirte triste acerca de un error o un fracaso? Cada pensamiento tiene un propósito, y los pensamientos frecuentes a menudo aparecen para evitar el dolor emocional crónico.

3. ¿Cómo funciona el pensamiento? Si lo has tenido durante mucho tiempo y su propósito es ayudarte a evitar el dolor, ¿está funcionando? ¿Estás menos avergonzado o sientes menos temor al rechazo? ¿Te sientes menos defectuoso, menos fracasado? ¿O es este dolor tan grande y difícil de soportar como siempre?

Aquí van otras preguntas: ¿está el pensamiento causándote dolor en realidad, en lugar de protegiéndote? ¿Te hace sentir peor sobre ti mismo (más avergonzado, más asustado, más triste? Si es el caso, tu pensamiento es un «doble revés». No solo no cumple su propósito, sino que además te hace daño.

EJEMPLO: TONY Y LOS TRES BLOQUES DE PREGUNTAS

Tony acaba de terminar una conversación con una clienta en la que ha estado tratando de identificar las características que desea que se incluyan en una nueva aplicación móvil. Desde que la clienta atravesó la puerta, el crítico empezó a atacarlo. Sus sugerencias eran «simplistas» y «estúpidas». Allí estaban los pensamientos de la pelota medicinal otra vez. Tony empezó a preguntarse a cuándo se remontaba este pensamiento. Podía recordarse pensando que debía de ser estúpido cuando en tercer curso la profesora le reprendió por no prestar atención. Lo hizo sentarse a su lado, para que pudiera «concentrarse» mejor. Eso ocurrió treinta años antes, y desde entonces ha seguido apareciendo el mismo pensamiento en su mente de forma regular.

Luego examinó la función de su pensamiento, y se dio cuenta de algo interesante. Durante su tercer curso él no creía ser estúpido, creía que *debía de parecer* estúpido. El pensamiento parecía querer motivarle para esforzarse más y que nadie lo volviera a avergonzar criticándolo. El pensamiento tenía la misma función entonces que en el presente: aún se decía a sí mismo que parecía estúpido para evitar sentirse herido o equivocado en el futuro.

Pero ¿estaba funcionando? ¿Le había protegido el pensamiento de sentirse equivocado y avergonzado? En realidad, el pensamiento no le había ayudado en absoluto. Parecía que había pasado toda su vida sintiéndose equivocado y avergonzado; si había algo que los pensamientos de la pelota medicinal le habían hecho sentir era peor.

Tony se dio cuenta, a un nivel más profundo que nunca, de que era, después de todo, solo un pensamiento. No la verdad o la realidad. Era un pensamiento que se suponía que le impulsaba a hacerlo mejor, a ser más eficaz. Pero todo lo que había conseguido era entristecerle, asustarle y hacerle dudar. Sabía que el pensamiento aparecería otra vez, pero tenía una nueva respuesta preparada: verlo como lo que era, un simple pensamiento.

Recuerda que no tienes que discutir con tu crítica patológica, intentando responder con detalle a cada ataque a tu autoestima. Puedes distanciarte y tomar perspectiva usando tus habilidades de defusión o desactivación del pensamiento, recordándote a ti mismo que esos ataques son solo pensamientos, repetitivos, molestos, pero transitorios, y que pronto se irán.

7

LA COMPASIÓN

La esencia de la autoestima es la compasión hacia uno mismo. Cuando sientes compasión hacia ti mismo, te comprendes y te aceptas. Si cometes un error, te perdonas. Tienes expectativas razonables respecto a ti mismo. Te fijas metas alcanzables. Tiendes a verte como una persona básicamente buena.

Tu voz crítica patológica no soporta la compasión. Para ella, la compasión es como la bruja mala del país de Oz o el ajo para un vampiro. Cuando tu diálogo interior es compasivo, tu crítico está amordazado. La compasión es una de las armas más potentes que tienes para mantener su voz a distancia.

Cuando aprendes a sentir compasión hacia ti mismo, empiezas a expresar tu sentimiento de valía. Descubres, literalmente, el tesoro oculto que es tu propio valor. El diálogo interior compasivo puede limpiar los restos de dolor y rechazo que probablemente han ocultado durante años tu autoaceptación innata.

En este capítulo ofrecemos una definición de compasión, mostramos la relación entre la compasión hacia uno mismo y hacia los demás, detallamos la forma de alcanzar la sensación de valía personal y presentamos ejercicios diseñados para incrementar tus facultades compasivas.

Qué es la compasión

La mayoría de las personas consideran la compasión como un rasgo de carácter admirable, igual que la honestidad, la lealtad o la espontaneidad. Cuando se es una persona compasiva, se demuestra siendo amable, empático y útil a los demás.

No hay duda de que esto es así. Sin embargo, la compasión en relación con la autoestima es mucho más que eso. En primer lugar, no es un rasgo de carácter inmutable. En realidad, la compasión es una habilidad, una facultad que puedes adquirir o mejorar. En segundo lugar, la compasión no es algo que sientes solo hacia los demás. También debería inspirarte a ser amable, empático y servicial contigo mismo.

La habilidad de la compasión consta de tres componentes básicos: comprensión, aceptación y perdón.

La comprensión

El intento de comprender es el primer paso hacia una relación compasiva con uno mismo y con los demás. Comprender algo importante sobre ti o sobre alguien a quien quieres puede cambiar por completo tus sentimientos y tus actitudes. El caso de Sean lo demuestra: era un albañil que acabó dándose cuenta de la razón por la que comía demasiado por las noches. Un día tuvo que realizar un trabajo especialmente duro. Terminó su jornada ya entrada la noche, y se dio cuenta de que aún había dejado pendiente el trabajo de todo un día cuando se suponía que tenía que empezar otro. Condujo hasta casa con un ojo en la carretera y otro en la aguja de la temperatura, porque el coche se calentaba demasiado y debía impedir que la aguja alcanzase la zona roja. Se sentía agotado, ansioso y derrotado. Pensó en parar en una tienda y comprar frutos secos, patatas fritas y embutidos para tomar de aperitivo antes de cenar. Cuando se imaginó tirado en el sofá frente a la televisión, con comida al alcance de las dos manos, comenzó a sentirse mejor. Pero su voz crítica empezó a machacarlo por sus «atracones de comida basura». En ese momento, Sean hizo algo diferente. Se preguntó por qué pensar en la comida le hacía sentir mejor. Entonces le vino a la cabeza una respuesta: comía demasiado por las noches para evitar sus sentimientos de presión e insuficiencia durante el día. Mientras comía se sentía reconfortado y seguro.

Esta comprensión repentina fue el primer paso para desarrollar una visión más compasiva de su persona. Vio su hábito de comer demasiado como una respuesta a presiones que le resultaban insoportables, como un signo de glotonería y debilidad.

No toda comprensión resulta tan fácil. A veces llega como consecuencia de un esfuerzo constante y sostenido para entender las cosas. Tu decisión de comprar y leer este libro es un ejemplo de aproximación consciente y gradual a la comprensión.

Comprender la naturaleza de tus problemas no significa que tengas que llegar a soluciones inmediatas. Simplemente significa que has descubierto cómo funcionas: lo que es probable que hagas en una determinada situación y por qué vas a hacerlo. Significa que tienes una idea de cómo llegaste a ser la persona que eres.

Comprender a los demás es sobre todo una cuestión de escucharlos a ellos en lugar de escuchar tu versión de ellos. No te dices: «¡Qué cotorra! ¿Se callará alguna vez?», sino que escuchas cómo tu madre te explica con todo detalle su visita al médico. Le preguntas sobre sus síntomas y los análisis que se ha tenido que hacer. Sondeas amablemente los hechos que hay bajo los sentimientos. Gradualmente te das cuenta de que no solo se está quejando de la enfermera y de la recepcionista. Está preocupada por envejecer, por la proximidad de la muerte. Eres capaz de empatizar con ella y ofrecerle algún apoyo, en lugar de impacientarte como te ha venido ocurriendo hasta ahora. Esto le hará sentirse mejor y también te hará sentir mejor contigo mismo.

La aceptación

La aceptación es quizás el aspecto más difícil de la compasión. Se trata de reconocer los hechos sin juzgarlos. Ni apruebas ni desapruebas: aceptas. Por ejemplo, la afirmación «acepto el hecho de que no estoy en forma» no significa «no estoy en forma y me parece perfectamente bien». Significa «no estoy en forma y lo sé. Puede que no me guste. De hecho, a veces me siento como un barril de grasa. Pero ahora dejo de lado mis sentimientos, pongo entre paréntesis los juicios de valor y afronto los hechos tal como son».

Marty es un buen ejemplo del poder de la aceptación. Trabajaba como chapista y constantemente se recriminaba «ser un hombrecito bajo, gordo y feo». Como parte de su batalla por desarrollar compasión hacia sí mismo, redactó una breve descripción para utilizarla cada vez que su crítica patológica empezara a susurrarle que era «bajo, gordo y feo». Le respondería diciendo: «Mido 1,56 y lo acepto. Peso 82 kilos y lo acepto. Me estoy quedando calvo y también lo acepto. Todo eso son hechos. He de aceptar estos hechos y no utilizarlos para mortificarme».

La aceptación de los demás supone que reconocemos los hechos acerca de ellos despojados de nuestros juicios habituales. Por ejemplo, Laurie solía considerar a un profesor como «un hueso, alguien sin ningún sentimiento, que nunca ofrece una palabra de ánimo o tiempo extra para las tareas». Sin embargo, hizo un auténtico esfuerzo para aceptar a ese hombre porque tenía que colaborar con él en un importante comité de estudiantes de la facultad. En primer lugar, se libró de las etiquetas despectivas que llenaban su cabeza. A continuación repasó mentalmente los hechos: «El doctor Sommers es un hombre reposado, reservado y distante. Suele ofrecer ayuda solo cuando se le pide formalmente. Se toma muy en serio los plazos. Puede no agradarme su estilo como profesor, pero lo acepto como es. Puedo colaborar con él y sacar partido de ello». Este ejercicio de comprensión ayudó a Laurie a conseguir algunas importantes resoluciones conjuntas que aprobó el comité. Toda esta experiencia elevó también su autoestima, porque con ella había aprendido el valor de ser un poco más distante y reservada.

El perdón

El perdón deriva de la comprensión y la aceptación. Igual que esos dos rasgos, no significa aprobación. Significa aceptar lo pasado como pasado, reafirmar el respeto hacia uno mismo en el presente y anticipar un futuro mejor. Cuando te perdonas por haberle gritado a tu hijo, el hecho no pasa de ser malo a ser bueno ni olvidas el incidente. Tu rabieta sigue siendo algo reprobable y recordarás tu error para poder mejorar en el futuro. Pero dejarás el «caso cerrado» y pasarás a tus actividades habituales sin seguir enganchado al incidente y sin sentirte fatal una y otra vez todo durante todo el día.

A Alice le costaba aceptar las invitaciones para salir. Los hombres la invitaban a cenar o a ir al cine y ella siempre inventaba alguna excusa para no ir. Su crítica patológica empezaba a castigarla: «Qué cobarde eres. Es un buen chico. ¿Por qué no le das una oportunidad? Lo has estropeado para siempre con él». Sufría reiteradamente este ataque durante varios días. Cuando empezó a combatirlo, el perdón fue una de las armas más poderosas que pudo usar. Se decía a sí misma: «Muy bien, he cometido un error. Me hubiera gustado salir con John, pero sentí mucha timidez y miedo. Ahora ya ha pasado. No se puede hacer nada. Me perdono y aprovecharé la próxima oportunidad. Me niego a pagar por mi timidez para siempre».

El verdadero perdón de los demás significa que cerramos las cuentas pendientes. La persona que te hizo daño no te debe nada. Ya no está en posición de deudor respecto a lo que haya sucedido. Has abandonado toda idea de venganza, reparación, restitución o compensación. Afrontas el futuro con una hoja en blanco entre ambos.

Charlie era un paisajista cuya relación con su padre estaba envenenada por un antiguo desacuerdo por el dinero que habían ganado cuando compartían un negocio de jardinería. Su autoestima se resentía cuando se comparaba con los amigos que tenían una relación más estrecha con sus padres. Al final llegó a la conclusión de que la clave para mejorar su opinión de sí mismo y restablecer el contacto con su padre era perdonarlo sinceramente: «Tuve que dejar de pensar en las antiguas discusiones —explicó Charlie—. Se habían interpuesto entre nosotros y nos mantenían separados». Cuando perdonó a su padre y le dio la espalda a su pasado, su autoestima mejoró y también mejoró la relación con su padre.

HACIA UNA MENTE COMPASIVA

Comprensión, aceptación y perdón: estas son tres grandes palabras que parecen casi de Perogrullo. Nadie se vuelve más comprensivo o indulgente porque lee en algún lugar que esta es una buena forma de ser. Los conceptos abstractos, por loables que sean, tienen escaso efecto sobre la conducta.

Para desarrollar una mente compasiva, tienes que comprometerte a cambiar tu forma de pensar. Antes juzgabas y luego rechazabas. La nueva forma de pensar exige suspender el juicio unos instantes. Cuando te enfrentas a una situación que antes evaluarías de forma negativa («Es estúpida», «He vuelto a meter la pata», «Es egoísta», «Soy un inútil»), puedes usar en su lugar una serie específica de pensamientos que son la respuesta compasiva.

✳ LA RESPUESTA COMPASIVA

La respuesta compasiva empieza con tres preguntas que debes formularte siempre para ayudarte a comprender la conducta problemática:

— Necesidad — creencias — dolor —

1. ¿Qué necesidad estaba (él, ella, yo) intentando satisfacer con su (mi) conducta?
2. ¿Qué creencias o conocimiento influyeron en la conducta?
3. ¿Qué dolor, daño u otros sentimientos influyeron en la conducta?

Luego siguen tres afirmaciones que te recuerdan que puedes aceptar a una persona sin acusarla o evaluarla, por desgraciadas que puedan haber sido sus elecciones:

4. Desearía que _____ no hubiese sucedido, pero no fue más que un intento de satisfacer sus (mis) necesidades.
5. Acepto a _____ sin juzgarlo.
6. Por desafortunada que fuera su (mi) decisión, acepto a la persona que la tomó como alguien que, como todos nosotros, intenta sobrevivir.

Finalmente, dos afirmaciones sugieren que puede borrarse la hoja y dejarla de nuevo en blanco, que es el momento de perdonar y dejarlo ir:

7. Se acabó, puedo dejarlo pasar.
8. No me debe (no me debo) nada por ese error.

Intenta memorizar esta secuencia. Comprométete a utilizarla cuando te des cuenta de que estás juzgándote a ti mismo o a los demás. Revísala, si lo deseas, para que el lenguaje y las sugerencias te parezcan adecuados. Pero asegúrate de mantener el objetivo básico de la respuesta compasiva: comprensión, aceptación, perdón.

EL PROBLEMA DE LA VALÍA PERSONAL

Aprender habilidades de compasión te ayuda a contactar con tu propio sentido de valía personal. Pero esta sensación puede ser muy escurridiza si tienes una autoestima baja. A veces parece que no valieras nada.

¿Qué hace valiosas a las personas? ¿Dónde buscas pruebas de su valía? ¿Cuáles son los criterios?

A lo largo de la historia se han enunciado innumerables criterios del valor humano. Los antiguos griegos valoraban la virtud personal en un sentido humano y político. Si te adecuabas a los ideales de armonía y moderación y contribuías al orden social, se te consideraba valioso y podías gozar de alta autoestima. Se esperaba que los romanos mostrasen patriotismo y valor. Los primeros cristianos valoraban el amor a Dios y a la humanidad por encima de la filiación a los reinos terrenales. Los budistas respetados se esfuerzan por liberarse de todo deseo. Los hinduistas contemplan formas de profundizar su reverencia a todos los seres vivos. Los musulmanes respetan la ley, la tradición y el honor. Los liberales aprecian el amor al hombre y las buenas obras. Los conservadores valoran la industria y el respeto a la tradición. Los mercaderes ricos se consideran valiosos. Los artistas admirables son los que están dotados de talento. Los políticos apreciados son los que tienen poder. Los actores admirados son los más conocidos. Y así sucesivamente.

En nuestra cultura, la solución más común al problema es identificar valor con trabajo. Uno es lo que hace y unos puestos y profesiones son más o menos valiosos que otros. Los médicos son mejores que los psicólogos, estos mejores que los abogados, los abogados mejores que los contables, los contables mejores que los agentes de cambio y bolsa y estos mejores que los *disc-jockey*, que a su vez son mejores que los vendedores de material informático...

Después de una determinada posición o nivel social, nuestra cultura valora los logros. Obtener un aumento, una licenciatura, una promoción o ganar en una competición tiene mucho valor. Comprar una buena casa, un coche, muebles, una embarcación o proporcionar educación universitaria a los hijos, todos estos logros también valen mucho. Si uno es despedido o cesado, pierde su casa o desciende en la escala de logros, siente que tiene problemas graves. En ese caso, pierde todos sus activos y se convierte en una persona socialmente desvalorizada.

Creerse estos conceptos culturales sobre la valía puede ser terrible. Por ejemplo, John era un auditor de banca que asimilaba su valía personal con sus logros profesionales. Cuando se retrasaba en cumplir un plazo importante, se sentía indigno. Cuando se sentía indigno, se deprimía. Cuando se deprimía, trabajaba más lento e incumplía más plazos. Se sentía entonces más indigno, se deprimía más, trabajaba cada vez con menor diligencia, y así sucesivamente, en una espiral descendente infernal.

John no carecía de valía. Estaba atormentado por una idea irracional de la valía personal. Y como su idea irracional es muy frecuente en nuestra sociedad, no tenía a nadie cerca que le mostrase la realidad. Su jefe también pensaba que John carecía de valor para la compañía si no podía cumplir los plazos. Su mujer y su hermano coincidían en que tenía algún problema. Incluso su psicoterapeuta tendía a aceptar que un mal rendimiento en el trabajo era una razón para sentirse deprimido. De forma sutil, todos reforzaban su creencia de que carecía de valor. Se había metido en un carrusel autopropulsado de depresión y sus allegados no podían ayudarlo a salir de él. Al contrario, estaban ayudando a que se hundiera aún más.

Cuando te encuentras en este tipo de situaciones, puede ayudarte recordar que todo criterio concebido para medir la valía depende de su contexto cultural. El monje zen de grandes virtudes no será muy valorado en Wall Street. El agente de cambio y bolsa respetado en su entorno se considera sin valía en las junglas de Borneo. El curandero más poderoso no tendrá ninguna valía entre las paredes del Pentágono. John intentó aprenderse de memoria esto: «¿Qué importancia tiene si la auditoría First Intercity se acaba esta semana o la siguiente? ¿Se van a caer las estrellas? ¿Depende realmente tanto mi valía como ser humano de si cuadran dos columnas de números del balance? Ni siquiera tendría este problema en una playa tropical de Pago Pago o en el Londres de Shakespeare».

Este diálogo interno le permitió distanciarse de la situación, pero no aumentó mucho su autoestima. El hecho es que había elegido trabajar y competir en el campo de la auditoría bancaria y no en una playa tropical de Pago Pago o en la dramaturgia renacentista. Era miembro de una cultura occidental urbana y pensaba que había que medir su éxito de acuerdo con los estándares dominantes, aun si eran irracionales o subjetivos.

Un ámbito más provechoso al que recurrir es el de tu propia experiencia y observaciones. Los criterios culturales más «obvios» y «razonables» pueden discutirse a partir de la observación. Por ejemplo, si los pediatras son más valiosos que las personas que les limpian las ventanas, de ahí se sigue que los pediatras deberían tener un superior sentido de autoestima. Todos los pediatras deberían deleitarse en el plácido resplandor de su autoestima, mientras que los limpiadores de ventanas deberían estar buceando en las simas de la desesperación. Pero no es así. Las estadísticas muestran que la profesión está ligeramente poco relacionada con el nivel de autoestima o salud mental. El hecho observable es que hay pediatras y limpiadores de ventanas que se gustan a sí mismos y que hay proporciones similares de pediatras y limpiadores de ventanas que no se gustan a sí mismos.

Las observaciones personales de John le confirmaron esta idea. Conocía a otras personas con trabajos en el sector financiero que tenían una buena autoestima, pero no eran realmente más competentes ni tenían más éxito que él. Por otro lado, uno de sus compañeros de universidad era vicepresidente de una gran empresa, pero John sabía que a pesar de su éxito le atormentaba una profunda sensación de falta de valía.

Obviamente, algunas personas han resuelto este problema de valía personal y otras no. Si quieres disfrutar de una alta autoestima, tendrás que aceptar el concepto de valía. Cuando llegues a la conclusión de que la solución debe de estar fuera de los criterios culturales dominantes, tendrás cuatro formas de abordar el concepto de valía y de salir con una autoestima intacta.

AFIRMA TU VALÍA

La primera forma de afrontar el problema de la valía es tirarla por la ventana, aceptar que la valía de una persona es un concepto abstracto que, cuando se analiza, en realidad tiene una base muy frágil. No es más que otra etiqueta general. Todos los criterios son subjetivos, culturalmente variables y dañinos para tu autoestima. La idea de identificar un estándar universal de valía es una ilusión tentadora, pero tú y todo el mundo estás mejor sin ella. Es imposible determinar la verdadera valía de una persona.

La segunda forma de afrontar el problema de la valía es constatar que existe, pero que está igualmente distribuida y es inmutable. Todo el mundo al nacer tiene un valor, absolutamente igual al de todos los demás. Le suceda lo que le suceda en la vida, haga lo que haga o le hagan lo que le hagan, su valía humana no puede aumentar ni disminuir. Nadie vale más o menos que los demás.

Es interesante señalar que estas dos opciones son equivalentes cuando las pones en práctica. Las dos te liberan de tener que vivir comparándote con los demás y de hacer constantes juicios sobre tu valor relativo.

Por supuesto, estas dos primeras opciones son esencialmente diferentes. La primera es una especie de agnosticismo práctico: una persona puede «valer» o no más que otra, pero este juicio es muy difícil y peligroso, y te niegas a aplicarlo. La segunda opción está más en línea con la enseñanza religiosa occidental tradicional y la conclusión es un «sentimiento» reconfortante y aconfesional sobre la valía intrínseca de la persona, de su carácter especial, más afín a los ángeles que a los animales. Con el objetivo de fomentar la autoestima, puedes optar por cualquiera de las opciones, y te resultará eficaz.

La tercera opción es diferente de las dos primeras, sin llegar a negar ninguna de las dos. En ella reconoces tu propia experiencia interior del valor humano.

Recuerda una época en la que te sentiste bien contigo mismo, en la que tu valor humano parecía real y tenías una buena dosis. Recuerda el sentimiento de estar bien, con todas tus faltas y fracasos, a pesar de las opiniones de los demás. Puede que solo hayas intuido esta emoción en tu vida. En este momento, puedes estar totalmente desvinculado de ese sentimiento de valía personal. Tal vez solo tengas el lejano y borroso recuerdo de que una vez te sentiste bien contigo mismo.

Lo esencial es admitir que tienes un valor personal, según evidencia tu propia experiencia interior, por breve y ocasional que haya sido. Tu valía es como el sol, que siempre brilla, aun cuando esté nublado y quede oculto a la vista. No puedes evitar su resplandor, solo puedes quedarte en la sombra dejando que tu crítica patológica te llene de nubes de confusión o te deje en un estado de depresión.

John pudo reconectar con su sentimiento de valía personal al recordar a una vecina que tenía a los doce años. Era una señora mayor, la señora Ackerson, que vivía en la puerta de al lado. A menudo miraba los trabajos y dibujos de John cuando sus padres no tenían tiempo o no los recibían con elogios. La señora Ackerson mostraba siempre un gran entusiasmo por sus creaciones y le decía que era muy listo y que llegaría lejos. John recordaba el orgullo que sentía y su sensación de confianza ante el futuro. A veces podía remontarse al recuerdo de su vecina y recuperar sus primeros sentimientos de orgullo y competencia.

La cuarta forma de afrontar el problema de la valía es realizar una buena contemplación de tu persona a través de la lente de la compasión. La compasión te expresa la esencia de tu carácter de ser humano.

¿Qué entiendes de ti mismo? En primer lugar, vives en un mundo en el que tienes que luchar a cada momento para responder a tus necesidades básicas, o de lo contrario perecerías. Necesitas encontrar comida, vivienda, apoyo emocional, descanso y ocio. Casi toda tu energía se centra en estas necesidades básicas. Haces lo que puedes, con los recursos que tienes. Pero las estrategias con las que cuentas para satisfacer tus necesidades están limitadas por lo que sabes y por lo que no sabes, por tus condicionamientos, tu constitución emocional, el grado de apoyo que recibas de los demás, tu salud, su sensibilidad al dolor y al placer, etcétera. Y a través de toda esta lucha para sobrevivir eres consciente de que tus facultades físicas e intelectuales se deteriorarán inevitablemente y de que, a pesar de todos tus esfuerzos, un día morirás.

Durante esta lucha, cometes muchos errores que reciben dolor como recompensa. A menudo sientes miedo, tanto ante peligros reales como ante una vida sin garantías, en la que la pérdida y el dolor pueden llegarte sin previo aviso. También hay muchos tipos de dolor, y a pesar de todo sigues, buscando todo el sustento físico y emocional que puedas conseguir.

Esto último es esencial: sigues. A pesar de todo el dolor, pasado y futuro, sigues adelante. Haces planes, resistes, decides. Continúas viviendo y sintiendo. Si dejas proliferar este conocimiento, si te permites sentir realmente la lucha, puedes empezar a vislumbrar tu auténtico valor. Es la fuerza, la energía vital que te impulsa a esforzarte. El grado de éxito no tiene ninguna importancia. Tampoco lo tiene tu aspecto, o el grado de sustento físico o psicológico del que dispongas. Lo único que cuenta es el esfuerzo. Y la fuente de tu valía es el esfuerzo.

Tras la comprensión viene la aceptación. Nada de lo que uno hace en el empeño por sobrevivir es malo. Los diferentes métodos son más o menos eficaces, dolorosos o indoloros. A pesar de tus errores, estás haciendo un buen trabajo, porque es lo mejor que eres capaz de hacer. Puedes aprender de tus errores y del dolor que sigue a cada uno de ellos. Es posible aceptar todo lo que hagas sin valorarlo porque durante toda tu vida estás implicado en una lucha irremediable.

Te puedes perdonar y dejar pasar tus fracasos y errores porque ya has pagado por ellos. Por nuestra propia constitución, no siempre conocemos el mejor camino, e incluso conociéndolo, podemos no tener los recursos necesarios para seguirlo. Tu mérito, por tanto, es que naciste en este lugar y que puedes seguir viviendo en él a pesar de la enorme dificultad que comporta luchar.

La compasión hacia los demás

Para ser completa, la compasión ha de orientarse tanto hacia uno mismo como hacia los demás. Puede que ahora te parezca más fácil comprender, aceptar y perdonar a las personas que te rodean que comprenderte, aceptarte y perdonarte a ti mismo. O bien puede que, te parezca relativamente fácil sentir compasión por ti mismo, pero que te irriten constantemente los fallos de los demás. Estos dos desequilibrios pueden afectar a tu autoestima.

Por suerte, es un desequilibrio que se corrige a sí mismo. Al sentir una mayor compasión por los demás te acabará siendo más fácil sentir compasión por ti mismo. Y aprender a darte un respiro te llevará de forma natural a tener una idea más compasiva de los demás. En otras palabras, la regla de oro actúa tanto en un sentido como en el otro: «ama a tu prójimo como a ti mismo» o «ámate a ti mismo como a tu prójimo».

Si quererte te parece un desperdicio de afecto, empieza por aumentar la compasión que sientes hacia los demás. Después de haber aprendido a comprender, aceptar y perdonar los fallos ajenos, tus propios errores no te parecerán tan grandes.

La empatía

Un término más adecuado que la compasión hacia los demás es el de empatía. La empatía consiste en entender de forma clara las ideas y sentimientos de otra persona. Supone escuchar con atención, hacer preguntas, dejar a un lado los propios juicios de valor y utilizar la imaginación para comprender el punto de vista del otro, sus opiniones, sentimientos, motivaciones y situación. La intuición que se alcanza mediante el ejercicio de la empatía lleva de forma natural al proceso compasivo de comprensión, aceptación y perdón.

La empatía no es sentir lo mismo que siente otra persona. Eso es una cualidad parecida pero diferente que no siempre es posible o apropiada. La empatía no es actuar de forma tierna y comprensiva. Eso es apoyo, otra acción que no siempre es posible o apropiada. La empatía tampoco es acuerdo o aprobación. La empatía opera fuera y antes de la simpatía, el apoyo, el acuerdo y la aprobación.

Una verdadera empatía es el antídoto definitivo a la ira y el resentimiento. Recuerda que la ira la causan tus pensamientos, no las acciones de los demás. Cuando te tomas el tiempo que se necesita para comprender minuciosamente los pensamientos y motivaciones de los demás, tu lectura mental y tu hábito de inculpar a los otros cesan. Eres capaz de ver la lógica que hay bajo las acciones de otras personas. Puedes coincidir o no con esa lógica, o gustarte o desagradarte sus acciones, pero las comprendes. Llegas a ver que una verdadera maldad y bajeza son infrecuentes, que la gran mayoría de la gente busca el placer o evita el dolor de la forma que mejor le parece. Ves la escasa importancia de la valía o las acciones en esa ecuación. Eres libre de aceptar los hechos, perdonar al ofensor y avanzar.

June era una asistente social que discutía a menudo con su supervisor. Ella creía que las personas a quienes ayudaba eran lo primero y que las tareas burocráticas venían después; eso hacía que se retrasara en la entrega de sus estadísticas e informes semanales y mensuales. Era muy crítica con la insistencia de su supervisor de cumplir con esas tareas; pensaba que realmente a él no le importaban tanto las personas como cumplir con el papeleo.

Esta situación mejoró después de que June tuviera una larga conversación con él en una comida de la organización. Hizo un esfuerzo consciente por escuchar y comprender su punto de vista. Mientras hablaban, no hizo ninguno de sus habituales comentarios sarcásticos o acusatorios. Su supervisor fue mostrándose más afable y exteriorizando parte de su compromiso y sus sentimientos. Le contó que una vez había perdido una beca muy bien dotada y que había echado a perder un programa comunitario por equivocarse con la documentación. Ese gran fallo le había enseñado que hacer un buen trabajo burocrático era una condición necesaria para ser un buen asistente social. Tras esa conversación, June estuvo mucho mejor predispuesta hacia él. Su ejercicio de empatía se tradujo en una mejor relación de trabajo.

EJERCICIOS

Este capítulo se cierra con cuatro ejercicios. Los dos primeros te enseñarán a sentir compasión por los demás y los dos últimos combinan la compasión por los demás con la compasión hacia uno mismo. Dosifica tu esfuerzo: prueba primero con el que te parezca más sencillo. Luego pasa a los ejercicios más difíciles.

Ejercicio con la televisión

Esta es una forma perfectamente segura y no amenazante de practicar la empatía con los demás. Mira un programa de televisión que detestes o que normalmente no querrías ver. Si normalmente ves programas de entretenimiento, elige un drama. Si solo ves los informativos, mira unos dibujos animados. Si prefieres las comedias, cambia al sermón de un predicador, a una película policiaca o a una telenovela.

Mira y escucha atentamente. Cada vez que te sientas irritado, disgustado, aburrido o confundido, aparta tus sentimientos y reenfoca tu atención. Recítate las siguientes palabras: «Me doy cuenta de que esto me irrita mucho. Está bien, pero no es lo que me interesa en este momento. Puedo dejar a un lado la irritación y observarlo unos minutos sin valorar lo que estoy viendo». Suspende durante un tiempo tus juicios de valor e imagínate por qué los teleadictos incondicionales ven ese programa. ¿Qué obtienen de él? ¿Lo ven para emocionarse, informarse, divertirse, evadirse, identificarse con los personajes, confirmar sus prejuicios? Intenta comprender los rasgos atractivos de ese programa y al tipo de persona a la que le gusta.

Cuando llegues a una comprensión empática, cambia a otro tipo de programa y prueba de nuevo. Recuerda que no tienes que aprobar lo que ves, solo verlo con claridad y comprender por qué es atractivo para otra gente.

El objeto de este ejercicio no es ampliar o degradar tus gustos como espectador, sino proporcionarte una situación segura y no amenazante en la que puedas practicar la postergación de tus juicios de valor y consigas comprender un punto de vista que normalmente descartarías sin más.

La escucha activa

Puedes realizar este ejercicio con diferentes tipos de personas, de forma escalonada:

Con un amigo. Elige a un amigo al que le guste probar cosas nuevas. Explícale que quieres mejorar tus habilidades de escucha. Pídele que te cuente algo que sea importante en su vida: una experiencia traumática, un recuerdo infantil importante o una esperanza de futuro.

Mientras tu amigo habla, tu tarea es escucharlo con atención y hacerle preguntas sobre las partes que no entiendas. Pídele que te las aclare o que las desarrolle. Penetra bajo la superficie de los hechos pidiéndole información sobre sus pensamientos y sentimientos: «¿Por qué fue eso importante para ti?», «¿Cómo te sentó eso?», «¿Qué aprendiste de aquello?».

De vez en cuando, repite con otras palabras lo que ha dicho tu amigo: «Así que, en otras palabras, tú...»; «Espera, déjame ver si lo entiendo: tú pensaste que...»; «Me parece que estás diciendo que...». La paráfrasis es una parte importante de la escucha empática porque te mantiene bien encaminado. Te ayuda a suprimir tus interpretaciones falsas de la realidad y a aclarar lo que piensa tu amigo. Él sentirá la satisfacción de saber que se le ha escuchado de verdad, y tienes la oportunidad de corregir cualquier error que cometas. Luego incorporas las correcciones en paráfrasis revisadas.

Con conocidos. Ahora puedes llevar a cabo un ejercicio más difícil. Elige a personas a las que no conozcas tan bien y practica tus habilidades de empatía sin que ellas sepan lo que estás haciendo.

Habléis de lo que habléis, pídele a tu interlocutor que te aclare y amplíe lo que te explique. Resiste tu impulso de discutir o de contarle una anécdota propia. Date cuenta de cuando empieces a juzgar mentalmente y deja a un lado tus juicios de valor. Recuerda que no tiene por qué gustarte, que solo intentas comprender algo sin que tu voz crítica participe. En especial, presta atención a las comparaciones automáticas.

Reformular sus palabras usando las tuyas (paráfrasis) es aún más importante cuando estás con alguien a quien no conoces bien. Te ayuda a recordar una historia poco familiar, te aseguras de prestar atención al hablante y te ayuda a separar tus propios procesos mentales de lo que realmente se ha dicho. A medida que tu conocido aclara y corrige, profundiza en la conversación y esta pasa a un nivel más personal e íntimo. Las verdaderas opiniones, sentimientos y áreas de incertidumbre o vulnerabilidad se irán mostrando poco a poco a medida que el hablante perciba que eres un oyente atento e interesado en el que puede confiar. Repite este ejercicio con frecuencia y tus conocidos se convertirán en amigos.

Con extraños. En una fiesta u otra reunión, escoge a alguien a quien no conozcas o que te disguste. Inicia una conversación con esa persona y utiliza tus habilidades de escucha para intentar comprender bien lo que te dice. Sigue las mismas instrucciones de la conversación con amigos y conocidos, teniendo en cuenta que probablemente te resultará más difícil suspender el juicio y centrarte en pedir información y realizar la paráfrasis. Cuando escuchas a alguien que realmente te desagrada o con quien no tienes nada en común, es importante recordar la base de la compasión: todo el mundo intenta sobrevivir, igual que tú. Formúlate a ti mismo las tres preguntas necesarias para una respuesta compasiva.: «¿Qué necesidad está satisfaciendo al decir esto?»; «¿Cómo le hace sentir más seguro, con más control, menos ansioso, con menos dolor?»; «¿Qué creencias le influyen?».

La compasión por el pasado

Este es un ejercicio que puedes practicar una y otra vez para desarrollar habilidades de comprensión, aceptación y perdón.

El momento actual, mientras estás leyendo esto, es el presente. Cualquier otro momento de tu vida es el pasado. Utilizas algunos de esos hechos que calificas de malos para rechazarte a ti mismo: no visitaste a tu padre con más frecuencia antes de que falleciese, lo exigente que fuiste con tu primera esposa, lo que le dijiste cuando os estabais separando, tu comilona de la semana pasada, tu intento fallido de dejar el tabaco, tu discusión con tu hijo, etcétera. Pero no tienes que seguir hiriéndote con el pasado. Puedes revivir estos sucesos utilizando la respuesta compasiva.

Esto es lo que tienes que hacer. Primero, selecciona un hecho del pasado, uno que tu voz crítica haya utilizado para atacarte. A continuación adopta una postura cómoda. Cierra los ojos y haz unas cuantas inspiraciones profundas. Examina tu cuerpo para identificar la tensión y estira o relaja las zonas tensionadas. Ahora, déjate llevar al pasado. Remóntate al momento en que se desarrollaba el hecho que has escogido. Contémplate haciendo aquello que ahora lamentas. Fíjate en cómo ibas vestido, observa la habitación o lugar, a todas las personas implicadas. Escucha cualquier conversación que tuviera lugar. Nota cualquier sentimiento que vivieras en aquel momento, tanto emocional como físico. Reproduce el hecho lo mejor que puedas.

Fíjate en cómo se desarrolla la acción, escucha las palabras, nota tus reacciones.

Mientras te observas en medio del acontecimiento, hazte esta pregunta: «¿Qué necesidad estaba yo intentando satisfacer?». Piensa en ello. ¿Estabas intentando sentirte más seguro, con más control, menos ansioso, menos culpable? Tómate tu tiempo para responder. Ahora pregúntate: «¿En qué estaba pensando entonces?».

¿Qué creías en aquella situación? ¿Cómo estabas interpretando las cosas? ¿Qué creíste que era verdad? No precipites la respuesta. Pregúntate ahora: «¿Qué tipo de dolor o sentimiento me estaba influyendo?».

Tómate un tiempo para contestar y piensa en el contexto emocional del acontecimiento.

Cuando tengas alguna respuesta a estas preguntas, cuando conozcas las necesidades, pensamientos y sentimientos que te influyeron, es el momento de aceptarte y perdonarte por lo que hoy te recriminas. Mantente enfocado en la imagen de ti mismo en mitad del acontecimiento y dile esto a la persona que eras entonces:

Desearía que esto no hubiese sucedido, pero estaba intentando satisfacer mis necesidades.

Me acepto sin valoración crítica o malestar por haberlo intentado.

Me acepto, ahora y entonces, como una persona que intenta sobrevivir.

Intenta sentir realmente cada una de estas afirmaciones. Sumérgete en ellas. Ahora es el momento de desprenderse del pasado. Debes decirte a ti mismo:

No me debo nada por mi error.

Se acabó. Puedo perdonarme.

Si este ejercicio te funciona, ensáyalo con tantos acontecimientos del pasado como puedas. Mientras lo practicas, la respuesta compasiva se volverá más automática. El perdón te resultará más fácil. Y te sentirás menos atrapado en los dolorosos arrepentimientos del pasado.

Meditación compasiva

Este ejercicio tiene tres partes: visualizar y sentir compasión por alguien que te ha hecho daño, por alguien a quien hayas hecho daño y por ti mismo. Puedes hacer que alguien te lo lea o grabarlo y escucharlo. Si lo grabas, habla lentamente, en tono bajo, claro y relajado.

Para alguien que te ha hecho daño. Siéntate o túmbate con los brazos extendidos y las piernas estiradas. Cierra los ojos y haz varias inspiraciones profundas. Sigue respirando profunda y lentamente a medida que recorres tu cuerpo para identificar la tensión. Cuando percibas zonas rígidas, relaja los músculos y entra en estado de relajación profunda. Deja que tu respiración se vuelva aún más lenta y suspende tus juicios. Acepta todas las imágenes que te vengan a la mente, aun cuando no tengan sentido en ese momento.

Imagínate que tienes una silla delante de ti. Una persona está sentada, en silencio, en ella, alguien que tú sabes que te ha hecho daño de alguna forma. Percibe todos los detalles: su tamaño, vestimenta, colores, postura. La persona que te ha hecho daño tiene un aspecto tranquilo, expectante. Dile:

Tú eres un ser humano como yo. Te esfuerzas por sobrevivir. Cuando me hiciste daño, estabas intentando sobrevivir. Hiciste lo que pudiste, dadas tus limitaciones y tu comprensión de la situación en aquel momento. Puedo comprender tus motivaciones, temores, esperanzas. Los comparto porque también yo soy humano. Puede que no me guste lo que hiciste, pero lo comprendo.

Acepto el hecho de que me hiciste daño. No me agrada, pero no te culpo de nada. Nada puede cambiar ya lo que ocurrió.

Te perdono. Puede que no lo apruebe ni esté de acuerdo contigo, pero puedo perdonar. Puedo dejar pasar lo que ocurrió y saldar cuentas contigo. No espero compensación alguna. He abandonado toda idea de venganza y resentimiento. Nuestras diferencias pertenecen al pasado. Controlo el presente y puedo perdonarte en el presente. Puedo dejar atrás mi enfado.

Sigue mirando a la persona que te hizo daño. Déjala entrar gradualmente en tu corazón. Ábrete. Permite que la cólera y el resentimiento se desvanezcan como cuando se apaga la música. Ábrete más. Si te cuesta empatizar o abandonar tu ira, no te juzgues por ello. Tómate un momento más si lo necesitas, ve a tu ritmo. Cuando estés listo, di: «Te perdono», una vez más. Deja que la imagen de esa persona se desvanezca de su asiento.

Para alguien a quien has hecho daño. Imagínate que esa persona que tienes delante es alguien a quien has dañado, alguien de quien esperas comprensión, aceptación y perdón. Fíjate en todos los detalles de su ropa y de su aspecto. Haz la visión lo más real que puedas. La persona a la que dañaste te mira con tranquilidad, expectante. Dile:

Soy un ser humano, digno pero imperfecto. Soy como tú. Los dos intentamos sobrevivir. Cuando te hice daño, solo estaba tratando de sobrevivir. Intentaba hacer lo que me parecía lo mejor en ese momento. Si entonces hubiera pensado como pienso ahora, habría actuado de forma diferente. Pero entonces solo pude hacer lo que hice. Comprendo que te hice daño y quiero que sepas que no es mi intención hacértelo.

Por favor, acepta el hecho de que te hice daño y de que nada lo puede cambiar. Si pudiera cambiarlo, lo haría. Tú también lo harías si pudieras. Pero no podemos. Nada puede cambiar el pasado.

Por favor, perdóname. No te pido que apruebes lo que hice o que estés de acuerdo conmigo, sino que me perdones. Quiero dejar a un lado nuestras diferencias del pasado, limar asperezas y empezar de nuevo.

Por favor, ábreme tu corazón. Compréndeme, acéptame, perdóname.

A medida que miras a la persona a la que dañaste, observa cómo empieza a sonreír. Ahora sabes que te ha comprendido, aceptado, perdonado. Deja que se desvanezca la imagen de esa persona hasta que la silla esté vacía.

Hacia ti mismo. En la última parte de esta meditación, imagínate a ti mismo sentado en la silla. Una vez más, repara en los detalles: obsérvate vestido como vas vestido, con el aspecto que tienes ahora. Imagínate que la imagen de ti mismo te está diciendo:

Soy un ser humano. Tengo valor porque existo e intento sobrevivir. Cuido de mí. Me tomo en serio. En todos los asuntos, me tomo en cuenta primero.

Tengo necesidades y deseos legítimos. Puedo elegir lo que necesito y quiero sin tener que justificarme ante nadie. Hago elecciones y asumo la responsabilidad por ellas.

Siempre hago lo que puedo. Cada pensamiento y acción es el mejor del que soy capaz en cada momento. Como soy un ser humano, cometo errores. Acepto mis errores sin culpa y sin juzgarme. Cuando cometo un error, aprendo de él. Soy imperfecto y me perdono por mis errores.

Sé que los demás son igualmente valiosos, igualmente imperfectos. Siento compasión hacia ellos porque viven la misma lucha de supervivencia que yo.

Imagínate cómo tu figura se levanta de la silla, avanza hacia donde estás y se funde en una sola persona contigo.

Relájate y descansa. Estás en paz contigo mismo, en paz con los demás. Cuando estés preparado, abre los ojos y levántate lentamente, sintiéndote descansado y relajado, con una sensación de aceptación compasiva de ti mismo y de los demás.

Practica este ejercicio al menos cinco veces durante las dos próximas semanas.

8

LOS «DEBERÍAS»

Una gélida tarde de noviembre de 1952, un portero afroamericano de mediana edad estaba parando un taxi para una familia blanca que acababa de bajar las escaleras de acceso al hotel Sheraton. Antes de que nadie pudiese detenerla, la hija de seis años salió disparada a la calle tras el sombrero que un golpe de viento le había arrancado y llevado hasta la carretera, cuando estaba a punto de cruzar un autobús. De repente, con los reflejos de un hombre mucho más joven, el portero se lanzó a la calle, sujetó a la niña y la devolvió a la acera.

Lo interesante de este suceso fueron las muy diversas reacciones que despertó. La mujer del portero se enfureció. Le dijo que había puesto su vida en riesgo por una niña tonta, cuando él tenía una familia que lo necesitaba: «Estuvo mal, lo primero siempre es el interés de tu familia». Su hermano también se lo recriminó, pero sobre todo porque la niña a la que salvó era blanca: «Si has de dar tu vida, que sea al menos por uno de los nuestros». El director del hotel, por otra parte, dijo que el rescate fue un «acto altruista» y aquella Navidad le ofreció una importante gratificación navideña. El sacerdote del portero oyó la historia y la calificó de heroica en su sermón dominical: «Todo aquel que salva a un niño —dijo— salva al mundo, porque ¿quién sabe cuál de nuestros hijos llegará a ser un gran salvador, un gran líder o un santo?».

El mismo hecho despertó reacciones diversas según los particulares sistemas de creencias a través de los que las personas filtramos el mundo en el que vivimos. La realidad apenas importa. Lo que realmente importa son los valores y las reglas que utilizamos para juzgar la conducta. Esta es la razón por la que el mismo acto puede ser estúpido para la esposa o el hermano del portero, mientras que el director del hotel lo considera altruista y el sacerdote heroico.

Al mirar hacia atrás, uno tiene el privilegio de saber cuáles son las consecuencias de un acto. Y los resultados son la única forma segura de enjuiciar. El sacerdote tenía razón. Treinta años más tarde, aquella niñita recibió una distinción por su importante contribución a su especialidad médica.

La crítica patológica utiliza tus creencias y valores para atacarte. Los «deberías» son sus reglas de vida y las ideas en las que basa sus esfuerzos para destruir tu autoestima. Tu voz crítica evalúa constantemente lo que dices, lo que haces e incluso lo que sientes, comparándolo con un ideal de perfección. Como uno nunca llega al ideal de cómo debe hablar, actuar o sentir, la crítica tiene motivos interminables para tacharte de malo o de alguien sin valor.

Un chico saca tres sobresalientes y un aprobado. Sus creencias sobre las notas y el éxito determinarán por completo su reacción. Si una media de notable le parece un rendimiento razonable, se alegrará de ver que ha superado ampliamente esa meta. Si cree que el aprobado es una nota totalmente inaceptable, un signo de estupidez o pereza, su voz crítica golpeará su autoestima y la dejará como si hubiera peleado cincuenta asaltos con Muhammad Ali.

CÓMO SE FORMAN LOS VALORES

Woodrow Wilson implicó a Estados Unidos en la Primera Guerra Mundial para «asegurar la democracia en el mundo». Los soldados estadounidenses ocuparon sus puestos en las trincheras y barricadas de Europa creyendo que estaban luchando contra las fuerzas de la tiranía. Millares de ellos murieron en Argonne Forest y en Saint Mihiel. La creencia en el nacionalismo, en la superioridad del sistema político estadounidense y en valores tan abstractos como el deber y el honor determinó en 1917 el celo por la guerra justa, una guerra que se haría interminable. En el otro bando, también murieron jóvenes por la profunda creencia en el nacionalismo alemán, en los ideales de entrega y obligación hacia la patria.

Visto desde la perspectiva actual, ninguna de ambas causas parecía digna de esa entrega. ¿Por qué hubieron de morir jóvenes alemanes debido a las ambiciones políticas del Káiser? ¿Por qué hubieron de perderse vidas estadounidenses para que los aliados pudieran usar el Tratado de Versalles para castigar y humillar a Alemania, sembrando con ello las semillas de la Segunda Guerra Mundial? Pero no es nada nuevo. A lo largo de la historia, los hombres han entregado sus vidas por sus creencias, y rara vez la causa ha resultado merecer este sacrificio.

¿Por qué son tan poderosos las creencias y los valores? ¿Qué hay en ellos para que las personas estén dispuestas tan a menudo a entregar su comodidad, su seguridad e incluso su vida para no sentirse culpables de actuar mal? La respuesta es que, si bien el contenido de una creencia puede ser arbitrario y a menudo es erróneo, la motivación para creer procede de los impulsos más profundos del ser humano.

La mayoría de las creencias se forman del mismo modo, es decir, como respuesta a una necesidad básica. Tus primeras creencias surgieron de la necesidad de ser amado y aprobado por tus padres. Para sentirte seguro y querido, hiciste tuyas sus creencias sobre cuestiones como la forma de trabajar; de afrontar la ira, los errores y el dolor; de practicar el sexo; de lo que se puede y no se puede hablar; de los objetivos adecuados en la vida; de cómo actuar cuando estás casado; de lo que uno debe a los padres y otros familiares, y de la confianza que hay que tener en uno mismo. Parte de las reglas y creencias que adquiriste de tus padres estaban implícitas en palabras cargadas de valor, como *compromiso*, *honestidad*, *generosidad*, *dignidad*, *inteligencia* o *fuerza*. Estos términos, como sus opuestos, han sido utilizados por nuestros padres como varas de medir con las que evaluar a las personas y su conducta.

Algunos te los aplicaron a ti. Y en tu necesidad de complacer a tus padres, puedes haber aceptado calificativos tan negativos como *egoísta*, *estúpido*, *débil* o *vago*.

• Un segundo grupo de creencias procede del sentido de pertenencia y de la necesidad de la aprobación de tus semejantes. Para asegurarse la aceptación de los demás, uno aprende a vivir de acuerdo con reglas y creencias que rigen áreas como la forma de relacionarse con el otro sexo y las conductas sexualmente adecuadas, la manera de enfrentar la agresión, o cuánto mostrar de uno mismo, o lo que uno le debe a la propia comunidad y al mundo en general y las conductas sexualmente adecuadas. La aprobación de los demás a menudo depende de tu disposición a aceptar las creencias del grupo. Si tus amigos se oponen a la intervención de Estados Unidos en Siria, por ejemplo, sentirás una gran presión para apoyar esa creencia o, de lo contrario, te expones a que te excluyan.

Distintos estudios han mostrado que las creencias se alteran drásticamente en respuesta a los cambios de rol o estatus. Por ejemplo, los sindicalistas que están a favor de los derechos de los trabajadores modifican su punto de vista cuando son ascendidos a posiciones directivas. A los seis meses, a menudo han cambiado significativamente sus creencias y se posicionan de forma afín a la dirección. Una vez más, la necesidad de pertenencia y seguridad crea literalmente nuevas pautas de creencias para encajar mejor en el nuevo grupo de referencia.

Hay una tercera fuerza básica que ayuda a configurar tus creencias. Es la exigencia de bienestar emocional y físico. Se trata de la necesidad de autoestima; la necesidad de protegerse de emociones como el dolor o la pérdida; la necesidad de sentir placer, emoción y propósito, y la necesidad de sentirse físicamente seguro.

Pensemos en el caso de un aspirante a concejal. Le explica a su mujer que durante el próximo año va a estar muy ocupado y que tendrá poco tiempo para ella y para el resto de la familia. Pero es un sacrificio necesario, asegura, porque cuando sea concejal podrá hacer mucho por la comunidad. La verdad es que los pocos cambios triviales que podría efectuar como concejal tal vez no merezcan sacrificar un año con sus hijos. Pero la verdad no importa. Su creencia se basa en la necesidad de propósito, placer y emoción.

Pensemos ahora en el caso de un hombre a quien han despedido hace poco de su trabajo de contable. Le dice a un amigo que estaba muy equivocado cuando quiso conseguir un empleo como el que tenía, «aburrido, alienante y políticamente incorrecto. Nunca he conocido a un contable que no fuese un total cretino». Se jura no volver a trabajar en eso de nuevo y unos meses más tarde aconseja a su hermana que «trabaje en un departamento de contabilidad del centro de la ciudad». Estas opiniones son obviamente una racionalización. Son un simple producto de la necesidad de mantener su autoestima. Este hombre se ve forzado a devaluar continuamente a sus jefes o bien a considerarse un fracaso.

El amante de una mujer le confiesa que necesita tres noches a la semana para estar solo o ver a sus amigos. Ella se dice: «Nunca dejes que un hombre te subestime» y le responde que quizás deben romper. Su súbita convicción de que ha de afirmarse a sí misma es en realidad una respuesta a su necesidad de evitar el daño y la pérdida.

Un hombre está en riesgo de perder una pierna a causa de las complicaciones de su diabetes. Llega a la conclusión de que Dios lo está castigando por una prolongada relación extramatrimonial. Piensa que si rompe la relación con su amante podrá salvar su pierna. Su necesidad de seguridad física y de control está haciendo que crea lo que en tiempos mejores consideraría un «estúpido pensamiento mágico».

Como último caso, una mujer cree en el compromiso pleno con todas las tareas y odia el menor signo de pereza. Trabaja muchas horas intentando cumplir plazos de entrega imposibles. Pero su norma inflexible en realidad está protegiendo su frágil autoestima. Su necesidad de considerarse competente y de sentirse a salvo de las críticas es lo que alimenta su creencia.

LA TIRANÍA DE LOS «DEBERÍAS»

Como la mayoría de las creencias y reglas se forman como respuesta a las necesidades, no tienen nada que ver con la verdad o la realidad. Proceden de las expectativas de los padres, de la cultura y de la sociedad, así como de tu necesidad de sentirte querido, de pertenecer a un grupo y de sentirte seguro y bien contigo mismo.

Aunque el proceso que origina los «deberías» no tiene nada que ver con la verdad, su poder se apoya en la idea de verdad. Para sentirte motivado a actuar de acuerdo con un deber, debes estar convencido de su veracidad. Veamos, por ejemplo, el caso de la señora L. Es una fervorosa seguidora de un grupo cristiano que fomenta la idea de castidad antes del matrimonio. La señora L. tiene tres necesidades muy fuertes que la ayudan a generar esta creencia. La primera es conseguir amor y aceptación de su madre, que se siente muy incómoda con cualquier tipo de sexualidad. La segunda es proteger a sus hijos de los ambientes y personas que considera peligrosos. Una «conciencia estricta» es una buena forma de mantenerlos a salvo. La tercera necesidad es sentir una estrecha identificación con sus hijos. Sabe que si la conducta sexual de ellos es muy distinta de la suya, le parecerán extraños y distantes. Estas tres necesidades determinan la creencia de la señora L. Pero lo que le da fuerza a su convicción es que resulta correcta a los ojos de Dios. Puede insistir en sus propios valores porque son verdaderos y no solo para sus hijos, sino para todos, para todo el mundo.

Esta es la tiranía de los «deberías»: la naturaleza absoluta de la creencia, el sentido inamovible del bien y el mal. Si uno no vive de acuerdo con sus deberías, se considera malvado e indigno. Esta es la razón por la que la gente se tortura con los sentimientos de culpa y autorreproche, por la que está dispuesta a morir en guerras, por la que se siente paralizada cuando se ve forzada a elegir entre unas reglas inflexibles y un deseo auténtico.

He aquí una lista de algunos de los «deberías» patológicos más comunes:

- Debería ser el máximo ejemplo de generosidad y altruismo.
- Debería ser el perfecto amante, amigo, padre, maestro, estudiante, cónyuge, etcétera.

- Debería ser capaz de soportar cualquier dificultad con tranquilidad de espíritu.
- Debería poder encontrar una solución rápida a cualquier problema.
- Nunca debería sentirme dolido. Siempre debería estar feliz y sereno.
- Debería ser totalmente competente.
- Debería saberlo, comprenderlo y preverlo todo.
- Nunca debería sentir algunas emociones como ira o celos.
- Debería querer por igual a todos mis hijos.
- Nunca debería cometer errores.
- Mis emociones deberían ser constantes: cuando siento amor, siempre debería sentirlo.
- Debería confiar totalmente en mí mismo.
- Nunca debería estar cansado o ponerme enfermo.
- Nunca debería tener miedo.
- Debería alcanzar logros que me supongan estatus, riqueza o poder.
- Siempre debería estar ocupado; descansar es perder el tiempo y la vida.
- Siempre debería poner primero a los demás: es mejor sentir dolor que hacer sentir dolor a alguien.
- Debería ser siempre amable.
- Nunca debería sentir atracción sexual hacia _____.
- Debería preocuparme de todos los que se preocupan por mí.
- Debería ganar suficiente dinero para que mi familia pudiese
_____.
- Debería ser capaz de proteger a mis hijos de cualquier dolor.
- No debería dedicar tiempo a procurarme placer.

Piensa en cuál de estos «deberías» te aplicas. En la sección sobre los valores beneficiosos y dañinos, puedes investigar por qué estos «deberías» no son razonables.

Valores beneficiosos y valores dañinos

Puedes averiguar si tus creencias, normas y deberías son sanos o no aplicando los siguientes criterios:

Los valores beneficiosos o sanos son flexibles. Las reglas flexibles permiten las excepciones cuando las circunstancias lo justifican, mientras que las reglas dañinas son inflexibles y de aplicación universal. Por ejemplo, la regla de que hay que evitar hacer daño a los demás es viable si se hacen excepciones, es decir, aquellos casos en los que están en juego las propias necesidades vitales. Pero si la regla es inflexible y uno se obliga a proteger a los demás a cualquier precio, entonces tienes un valor dañino. Los valores perjudiciales son rígidos. A menudo incluyen palabras como *nunca*, *siempre*, *todo*, *totalmente*, *perfectamente* y así sucesivamente. Uno ha de seguir la regla o bien sentirse indigno y malvado.

Una segunda forma de medir la flexibilidad de tus normas es observar a tu cupo de fracasos. Las reglas flexibles tienen en cuenta de forma implícita que algunas veces uno no podrá cumplir con el estándar ideal. Las reglas rígidas no tienen esto en cuenta. Si te desvías un milímetro de la línea recta, te crucifican. Por ejemplo, tomemos la regla «nunca debo cometer errores». Aspirar a la excelencia es una ambición valiosa, pero es preciso contar con un cupo sano de errores y fracasos. Sin este cupo tu nivel de estrés será muy alto y su autoestima se destruirá ante el más mínimo error.

Los valores sanos son propios, no introyectados.[1] Tener una creencia o valor significa que después de que uno ha examinado desde un punto de vista crítico esta regla de vida, sigue teniendo sentido. Esto es algo distinto de las reglas introyectadas o interiorizadas, en las que se aceptan los valores paternos sin determinar en qué medida encajan con tus circunstancias particulares, tu personalidad y tus necesidades. Una aceptación incuestionable de las reglas y valores paternos es como

---

1. En el psicoanálisis, proceso inconsciente por el cual un sujeto incorpora actitudes, ideas, creencias, etc., de un individuo o grupo de individuos, previa identificación con ellos.

comprar un coche sin haberlo probado: aceptas todo lo que te dice el vendedor y nunca compruebas cómo se conduce, si el techo es demasiado bajo para tu altura, si tiene suficiente potencia o si el cambio es suave. Con los valores introyectados uno acepta la palabra de sus padres sobre cuestiones que debería comprobar y evaluar por sí mismo.

- **Los valores sanos son realistas.** Esto significa que se basan en una evaluación de las consecuencias positivas y las negativas. Un valor o regla realista fomenta una conducta que da lugar a resultados positivos. Le anima a uno a hacer cosas que producen una felicidad a largo plazo a las personas implicadas. Este es el objeto de un valor. Lo sigues porque, de acuerdo con tu experiencia, el valor te conduce a una forma de vida que te hace sentir bien. Los valores y los «deberías» no realistas no tienen nada que ver con los resultados. Son absolutos y globales. Prescriben una conducta porque es «correcta» y «buena», y no porque tiene consecuencias positivas. Los valores no realistas te exigen actuar «por principio», independientemente del dolor que el acto os cause a ti o a los demás.

Por ejemplo, tomemos el valor «el matrimonio debe ser para siempre». Como regla que rige la conducta no es realista: no se basa en resultados. No tiene en cuenta el hecho de que la lucha por mantener tu compromiso matrimonial puede haceros infelices, a ti y a tu pareja, con tal de evitar el divorcio. La regla «el matrimonio debe ser para siempre» se basa en el principio inflexible de que el compromiso matrimonial es el bien supremo. Tu felicidad no importa. Tu dolor no importa. Todo lo que cuenta es hacer «lo correcto». *Duality*

Ahora considera la regla «debo ser sincero con mi cónyuge». Este valor podría ser realista o no realista, según cómo se plantee. Podría serlo si crees que fomentas la intimidad, te ayuda a resolver los problemas antes de que se descontrolen y te invita a expresar tus necesidades. En otras palabras, puedes suscribir el valor de la sinceridad en un matrimonio porque sabes que por lo general te hará sentir bien a largo plazo. Pero como tu valor de la sinceridad se basa en resultados, también podrías optar por no ser siempre sincero. En algunas ocasiones podrías ocultar tus sentimientos porque la perspectiva de una mayor intimidad tendría por contrapartida las consecuencias negativas del daño o la discordia. Por el contrario, tu valor de sinceridad en el matrimonio no sería realista si se basara en principios más que en resultados o consecuencias. Te obligarías a seguir la regla porque es correcta y porque consideras que cualquier tipo de falta de sinceridad es incorrecta.

En el estudio de la ética, este enfoque se denomina consecuencialismo. Lo que lo hace atractivo es que los sistemas éticos basados en principios absolutos llegan inevitablemente a un punto en el que algunos de los principios se contradicen mutuamente. Este problema puede demostrarse a un nivel muy simple. Por ejemplo, pensemos en el conflicto que ha de afrontar un niño cuando intenta decidir si el máximo bien es contarles a sus padres la verdad o guardarle un secreto a su hermano. Tendrá que quebrantar uno de los principios: o bien miente o bien traiciona a su hermano. La única forma realista de escapar a este dilema ético es evaluar las consecuencias positivas y negativas de cada opción para cada una de las partes.

Los valores sanos mejoran la vida, no la limitan. Esto significa que las reglas que sigas han de tener en cuenta tus necesidades básicas como ser humano. Este tipo de valores te aportan flexibilidad para seguir tus necesidades emocionales, sexuales, intelectuales y de ocio. Tus reglas de vida no deben subestimarte o mermarte. No deberían hacerte sentir agotado debido al autosacrificio. Los valores que mejoran la vida te animan a hacer algo enriquecedor y comprensivo, excepto en situaciones en las que las consecuencias a largo plazo son dolorosas para ti o para los demás. A título de ejemplo, veamos la norma «tus hijos siempre son lo primero». Este no es un valor que mejore tu vida. En muchas ocasiones, tus propias necesidades entran en conflicto con las de tus hijos. Para mantenerte sano y equilibrado tienes que cuidarte, aunque tus hijos puedan sufrir a veces una pequeña privación. Los hombres que creen que nunca deberían sentir miedo están siguiendo un valor que limita su vida. Esta creencia niega la evidencia de que un hombre puede sentir miedo en muchas ocasiones y de que tiene el derecho de reconocer y aceptar este sentimiento. La misma dificultad se plantea cuando uno tiene reglas que le exigen ser siempre brillante y jovial. Este valor no mejora la vida, porque te niega el derecho a sentir toda una gama de emociones, por ejemplo en las ocasiones en que estás triste, frustrado o enfadado.

EJERCICIO

En este ejercicio leerás unos casos reales y reflexionarás sobre los valores que la gente utiliza en estas situaciones. En cada caso el protagonista de la historia utiliza una norma que viola uno o más criterios de valores sanos. Intenta averiguar qué criterio o criterios se transgreden. Para refrescarte la memoria, reproducimos a continuación la lista de valores sanos y valores nocivos.

VALORES SANOS	VALORES DAÑINOS
Flexibles (excepciones y límites)	Rígidos (globales, sin excepciones ni límites)
Se poseen (se examinan y se prueban)	Se introyectan (se aceptan sin cuestionarlos)
Realistas (se basan en las consecuencias)	No realistas (se basan en «lo correcto»)
Mejoran la vida (reconocen tus necesidades y sentimientos)	Limitan la vida (ignoran tus necesidades y sentimientos)

Situación 1. Ellen es una artesana de treinta años. Le encanta trabajar con las manos y está especializada en hacer pantallas de lámparas por encargo. El año pasado abrió una pequeña tienda y disfruta mucho con su primera experiencia empresarial. Su padre es profesor universitario. Siempre se ha

sentido decepcionado, porque le habría gustado que su hija se hubiese interesado por los estudios y hubiese estudiado más. A pesar del placer que le proporciona su actividad, Ellen tiene una molesta sensación de fracaso. Piensa que debería estar enseñando lengua y literatura, como ella había previsto y como quería su padre. La preocupa el hecho de «no estar utilizando el cerebro». En tres ocasiones ha intentado volver a la universidad, pero dejó los estudios a los pocos meses. Les confiesa a sus amigos que en cierto modo su vida «ha sido un fracaso».

¿Qué hay de malo en los valores de Ellen? ¿Cuáles de los siguientes calificativos les podemos aplicar?

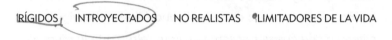

RÍGIDOS   INTROYECTADOS   NO REALISTAS   LIMITADORES DE LA VIDA

El problema de Ellen es que ha interiorizado el sistema de valores de su padre sin pararse a pensar en cómo se adapta a sus necesidades y capacidades concretas. Durante años ha vivido torturada por valores y normas que nunca ha examinado de forma crítica. Si hubiese desarrollado valores propios realistas, habría visto las consecuencias positivas de dedicarse a su actividad (tiene un trabajo que le gusta y que le hace bien), en lugar de torturarse con las exigencias de una carrera académica.

Situación 2. Arthur ha sido agente de seguros durante los últimos ocho años. Ha tenido un éxito moderado, pero nunca ha amasado «una fortuna». Su principal problema es que cada vez que pierde una póliza lo considera un fracaso. Es un fenómeno inevitable, todo agente sabe que tendrá un determinado índice de abandono de las pólizas antiguas, pero Arthur cree que un buen agente debe contentar a todos sus clientes. Cuando un cliente le cancela la póliza, llega a la conclusión de que «la ha fastidiado» y de que no ha estado bastante atento.

¿Qué hay de malo en los valores de Arthur? ¿Cuáles de los siguientes calificativos les podemos aplicar?

RÍGIDOS INTROYECTADOS   NO REALISTAS   LIMITADORES DE LA VIDA

Las reglas de Arthur son demasiado rígidas. Espera ser perfecto y cuando no consigue renovar con todos sus clientes, se considera un fracaso. Los valores flexibles permiten cierta graduación y falibilidad. Contemplan la posibilidad de errores e incorporan un índice realista de fracaso en las expectativas. Si sus valores fuesen flexibles, incluirían los índices de abandono como hacen los otros agentes. De ese modo podría incorporar la cuota de pólizas perdidas a sus estándares de rendimiento.

Situación 3. Cada año, Cynthia pasa una semana en Ann Arbor visitando a su madre. Siempre se aloja en su casa, aunque allí se siente continuamente atacada y criticada por ella. Después de las primeras veinticuatro horas de buena conducta, la relación degenera rápidamente hasta el punto de que tienen varias discusiones violentas cada día. Si Cynthia no responde, su madre le echa una bronca por no escucharla. Si intenta defenderse, su madre cambia de tercio y comenta otro de los «fracasos» de su hija. Este año Cynthia ha decidido hacer la visita de otra forma. Ha reservado habitación en un motel, aun cuando su madre le insiste en que se quede en su casa. Dedica más tiempo a visitar a sus amigos y a otras actividades que la mantienen menos tiempo con su madre. También se niega a ver a su tía, que a menudo se alía con su madre en lo que acaba siendo un combate de dos contra uno. Ahora hay muchas menos peleas y su madre se despide de forma inusualmente cariñosa, pero a pesar de sentirse más segura y menos criticada, Cynthia se siente culpable por su decisión: «Me odié por haberlo hecho. Debo ser cariñosa y soportar lo que sea, en provecho de mi madre».
¿Qué hay de malo en los valores de Cynthia? ¿Cuáles de los siguientes calificativos les podemos aplicar?

RÍGIDOS   INTROYECTADOS   NO REALISTAS   LIMITADORES DE LA VIDA

Los valores de Cynthia no son realistas porque se basan en principios de conducta correcta, en lugar de en la valoración realista de las consecuencias. Si atendiese a las consecuencias, llegaría a la conclusión de que con su nueva estrategia está más segura y feliz. Se daría cuenta de que ahora tiene menos conflictos y de que por primera vez su madre y ella se sienten bien al despedirse.

Situación 4. Will es tapicero de día, repartidor de noche y guardia de seguridad los fines de semana. Cree que ha de estar ocupado a todas horas para «conseguir algo en la vida». Odia «perder el tiempo» porque «seguiré sintiendo que no soy nadie hasta que gane algo de dinero y respeto». Tiene una amiga que no le gusta, pero no tiene tiempo para buscar otra. Vive «en habitaciones baratas» en el «hotel Roach Haven».
¿Qué hay de malo en los valores de Will? ¿Cuáles de los siguientes calificativos les podemos aplicar?

RÍGIDOS   INTROYECTADOS   NO REALISTAS   LIMITADORES DE LA VIDA

Los valores de Will son limitadores de la vida. No tienen en cuenta sus necesidades básicas de ocio, intimidad o amistad. Will se deja la piel en la carretera para seguir en su obstinada carrera en pos de la riqueza y estatus.

Situación 5. Sonya, con sesenta y nueve años de edad, tiene varias amigas que han perdido a sus parejas. Una amiga que enviudó hace poco la ha estado llamando todo el tiempo y la ha tenido varias horas al teléfono. El problema ha alcanzado tales proporciones que su marido se ha enfadado mucho. Hace poco, Sonya le dijo a su amiga que quería limitar el contacto telefónico a solo una vez a la semana. Pero luego se sintió muy mal y culpable. Siempre ha creído que una persona debe ser, por encima de todo, amable. Para salvar su conciencia, empezó a telefonear a su amiga a diario.

¿Qué hay de malo en los valores de Sonya? ¿Cuáles de los siguientes calificativos les podemos aplicar?

RÍGIDOS   INTROYECTADOS   NO REALISTAS   LIMITADORES DE LA VIDA

Los valores de Sonya son demasiado rígidos. No contemplan excepciones que lo merecen. Está claro que debe poner límites a las necesidades de su amiga, pero su regla de amabilidad no se lo permite. Tiene que evaluar esta situación para ver si las consecuencias negativas aconsejan un cambio.

Situación 6. Arlene vive en un distrito escolar muy humilde en el que los niños sacan siempre notas inferiores a las de la media nacional en lectura y cálculo. Ha decidido que quiere enviar a sus hijos a una escuela privada, pero necesita la ayuda de su madre para costearla. Está atormentada por sus valores en conflicto. Su primera norma es «haz todo lo que puedas por tus hijos», pero su segunda norma es «debes usar solo tus recursos». Está decidida a que sus hijos tengan una buena educación, pero cree que es un fracaso como madre porque no tiene los medios necesarios para costearla. También se siente culpable por «aprovecharse» de su madre y «ser dependiente».

¿Qué hay de malo en los valores de Arlene? ¿Cuáles de los siguientes calificativos les podemos aplicar?

RÍGIDOS   INTROYECTADOS   NO REALISTAS   LIMITADORES DE LA VIDA

Los valores de Arlene son rígidos y poco realistas. Ser independiente es una regla de vida razonable, pero hay veces en que las consecuencias justifican una excepción. El resultado de procurar una buena educación a sus hijos supera con creces el principio de independencia.

Situación 7. Jarrett ha sido infeliz en su matrimonio durante los últimos seis años. Su madre, que hizo muchos sacrificios por su familia, solía decir que es «mejor sufrir daño uno mismo que hacer daño a los que amas». Jarrett no puede soportar la idea de perjudicar a su esposa. La imagina sola y abrumada por la aflicción después de un divorcio. Pero, al mismo tiempo, evita a su familia, trabaja hasta muy tarde y se enfada fácilmente en casa. Se siente atrapado. Aun cuando intenta «hacer lo correcto» para proteger a su esposa, siente que le está fallando con su ausencia e irritación. Dice: «Soy infeliz y por eso salgo. Pero mientras estoy fuera me lo recrimino todo el tiempo».

¿Qué hay de malo en los valores de Jarrett? ¿Cuáles de los siguientes calificativos les podemos aplicar?

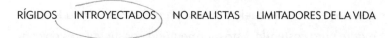

RÍGIDOS   INTROYECTADOS   NO REALISTAS   LIMITADORES DE LA VIDA

Los valores de Jarrett son introyectados en lugar de propios. Nunca ha examinado el valor de autosacrificio de su madre para ver si es aplicable a su situación y necesidades concretas. Si pudiese analizarlo críticamente, vería que no puede aplicársele a él, que es una persona muy propensa a rehuir el dolor emocional y que es mejor concluir la relación que seguir con la pauta de evitación.

Situación 8. Jim tiene una nueva pareja. Hace poco ella le dijo que no había podido llegar al orgasmo con él. Jim cree firmemente que debe ser un compañero sexual perfecto y capaz de llevar siempre al orgasmo a su pareja.

Por eso, esa información le dejó una sensación de fracaso e incompetencia. De hecho, se siente tan incómodo que su interés sexual se ha reducido de forma drástica. Le ha dicho a su pareja que necesita «espacio» y le ha sugerido que pasen una semana separados.

¿Qué hay de malo en los valores de Jim? ¿Cuáles de estos calificativos les podemos aplicar?

RÍGIDOS   INTROYECTADOS   NO REALISTAS   LIMITADORES DE LA VIDA

La norma de competencia sexual de Jim es demasiado rígida. No contempla otro grado que la perfección. Cree que debe comprender y satisfacer inmediatamente las necesidades sexuales de todas sus parejas. Un valor más sano sería que debe esforzarse por comprender las necesidades sexuales particulares de cada una de ellas. Debería prever un cierto tiempo para este proceso y no esperar una respuesta perfecta siempre.

Situación 9. Julie se ha trasladado a otra ciudad hace poco. Está cada vez más preocupada por los problemas de su hijo en la nueva escuela. Un gamberro lo ha empujado y golpeado en el patio y a veces lo ha perseguido en el camino hacia casa. Julie cree que una buena madre debe ser capaz de proteger a sus hijos de cualquier daño. Se culpa a sí misma y piensa que debería hacer algo para poner fin al hostigamiento. Se ha quejado al director, ha ido a recoger directamente a su hijo a la escuela e incluso ha intentado hablar con los padres del gamberro. Pero el problema persiste y ella se maldice a sí misma cada vez que oye a su hijo quejarse de otro mal día.

¿Qué hay de malo en los valores de Julie? ¿Cuáles de los siguientes calificativos les podemos aplicar?

RÍGIDOS   INTROYECTADOS   NO REALISTAS   LIMITADORES DE LA VIDA

Este es otro caso de normas demasiado rígidas para funcionar. No es posible proteger a un hijo de toda experiencia desagradable mientras crece. El valor de proteger a los hijos es positivo, pero hay excepciones. Los niños sufren muchos agravios de sus compañeros, y es inapropiado e imposible que Julie proteja a su hijo de cualquier gamberro.

Situación 10. George tiene una pequeña fábrica de artículos navideños. El negocio lo fundó su padre, un hombre de limitada energía e iniciativa. Su padre solía trabajar catorce horas al día y le dijo a George que el propietario debía dar ejemplo «trabajando más que ningún empleado». Como su padre, él trabaja de doce a catorce horas al día. A los treinta y ocho años, sufre una úlcera. Su matrimonio se resiente porque su esposa no lo ve nunca. Añora a sus hijos y tiene una gran sensación de vacío. ¿Qué hay de malo en los valores de George? ¿Cuáles de los siguientes calificativos les podemos aplicar?

RÍGIDOS   INTROYECTADOS   NO REALISTAS   LIMITADORES DE LA VIDA

George ha introyectado las normas de su padre sin determinar si valen para él. Su norma de «trabajar duro» es poco realista (porque los resultados negativos superan a los beneficios) y limitadora (porque bloquea su necesidad de estar con su familia). Experimenta síntomas de estrés y depresión y su matrimonio tiene problemas. Está pagando un precio excesivo para preservar los ideales empresariales de su padre.

CÓMO AFECTAN LOS «DEBERÍAS» A TU AUTOESTIMA

Los «deberías» minan tu autoestima de dos formas. Primero, tus «deberías» y valores tal vez no te sirvan. Por ejemplo, las costumbres sociales de Iowa pueden ser adecuados para esa zona, pero valer muy poco si te trasladas a Manhattan. La norma de un padre sobre el trabajo duro tal vez le sirvió a él, pero quizás trastorna a su hijo causándole un problema de tensión arterial. La norma de no expresar la cólera puede haber valido en su amable familia, pero limita su eficacia como jefe. El valor de que hay que ser esbelto y bien formado puede ser muy perjudicial si se tiene otro tipo de constitución. El hecho es que muchos de los «deberías» con los que te educaron simplemente ya no valen para ti. No encajan contigo porque vives en una época y en un lugar diferentes, y tienes diferentes esperanzas, problemas y necesidades que tus padres. Los valores que has heredado los crearon otros para responder a sus necesidades en sus circunstancias específicas, que no son las tuyas. Cuando tus «deberías» no encajan contigo y empiezan a entrar en conflicto con tus necesidades básicas, estás atado a un vínculo imposible. O bien optas por la privación, el abandono de la necesidad, o bien por romper con tus valores. Pérdida o culpabilidad. Si decides satisfacer tus necesidades a expensas de valores firmemente arraigados, puedes tildarte a ti mismo de débil, neurótico o fracasado. Los «deberías» exigen a menudo una conducta que no es posible o sana para algunas personas.

Para ilustrar cómo los valores pueden ser a veces ideales imposibles, veamos el caso de Al, un exmecánico de líneas aéreas que ha bebido mucho durante treinta años. Tuvo su último empleo hace ocho años y ahora vive con una pensión de incapacidad en un hotel de la parte baja de la ciudad. Se pasa todo el día en una de las sillas de plástico del hotel sin dejar de pensar en sus pecados del pasado. Se odia por seguir bebiendo, por no trabajar y por no enviar a su hija a la universidad. Pero lo cierto es que el alcohol es el único placer que le queda. Una neuropatía periférica ha destruido su coordinación motora y nunca podrá volver a su anterior trabajo. Todos los «deberías» con los que Al se atormenta son imposibles. Son una tortura diaria para él. Si pudiese crear unos valores aptos para la persona que es en realidad, podría pedirse algo posible: visitar a su hija limpio y sobrio, llamarla con frecuencia para animarla y darle apoyo. Esto podría hacerlo, pero como sus «deberías» le exigen ser algo que no puede ser, está inmovilizado hasta el punto de no aportarle nada a su hija.

Rita tiene un conjunto de «deberías» que le exigen una conducta esencialmente anormal para ella. Cree que debería tener una energía de trabajo ilimitada. Así, además de atender a sus tres hijos, la casa y a un suegro enfermo, lleva los libros de la gran empresa constructora de su marido. Se siente agotada y deprimida y parece quedarse cada vez más rezagada. «Pero no ayudar es malo. Y no dejo de preguntarme qué me pasa, por qué no puedo hacerlo todo. Soy perezosa, incstable o cualquier otra cosa. Piensa en las mujeres que trabajan en el campo.

• Yo nací para brillar •

En todo el mundo las mujeres trabajan y yo no soy capaz de llevar al día los libros», se lamenta.

Un artículo que apareció hace unos años en el *National Enquirer* ilustra esta insana variedad de «deberías». Un hombre había acabado de construir su casa móvil con sus propias manos. Tenía dos pisos, el tamaño aproximado de un minibús y remolcaba un «garaje para tres coches». Había trabajado entre treinta y cincuenta horas a la semana en el proyecto durante diez años y estaba enormemente orgulloso por haber construido –y ser propietario de ello– algo que «ningún trabajador podría tener nunca». Pero el coste fue enorme. Había sufrido un ataque al corazón, las relaciones con su esposa y su familia se habían vuelto tensas y no había tenido vacaciones en esos diez años. Su meta se había convertido en una obsesión que le consumía. Su norma de que «un hombre debe terminar lo que empieza» le había costado mucho en términos de estrés, felicidad familiar y tiempo para los placeres menores.

Una segunda forma en que los «deberías» socavan la autoestima es aplicando conceptos morales de corrección e incorrección a situaciones, conductas y gustos que, en esencia, no son morales. Este proceso se inicia en la niñez. Nuestros padres nos dicen que somos buenos cuando seguimos sus normas y malos cuando las quebrantamos. Nos indican que determinadas acciones son correctas y determinadas conductas, incorrectas. La dicotomía correcto-incorrecto, bueno-malo, está incorporada a nuestros valores y a nuestro sistema de reglas personales por un accidente lingüístico. La decisión de hacer la cama o no hacerla cuando somos niños se traslada al ámbito moral cuando nuestros padres nos tachan de malos por nuestra negligencia. Las normas familiares que se establecen para promover la seguridad, la comodidad o la eficiencia a menudo se representan, de forma errónea, como imperativos morales. Por ejemplo, no es moralmente malo que un niño se haga las necesidades encima. Es una cuestión de molestia y trabajo extra para los padres. Pero unos pantalones sucios pueden desencadenar un diálogo moralista: «¿Qué te pasa? ¡Mira lo que has hecho con tu ropa! Hoy no mereces ver la televisión por ser tan malo».

Aún peor es la tendencia de muchos padres a confundir las cuestiones de gusto y preferencia con la ideología moral. Suelen juzgar los tipos de peinado y música y la elección de amigos y actividades de ocio en términos de bien y mal en lugar de considerarlos como conflictos intergeneracionales normales en cuestiones de gusto.

Muchos padres creen que el mal criterio es un error moral. Por ejemplo, un niño que deja los deberes para el último momento y que se ve obligado a quedarse hasta entrada la noche para acabar haciendo un trabajo chapucero es culpable de mal criterio o mal control de los impulsos, o de ambas cosas. Pero un padre que tacha esta conducta de perezosa, estúpida o «atolondrada» le está comunicando a su hijo que es moralmente malo. Cuando sorprendes a tu hijo de nueve años fumando en el garaje o jugando con cerillas, son errores de criterio peligrosos para la salud y la seguridad. Pero no hay nada moral en estas cuestiones y no implican ninguna bondad o maldad. Cuanto más confundieran tus padres las cuestiones de gusto, preferencia, criterio y conveniencia con cuestiones morales, más probable es que tengas una autoestima frágil. Una y otra vez te han dado el mensaje de que tu criterio o tus decisiones o impulsos son malos. Los «deberías» que te impuso tu familia te aprisionaron en un dilema imposible: «Sigue las normas que hemos creado sobre cómo debes mostrarte o actuar; si no, eres indigno y malo».

Descubre tus «deberías»

En la página 184 encontrarás una lista que te ayudará a identificar algunos de tus «deberías» y normas personales. Cada aspecto de esta lista representa un área distinta de tu vida. Hazte las siguientes cuatro preguntas en cada una de estas áreas:

1. Tengo sentimientos de culpa o autorrecriminación en esta área, en el pasado o actualmente?
2. ¿Siento un conflicto en esta área? Por ejemplo, me siento atrapado entre hacer algo que debería hacer y algo que quiero hacer?

3. ¿Tengo una sensación de obligación o de propiedad en esta área?

4. ¿Evito algo que creo que debo hacer en esta área?

Cuando te das cuenta de que hay culpa, conflicto, obligación o evitación en una determinada área de tu vida, suele ser bastante fácil identificar el «debería» subyacente. Por ejemplo, para el apartado «actividades domésticas» puedes recordar que te sientes más bien culpable de no ayudar a tu mujer lo suficiente con los platos y la colada. También puedes darte cuenta de que sientes un conflicto con el cuidado de tus hijos: una parte de ti cree que deberías cuidar más a tus hijos por la tarde, mientras que la otra quiere ir a tomar una cerveza y leer el periódico. El «debería» subyacente, constatas, tiene que ver con la creencia de que deberías partir el trabajo exactamente en dos mitades. Otro ejemplo: el apartado «amigos». Puedes darte cuenta de que has estado sintiendo una fuerte obligación de visitar a un amigo que se ha divorciado hace poco. Sabes que esta sensación viene de un «debería» que te exige atender a cualquier persona que lo pase mal.

A veces, a pesar de la clara presencia de la culpa o el conflicto, es difícil determinar el «debería» subyacente. En ese caso puedes utilizar un método denominado «escalonamiento» para llegar hasta el valor o norma básica. Para comprobar cómo funciona, veamos un ejemplo con el apartado «experiencia interior». Una mujer que ha hecho la lista se da cuenta de que se siente extremadamente culpable por sus sentimientos de ira hacia su hijo. Está irritada por su distanciamiento y falta de contacto emocional, pero le cuesta identificar el debería subyacente. Esta mujer descendió «escalonadamente» hasta su norma básica haciéndose esta pregunta: «¿Y qué si me enfado con mi hijo, qué significa eso para mí?». Su respuesta fue que significaba que estaba distanciándose, separándose un poco de él. Siguió luego descendiendo y se preguntó: «¿Y qué si estoy distanciándome, qué significa eso para mí?». Le preocupaba que significase que no lo quería o no lo cuidaba lo suficiente. En este punto entró en contacto con el «debería» subyacente: que siempre tenía que querer a su hijo. Como la ira y el retraimiento parecían interrumpir la sensación de amor, debían de ser malos.

Un segundo ejemplo de escalonamiento puede encontrarse en la respuesta de un joven al apartado «actividades en la iglesia». Sentía culpa y evitación por no aceptar una invitación a participar en el sacerdocio seglar. Se preguntó: «¿Y qué si no participo, qué significa eso para mí?». Significaba que no estaba siendo generoso con su tiempo y su energía. Luego se preguntó: «¿Y qué si decido no ser generoso, qué significa para mí?». Significaría que defraudaría a personas a las que les agradaba y que pensaban bien de él. Fue entonces cuando comprendió el «debería»: «No defraudes nunca a alguien a quien le agradas».

Como ves, el escalonamiento es muy sencillo. Cuando observas un área en la que hay culpa, conflicto, obligación o evitación, pero tienes problemas para identificar tus «deberías», pregúntate: «¿Y qué si _____, qué significa eso para mí?». Entonces intenta decidir sinceramente qué implica tu conducta, qué dice de ti. Sigue formulándote la pregunta hasta haber llegado a lo que parezca una afirmación central, algo que contenga un valor o una regla personal claros.

Evita estos dos términos extremos: primero, no respondas con un juicio simple como el de «soy malo» o «estoy neurotizado». Intenta más bien encontrar la base del juicio, el valor del que se deduce esa opinión. Por ejemplo, en lugar de responder «significa que soy un payaso», una respuesta más concreta es «significa que no estoy protegiendo a alguien que sufre». Lo segundo que debes evitar es responder con un sentimiento. Por ejemplo, decir «significa que voy a sentir miedo» no te conduce a ningún sitio. El objetivo es llegar hasta tus creencias, no a tus sentimientos.

Ahora toma un trozo de papel y escribe los «deberías» que corresponden a cada aspecto de la lista. Naturalmente, algunos aspectos no generan «deberías», porque sencillamente no tienen áreas de culpa, conflicto, obligación o evitación. Otros serán, en cambio, muy provechosos. Escribe tantos «deberías» como puedas.

Lista de deberías

1. Relaciones:
   - Cónyuge o pareja
   - Hijos
   - Padres
   - Hermanos
   - Amigos
   - Personas necesitadas
   - Maestros, estudiantes o clientes

2. Actividades domésticas:
   - Mantenimiento
   - Limpieza
   - Decoración
   - Orden

3. Actividades recreativas y sociales
4. Actividades laborales:
   - Eficiencia
   - Relaciones con los compañeros
   - Iniciativa
   - Fiabilidad
   - Rendimiento y logro de objetivos

5. Actividades creativas
6. Actividades de autosuperación:
   - Formación
   - Experiencias de desarrollo
   - Proyectos de autoayuda

7. Actividades sexuales
8. Actividades políticas y comunitarias
9. Actividades religiosas y eclesiales
10. Dinero y finanzas:

- Hábitos de consumo
- Ahorros
- Persecución de objetivos financieros
- Capacidad de ganar dinero

11. Cuidado de sí mismo:
   - Aspecto
   - Indumentaria
   - Ejercicio
   - Tabaco
   - Alcohol
   - Drogas
   - Prevención

12. Alimento y comida
13. Formas de expresar y manejar los sentimientos:
   - Cólera
   - Miedo
   - Tristeza
   - Dolor físico
   - Gozo
   - Atracción sexual
   - Amor

14. Experiencias interiores:
   - Sentimientos no expresados
   - Pensamientos no expresados
   - Deseos o anhelos no expresados

CUESTIONA Y REVISA TUS «DEBERÍAS»

En este momento ya has descubierto varios «deberías» que dicen cómo tienes que comportarte. Algunos de ellos son una guía sana. Otros son golpes psicológicos que la voz interior crítica utiliza para perjudicar a tu autoestima. Repasa tu lista de «deberías» y marca los que tu crítica ha utilizado como base de los ataques. Ahora puedes evaluar estas normas para determinar si son sanas y útiles. Con cada «debería» que utilice tu crítica, haz estas tres cosas:

1. **Examina su lenguaje.** ¿Está construido el «debería» con absolutos o generalizaciones excesivas, como «todo», «siempre», «nunca», «totalmente», «perfecto», etcétera? Utiliza «preferiría», «me gustaría» o «quiero» en lugar de «debería». La situación específica en la que estás aplicando el «debería» puede resultar una excepción a la regla. Reconoce esta posibilidad utilizando un lenguaje flexible.

2. **Olvida los conceptos de bueno y malo.** En su lugar, determina las consecuencias de aplicar la regla a la situación específica. ¿Cuáles son los efectos a corto y a largo plazo sobre ti y sobre las personas implicadas? ¿Tiene sentido la norma, desde el punto de vista de aquellos a los que afecta y a los que sirve?

3. **Pregúntate si la regla cuadra con la persona que eres.** ¿Tiene en cuenta tu temperamento, limitaciones, rasgos estables, formas de protegerte, miedos, problemas y aspectos que no es probable que cambies? ¿Contempla tus necesidades y anhelos importantes, así como los placeres que te sustentan? ¿Tiene realmente sentido la regla, siendo tú como eres y como probablemente seguirás siendo? El caso de Rebecca es un buen ejemplo de cómo estos pasos pueden ayudarte a afrontar tus «deberías». Su lista incluía un «debería» que su crítica patológica utilizaba casi todos los días. Le decía que no debía pesar más de 50 kilos, aunque, de hecho, su peso oscilaba entre 54 y 56 kilos. Lo primero que hizo fue examinar su lenguaje. La expresión *no más de 50 kilos* daba al «debería» una cualidad absoluta. Rebecca reescribió su regla de forma más flexible: «Preferiría pesar alrededor de 48 kilos». A continuación, examinó las consecuencias probables de aplicar su «debería». He aquí su lista de consecuencias positivas y negativas.

CONSECUENCIAS POSITIVAS	CONSECUENCIAS NEGATIVAS
1. Parecer más delgada 2. Que me vengan bien algunos de mis vestidos más pequeños 3. Sentirme más atractiva 4. Que me guste más mi cuerpo	1. Tener que controlar lo que como 2. Tener que pensar constantemente en lo que como 3. Preocuparme todo el tiempo por si engordo 4. Tener que volver al régimen 5. Tener que comer menos 6. La mayoría de mis vestidos ya no me vendrán bien

El hecho de gustarle su cuerpo y sentirse más atractiva era un gran incentivo para Rebecca, pero las consecuencias negativas eran mucho mayores de lo que había pensado. Antes nunca había reflexionado sobre las exigencias que conllevaba la dieta.

Al final, se preguntó si la «regla de los 48 kilos» encajaba con la persona que ella realmente era. Tuvo que admitir que su peso natural parecía fluctuar entre los 54 y los 56 kilos y que solo con una intensa dieta podría alcanzar los 48 o los 49 kilos. Además, si lo lograse muy pronto, empezaría a aumentar de peso y esto provocaría sensación de fracaso y merma de la autoestima. Para colmo, gran parte de su vida social giraba en torno a los restaurantes y comidas de grupo. La dieta suponía recortar su principal forma de estar con los amigos. Y a su novio le gustaba tal como era, por lo que había poco que ganar en intimidad emocional y sexual con la pérdida de peso.

Con gran pesar, Rebecca empezó a aceptar que la «regla de los 48 kg» no valía para ella y que el coste parecía mucho mayor que los beneficios.

Arthur es un profesor de redacción de enseñanza secundaria que vive con una permanente sensación de culpa por su incapacidad de «enseñar realmente a escribir». Su voz crítica lo ataca con una regla que aprendió de un profesor a quien quería: para escribir decentemente, los alumnos tienen que escribir a diario. Por lo menos, pensaba Arthur, debían hacer varios ejercicios a la semana. Pero en sus multitudinarias clases, rara vez daba más de dos tareas de redacción al mes. Este es el modo en que reformuló su «debería». En primer lugar, reescribió la regla en un lenguaje más flexible: «Me gustaría que mis estudiantes, a ser posible, hicieran dos redacciones cada semana». A continuación examinó las consecuencias:

CONSECUENCIAS POSITIVAS	CONSECUENCIAS NEGATIVAS
1. Los estudiantes tendrían más retroalimentación 2. Los estudiantes aprenden más rápido 3. Me siento exitoso porque veo más progresos 4. Mis estudiantes tiene mejores puntuaciones en las pruebas de reválida estatales	1. Con cinco clases con una media de treinta alumnos, tendría que leer 300 trabajos a la semana 2. Perdería la mayor parte de mi fin de semana corrigiendo sus redacciones 3. Limitaría seriamente el tiempo de dedicación a mi familia 4. No podría dedicarle tiempo a la escalada 5. Me quitaría una gran parte de mi energía física

Los resultados negativos superaban con creces a los positivos, y estaba claro por qué ponía tan pocos deberes de composición.

Finalmente, Arturo examinó la cuestión de si la regla era realmente válida para él. Su respuesta fue un sí limitado. Aún creía en el valor de los deberes frecuentes. Pero ahora tenía una respuesta a su crítica. Aplicar esa regla a su hacinada escuela simplemente le supondría un gran coste, tanto en términos físicos como emocionales.

La crítica de Jimena era astuta, al usar dos «deberías» contradictorios para mantenerla en un conflicto permanente. Jimena es pintora y disfruta de una buena reputación local. También tiene un niño de diez meses. Por una parte, la crítica le dice que debe dedicar todo su tiempo a su hijo. Por otra, le exige que siga pintando con el mismo nivel de productividad que antes de nacer el niño. Sus «deberías» lesionan su autoestima de dos formas. La «regla de darlo todo a tu hijo» la hace reacia a contratar a alguien que la ayude con el niño. En consecuencia, se siente deprimida y apática durante el día porque no tiene tiempo ni para pintar ni para su ocio. Estos sentimientos le hacen recriminarse que es una mala madre y una perezosa. Pero su autoestima también se resiente por la «regla de seguir pintando». Por la tarde, cuando se siente demasiado cansada para ponerse delante de un lienzo, se critica por desperdiciar su talento y no estar «comprometida» con su arte.

Así es como lidió con sus «deberías». En primer lugar, los reformuló utilizando un lenguaje más flexible: «Quiero dedicarle la mayor parte de mi tiempo a mi hijo, pero también quiero pintar todo lo que pueda». A continuación examinó las consecuencias de cada «debería».

A. DEDICARLE LA MAYOR PARTE DE MI TIEMPO A MI HIJO	
CONSECUENCIAS POSITIVAS	CONSECUENCIAS NEGATIVAS
1. No tengo que sentirme ansiosa o culpable por tener que dejar al niño al cuidado de alguien 2. Está más seguro conmigo que con otra persona 3. Consigue más atención de mí que de otra persona 4. Llora cuando lo dejo 5. Me preocupa su miedo a la separación	1. Me quedo sin fuerzas para pintar 2. Me siento deprimida durante el día 3. Echo de menos la pintura y la dedicación a los lienzos 4. Me siento atrapada en casa 5. Echo de menos relacionarme con la comunidad artística.

B. SEGUIR PINTANDO	
CONSECUENCIAS POSITIVAS	CONSECUENCIAS NEGATIVAS
1. El placer de pintar 2. Sensación de realizarme 3. Descansar de cuidar al niño 4. Mantener la conexión con el mundo del arte 5. Ayudarlo a superar su miedo a la separación	1. Si nadie cuidara del niño, la pintura me agotaría 2. Si contrato a una cuidadora me costaría 150 dólares a la semana 3. Tendría que afrontar la ansiedad y culpabilidad por dejarlo 4. Cuando estoy lejos, el niño tiene menos atención y cariño

Jamie se preguntó si sus «deberías» tenían sentido para ella. Estaba claro que la «regla de darle todo a tu hijo» iba en contra de sus necesidades de expresión artística, actividad significativa y tiempo libre. Estaba intentando pasarse sin uno de los placeres básicos de su vida y ello le suponía una merma en su autoestima, baja energía y depresión. Tras varias semanas de ambivalencia, decidió contratar a una cuidadora durante cinco horas, dos días a la semana, con la idea de ampliar luego las horas si se sentía bien.

ELIMINA TUS «DEBERÍAS»

Una vez has decidido que un «debería» está perjudicando a tu autoestima, tanto si es una regla general como si ocurre en una situación particular, debes eliminarlo de tu voz interior. Esto significa combatirlo con hostilidad cuando la crítica intenta atacarte. La mejor forma de hacerlo es preparar un «mantra» de una o dos frases que puedas recordar y utilizar cada vez que te sientas mal por no cumplir con el «debería». Puedes repetirlo una y otra vez, tantas veces como haga falta, hasta que la crítica se calle y te deje tranquilo. Un mantra para combatir a tu debería tendría que incluir los siguientes elementos:

1. Un recuerdo de la necesidad original que creó el «deberías». Para esto tienes que determinar por qué lo hiciste tuyo en un

primer momento. ¿Era para sentirte querido por tu padre? ¿Para conseguir la aprobación de un determinado amigo? ¿Para sentirte más cerca de tu pareja? ¿Para sentirte mejor contigo mismo? ¿Para sentirte menos ansioso y más seguro?

2. La principal razón por la que el «debería» no cuadra contigo o con la situación. Puedes recordarte a ti mismo, por ejemplo, cómo te exige ser, sentir o actuar de una forma distinta a como eres, actúas o sientes. También puedes recordarte que las consecuencias negativas de seguir ese «debería» superan a las positivas.

Así suenan algunos mantras cuando se condensan en unas frases simples:

Debería: Debes volver a la escuela y hacer algo en la vida.

Mantra: Ir a la escuela fue idea de mi padre y yo asistí por complacerlo. Pero esa vida no me va. No haría más que volver a fracasar debido al aburrimiento y la presión.

Debería: No tendrías que cometer errores.

Mantra: No cometer errores era importante para mi padre. Pero estoy empezando con este trabajo, y solo puedo aprender practicando. Si me preocupo de los errores, me paralizaré y dejaré de aprender.

Debería: Debes ser un conversador ingenioso y cautivador.

Mantra: Pensaba que ser un conversador ingenioso me ayudaría a hacer amigos en la escuela. Pero es demasiado cansado y no es algo que salga de mí. Me gusta hacer preguntas y conocer a los demás.

Debería: Debes cuidar siempre tu aspecto.

Mantra: Siento la necesidad de tener buen aspecto para complacer a mi esposa. Pero soy más feliz en tejanos y camiseta. ¡Esto es lo que me va!

Debería: Debes hacer dieta y estar delgado.

Mantra: Mamá siempre me decía que le gustaba delgado. Pero prefiero pesar lo que peso que vivir con la tiranía de las dietas y las básculas.

Debería: Deberías tener un mejor trabajo.

Mantra: Un trabajo con estatus es una regla de mi padre. Pero este puesto es seguro y no estresante. Cuando quiera estrés e inseguridad, me buscaré otro empleo.

Ahora es el momento de crear tus propios mantras. Al principio, resérvalos para tus «deberías» más rigurosos. Luego, a medida que estas reglas pierdan su poder de generar culpa, escribe los mantras para tus demás «deberías». No basta con tener el mantra. Has de comprometerte a utilizarlo cada vez que la crítica te ataque con un debería insano. La crítica solo cesará si le respondes una y otra vez. Recuerda que el silencio es como un asentimiento. Si dejas de contestar cuando la crítica te ataca, tu silencio significa que la estás creyendo y aceptando todo lo que dice.

Reparación: cuando los «deberías» tienen sentido

Algunos de tus «deberías» resultarán ser valores legítimos, reglas para vivir que debes seguir lo mejor que puedas. Cuando tienen sentido, no suelen afectar a la autoestima. La única vez en que los «deberías» significativos interfieren en tu autoestima es cuando los transgredes. Es entonces cuando la crítica te asalta por hacer las cosas mal. Si, después de examinarla, la regla que has roto te resulta sana, la única forma de detener a tu crítica es iniciar el proceso de reparación. Simplemente tienes que arreglar lo que has hecho. Sin reparación, te encontrarás atormentado por una crítica cuya función es asegurarse de que pagues por aquello en lo que te has equivocado.

He aquí cuatro recomendaciones que te ayudarán a elegir una reparación apropiada:

1. Es importante reconocer la incorrección de lo que has hecho a la persona a la que has dañado. Esto deja claro que aceptas la responsabilidad por tu conducta.

2. Debes reparar lo que has hecho directamente con la persona perjudicada. Dar dinero a la beneficencia o afiliarte a una organización altruista será mucho menos eficaz que la ayuda directa al perjudicado.

3. La reparación debe ser real, no simbólica. Sermonearte o escribir un poema no te librará de la crítica. Lo que repares debe costarte algo en términos de tiempo, dinero, esfuerzo o incluso ansiedad. Y esto ha de ser lo bastante tangible como para tener un impacto en tu relación con la persona a la que hiciste daño.

4. La reparación debe equivaler al mal causado. Si tu ofensa fue un momento de irritabilidad, bastará con una sencilla disculpa. Pero si has estado frío y distante en los últimos seis meses, tendrás que hacer algo más que decir «lo siento».

Valores
Standares
[Realistas]
→ Rumbo
a la vida

Escogic e

9

PON EN PRÁCTICA TUS VALORES

En el capítulo anterior vimos la distinción entre valores y «deberías». Explicamos que los «deberías» no se han cuestionado y son creencias poco realistas que perjudican a tu autoestima cuando dejas que guíen tus acciones. Este capítulo se centra en el lado positivo de las creencias; en él cubriremos y clarificaremos tus verdaderos valores para actuar sobre ellos y mejorar tu sentido de valía personal.

Los valores saludables son lo opuesto a los «deberías». Mientras que los segundos son reglas inflexibles, los primeros son guías flexibles. Los «deberías» son creencias asumidas sin cuestionarlas tomadas de padres y otras personas; los valores son creencias propias que has examinado previamente. Los «deberías» son órdenes poco realistas que te condenan a la vergüenza y a la inseguridad; los valores son estándares realistas que le dan sentido a tu vida, el rumbo que has escogido al seguir tu camino.

En este capítulo examinarás todas las áreas importantes de tu vida que afectan a tu autoestima. Gracias a ello, descubrirás las barreras que encuentras en cada área, definirás tus valores centrales y planificarás cómo convertirlos en una acción comprometida. Este tipo de activación de la conducta basada en valores fue descrito por primera vez por Steven C. Hayes, Kirk D. Strosahl, Kelly G. Wilson en su libro *Acceptance and Commitment Therapy* (Terapia de aceptación y compromiso), publicado en 1999.

ÁMBITOS

El primer paso para poner en práctica tus valores es examinar los diferentes ámbitos de tu vida que impactan en tu autoestima. Son áreas en las que la mayoría de las personas mantienen sólidos valores. Algunos de ellos serán muy importantes para ti. Otros en realidad no serán aplicables en tu caso. Tal vez quieras añadir uno o dos más. Aquí tienes unas descripciones breves de diez ámbitos, adaptados del libro *Mind and Emotions* (Mente y emociones), de Matthew McKay, Fanning y Zurita Ona, que se utilizan en el ejercicio que sigue a esta sección:

1. **Relaciones íntimas.** Esto incluye tus relaciones con tu cónyuge, pareja, amante o novio. Si no estás con nadie ahora mismo, aún puedes trabajar este ámbito imaginando tu relación ideal con alguien en el futuro. Los términos habituales para los valores de las relaciones íntimas son *amor*, *sinceridad* y *fidelidad*.

2. **Paternidad.** ¿Qué significa para ti ser un buen padre o una buena madre? Puedes responder esta pregunta incluso si no tienes hijos. En el ámbito de la paternidad, la gente suele escoger valores como *protección*, *educación* y *amor*.

3. **Educación y aprendizaje.** Tanto si estás en la escuela como si no, hay muchas ocasiones en tu vida en que aprendes algo nuevo. Leer este libro es un buen ejemplo. Los valores para este ámbito suelen ser *verdad*, *sabiduría* y *autosuperación*.

4. **Amigos y vida social.** ¿Quién es tu amigo más cercano? ¿Cuántos buenos amigos tienes? ¿Qué estarías haciendo con tus amigos, o cuántos nuevos amigos tendrías si tus sentimientos de autoestima no interfirieran? Los valores frecuentes relacionados con la amistad son *lealtad*, *confianza* y *amor*.

5. **Cuidado físico y salud.** ¿Qué tipo de dieta, ejercicio y cambios preventivos te gustaría adoptar en tu vida? En el ámbito de lo físico, los valores suelen ser *fuerza*, *vitalidad* y *salud*.

6. **Familia de origen.** ¿Cuánto te importan tu padre, tu madre y el resto de tus familiares? La mayoría de la gente habla de valores en términos de *amor*, *respeto* y *aceptación*.

7. **Espiritualidad.** ¿Tienes conciencia —o estás conectado con ello— de algo superior a ti y que trasciende lo que ves, lo que oyes y lo que tocas? La espiritualidad es un concepto abierto. Puede tomar la forma de participación en una religión organizada, meditación, paseos por el bosque, cualquier cosa que según tu experiencia cree una conexión con el espíritu. En esta área, la gente habla de valores como una relación con *chi* (energía), *Dios*, *naturaleza* o *poder superior*.

8. **Vida comunitaria y ciudadanía.** ¿Te impide tu autoimagen servir a tu comunidad, llevando a cabo un trabajo caritativo o una acción política de algún tipo? Los valores habituales en este ámbito son palabras como *justicia*, *responsabilidad* y *aridad*.

9. **Recreo y ocio.** Si pudieras dejar atrás tus sentimientos negativos sobre ti mismo, ¿cómo pasarías tu tiempo de ocio? ¿Cómo recargarías tus baterías y reconectarías con tu familia y amigos en la diversión y los juegos? Los valores del tiempo libre son *diversión*, *creatividad* y *pasión*.

10. **Trabajo y carrera.** La mayoría de la gente pasa una gran parte de su vida en el trabajo. ¿Qué te gustaría conseguir en el aspecto laboral? ¿Qué tipo de contribución te gustaría hacer? ¿Por qué quieres ser reconocido en tu lugar de trabajo? ¿Qué intenciones tenías cuando empezaste a trabajar que aún no has podido poner en práctica? Los valores típicos para este ámbito son *sustento correcto*, *excelencia* y *administración*.

EJERCICIO

1. Clasifica la importancia relativa de cada ámbito para ti en la tabla siguiente, marcando con una X una de las tres columnas centrales. Tal vez quieras añadir otros ámbitos al final de la tabla.

2. Para los ámbitos que has marcado como «algo importante» o «muy importante», escribe una o dos palabras que resuman tu valor clave en la columna del extremo derecho, «Valor».

ÁMBITO	SIN IMPORTANCIA	ALGO IMPORTANTE	MUY IMPORTANTE	VALOR
Relaciones íntimas				
Paternidad				
Educación y aprendizaje				
Amigos y vida social				
Cuidado físico y salud				
Familia de origen				

ÁMBITO	SIN IMPORTANCIA	ALGO IMPORTANTE	MUY IMPORTANTE	VALOR
Espiritualidad				
Vida comunitaria y ciudadanía				
Recreo y ocio				
Trabajo y carrera				
Otro				
Otro				

Ejemplo: el siguiente formulario lo rellenó Audrey, de veintinueve años, representante de atención al cliente para un proveedor de servicios regionales de Internet en su ciudad de origen, en el estado de Washington. Después de acabar la universidad, ella y su novio, Gary, junto con algunos de sus amigos, montaron una nueva empresa de aplicaciones móviles en Seattle. Justo cuando una compañía más grande estaba a punto de comprar su empresa y hacerlos ricos, Gary la dejó y quedó excluida. Todo se cerró con un apretón de manos, y ya nadie estaba apretando la suya. Enfadada y deprimida, se mudó con su madre. Durante seis meses estuvo navegando en la Web y jugando online, sin salir de casa ni quitarse el pijama.

Finalmente se vio forzada a buscar trabajo por la insistencia de su madre y se vio en un cubículo diminuto «atendiendo llamadas de idiotas». Y ni siquiera era demasiado buena, porque en atención al cliente hay que fingir una falsa confianza alegre que era opuesta a su principal sentimiento en aquel momento. Su vida laboral era un ámbito clave en su autoimagen, y se sentía como una estúpida fracasada.

Se sentía sola pero a la vez temía confiar en otro hombre. Le parecía que adivinarían que estaba fingiendo, que no era una persona real, solo una cáscara que podían tomar y luego tirar. Antes disfrutaba haciendo senderismo y practicando kayak con sus amigos, era incluso deportista, pero durante mucho tiempo no había participado en ninguna actividad. Dos de sus antiguos amigos del instituto aún vivían cerca de ella, pero no había hecho ningún esfuerzo para recuperar el contacto, pensando que la considerarían un fracaso. Había engordado once kilos el año anterior, ya que se había alimentado de comida basura y no había hecho deporte. Se sentía cansada y apática la mayor parte del tiempo.

ÁMBITO	SIN IMPORTANCIA	ALGO IMPORTANTE	MUY IMPORTANTE	VALOR
Relaciones íntimas			X	Amor, confianza
Paternidad	X			
Educación y aprendizaje	X			
Amigos y vida social			X	Apoyo

ÁMBITO	SIN IMPORTANCIA	ALGO IMPORTANTE	MUY IMPORTANTE	VALOR
Cuidado físico y salud		X		Fuerza, atractivo
Familia de origen				
Espiritualidad	X			
Vida comunitaria y ciudadanía	X			
Recreo y ocio		X		Diversión, kayak
Trabajo y carrera	X			
Otro				
Otro				

Diez semanas para poner en práctica tus valores

Es el momento de poner tus valores en práctica. Lleva un registro de tu progreso en las siguientes diez semanas en el formulario que aparece a continuación o en una hoja aparte. En la primera columna, enumera los dos o tres temas más importantes para tu autoestima del ejercicio anterior, más los valores que hayas identificado en cada ámbito.

En la segunda columna, enuncia brevemente tus intenciones, es decir, lo que harías si estuvieras actuando de acuerdo con tus valores todo el tiempo, sin dejar que tus temores, dudas u otros sentimientos dolorosos te lo impidieran. Evita objetivos generales y vagos como «ser más cariñoso» o «mantenerme relajado». Indica tus intenciones en forma de acciones sencillas y concretas que puedas seguir. En lugar de «ser más amoroso» con tu hijo, podrías anotar «hacer con él un puzle después de la siesta» o «leerle un cuento antes de acostarse».

La forma de descomponer tus intenciones en acciones concretas es incluir el qué, el quién, el dónde y el cuándo:

- Qué harás y dirás exactamente.
- Con quién harás esto.
- Dónde lo harás, en qué situación.
- Cuando lo harás.

Para completar la tercera columna, necesitarás usar tu imaginación. Cierra los ojos y visualízate realizando cada acción. Intenta hacerlo con todos tus sentidos: quién está ahí; qué se dice; cómo es la escena, el clima, la temperatura, lo que llevas puesto; qué pensamientos te pasan por la cabeza; cómo te sientes... A medida que la escena se vuelva más vívida, vive los pensamientos y sentimientos que te vengan, las barreras a la acción que sientas en tu mente y en tu cuerpo. Cuando tengas claras estas barreras, escríbelas en esta columna.

Durante las próximas diez semanas, comprométete a poner tus valores en acción, a pesar de las barreras habituales. Al final de ese tiempo, tendrás un registro gráfico de tu progreso.

Registro de los valores puestos en práctica

ÁMBITOS/VALORES MÁS IMPORTANTES	INTENCIONES EN DETALLE: QUÉ, QUIÉN, DÓNDE, CUÁNDO	BARRERAS: SENTIMIENTOS Y PENSAMIENTOS QUE ME IMPIDEN PONER EN PRÁCTICA MIS INTENCIONES	NÚMERO DE VECES QUE HE PUESTO EN PRÁCTICA MIS INTENCIONES CADA DÍA									
			1	2	3	4	5	6	7	8	9	10

ÁMBITOS/VALORES MÁS IMPORTANTES	INTENCIONES EN DETALLE: QUÉ, QUIÉN, DÓNDE, CUÁNDO	BARRERAS: SENTIMIENTOS Y PENSAMIENTOS QUE ME IMPIDEN PONER EN PRÁCTICA MIS INTENCIONES	NÚMERO DE VECES QUE HE PUESTO EN PRÁCTICA MIS INTENCIONES CADA DÍA									
			1	2	3	4	5	6	7	8	9	10
Relaciones íntimas/amor, confianza	Escoger un lugar de citas *online*	Me da mucho miedo, no estoy lista		1								
	Escribir mi perfil	No tengo nada que ofrecer					3	1				
	Publicar el perfil	Nadie me querrá									1	1
Amigos y vida social/apoyo	Ir a las comidas de los viernes en el trabajo	Creen que soy demasiado cerebrito; demasiado pasiva			1			1		1		
	Llamar a Margie y Joan	Verán que soy un fracaso					2					
	Tomar café con Margie y Joan	Están ocupadas con sus propias vidas; son demasiado provincianas						1		2		
Cuidado físico y salud/diversión, kayak	Sacar la comida basura de los armarios y la nevera	¿Para qué? Está en todas partes	1						1			
	Cocinar alimentos sanos	Demasiado cansada, necesito dulces	1	3	2	1						
	Practicar kayak en el lago	Es una pérdida de tiempo y energía. Solo los patéticos practican kayac.									1	2

En el formulario de la página anterior vemos cómo Andrey completó su registro. Audrey se las arregló para poner solo una de sus intenciones en práctica durante la primera semana. Examinó los armarios y la nevera y tiró las patatas fritas y las salsas, las galletas, las bebidas azucaradas y el resto de la comida basura. La segunda semana cocinó comida sana tres noches, y perdió casi medio kilo. También se conectó y escogió una web de citas para gente más joven, para gente con conocimientos técnicos. En la tercera semana se alimentó mejor en la cena y salió a comer con la gente del trabajo. Le daba miedo, pero lo pasó muy bien y sus compañeros eran más amables de lo que esperaba. En la cuarta semana tuvo un revés: compró comida basura, solo hizo una cena decente y no hizo nada más de la lista.

En la quinta semana volvió a encarrilarse. Escribió tres borradores de su perfil *online* y llamó a Margie y Joan, sus antiguas amigas del instituto que aún vivían en su ciudad. Le devolvieron la llamada la semana siguiente y tomó un café con Margie una vez y con las dos una semana después. Estuvo bien ponerse al día con ellas. Cuando les explicó que había perdido el trabajo y su relación en Seattle, lo vieron como una auténtica aventura y no como una triste decepción, y menos como un fracaso.

Al final de las diez semanas, Audrey había hecho un amigo en el trabajo, fue a practicar kayac, publicó y editó su perfil en la web de citas, volvió a revisar su dieta y la hizo más sana y esperaba su primera cita con un chico de la web. Sus pensamientos y sentimientos dolorosos aún aparecen como barreras, pero está acostumbrándose a dejarlos aparte para poder poner en práctica los valores que son importantes para ella.

PLANIFICA UNA ACCIÓN COMPROMETIDA

Otra forma de pensar para poner tus valores en acción es la «metáfora del autobús», favorita de Steve Hayes, el padre de la terapia de la aceptación y el compromiso. Según esta metáfora, estás conduciendo un autobús llamado Tu Vida. En la parte delantera del autobús hay una señal que indica adónde vas. La señal es un valor importante, como «mantener las promesas» o «ser compasivo». Sin embargo, tan pronto como comienzas a conducir en dirección a tus valores, las barreras empiezan a aparecer delante de ti como si fueran monstruos. Estos monstruos son tus sentimientos dolorosos y tu baja autoestima, tu miedo, tu depresión, tu ira y todo lo que los acompaña. No puedes saltar por encima de los monstruos ni rodearlos. Paras el autobús y esperas a que se marchen, pero nunca se van. El autobús de tu vida está parado a un lado de la carretera.

El secreto para poner en práctica tus valores es dejar entrar a los monstruos en el autobús y llevártelos durante el recorrido. Continuarán molestándote desde el fondo, diciéndote que el lugar adonde vas es peligroso, estúpido, difícil, sin sentido, y así sucesivamente. Es lo que hacen los monstruos. Es su trabajo. El tuyo es dejarlos berrear mientras continúas conduciendo el autobús en la dirección que has escogido.

EJERCICIO: PLAN DE ACCIÓN

Si mantienes el registro de las diez semanas y tienes problemas para poner tus valores en práctica, prueba este ejercicio. Escoge el ámbito más sencillo y menos amenazante de tu lista. En una hoja de papel aparte, escribe la afirmación siguiente, que incluye tu valor, las emociones dolorosas que surgen como barrera, los beneficios de poner tu valor en práctica y tres pasos concretos que puedes dar. Firma el escrito y considéralo un contrato obligatorio que has firmado contigo.

Al servicio de mi valor de _____

Estoy dispuesto a sentir _____

Para poder _____

En estos pasos:

1. _____

2. _____

3. _____

Firma: _____

Este es un ejemplo de un plan de acción creado por Craig, un estudiante que quería deshacerse de su odioso compañero de habitación, Jason:

Al servicio de mi valor de honestidad y respeto hacia mí mismo.

Estoy dispuesto a sentirme asustado, nervioso.

Para poder confrontar a Jason y decirle que tiene que marcharse.

En estos pasos:

1. Levantarme pronto el jueves para verlo antes de clase.

2. Evitar que me distraiga con sus «problemas».

3. Decirle: «Tenías que haberte marchado hace un mes. Tienes que irte a finales de este».

Firmado: Craig Johnson

Puedes usar este formato de plan de acción siempre que los monstruos del autobús hablen demasiado, siempre que te desvíes de la dirección de tus valores por sentimientos de vergüenza, duda, depresión o ansiedad. Si practicas los pasos de este capítulo (identificando tus valores, manteniendo el registro de las diez semanas y emprendiendo una acción comprometida, habrás recorrido una gran distancia hacia el aumento de tu autoestima y de vivir la vida que quieras vivir.

10

MANEJA LOS ERRORES

En un mundo ideal en el que padres perfectos criasen a hijos perfectos, no habría ninguna relación entre errores y autoestima. Pero seguramente tus padres no fueron perfectos. De niño te corregían cuando hacías algo que a ellos les parecía erróneo. A lo mejor arrancaste algunas flores con las malas hierbas. Si tu madre, al corregirte, introdujo el mensaje «eres malo», entraste en un camino perjudicial. Es ese camino que lleva sin duda a la conclusión de que cometer errores siempre significa que eres malo.

Al crecer, interiorizaste estas correcciones y acusaciones paternas. Hiciste tuya la tarea de criticarte por cometer errores. En resumen, creaste tu crítica patológica. Hoy, cuando arrancas una flor mientras limpias las hierbas del jardín, tu crítica te dice: «Vale, idiota. ¿Por qué no sigues y arrancas todo el césped?».

Los valores contradictorios de nuestra sociedad han contribuido a crear tu voz crítica. Has constatado que para ser un buen miembro de la sociedad debes ser igual pero también superior, generoso pero ahorrador, espontáneo pero controlado, etcétera. Este sistema en el que siempre pierdes, compuesto por valores mutuamente excluyentes, permite a tu voz crítica encontrar siempre algún ejemplo de error en cualquier acción y censurarte desproporcionadamente por ello.

Es un tema de Valia Propia.

Puedes ir por la vida a la defensiva, racionalizando todos los errores. Puedes unirte al grupo de gente cuyos miembros temen tanto cualquier mínimo error que no pueden admitir ninguno. O puedes seguir el camino más frecuente de la depresión crónica por todos tus errores.

En los casos extremos, aparece una parálisis. Te quedas atascado en tus errores del pasado y reduces tus actividades y relaciones para evitar futuras equivocaciones. Con el miedo de hacer algo mal, intentas hacer a la perfección el menor número de cosas posible. Pero eso tampoco sirve, porque los cambios y los errores son inevitables. Estás atrapado.

El hecho es que la autoestima no tiene nada que ver con ser perfecto. La autoestima no significa no cometer errores. La autoestima está arraigada en tu aceptación incondicional de tu persona como un ser valioso por sí mismo, con independencia de sus errores. Sentirte bien contigo mismo no es algo que haces después de haber corregido todos tus errores: es algo que haces a pesar de tus errores. El único error grave de verdad es creer a tu crítica patológica cuando te dice que los errores demuestran lo poco que vales.

Redefine los errores

Redefinir o reformular quiere decir cambiar tu interpretación o tu punto de vista. Es como poner un nuevo marco para ver un cuadro o modificar la forma de verlo, con lo que su significado cambia para ti. Por ejemplo, cuando te despiertas de una pesadilla, tu corazón late acelerado. Estás muy asustado, seguro de que estás cayéndote o de que te persiguen. Hasta que te das cuenta de que estabas soñando y sientes un alivio enorme. Tu corazón deja de latir tan rápido y te calmas. Tu mente ha «reformulado» la experiencia, cambiando tu significado de «corro peligro» a «solo es una pesadilla». Tu cuerpo y todo tu estado de ánimo siguen a tu mente. Reformular los errores significa aprender a pensar en ellos de una forma que suprima su carácter de pesadilla. En lugar de verlos como un sueño, considera tus errores como un componente natural y, por qué no, valioso de tu vida. A su vez, esta nueva concepción te permite responder con más flexibilidad cuando cometes errores para poder aprender de ellos y progresar.

Las lecciones de los errores

Los errores dependen del crecimiento y el cambio de mentalidad. Son un prerrequisito necesario en cualquier proceso de aprendizaje. El año pasado compraste una pintura barata, pensando que te iría bien. Este año es diferente: tienes un año más y has aprendido algo al ver que la pintura pierde color. Eres diferente en virtud de la información que no tenías hace un año. Dañar tu autoestima recriminándote no haber sido capaz de ver el futuro en aquel momento no te servirá para nada. Saca partido de la experiencia, sal a la calle y compra una pintura buena. Paga por tu lección una vez, pero no más de una. Atacarte es como pagar dos veces: una por la pintura nueva y otra permitiendo que tu crítica se cebe contigo.

No hay forma de aprender ninguna tarea o habilidad sin cometer errores. Este proceso se llama aproximación sucesiva: aproximarte cada vez más a un resultado satisfactorio mediante la información que te proporcionan los errores. Cada equivocación te dice lo que tienes que corregir, cada error te lleva poco a poco más cerca de la mejor secuencia conductual para realizar la tarea. En vez de temer a los errores, dales la bienvenida durante el proceso de aprendizaje. Las personas que no pueden soportar cometer errores se enfrentan a un aprendizaje difícil. Temen empezar en un nuevo empleo porque tendrían que hacerse cargo de nuevas rutinas y retos. Les da miedo probar un deporte nuevo por todos los errores que tendrán que cometer antes de que su cuerpo aprenda los sutiles ajustes que hacen falta para mover una raqueta o usar un palo de golf. No se comprarán un ordenador o intentarán arreglar el carburador porque no pueden soportar los inevitables errores que son producto de embarcarse en algo nuevo.

Al reformular los errores como información necesaria para el proceso de aprendizaje quedas libre para relajarte y atender tu dominio progresivo de la nueva tarea. Los errores son información sobre lo que funciona y lo que no. No tienen nada que ver con tu valía o tu

*A reacunar
A no explotar* sape
*A generar
experencias
positivas en
las personas*

inteligencia. No son más que los pasos que hemos de dar para alcanzar una meta.

Los errores como aviso

Nuestros sueños de perfección convierten los errores en pecados, en lugar de en avisos. Las equivocaciones pueden ser como el sonido de tu máquina de escribir que te avisa para que no te salgas de la página o el que te indica que tienes que ponerte el cinturón de seguridad al conducir. Sufrir un accidente de tráfico sin importancia, puede servir de aviso para que prestes más atención a la conducción. Recibir un suspenso en un examen puede señalarte que tus hábitos de estudio deben mejorar. Cuando tienes una fuerte discusión con tu pareja por una cuestión sin importancia, puede ser la advertencia de que no estáis hablando de otra cuestión importante. Pero el perfeccionismo convierte el aviso en acusación. Y defenderte de los ataques de tu crítica patológica requiere tanto tiempo y trabajo que no tienes la oportunidad de sacar provecho del error. Puedes combatir el perfeccionismo atendiendo al aviso y no a tu culpabilidad.

Errores: el prerrequisito de la espontaneidad

El miedo a los errores acaba con tu derecho de expresarte. Te hace temer ser espontáneo, decir lo que piensas y lo que sientes. Si nunca se te permite decir algo incorrecto, tal vez nunca te sientas lo bastante libre para exteriorizar lo que deseas: que quieres a alguien o que quieres compensar un daño que hiciste. El sueño de perfección te ahoga porque te niega el derecho a un mal paso o a un sentimiento excesivo.

La disposición a cometer errores significa que es aceptable defraudar a la gente, tener un momento de dificultad, dejar que la conversación tome un cariz poco agradable. Veamos el caso de Andrea, por ejemplo. Siempre se relaciona con las mismas dos personas en su trabajo porque cualquier relación nueva sería demasiado impredecible. Supongamos que a una persona nueva no le gustasen sus chistes y pensase que algunas de sus observaciones son estúpidas. Tendría que vigilar todo lo que dice. La situación de Andrea ilustra cómo el

Aumentar mi luz y mi espiritualidad

Saco la luz en mi Saco la luz en todos .

miedo a los errores puede aislarte por temor a la opinión de los demás y ahogar la espontaneidad por tener que vigilar con cuidado todo lo que expresas.

Errores: la cuota necesaria

→Tolera un cierto porcentaje de errores. Algunas personas tienen la actitud patológica de que pueden evitarse todos los errores, de que la gente competente, inteligente y valiosa nunca los comete. Esto es un absurdo paralizante que puede hacer que te asuste sacar partido de las oportunidades de la vida. La postura más sana es que todo el mundo tiene derecho a cometer un porcentaje de errores. Debe tolerarse un cierto número de equivocaciones laborales y sociales en lugar del sueño desesperado de la perfección. Un criterio orientativo válido para la mayoría de las personas es que de una a tres decisiones de cada diez son erróneas. Y otras varias pueden estar en una dudosa zona intermedia. Para los procesos mecánicos archiconocidos, como escribir a máquina o conducir, el porcentaje es menor. No has de esperar tener un accidente cada diez veces que usas el coche. Pero antes o después sufrirás un accidente, ojalá que sin importancia, y tendrás que reconocerlo como un error al que tienes derecho según tu porcentaje normal de errores:

Los errores como algo inexistente en el presente

Para comprender esta idea, te será útil examinar primero las categorías más frecuentes de errores.

1. **Errores de hecho.** Oyes «autopista 45» por teléfono, escribes «autopista 49» y te pierdes.
2. **Fracaso en la consecución de un fin.** Llega el verano y estás aún demasiado obeso para meterte en tu bañador.
3. **Esfuerzo desperdiciado.** Recoges trescientas firmas para formular una petición y luego fracasa.
4. **Errores de juicio.** Decides comprar una pintura barata y se decolora.

5. **Oportunidades perdidas.** La acción que decidiste no comprar por valor de cinco ahora vale treinta.

6. **Olvido.** Sales a comer al campo y te das cuenta de que te has dejado el aliño de la ensalada en la nevera.

7. **Hiperindulgencia en placeres legítimos.** La fiesta fue divertida, pero ahora tienes un resacón.

8. **Estallidos emocionales inadecuados.** Le gritas a tu pareja y luego te sientes avergonzado.

9. **Retraso.** Nunca te decides a subir a arreglar el techo y de pronto te das cuenta de que las filtraciones han estropeado el papel pintado del comedor.

10. **Impaciencia.** Pruebas a meter un tornillo mayor en la tuerca y el tornillo se rompe.

11. **Transgresión de tu código moral.** Dices una mentira inocente: «Estoy fuera de la ciudad este fin de semana». El sábado, te encuentras por casualidad con la persona a la que estabas evitando.

Esta lista podría seguir y seguir. Clasificar las formas de equivocarse ha sido un popular pasatiempo del ser humano desde que Moisés bajó de la montaña con las tablas de los diez mandamientos.

Hay un hilo conductor común a estos ejemplos que te ayudará a comprender los errores. Un error es cualquier cosa que haces que, más tarde, tras reflexionar, desearías haber hecho de forma distinta. Esto también se puede aplicar a aquello que no hiciste y que luego, tras reflexionar, querrías haber hecho.

Aquí la palabra clave es *después*. De hecho, *después* puede ser una fracción de segundo o una década más tarde. Cuando aplicas excesiva fuerza a la tuerca y se rompe el tornillo, *después* es realmente muy pronto. Se parece a un *inmediatamente*, pero no lo es. Hay un lapso entre la acción y la lamentación. Este lapso de tiempo, corto o largo, es la clave para librarte de la tiranía de los errores.

En el preciso momento de la acción, estás haciendo lo que te parece mejor. Es tu interpretación posterior la que provoca que esa acción pase a ser un error. *Error* es un nombre que siempre aplicas retrospectivamente, cuando te das cuenta de que pudiste haber actuado de forma más acertada.

El problema del conocimiento consciente

Siempre eliges la acción que tiene más probabilidades de satisfacer tus necesidades. Esta es la esencia de la motivación: querer hacer algo más que cualquier otra cosa.

La motivación consiste en elegir consciente o inconsciente la alternativa más deseable para satisfacer tus necesidades. Los posibles beneficios de la acción que eliges parecen compensar, al menos de momento, las posibles desventajas.

Obviamente, la acción que parece mejor en cada ocasión depende de tu conocimiento consciente. La consciencia es el grado de claridad con el que percibes y comprendes todos los factores que se relacionan con tu necesidad. En cualquier momento, tu consciencia es el producto automático de la suma de tu inteligencia innata, tu intuición y tu experiencia vital hasta ese momento, incluido tu estado emocional y físico.

Error es la denominación que le das a tu conducta en un momento posterior, cuando ha cambiado tu situación consciente. En este momento posterior, conoces las consecuencias de la acción y decides que deberías haber actuado de otra forma.

Como siempre haces lo mejor (o eliges lo que parece tener más probabilidades de satisfacer tus necesidades) en un momento dado, y como los «errores» son el resultado de una interpretación posterior, de ahí se sigue lógicamente que cometer errores no debería afectar a tu autoestima.

«Pero a veces sé que hay algo mejor que lo que voy a hacer y lo hago de todos modos. Sé que no debería tomar postre si quiero perder peso, pero aún así pido la copa de helado. Es luego cuando me siento avergonzado, y con razón porque actúo en mi propio perjuicio». Si esta es tu línea de razonamiento, estás olvidando un aspecto esencial de la motivación. «Conocer mejor» no basta para «obrar mejor» si tu conocimiento consciente en el momento está enfocado en una motivación más fuerte y opuesta. Entonces, tu deseo del helado fue más fuerte que tu deseo de perder peso, con lo que lo «mejor», de hecho lo único que pudiste hacer, fue comerte el helado.

Si calificas como *buena* o *mala* la elección que tomaste, acaba por castigarte injustamente por acciones que no pudiste dejar de realizar. Otras denominaciones más adecuadas serían *prudente* o *no prudente* y *efectivo* o *no efectivo*, pues estos términos establecen más compasiva y exactamente que tus acciones fueron fruto de una consciencia limitada. En cualquier caso, el firme compromiso de ampliar tu conocimiento consciente será mucho mejor que la severa resolución de no volver a cometer el mismo error. Porque, mientras no desarrolles tu conocimiento consciente, volverás a cometer el mismo error de nuevo.

LA RESPONSABILIDAD

Toda esta afirmación de que siempre haces lo mejor puede sonar a que no eres responsable de tus actos. No es así. Tienes sin duda alguna la responsabilidad de tus actos.

Responsabilidad significa que aceptas las consecuencias de tus acciones. Todo tiene sus consecuencias, un coste que hay que pagar. Si eres muy consciente de los costes y estás dispuesto a pagarlos, te comportarás de forma relativamente «sensata», habrá menos ocasiones de calificar tus acciones de errores y te sentirás mejor contigo mismo. Si tienes un conocimiento consciente limitado de los costes que suponen tus acciones y no estás dispuesto a pagarlos cuando lleguen, puedes elegir acciones insensatas, calificarlas luego de errores y sufrir ataques a tu autoestima.

Pero, en cualquier caso, eres responsable de tus actos porque siempre pagas el precio por ellos, lo quieras o no, seas o no consciente. Ser una persona más responsable significa incrementar tu consciencia del precio que pagas por lo que haces. Y vale la pena, porque un escaso conocimiento consciente significa que luego te quedarás sorprendido y abatido por el coste de algunas de tus decisiones.

LOS LÍMITES DE TU CONOCIMIENTO CONSCIENTE

Tu conocimiento consciente de las posibles consecuencias de tus actos está limitado por cinco factores importantes:

1. **Ignorancia.** Muchas veces no tienes forma válida de predecir las consecuencias porque nunca antes te ha enfrentado a circunstancias parecidas. Lo cierto es que desconoces la situación. Si nunca has pintado antes con aerosol, seguramente no tienes forma de saber que si mantienes el difusor muy cerca de la superficie que vas a pintar, se formarán surcos en la pintura. Si no sabes cómo batir las claras de huevo para tu primer soufflé, puede que no suba bien.

2. **Olvido.** Es imposible recordar todas las consecuencias de todos los actos realizados. Muchos acontecimientos se olvidan porque no son lo bastante penosos o importantes, por lo que acaban repitiéndose con frecuencia los errores porque simplemente no puede recordarse cómo fueron las cosas la última vez. Uno de los autores, que no había ido de acampada desde hacía años, se olvidó de lo mucho que sufría con los mosquitos. Así que el verano pasado volvió a olvidarse el repelente.

3. **Negación.** Mucha gente niega y no tiene en cuenta las consecuencias de los errores anteriores por una de estas dos razones: temor o necesidad. A veces, se teme tanto el cambio o hacer las cosas de forma diferente que se niegan o se minimizan las consecuencias negativas de los errores. Enfrentados a la misma elección una vez más, repetimos un error lamentable porque todas las alternativas nos parecen demasiado amenazadoras.

    Un ejemplo es el del hombre que sale con chicas y las aburre mortalmente con interminables narraciones de sus logros. Sospecha que igual se aburren, pero niega las consecuencias de su pavoneo: pérdida progresiva de relaciones, menor número de salidas. Se aferra a la negación porque teme la comunicación real, soltarse y hablar de sus verdaderos sentimientos.

Una abrumadora necesidad crea el mismo tipo de negación. Si necesitas realmente algo, tiendes a negar las consecuencias negativas de conseguirlo. Este es el caso de una mujer que una y otra vez abandonaba a su marido alcohólico y maltratador para volver con él al poco tiempo. En el momento en que decidía volver tenía presentes sus sentimientos de amor y dependencia. Al mismo tiempo debía negar o minimizar las consecuencias inevitablemente dolorosas para tener aquello que tanto necesitaba.

4. **Falta de alternativas.** Muchos errores se cometen porque la gente simplemente no conoce una forma mejor de actuar. Carece de habilidad, capacidad o experiencia para generar nuevas estrategias y soluciones. Ese es el caso de la mujer que fracasa en todas las entrevistas de trabajo porque se queda mirando al suelo, da respuestas demasiado breves y no sabe cómo mostrar sus cualidades.

5. **Hábitos.** Algunos hábitos, arraigados de por vida, le impiden a uno evaluar las propias elecciones o ser mínimamente consciente de ellas. No se piensa en las consecuencias porque no se sabe que se está tomando una decisión. Un ejemplo clásico es el hábito de elegir un beneficio a corto plazo ignorando un desastre a largo plazo. Una mujer iba de una relación imposible a otra. Cometía siempre el error de sentirse atraída hacia hombres que le recordaban a su padre. Le atraía de ellos su aparente fuerza y autoridad, pero a la larga la frialdad y el distanciamiento emocional de ellos destruían la relación. Otro ejemplo es el de un licenciado en derecho que una y otra vez elegía el placer pasajero de fumar marihuana y se pasaba todo el fin de semana mareado y sin poder estudiar para el examen de capacitación profesional.

Tu conocimiento consciente está limitado por todos estos factores. En muchas de tus decisiones, el olvido, la negación, el hábito, etcétera, te impiden sacar partido de tu experiencia. Lo que conoces y lo que te ha sucedido simplemente no está disponible para ti en el momento en que decides actuar. No se te puede culpar por eso. Tu conocimiento consciente, aunque limitado, era todo el que tenías a tu disposición cuando cometiste el error.

Pero el hecho de que no tengas que recriminártelo no significa que no puedas hacer algo al respecto. Por supuesto que puedes hacer algo. La siguiente sección te enseñará cómo.

EL HÁBITO DE LA CONSCIENCIA

El hábito de la consciencia es muy simple. Es el compromiso de predecir las consecuencias probables, a corto y a largo plazo, de cualquier acto o decisión significativos. Estas son las preguntas que has de formularte para incrementar tu conocimiento consciente en el momento de la decisión:

- ¿He vivido antes esta situación?
- ¿Qué consecuencias negativas hubo en aquella ocasión o pueden esperarse a partir de la decisión que quiero tomar (asegúrate de considerar tanto las consecuencias a corto como a largo plazo)?
- ¿Valen la pena las consecuencias, dado lo que espero obtener?
- ¿Conozco alguna alternativa con consecuencias menos negativas?

La principal exigencia para desarrollar el hábito de la consciencia es hacerse una promesa a uno mismo. Te comprometes a examinar las consecuencias probables de cualquier cosa importante que hagas. Esto no debería convertirse en una preocupación neurótica. Más bien, es la actitud de una mente inquisitiva: utilizas tu experiencia anterior para imaginar resultados probables para cada decisión. Si eres capaz de hacerte este compromiso de consciencia, cometerás menos errores importantes.

Todo el mundo tiene una o más áreas en las que repite una y otra vez errores similares. Para incrementar la consciencia en estas áreas tienes que hacer dos cosas después de un error que se ha repetido:

1. Pon detalladamente por escrito las consecuencias negativas del error. El mismo acto de escribir, tanto si guardas las notas como si no, es una importante ayuda para recordar.

2. Determina tus prioridades. ¿Qué fue lo principal que lograste o esperaste lograr de tu decisión errónea? ¿Estabas buscando un placer a corto plazo o intentando sentirte seguro, gustar a los demás o evitar la soledad? ¿Es esta prioridad un tema básico de tu vida? ¿Es la base de otras malas decisiones? Si la misma prioridad te lleva crónicamente a cometer errores, debes incluir este factor en tu conocimiento consciente. Hay que examinar cualquier decisión nueva para ver si está motivada por esa prioridad. Si es así, cuidado. Puedes estar a punto de repetir un error anterior. Hazte las preguntas citadas antes. Ve poco a poco y examina en profundidad tus opciones.

DESARROLLA TU CONCIENCIA DE LOS ERRORES

He aquí algunos ejercicios que puedes realizar para incrementar tu conciencia del error:

1. **Ten en cuenta que todo el mundo comete errores.** Incluso los chicos buenos y los héroes. Los líderes políticos, los magnates financieros, las estrellas de cine, los grandes filántropos, los científicos y los sacerdotes cometen equivocaciones. Los hermanos Wright fracasaron muchas veces antes de que su avión volase en Kittyhawk. Jonas Salk trabajó duramente durante años antes de desarrollar la vacuna de la polio. Los errores son una consecuencia inevitable de cualquier aprendizaje o ensayo de algo nuevo.

   Haz una lista de figuras públicas que hayan cometido errores importantes. Incluye solo a aquellos hacia quienes sientes aprecio y respeto.

   Haz una segunda lista de gente a la que conozcas personalmente y admires. Enumera sus errores. Incluso tu más querido profesor puede haber perdido los nervios por un leve inconveniente, el capitán de tu equipo de fútbol escolar puede haber sido sorprendido copiando y ese vendedor de éxito que conoces puede haber estropeado una venta que estaba prácticamente hecha.

¿Por qué incluso la gente buena y admirable comete errores? La respuesta es que en su momento no vieron su decisión como errónea. No anticiparon las consecuencias de su acción. Como cualquier otro ser humano que haya pisado este planeta, tuvieron un conocimiento imperfecto: no pudieron predecir con exactitud los efectos de una decisión sobre la experiencia posterior.

Personas brillantes, creativas y poderosas cometen errores porque el futuro es indescifrable. Solo podemos conjeturarlo. Ninguna inteligencia máxima o comprensión puede crear una perfecta visión del porvenir.

2. **Ten presente que incluso tú cometes errores.** Haz otra lista de tus propios errores. Dedícale tiempo, pues necesitarás esta lista para ejercicios posteriores. Si te parece que siempre cometes errores y piensas que tu lista podría seguir indefinidamente, selecciona solo tus diez errores más importantes.

Ahora viene lo difícil. Para el primer apartado de tu lista, remóntate en el tiempo al momento en que tomaste la decisión. Intenta recordar tus ideas y sentimientos justo antes de actuar. ¿Sabías lo que sucedería o anticipaste una consecuencia más feliz? ¿Tenías idea del dolor que ibas a causar a otros? Si tuviste en cuenta esa posibilidad, intenta recordar cómo compensaste esto con la imagen de un resultado deseable. Piensa en qué factor te pareció más determinante en aquel momento. Ahora intenta recordar la necesidad o necesidades que te impulsaron a tomar esa decisión. Recuerda la fuerza de esas necesidades y cómo influyeron en tu elección. ¿Te parecía más atractiva alguna acción alternativa? Esta es la pregunta más importante: si pudieras volver a aquel instante, con las mismas necesidades, percepciones y predicciones de resultados futuros, ¿actuarías de otra forma?

Sigue y repite este proceso con cada error de tu lista. Por supuesto, debes pasar por alto los errores cuyo recuerdo es demasiado fragmentario para responder a estas preguntas.

3. **Perdónate.** Mereces perdón por tus errores, por dolorosas que hayan sido sus consecuencias, por tres razones:

a. Tomaste la única decisión que podías tomar en aquel momento, dadas tus necesidades y conocimiento. Si trabajaste en serio el ejercicio anterior, ahora puedes tener más claro que es imposible actuar de forma diferente a lo que te permite tu conocimiento consciente en un determinado momento. Hiciste simplemente lo que pudiste.

b. Ya has pagado tu error. Te causó consecuencias penosas. Has soportado esas consecuencias y has sentido ese dolor. A menos que tu error haya perjudicado a otros y tengas que realizar algún tipo de reparación, ya has pagado el precio de ser solo un humano.

c. Los errores son inevitables. Llegas a este mundo sin saber nada. Todo lo que has aprendido, desde ponerte en pie hasta manejar un ordenador, lo has conseguido al precio de cometer, literalmente, miles de errores. Te caíste centenares de veces antes de andar y probablemente más de una vez «has perdido algún archivo». El proceso de aprendizaje sigue durante toda la vida. Y también los errores. No tiene sentido recriminarte algo que solo puedes evitar en el cementerio.

EJERCICIO

Para aprender a considerar los errores como algo que está en función de un conocimiento limitado, practica este ejercicio, que combina la relajación, la visualización y las afirmaciones.

Siéntate en una silla cómoda o túmbate de espaldas. Extiende los brazos y las piernas. Cierra los ojos. Haz varias respiraciones profundas y lentas. Siente cómo te relajas con cada inspiración. Empezando por los pies, examina la tensión de las diferentes partes de tu cuerpo y relájalas. A medida que respiras, percibe cualquier tensión en los pies y déjala salir cuando espires. Mantén una respiración lenta y regular. Ahora nota cualquier tensión en las piernas al inspirar y deja que salga al espirar. Pasa a los muslos para la siguiente respiración, luego a las nalgas y la pelvis, al estómago y la zona inferior de la espalda, al tórax y a la parte superior de la espalda.

Ahora dirige tu atención a las manos. Inhala y siente cualquier tirantez, exhala y déjala salir. Haz lo mismo con los antebrazos, los bíceps, los hombros y el cuello. Sigue en estas zonas durante varias respiraciones si es preciso.

Nota cualquier tensión en los músculos del mentón y déjala salir al respirar. A continuación, céntrate en los ojos, luego en la frente y después en la cabeza.

Sigue respirando, lenta y profundamente, relajándote cada vez más. Ahora empieza a hacerte una imagen de ti mismo. Mírate tal como eras antes de un error reciente (quizás uno de los errores de tu lista). Fíjate en dónde estás, mira tu cara, la posición de tu cuerpo. Ten presente que hiciste lo que pudiste, dado tu conocimiento en aquel momento. Repítete las siguientes afirmaciones. Simplemente, déjalas entrar en tu mente:

- Soy un ser humano singular y valioso.
- Siempre hago lo mejor que sé hacer.
- Me amo (o quiero) a mí mismo, incluidos mis errores.

Repite estas afirmaciones tres o cuatro veces, cambiando la expresión para hacerla tuya.

Ahora visualízate a lo largo de tu rutina diaria. Mira lo que vas a hacer el resto del día o mañana. Date cuenta de que eres una persona singular, que es valiosa y que intenta vivir lo mejor que puede. Mira cómo siempre haces lo que te parece mejor en el momento en que lo haces.

Concluye con esta afirmación:

* Hoy me gusto más que ayer. Mañana me gustaré aún más.

Cuando estés listo, abre los ojos y levántate lentamente. A lo largo del día repite las afirmaciones cada vez que te vengan a la cabeza. Practica todo el ejercicio de relajación dos veces al día. Antes de levantarte por la mañana y por la noche, antes de acostarte, son buenos momentos porque ya estás relajado y receptivo.

El ejercicio funcionará mejor si construyes tus propias afirmaciones. Las que funcionan mejor son las cortas, sencillas y positivas. Las complejas no parecen pasar a tu subconsciente. Cuando se incluye en ellas alguna negación como «no me criticaré», parece que tu subconsciente las entiende como si se hubiesen quitado las negaciones: «Me criticaré». Construye afirmaciones positivas: «Hablaré bien de mí».

Aquí tienes algunos ejemplos para ayudarte a crear tus propias afirmaciones de autoestima que han funcionado con otras personas:

* Soy bueno tal y como soy.
* Tengo valía porque soy un ser humano que lucha por sobrevivir.
* Tengo necesidades legítimas.
* Está bien satisfacer mis necesidades según me parezca mejor.
* Soy responsable de mi vida.
* Acepto las consecuencias de mis acciones.
* Me siento afable y satisfecho conmigo mismo.
* Siempre hago lo mejor que soy capaz de hacer en cada momento.

- Errores es un término que utilizo a posteriori.
- Soy libre de cometer errores.
- Todo lo que hago es un intento de satisfacer mis legítimas necesidades.
- Estoy ampliando mi consciencia para lograr tomar decisiones más sensatas.
- Me estoy deshaciendo de las decisiones insensatas del pasado.
- Puedo hacer lo que quiero, pero lo que quiero está determinado por aquello que conozco.
- Todo lo que hago implica pagar un precio.
- Los «deberías», las obligaciones y las imposiciones son irrelevantes.
- En el momento de elegir, hago, ni más ni menos, lo que mi conocimiento me permite. Es absurdo criticar las acciones de los demás; también ellos hacen lo que les permite su conocimiento.
- Como todo el mundo hace lo que puede, me resulta fácil sentir compasión y empatía hacia ellos.
- Mi principal tarea en la vida es ampliar mi conocimiento.
- Nadie vale más o menos que yo.
- Mi mera existencia es la prueba de mi valía.
- Puedo aprender de mis errores sin sentirme culpable o inquieto.
- El conocimiento de cada cual es diferente, por lo que las comparaciones son absurdas.
- Cuando me siento inseguro sobre lo que debo hacer, puedo examinar las consecuencias.
- Puedo inventar nuevas formas de satisfacer una necesidad y elegir la mejor opción de forma sensata.

11

RESPONDE A LAS CRÍTICAS AJENAS

Has pintado tu habitación y te gusta cómo ha quedado. Parece nueva. Alguien entra y dice: «Ha quedado bastante bien. ¿Cambiará el color cuando la pintura se haya secado? ¿La querías de este color? Oh, mira, el suelo está salpicado. Las manchas se quedarán para siempre si dejas que se sequen».

Te acaban de cambiar el estado de ánimo. La misma habitación que hace un momento te parecía nueva y radiante ahora te parece estridente y chapucera. Tu autoestima se rinde al ataque de la crítica.

Las opiniones negativas de los demás pueden ser mortales para la autoestima. Estas opiniones dicen, de forma explícita o implícita, que eres, de alguna forma, alguien sin valor, lo que puede hacer que la opinión de ti mismo se tambalee. La crítica tiene un gran poder para devaluar una autoestima frágil porque activa tu crítica patológica interior y le da munición. La crítica interior se alía con la exterior, y las dos se unen contra ti.

Hay muchos tipos de críticas. Algunas incluso son constructivas, como cuando se dicen con el deseo de ayudar y se usan palabras que sugieren un cambio. Otras veces, la crítica no es más que una molesta y absurda enumeración habitual de tus fracasos. A menudo tu propia crítica se expresa con superioridad, intentando parecer más lista, mejor o más buena que tú. O quizás tu crítica es manipuladora, y menosprecia lo que haces para conseguir que actúes de manera diferente.

Cualquiera que sea el motivo de las críticas, todas ellas comparten una característica: no son bien recibidas. Tú no quieres oírlas y necesitas formas de interrumpirlas y evitar que dañen tu autoestima.

En realidad, la crítica no tiene nada que ver con la verdadera autoestima. La autoestima auténtica es innata, innegable e independiente de las opiniones de cualquiera. No se la puede mermar con críticas ni aumentar con elogios. La tienes y ya está. El truco para manejar las críticas es no dejar que te hagan olvidar tu autoestima.

La mayor parte de este capítulo trata sobre la naturaleza arbitraria y distorsionada de la crítica. Una vez entiendas y hayas practicado la habilidad de reducir tu crítica, podrás pasar a practicar las formas eficaces de responder a ella.

EL MITO DE LA REALIDAD

Todos confiamos en nuestros sentidos. El agua moja. El fuego quema. El aire es bueno para respirar. La tierra parece sólida. Has visto tantas veces que las cosas son tal como parecen que has desarrollado una confianza casi ciega en tus sentidos. Crees la información que te dan del mundo.

Hasta aquí muy bien, siempre y cuando confíes en tus impresiones sensoriales de los objetos inanimados. Pero una vez aparecen las personas en escena, todo se complica. Lo que esperas ver y lo que has visto antes afecta a lo que crees que has visto. Por ejemplo, ves a un hombre rubio y alto agarrar el bolso de una mujer y salir corriendo para subir a un sedán negro de dos puertas que desaparece a toda velocidad por la calle. Llega la policía y te toma declaración, y les cuentas exactamente lo que has visto. Pero la mujer a la que le robaron el bolso insiste en que el ladrón era un joven bajito de pelo negro. Otro testigo dice que el coche era gris, que no era oscuro. Otra persona asegura que era un modelo familiar, no un sedán. Tres personas afirman que han apuntado la matrícula, y al contrastar sus declaraciones, la policía se da cuenta de que la matrícula puede ser LGH399, LGH393 o quizás LCH399.

La cuestión es que, en el fragor de los acontecimientos, no puedes confiar en tus sentidos. Nadie puede. Todos seleccionamos, modificamos y distorsionamos lo que vemos.

Una pantalla de televisión en cada cabeza

El ejemplo anterior muestra que rara vez percibimos la realidad con precisión y objetividad totales. Normalmente la filtramos y la reconstruimos, como si nuestros ojos y nuestros oídos fuesen una cámara de televisión y estuviéramos viendo la realidad proyectada en una pantalla en nuestra cabeza. A veces la pantalla no está enfocada. Otras amplía algunos detalles y se salta otros. A veces exagera o minimiza. Otras, la imagen está descolorida o cambia a blanco y negro. En ocasiones, cuando recuerdas el pasado, la pantalla te muestra imágenes de películas pasadas y no ves la realidad «en directo».

Tu pantalla no suele ser mala. Básicamente, es un reflejo de cómo están conectados tus sentidos y tu mente. Sin la capacidad de manipular las imágenes de tu pantalla mental, nunca podrías gestionar el flujo de información que te llega del mundo exterior. No podrías organizar y utilizar la experiencias pasadas. Te sería imposible aprender o recordar. Como sugiere la figura 11.1, tu pantalla es una máquina fabulosa con ¡muchos botones y palancas con los que jugar!

He aquí algunas reglas importantes sobre las pantallas:

1. Todo el mundo tiene una. Es así como están hechos los seres humanos.

2. Solo puedes ver tu propia pantalla, nunca ves la realidad directamente. Los científicos se preparan rigurosamente para ser lo más objetivos que pueden. El método científico es una forma muy precisa de asegurarse de que lo que se investiga está realmente ahí y es realmente lo que creen que es. No obstante, la historia de la ciencia está llena de ejemplos de científicos sinceros a los que sus esperanzas, temores y ambiciones los traicionaron, haciéndoles proponer teorías falsas.

3. No puedes saber completamente lo que hay en la pantalla de otro. Tendrías que convertirte en esa persona o tener poderes telepáticos.

4. No puedes llegar a comunicar todo lo que hay en tu pantalla. Parte de lo que le afecta es inconsciente. Y sus mensajes van y vienen mucho más rápido de lo que puedes llegar a expresarlos.

5. No puedes creer automáticamente en lo que hay en tu pantalla. Un poco de escepticismo es sano. Comprueba las cosas. Pregunta. Investiga. Tal vez puedas asegurarte de casi todo lo que hay en tu pantalla, pero nunca de todo. Por otra parte, no hay que llegar al punto de no creerte nada de lo que ves u oyes. Ese es el camino a la alienación, las teorías conspiratorias y la paranoia universal.

6. Tu diálogo interno es un comentario de lo que ves en la pantalla. Puede contener los comentarios destructivos de tu crítica patológica interior o tus refutaciones sanas a lo que te dice. La voz interpreta y puede distorsionar lo que ve. A veces eres consciente de la voz, pero otras no.

Figura 11.1

7. Cuanto más distorsionada está tu pantalla, más seguro estás de que lo que ves en ella es exacto. No hay nadie tan seguro como alguien engañado.

8. Puedes controlar parte de lo que ves en tu pantalla en todo momento. Basta cerrar los ojos o dar una palmada.

9. Puedes controlar todo lo que ves en tu pantalla un cierto tiempo. Por ejemplo, la meditación puede transportarte a un lugar donde eres intensamente consciente de una única cosa. La hipnosis puede reducir tu campo de atención a un pensamiento o acontecimiento pasado. Pero aparte de estos estados especiales, el control total es muy infrecuente.

10. No puedes controlar todo lo que ves todo el tiempo.

11. Puedes mejorar la calidad de la imagen que ves en tu pantalla, pero no librarte de ella. Leer un libro de autoayuda como este puede servirte para mejorar la precisión de lo que ves en tu pantalla. También estudiar física, pintar, hacer preguntas, probar nuevas experiencias o conocer mejor a alguien. Sin embargo, siempre estás atado a tu pantalla. Solo los muertos carecen de ella.

12. Los críticos no te critican a ti. Critican lo que ven en su pantalla. Pueden afirmar que te ven con claridad, mejor de lo que tú te ves. Pero en realidad no te están viendo a ti, solo ven la imagen reflejada en su pantalla. Recuerda que cuanto más insiste la crítica en la precisión de su observación, mayor es la probabilidad de que esté distorsionada esa imagen que tiene de ti.

13. Tu percepción de la realidad solo es uno de los estímulos que llegan a tu pantalla. Estas percepciones están teñidas por tus capacidades y características innatas y pueden estar influidas por tu estado fisiológico o emocional de ese momento. Tu imagen de la realidad puede estar distorsionada o alterada por recuerdos de escenas parecidas, por tus creencias o por tus necesidades.

Vamos a analizar con algo más de detalle esta última regla. Hay muchas conexiones de estímulos de entrada, por así decirlo, mediante las cuales las imágenes pueden llegar a tu pantalla. Solo cinco de ellas tienen algo que ver con la realidad: vista, oído, tacto, gusto y olfato. Y estas cinco pueden ser influidas o anuladas por muchos otros estímulos.

Por ejemplo, ves a un hombre de pelo gris con la cara llena de arrugas salir de un coche y caminar hasta un banco. Esto es lo que te dicen tus sentidos. Tu constitución innata determinará la rapidez e intensidad de tu reacción a estas impresiones sensoriales. Si acabas de tener dificultades para encontrar un lugar donde aparcar y estás preocupado porque llegas tarde a una cita, te sentirás molesto y tendrás una impresión negativa de todo lo que veas. Tu experiencia anterior con los hombres de pelo gris y arrugas te dice que tiene unos cincuenta años. Tu conocimiento de los coches te dice que es un lujoso coche de gama alta. Su gesto solemne te recuerda al del tío Max, que tiene una úlcera, así que piensas que puede que este hombre también tenga una. Tu experiencia anterior sobre bancos y moda masculina te dice que es posible que tenga dinero. Tus creencias y prejuicios te dicen que ese hombre es un próspero ejecutivo que les saca el dinero a otros que lo necesitan más que él. Seguro que está orgulloso de sus propiedades, como demuestra su carísimo coche, y probablemente no se le da bien expresar sus sentimientos, igual que al tío Max. Tu necesidad de ser más amable, más noble y más solícito que los demás te lleva a clasificar a este extraño por debajo de ti en estas categorías que te resultan importantes. Este hombre no te gusta. Sientes una actitud bastante crítica hacia él. Si pudieses, podrías expresarle tu crítica a este pobre hombre. Y si él vive con una autoestima extraordinariamente frágil, podría coincidir con el juicio negativo que hagas de él. Y todo el diálogo sería una pérdida de tiempo para los dos, porque tendría bien poco que ver con la realidad. Sería el resultado de un buen número de observaciones, sentimientos, recuerdos, creencias y necesidades que tienes en tu pantalla en un momento dado.

Estímulos de pantalla

En esta sección vamos a ver algunos de los estímulos poderosos, al margen de la realidad objetiva, que pueden influir de forma determinante en lo que ves en tu pantalla.

Constitución innata

Hay algunos aspectos que están determinados genéticamente. No es solo el color del pelo, de los ojos, etcétera, sino que hay ciertas tendencias de la conducta que parecen estar fijadas desde el nacimiento. Hay personas más excitables que otras. Reaccionan antes y más vigorosamente a todo tipo de estímulos. Otras son o más nerviosas o más tranquilas. Otras parecen necesitar un contacto social frecuente o, por el contrario, preferir las actividades solitarias. Algunas personas son más listas o tienen reflejos más rápidos. Otras son más intuitivas

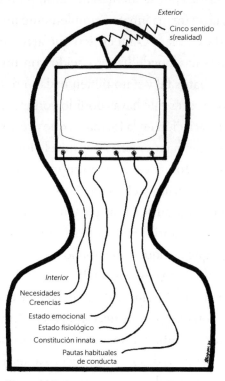

Figura 11.2

o sensibles a los matices de significado o a las distintas tonalidades afectivas. Hay quien se adapta fácilmente a las novedades, mientras que otros detestan los cambios o innovaciones y prefieren los estilos tradicionales y familiares. Algunos individuos son diurnos y otros más bien nocturnos. Otros se las arreglan bien durmiendo pocas horas y otros no pueden dormir menos de ocho horas cada noche. Hay personas que parecen amigables de forma natural, mientras que otras mantienen las distancias.

Estos rasgos de personalidad innatos pueden influir con facilidad en lo que cada cual ve en su pantalla. Las personas nocturnas pueden ver un mundo sombrío y apagado de día y son más dadas a adoptar una actitud crítica hacia los demás durante el día que por la noche, cuando se sienten pletóricas y con ganas de divertirse. Los solitarios ven sus funciones sociales como algo que hay que tolerar, mientras que a las personas festivas, la perspectiva de una tarde solas en casa les parece una pesadilla.

Si alguien te critica por ser demasiado tímido y retraído, quizá esa persona es gregaria de forma innata y simplemente no ve que tu forma de ser en realidad está bien. O un crítico que arremete contra ti por hechos sin importancia puede haber nacido con un temperamento irritable, y sus arrebatos tal vez no tienen nada, o muy poco, que ver con los pequeños errores que hayas podido cometer.

Hay una gran variación en la forma en que procesamos la estimulación del exterior. Algunas personas son «niveladoras», es decir, cuando ven u oyen algo, automáticamente mitigan la sensación, sin pensar en ello. Es como si el brillo y el volumen de sus pantallas estuviesen permanentemente al mínimo. Otras personas son «realzadoras» y hacen exactamente lo contrario. Sus controles de volumen y brillo están al máximo, con lo que cualquier murmullo les parece un grito y cualquier pequeño ruido es una explosión. Por suerte, la mayoría estamos en un punto intermedio. Los niveladores extremos corren el riesgo de convertirse en psicópatas, porque necesitan una estimulación cada vez mayor para superar su umbral de excitación. Los realzadores extremos suelen volverse neuróticos después de muchos años de bombardeo de estímulos que les parecen demasiado intensos y abrumadores.

En resumen, por equilibrado, inteligente o perceptivo que seas, tienes tendencias innatas de constitución que te impiden percibir la realidad con objetividad. Y así nadie puede ser un crítico perfectamente objetivo. Solo puedes criticar lo que hay en una pantalla, y esa imagen no es fiable porque siempre está algo distorsionada e incompleta.

Estado fisiológico

Lo que ves en tu pantalla puede estar distorsionado por el cansancio, el dolor de cabeza, la fiebre, el dolor de estómago, algún medicamento, el nivel de azúcar en la sangre u otros centenares de fenómenos fisiológicos. Tal vez seas consciente, tal vez no, de tu estado fisiológico. Aun si eres consciente de él, puede que no te des cuenta de lo que está influyendo en tu percepción. E incluso si sabes cómo lo hace, tal vez no haya nada que puedas hacer para evitarlo.

Por ejemplo, un hombre con una alteración de tiroides no diagnosticada sufría cansancio, depresión y, en ocasiones, ataques de ansiedad. Unas veces estaba irritable y otras no respondía a su familia. Al principio no se percataba de que sentía y actuaba de forma distinta. Sin saberlo, su estado fisiológico estaba afectando a lo que veía en su pantalla. Cuando se le diagnosticó la enfermedad y se le estabilizó con la medicación, su conducta crítica disminuyó. Pero si se olvidaba de tomar la medicación, se volvía apático o excitado. En estas ocasiones, era consciente de su estado fisiológico y de cómo afectaba a su conducta, pero no podía hacer nada hasta que la medicación volviese a hacerle efecto.

Si alguien te molesta a menudo, el problema puede ser su úlcera de estómago o su migraña, y no tú. La desagradable actitud de tu crítico puede ser resultado de haber comido algo que te sentó mal y no de no haber conseguido ordenar el comedor.

Estado emocional

Cuando estás muy enfadado, ves el mundo a través de una lente roja. Cuando estás enamorado, las gafas cambian al color rosa. Las pantallas depresivas son de color azul oscuro y la banda sonora es melancólica. Dicen que uno es lo que come; pues bien, uno ve lo que siente.

¿Cuántas veces has visto esto en la televisión? El protagonista se enfada, le canta las cuarenta a su jefe mandón o a su novia infiel y sale echando chispas de la habitación. Al salir, se encuentra al chico de los recados de la oficina o al perro y le grita: «¡Y eso también va para ti!». Gran carcajada y pasamos a la siguiente escena.

Esto también sucede en la vida real, pero por desgracia sin el paso inocuo a la siguiente escena. A menudo te llevas una ración de ira o de rechazo que no tiene nada que ver contigo. Estás tan poco implicado como el chico de los recados o el perro. Tu único error ha sido tener la mala suerte de encontrarte al crítico que aún estaba afectado por una experiencia anterior.

A veces los críticos se encuentran en estado de estimulación generalizada. Se sienten tensos, preocupados o estresados por la vida en general. Así, cuando los contradices en una pequeñez real o incluso imaginaria, explotan. Su estado de estimulación se expresa a través de la ira; de ese modo descargan la tensión unos momentos.

Por ejemplo, tu jefe te reprocha haber derrochado dinero. Compraste algunos objetos y muebles de oficina necesarios, nada extravagantes, y además a buen precio. Si tu autoestima es frágil, puedes llegar a la conclusión de que no tienes criterio y que nunca te irá bien en tu trabajo. Sin embargo, luego puedes enterarte de que tu jefe ha recibido un informe financiero negativo y que está muy obsesionado en reducir los costes. Su criterio era bueno. La crítica fue producto del estado general de estimulación de tu jefe, y tú fuiste una mera oportunidad para que se descargara.

Pautas de conducta habituales

Todo el mundo tiene estrategias de defensa que le han funcionado en el pasado y que espera que le funcionen en el futuro. Se suelen aplicar de forma automática, independientemente de la situación. Por ejemplo, el hijo de unos padres violentos puede aprender a evitar llamar la atención manteniéndose callado, ocultando sus necesidades e intentando adivinar los deseos de los demás sin preguntarles. Estas estrategias pueden mantenerse en la edad adulta, pero entonces ya no funcionan ni sirven para conseguir una buena relación con otra persona.

Otro ejemplo es el de una mujer que creció en una familia en la que el humor irónico y sarcástico eran la norma. Pero más allá de su círculo familiar, a la gente suele irritarle su pauta de conducta habitual de satirizar y parodiar a las personas que lo rodean. Se considera una actitud crítica y negativa.

A menudo, cuando te sientes criticado o censurado por alguien, te enteras por sus amigos de que «siempre es así». Con otras palabras, te cuentan que sus pautas de conducta habituales le hacen mostrarse crítico o negativo con algunos tipos de personas en determinadas situaciones, sin que importe mucho la realidad objetiva del momento.

Todo el mundo arrastra de forma permanente un gran equipaje de antiguas pautas de conducta. Muy a menudo, la gente recurre a su bolsa de subterfugios para reaccionar de forma familiar, en lugar de basar su reacción en una evaluación nueva y precisa de la situación y de su papel en ella. Ven viejas películas en su pantalla en lugar de concentrarse en la acción en directo que transmiten sus sentidos.

Creencias

Los valores, prejuicios, interpretaciones, teorías y conclusiones específicos sobre una interacción pueden influir en lo que uno ve en su pantalla. Las personas que valoran la limpieza pueden exagerar el desorden que ven en el mundo. Las que tienen prejuicios contra los negros, los judíos o la gente del sur no pueden confiar en lo que ven en su pantalla sobre los grupos que odian. Si un hombre cree firmemente en la independencia, tenderá a interpretar la cooperación como una forma de debilidad. Si una mujer tiene la teoría de que un destete traumático causa posteriores problemas de peso, considerará a las personas obesas a la luz de esa teoría, y no a la luz de la realidad objetiva. Si te echas hacia atrás en tu silla y cruzas los brazos mientras hablas con un vendedor de seguros, puede interpretar ese gesto como una resistencia a su intento de venta y redoblar sus esfuerzos. La imagen que tendrá de ti en su pantalla estará determinada por esta interpretación, sin que importe mucho si es correcta o no. Tal vez te echaste hacia atrás porque tienes un tirón muscular o querías echar un vistazo al reloj.

Las creencias están muy relacionadas con la experiencia anterior de cómo es la vida, de lo que funciona, perjudica y ayuda. La administrativa bancaria que rechaza tu solicitud de crédito probablemente no te rechaza a ti. Responde a sus experiencias anteriores de gente en una situación económica similar que devolvió o no devolvió el préstamo. Lo mismo ocurre con una mujer que no acepta una petición para salir. Con gran probabilidad está reaccionando según sus creencias basadas en la experiencia. Puede creer que los hombres altos no le gustan, que nunca debe salir con un piscis o que es mejor no tener relaciones serias con alguien de cierta edad. Rechaza a quien ella cree que eres tú, y no a ti realmente. Tu persona real no está en su pantalla.

Necesidades

Todos intentamos dar respuesta a nuestras necesidades en todo momento. Esta necesidad afecta a lo que vemos en nuestra pantalla. Un hombre que tiene hambre verá enseguida la comida encima de la mesa, pero tal vez no vea que hay fuego en la chimenea o revistas en la mesa de café. Una mujer que tiene frío se irá directa a la chimenea cuando entre en la sala, sin siquiera apreciar la comida o las revistas. Una persona aburrida que espera en la habitación se pondría a hojear las revistas, en busca de algo de distracción. Alguien con sed no encontrará en la habitación nada con lo que aliviarla y su opinión del entorno sería peor que las de las otras tres personas.

Las necesidades emocionales funcionan igual, distorsionando las pantallas y despertando críticas que no guardan ninguna relación con la situación real. Un hombre que quiere impresionar a la mujer con la que ha salido tal vez sea crítico con la comida del restaurante y se queje del servicio, cuando de hecho ambos son excelentes. Un caso menos obvio es el de un chico que evita pedirte ayuda porque tiene una gran necesidad de controlar todas las situaciones. Otro ejemplo sutil es el de una conocida que suele ser muy quisquillosa con el aspecto de los demás porque necesita estar constantemente segura de su propio atractivo físico. Cuando la crítica no guarda relación con la realidad, suele estar motivada por algún propósito oculto. La crítica te recrimina por haber hecho algo que no habrías hecho si hubieses conocido el motivo real. Por ejemplo, tu jefe te pide que hagas horas extras o que trabajes el fin de semana y después te critica mucho cuando te niegas. No entiendes ni su petición ni su reacción, porque no hay suficiente trabajo para justificarlas. La realidad es que tu jefe está intentando impresionar a su superior diciéndole que tuvo a sus subordinados trabajando el fin de semana. O que quiere que estés en la empresa para que atiendas una llamada importante y él es demasiado perezoso para ir y atenderla. Puede haber distintos motivos ocultos, y lo normal es que ninguno de ellos tenga nada que ver con tu trabajo o tu rendimiento.

A veces, las voces críticas conocen perfectamente las necesidades emocionales o los motivos ocultos que las mueven, pero otras no. Pero como tú eres la persona que las recibe, sus motivos conscientes no te importan. Todo lo que te importa es reconocer que las necesidades distorsionan la percepción de la realidad de una crítica, y por eso no te las puedes tomar literalmente.

EJERCICIO

Imagínate durante todo un día que tus ojos son una cámara y tus orejas son micrófonos. Conviértete en el director de un documental. Conscientemente, crea una voz en off sobre lo que veas y oigas. Cambia la atención para conseguir destacar los aspectos positivos o negativos de una escena. Cuando alguien te dice algo, imagínate que sois los personajes de un culebrón. Piensa en varias respuestas que puedes dar aparte de las que darías normalmente. Imagínate varias motivaciones factibles de lo que hace la gente, independientemente de los motivos que supones. Comprueba cómo este ejercicio de distanciamiento cambia tu conciencia de la realidad. Debería hacerte pensar en que hay muchas más formas de ver la realidad aparte de la que tú aplicas. Y también debería revelarte lo automática y limitada que es nuestra percepción del mundo.

La pantalla como creadora de monstruos

La siguiente ilustración representa un sencillo encuentro cotidiano. La realidad es simple y aparentemente inocente: dos hombres se conocen en una fiesta. El anfitrión, el hombre con gafas, le pregunta al otro, que acaba de llegar, a qué se dedica, simplemente intentando iniciar una conversación y hacerle sentir cómodo. El recién llegado viene con su mujer. Los anfitriones son los amigos de ella, no los suyos. Estaría mejor en su casa viendo el partido o tomando unas cervezas con sus amigos. Detesta estas fiestas y querría no estar allí. Cree que la mayor parte de los compañeros de trabajo de su mujer son unos pesados que no saben divertirse. Todo este trasfondo y su actual nivel de estimulación afectan, sin duda, a lo que ve en la pantalla, y él reacciona a esa imagen distorsionada con un insulto disimulado.

Estímulos:

Realidad: un chico de corta estatura, con gafas y corbata, pregunta: «Entonces, ¿a qué te dedicas?».

+ **Constitución innata:** cuidado, nuevo encuentro; cuidado, espera un ataque.
+ **Estado fisiológico:** sin respiración después de subir las escaleras, sudando, pulso acelerado.
+ **Estado emocional:** excitado. Irritado por llegar tarde, molesto con su mujer por haberlo obligado a asistir.
+ **Pauta de conducta habitual:** «Utiliza la superioridad psicológica. Da el primer golpe y sitúate en posición dominante».
+ **Creencias:** «Ya esta aquí otro imbécil intelectual con gafas y corbata. Estos lumbreras están siempre buscando la oportunidad de ridiculizar a un trabajador».
+ **Necesidades:** aliviar la tensión causada por el enfado y la ansiedad. Parecer poderoso, duro, competente.

= **Respuesta:** en voz alta, se acerca al chico que según él tiene cara de bobo y le dice: «Yo trabajo para ganarme la vida. ¿Tú que haces?».

Mantra para manejar las críticas

Cuando alguien te haga un comentario crítico, pregúntate: «¿Qué está viendo esa persona en su pantalla?». Supón al momento que, de entrada, lo que esa persona ve y la realidad tienen una relación muy débil e indirecta. Tendrás muchas más opciones de acertar si piensas eso que si supones que todas las críticas tienen que ver con un fallo tuyo.

Recuerda que la gente solo puede criticar lo que ve en su pantalla, y que estas imágenes no son muy fiables. Es muy poco probable que una crítica se base en una percepción exacta de ti. Lo más seguro es que la crítica sea una reacción a emociones, recuerdos y pautas de conducta que no tienen casi nada que ver contigo. Es un error pensar mal de ti como consecuencia de estas críticas. Es como salir huyendo de un niño con la cabeza tapada con una capucha que sale de detrás de un arbusto y dice: «¡Uhhhhh!». Puedes asustarte en el primer instante y retroceder, pero a continuación te ríes y piensas: «Está bien, no es real». Lo mismo con la crítica. Puedes sentirte afectado en el momento, después de que alguien te critique, pero a continuación sonríes y te dices: «Caray, ¿qué verá en su pantalla para ser tan crítico conmigo?».

LA RESPUESTA A LA CRÍTICA

¿Te parece que todo esto es poco realista? A lo mejor piensas: «Espera un minuto, algunas críticas se basan en hechos. A veces la crítica tiene razón con respecto al dinero, y tienes que reconocerlo. O a veces hay que defenderse. ¡No puedo simplemente sonreír y quedarme callado!».

Si piensas esto, no te equivocas. En ocasiones hay que responder a las críticas. El mantra «¿qué está viendo en su pantalla?» no es más que una primera pequeña ayuda inicial para tu autoestima. Recuerda que toda crítica comparte una característica: se recibe mal. Tú no invitas a la gente a que te eche encima los contenidos distorsionados de su pantalla. Puedes pensar que algunas críticas merecen una respuesta, pero que tú no mereces nunca una crítica a tu autoestima.

Algunas respuestas ineficaces

Hay tres formas básicas de responder mal a la crítica: ser agresivo, ser pasivo o las dos cosas a la vez.

Estilo agresivo

La respuesta agresiva a la crítica consiste en contraatacar. Tu mujer critica tu hábito de ver la tele, y tú le respondes con un comentario ofensivo sobre su afición a ver telenovelas. Tu marido te deja caer un comentario sobre tu peso, y tú contraatacas recordándole su presión arterial demasiado alta.

Esta es la teoría del «¿ah, sí?» sobre cómo manejar la crítica. Todas las críticas se reciben con una actitud hostil —«Ah, sí...?»— y con una respuesta de intensidad variable entre «¿cómo te atreves siquiera a criticarme?» y «vale, puede que yo no valga mucho, pero tú tampoco». Este estilo de respuesta agresiva tiene una ventaja: le sueles devolver el ataque a tu agresor. Pero es un beneficio temporal y breve. Si tienes que tratar repetidamente con las mismas personas, volverán a ti con armas cada vez más grandes. Sus ataques y tus contraataques irán *in crescendo*, hasta causar una guerra abierta. Convertirás a críticos que podrían ser constructivos en enemigos destructivos.

Incluso si tu contraataque agresivo consigue detener a un crítico, eso no quiere decir que hayas ganado. Si alguien tiene verdaderas quejas de ti, insistirá y mediante métodos indirectos intentará conseguir lo que quiere de ti. Tú serás el último en saber lo que ocurre.

Cuando siempre das una respuesta agresiva a las críticas, es sin duda un síntoma de baja autoestima. Azotas a los críticos porque en el fondo también tienes una pobre opinión de ti mismo y te resistes violentamente a que alguien pueda recordarte tus errores. Atacas a tus críticos para ponerlos a tu nivel, para demostrar que, aunque puede que tú no valgas mucho, vales más que ellos.

Contraatacar permanentemente a tus críticos también es una garantía de que tu autoestima seguirá siendo baja. El proceso de ataque, contraataque y aumento de las confrontaciones implica que pronto vas a estar rodeado de críticos que serán la confirmación de tu falta de valía. Incluso si tenías algo de autoestima al principio, con el tiempo la perderás. Además, tu estilo de relación belicoso hacia los que se muestran ligeramente críticos te impedirá establecer relaciones profundas.

Estilo pasivo

Un estilo de respuesta pasiva a la crítica consiste en afirmaciones de asentimiento, disculpa o rendición al primer signo de ataque. Tu mujer se queja de que estás engordando un poco, y tú asientes: «Sí, ya lo sé. Me estoy poniendo como una morsa. No sé ni cómo puedes mirarme». Tu marido te dice que estás demasiado cerca del coche de delante, y tú le pides disculpas al momento, reduces la velocidad y prometes no volver a hacerlo.

El silencio también puede ser una respuesta pasiva a la crítica. No responder a una crítica que merece ser respondida. Así, tu crítico seguirá hostigándote hasta que tengas alguna reacción verbal retrasada, por lo general una disculpa.

Hay dos posibles ventajas de adoptar el estilo de respuesta pasivo a las críticas. Primero, algunos críticos solo te dejarán en paz cuando comprueben que no te resistes. No es lo bastante estimulante para ellos. En segundo lugar, si no das ninguna respuesta, te ahorras el problema de pensar en algo que decir.

Estas dos ventajas solo lo son a corto plazo. A largo plazo, verás que a muchos críticos les gustan las críticas gratuitas. Volverán una y otra vez a dispararte, solo porque saben que es la forma de conseguir una disculpa o un asentimiento. Tu respuesta les hace sentir que son superiores a ti y no les preocupa el hecho de que sea un mero entretenimiento. Y aunque te ahorrases el problema de pensar una respuesta, verás que a pesar de ello estás malgastando mucha energía en buscar respuestas puramente mentales. No las dices, pero las piensas.

La desventaja real del estilo pasivo es que cuando permites que las opiniones negativas de los demás te rodeen, tu autoestima sufre un toque mortal.

Estilo pasivo-agresivo

Este estilo de respuesta a la crítica tiene algunos de los peores aspectos de los estilos agresivo y pasivo. La primera vez que te critican, responder pasivamente pidiendo disculpas o aceptando la necesidad de cambiar. Pero más tarde le respondes a tu crítico olvidándote de algo, dejando de hacer el cambio prometido o con otra acción encubiertamente agresiva.

Por ejemplo, un hombre critica a su mujer porque no ha tirado las revistas y los periódicos atrasados. Ella le promete que los empaquetará y los llevará a la beneficencia. Después de que le recuerde dos veces que tiene que hacerlo, llama a la beneficencia y hace la donación. Mientras tanto, toma algo de ropa antigua del armario, y entre distintas piezas elige una de las camisas preferidas de su marido y la agrega a la donación. Cuando él se da cuenta, monta en cólera, por lo que su mujer le pide disculpas y le dice que no pensaba que fuese tan importante para él y que si es tan quisquilloso, tal vez sería mejor que llamase él mismo a la beneficencia.

En este ejemplo, la mujer no tenía conciencia de estarse tomando la revancha. La agresión pasiva puede ser inconsciente. Cometes errores comprensibles. Tus intenciones son buenas, pero a veces fallas en un pequeño detalle. Preparas una cena especial para pedirle perdón a tu novia, pero te olvidas de que odia las salsas con nata. Llegas tarde a una cita importante o compras una talla equivocada o abollas el coche.

La agresión pasiva afecta a tu autoestima por partida doble. Primero, porque estás de acuerdo con alguien sobre tus errores. Y segundo, porque reaccionas de forma subrepticia. Te odias secretamente, o por ir por detrás, si eres consciente del contraataque, o por fallar, si la revancha adopta la forma de un error inconsciente.

Un estilo permanente de respuesta pasivo-agresiva es difícil de cambiar porque es indirecto. El círculo vicioso de crítica-disculpa-agresión es una guerrilla solapada que se lucha a escondidas. Es muy difícil romperlo y conseguir un estilo de comunicación honesto y directo. La persona pasivo-agresiva está demasiado asustada para asumir el riesgo de una confrontación directa y la otra persona ve destruida toda su confianza por los repetidos actos de sabotaje.

Estilos de respuesta eficaces

La forma más eficaz de responder a las críticas es usar un estilo asertivo. Esto quiere decir que no atacas, no te entregas ni saboteas al crítico. Lo desarmas. Cuando respondes a un crítico con asertividad, aclaras las confusiones, reconoces lo que consideras justificado de la crítica, ignoras el resto y pones fin al ataque inoportuno sin sacrificar tu autoestima. Hay tres técnicas de respuesta asertiva a la crítica: el reconocimiento, el oscurecimiento o banco de niebla y la interrogación.

Reconocimiento. Significa simplemente estar de acuerdo con lo que nos dicen. El objetivo es detener la crítica al momento. Esta técnica funciona muy bien. Cuando admites la crítica, estás respondiendo: «Sí, tengo la misma imagen en mi pantalla. Estamos viendo el mismo canal». Cuando alguien te critica y la crítica es justa, limítate a seguir estos cuatro sencillos pasos:

1. Di: «Tienes razón».
2. Repite la crítica de forma que la persona que te ha criticado tenga certeza de que la has oído bien.
3. Dale las gracias al crítico, si procede hacerlo.
4. Explícate si es oportuno. Ten en cuenta que explicarte no es lo mismo que disculparte. Cuando tratas de aumentar tu autoestima, lo mejor que puedes hacer es no disculparte nunca y dar explicaciones muy pocas veces. Recuerda que la crítica no es algo que se pida ni que se reciba bien. La mayoría de las personas que hacen una crítica no merecen ni una disculpa ni una justificación. Tendrán que conformarse con que se les diga que tienen razón.

Veamos un ejemplo de respuesta a la crítica con un simple reconocimiento:

CRÍTICA: Me gustaría que fueses más cuidadoso con tus cosas. Me he encontrado tu martillo tirado en la hierba húmeda.

RESPUESTA: Tienes razón, tenía que haberlo colocado en su sitio después de utilizarlo. Gracias por encontrarlo.

Esto es todo lo que se necesita decir. No hace falta disculparse ni prometer que vamos a cambiar. Reconocemos un pequeño olvido, se agradece la crítica y el caso queda cerrado. Vamos a ver otro ejemplo de reconocimiento simple:

CRÍTICA: Casi me dejas sin gasolina al ir a trabajar esta mañana. ¿Por qué no llenaste el depósito ayer? No veo por qué tengo que ser siempre yo el que lo hace.

RESPUESTA: Tienes razón. Me di cuenta de que teníamos poca gasolina y tenía que haber llenado el depósito. Lo siento.

En este ejemplo, el que responde le ha causado al crítico una molestia verdadera y añade una disculpa sincera. Vamos a ver otro ejemplo en el que se requiere algún tipo de explicación:

CRÍTICA: Son las nueve y media. Tenías que haber llegado hace una hora.

RESPUESTA: Tienes razón, llego tarde. El autobús se ha estropeado y han tenido que enviar otro para recogernos a todos.

Un reconocimiento por adelantado supone convertir a un crítico en un aliado. Veamos un ejemplo:

CRÍTICA: Tu despacho es una leonera. ¿Cómo puedes encontrar algo aquí?

RESPUESTA: Tienes razón, mi despacho es un caos y nunca encuentro lo que busco. ¿Cómo podría organizar un sistema para archivar los papeles?

EJERCICIO

A continuación, después de cada una de las críticas siguientes, escribe tu propia respuesta usando la fórmula completa: «tienes razón», «repite», «explica» (ver más adelante el apartado «Interrogación»).

CRÍTICA: Es el informe más desordenado que he visto nunca. ¿Qué has hecho, lo has escrito mientras dormías?

RESPUESTA:

CRÍTICA: Tu perro ha hecho un hoyo enorme delante de nuestra valla. ¿Por qué no lo vigilas?

RESPUESTA:

CRÍTICA: ¿Cuándo vas a devolver esos libros a la biblioteca? Estoy cansado de pedírtelo. Me has prometido dos veces que lo harías pero aún están encima de la mesa.

RESPUESTA:

El reconocimiento tiene varias ventajas. Siempre es la mejor estrategia para desarmar de forma rápida y eficaz a los críticos porque ellos necesitan tu resistencia para seguir molestándote una y otra vez con ejemplos y repeticiones de tus errores. Cuando aceptas lo que te dicen, aprovechas la fuerza del golpe, como en el judo. La crítica se desvanece, inocua, en el aire. El crítico se queda sin nada más que decir, porque tu negativa a entrar en la discusión hace que sea innecesario seguir hablando. Muy pocos críticos van a insistir después del reconocimiento. Consiguen la satisfacción de tener razón y eso les compensa privarse del lujo de seguir incordiándote.

El reconocimiento solo tiene un inconveniente: no protege tu autoestima si reconoces algo que no es cierto sobre ti. Esta técnica solo protege tu autoestima si estás sinceramente de acuerdo con lo que te dice el crítico. Cuando no estás de acuerdo, te conviene más la técnica del oscurecimiento.

Banco de niebla. Consiste en darle «aparentemente» la razón al crítico. Se utiliza cuando la crítica es destructiva e injustificada.

Cuando afrontas una crítica con esta técnica, estás diciéndole al crítico: «Sí, algo de lo que hay en tu pantalla también está en la mía». Pero para tus adentros dices: «Pero otra parte no». «Cubres de niebla» la crítica dejando a la vista solo lo que te conviene. Hay tres maneras de hacerlo: aceptando parcialmente, estando de acuerdo con la probabilidad o aceptando en principio.

1. **Aceptar parcialmente.** En este caso, encuentras justa solo una parte de lo que te dice el crítico y la reconoces. Veamos un ejemplo:

CRÍTICA: No se puede confiar en ti. Te olvidaste de recoger a los niños, dejas que las facturas se amontonen hasta el techo y no puedo contar contigo cuando te necesito.

RESPUESTA: Tienes razón en que la semana pasada me olvidé de recoger a los niños después de natación.

En este ejemplo, la afirmación crítica «no se puede confiar en ti» es demasiado general para poder estar de acuerdo con ella. Lo de «amontonarse hasta llegar al techo» es una exageración y el «no puedo contar contigo» es simplemente falso. Así, nuestra respuesta elige una de las acusaciones (no ir a buscar a los niños) y la reconoce.

Vamos a ver otro ejemplo de banco de niebla mediante asentimiento parcial:

CRÍTICA: Señorita, este es el peor café que he tomado en mi vida. Está poco cargado, aguado y casi frío. Me han hablado bien de este sitio; espero que la comida sea mejor que el café.

RESPUESTA: ¡Oh, tiene razón, está frío! Voy a prepararle ahora mismo otra taza.

En este ejemplo, la camarera encuentra una verdad objetiva con la que puede estar de acuerdo e ignora el resto de las quejas.

2. **ESTAR DE ACUERDO CON LA PROBABILIDAD.** Tú dices: «Es posible que tengas razón». Aun cuando la probabilidad sea de una entre un millón, según tu punto de vista, todavía puedes admitir de forma honesta: «Es posible». Veamos un par de ejemplos.

CRÍTICA: Si no usas hilo dental, acabarás teniendo gingivitis y lo lamentarás el resto de tu vida.
RESPUESTA: Puede que tengas razón. Podría tener una gingivitis.

CRÍTICA: Apretar así el embrague es fatal para la transmisión. Tienes que cambiar de marcha el doble de rápido. Tienes que quitar el pie y soltarlo al momento.
RESPUESTA: Sí, puede que lo esté haciendo mal.

Estos ejemplos ilustran la esencia del banco de niebla. Da la impresión de que estás de acuerdo, y el crítico puede quedar contento con eso. Pero el mensaje no expresado y preservador de la autoestima es: «Aunque puede que tengas razón, en realidad no me lo parece. Lo que quiero es ejercer mi derecho a tener mi propia opinión y seguiré haciéndolo mientras quiera».

3. **ACEPTAR EN PRINCIPIO.** Esta técnica reconoce la lógica de una crítica sin aceptar necesariamente todas las suposiciones del crítico. Utiliza el condicional «si...»:

CRÍTICA: Estás usando una mala herramienta para eso. Un formón como ese resbalará y estropeará la madera. Mejor usa un escoplo.

RESPUESTA: Tienes razón: si el formón resbala, estropeará la madera.

La respuesta admite aquí la conexión lógica entre el resbalón y el daño a la madera, pero no admite que esté usando una herramienta equivocada. Veamos otro ejemplo:

CRÍTICA: Te estás arriesgando al incluir todas esas deducciones si no tienes los recibos. La inspección se te va a echar encima. Estás pidiendo una auditoría. No tiene sentido solo por intentar ahorrarte un poco de dinero.

RESPUESTA: Tienes razón. Si hago las deducciones, estaré llamando la atención. Y si me hacen una inspección, puedo salir mal parado.

Esta respuesta asiente con la lógica del crítico aun sin coincidir con la evaluación que este hace del grado de riesgo.

EJERCICIO

Escribe tus respuestas en el espacio que encontrarás después de las tres afirmaciones críticas siguientes. En cada una, tienes que estar de acuerdo parcialmente, en términos de probabilidad y en principio.

CRÍTICA: Tu pelo está horrible. Lo tienes reseco y largo, hace un mes que tendrías que haber ido a la peluquería. Espero que no salgas así a la calle, si no se reirán de ti. ¿Cómo puedes esperar que te tomen en serio con ese aspecto?

Asiente parcialmente:

Asiente en términos de probabilidad:

Asiente en principio:

CRÍTICA: Te gastas todo el dinero en la fachada: ropa, apartamento, coche... Solo te importa lo de fuera, tener una buena apariencia. ¿Cómo esperas afrontar una urgencia si no ahorras nunca nada? ¿Y si te pones enfermo y te quedas sin trabajo? Me desquicia verte derrochando cada centavo que ganas.

Asiente parcialmente:

Asiente en términos de probabilidad:

Asiente en principio:

CRÍTICA: ¿Esto es lo mejor que puedes hacer? Yo quería un análisis en profundidad y esto solo destaca lo más importante. Este informe debería ser el doble de largo, con un análisis de todos los aspectos que planteé en mi memoria. Si enviamos esto al departamento de planificación, lo van a devolver. Tienes que hacerlo otra vez y esforzarte un poco más.

Asiente parcialmente:

Asiente en términos de probabilidad:

Asiente en principio:

La ventaja de las diversas formas del banco de niebla es que tranquiliza a los críticos sin sacrificar tu autoestima. Ellos oyen el mensaje mágico «tienes razón» y se contentan con eso. No perciben o no les preocupa que hayas dicho que tienen razón en parte, probablemente o en principio.

A veces es difícil quedarte satisfecho con la técnica del banco de niebla. Puedes sentirte obligado a expresar tus opiniones y sentimientos reales y completos sobre el tema. Es tentador discutir e intentar imponerle al crítico tu punto de vista. Eso está bien si la crítica es constructiva y el otro está dispuesto a cambiar de punto de vista. Pero la mayoría de las críticas con las que no estás de acuerdo no merecen una discusión. Tú y tu autoestima saldréis mejor parados zanjando la cuestión dando alguna muestra de acuerdo, y luego cambiando de tema.

Puede que te sientas culpable cuando apliques la técnica del banco de niebla por primera vez. Tal vez te parezca una maniobra artera y manipuladora. Si es así, acuérdate de que no le debes nada a un crítico. Tú no has pedido su crítica y no es bien recibida. La crítica suele ser un signo de la negatividad e inseguridad básica de quien la emite, que se recrea en el aspecto negativo de la vida en lugar de disfrutar de su vertiente positiva. Tiene que ridiculizarte para sentirse bien. La mayoría de los críticos son manipuladores: no te piden directamente que hagas algo, sino que intentan influirte indirectamente quejándose de ti. En especial cuando la crítica es incorrecta o destructiva, estás en tu perfecto derecho de ser tan manipulador como el crítico. Tu autoestima es lo primero.

La única desventaja del banco de niebla es que tal vez lo uses demasiado pronto. Si no comprendes completamente los motivos o el mensaje del crítico y usas el banco de niebla para cerrar la discusión, puedes perderte algo bueno. Antes de escoger el banco de niebla, asegúrate de que comprendes lo que te están diciendo y decide si el crítico está intentando ser constructivo. Pero si no puedes descubrir lo que pretende, indaga.

Interrogación. Gran parte de las críticas son imprecisas. No eres capaz de determinar adónde quiere ir a parar el crítico. Si esto sucede, puedes usar la interrogación para clarificar su intención y sus pretensiones. Una vez has descifrado todo el mensaje, puedes decidir si este es constructivo o no, si estás de acuerdo o no con todo el mensaje o con parte de él y cómo vas a responder.

Mediante la interrogación, le estás diciendo al crítico: «No me queda claro lo que hay en tu pantalla. ¿Puedes enfocar mejor, por favor?». Le sigues pidiendo que te aclare las cosas hasta que tengas una buena imagen. Entonces puedes decirle: «Oh, sí, parte de lo que tienes en tu pantalla está también en la mía (y parte no)».

Las palabras clave de la interrogación son *exactamente*, *específicamente* y *por ejemplo*. Veamos algunas interrogaciones típicas: «¿Exactamente de qué forma te he defraudado?». «¿Qué te molesta especialmente en mi forma de fregar los platos?». «¿Puedes darme un ejemplo de mi negligencia?».

«¿Ah, sí...?», «¡Pruébalo!» y «¿Quién lo dice?» son ejemplos incorrectos de interrogación. Deberías mantener un tono inquisitivo y no de discusión. Quieres más información, no pelearte. Cuando interrogas a un crítico, es útil pedirle ejemplos del cambio de conducta que quiere que hagas. Insiste en que exprese la queja en forma de una petición de cambio de conducta. Saca a tu crítico de los términos abstractos y peyorativos, como *vago*, *desconsiderado*, *descuidado*, *irritable*, etcétera. Veamos un ejemplo de interrogación a un crítico:

ÉL: Eres perezosa.

ELLA: ¿Exactamente perezosa en qué?

ÉL: Estás todo el día sentada.

ELLA: ¿Qué quieres que haga?

ÉL: Deja de ser tan lenta.

ELLA: No, en realidad quiero que me digas qué te gustaría que hiciese.

ÉL: Bien, por ejemplo, limpiar el sótano.

ELLA: ¿Y qué más?

ÉL: Deja de ver la televisión todo el día.

ELLA: No, eso es lo que no quieres que haga. ¿Qué cosas tengo que hacer en lugar de ver la televisión?

Este enfoque obliga al crítico a prescindir de los nombres y quejas indefinidos y a pasar a peticiones reales que puedes valorar en serio. Desvía el foco desde una enumeración de antiguos pecados hasta las expectativas de futuro, donde hay una verdadera posibilidad de cambio.

EJERCICIO

Después de cada una de las siguientes críticas indefinidas, escribe tus propias respuestas de interrogación.

CRÍTICA: No te estás esforzando nada.
INTERROGACIÓN:

CRÍTICA: Hoy estás muy frío y distante.
INTERROGACIÓN:

CRÍTICA: ¿Por qué tienes que ser tan tozudo? ¿Por qué no puedes ceder un poco?
INTERROGACIÓN:

Las ventajas de la interrogación son obvias. Consigues la información que necesitas para averiguar cómo responder a un crítico. Puedes constatar si lo que al principio parecía una crítica en realidad era una sugerencia razonable, una expresión de interés o una petición de ayuda. En el mejor de los casos, cuando el mensaje del crítico queda claro, puedes convertir una queja casual en un diálogo que importe. En el peor de los casos, la interrogación confirmará tu sospecha de que te están atacando maliciosamente y que, por tanto, la crítica merece tu más hábil táctica de banco de niebla.

La única desventaja de la interrogación es que es una táctica provisional. Como ya hemos indicado, te sirve para aclarar la intención y las pretensiones del crítico. Aún tienes que decidir si reconoces la crítica o si utilizas una de las formas del banco de niebla. El árbol de decisión de la página siguiente te ayudará a repasar qué respuestas te conviene dar a partir de la interrogación.

Resumen del capítulo

La primera parte de este capítulo te mostró lo que tienes que hacer la primera vez que sospechas que estás oyendo una crítica: repetir tu mantra: «¿Qué está viendo esa persona en su pantalla?». Recuerda que el crítico solo critica lo que ve en su pantalla, no la realidad. No tiene nada que ver contigo. Resístete a aceptar de forma automática tu propia crítica patológica interior. Repítete que debes sacar a la autoestima de esta cuestión.

Una vez has dejado el tema de tu autoestima aparte, puedes centrarte en lo que el crítico te está diciendo en realidad. Primero escucha su intención. Atiende al tono. Considera la situación y tu relación con el crítico. ¿Es una crítica constructiva? ¿Intenta el crítico ayudarte o ridiculizarte?

Fíjate en el árbol de decisión de la figura 11.4. Te muestra todas las respuestas apropiadas, asertivas y propias de una autoestima elevada que puedes darle a cualquier crítica. Si no puedes determinar si la intención del crítico es ayudarte o molestarte, tendrás que utilizar la interrogación hasta que descubras lo que pretende. Tan pronto veas sus intenciones con claridad, pregúntate si el contenido del mensaje es exacto o no. ¿Estás de acuerdo con él?

Si consideras que la crítica pretende ser constructiva, pero es injustificada, lo que debes hacer es señalar el error del crítico y olvidarte de ello. Si la crítica constructiva es justa, reconócela y el caso está cerrado. Lo mismo sirve para la crítica no constructiva, pero que está totalmente justificada: asientes y así desarmas al crítico. El único caso que queda es el de la crítica no constructiva e injusta. Este mensaje pretende molestarte y además considera mal los hechos. La respuesta adecuada es un banco de niebla: aceptar en parte, en términos de probabilidad o en principio, y listos.

EJERCICIO

Usa alguno de los ejemplos de crítica de este capítulo o de tu propia vida. Síguelo a lo largo del árbol de decisión que proponemos como modelo y mira cómo responderías según si la crítica es constructiva y justificada o no.

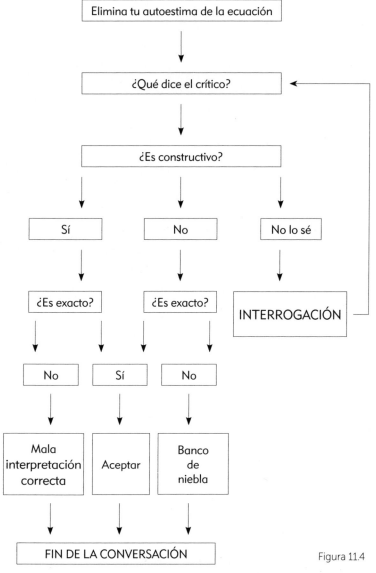

Figura 11.4

12

PIDE LO QUE QUIERES

La incapacidad de pedir a los otros lo que quieres es un síntoma típico de una baja autoestima. Deriva de la sensación de que no tienes valor personal. Tu impresión es que no mereces lo que quieres. Tus deseos no te parecen legítimos o importantes. Parece que los deseos de los demás son mucho más válidos y apremiantes que los tuyos propios.

Puede ocurrir que temas tanto el rechazo de los demás o que estés tan desconectado de tus propias necesidades que ni siquiera sepas lo que quieres. No puedes permitirte el riesgo de querer de forma consciente algo de otras personas.

Por ejemplo, tal vez tengas fantasías de hacer realidad una cierta forma de practicar sexo que te causa una atracción particular, pero nunca llegas a hacerlo porque nunca lo pides. De hecho, ni siquiera admites de forma consciente que eso es lo que quieres. No es más que una fantasía. No reconoces tu deseo porque, si lo hicieses, podrías tener que pedirlo. Y si lo pidieses, podrían rechazarte por «pervertido». O tu pareja podría pensar que tu deseo significa que ves vuestra vida sexual común como insulsa.

En este capítulo enumeramos y explicamos lo que son tus necesidades legítimas, analizamos la relación entre necesidades y deseos, mostramos cómo tener más consciencia de tus deseos, presentamos ejercicios para analizar y definir con precisión lo que quieres y te ofrecemos opciones para practicar la petición de lo que quieres.

TUS NECESIDADES LEGÍTIMAS

A continuación enumeramos una serie de necesidades legítimas: condiciones ambientales, actividades y experiencias importantes para la salud física y psicológica. El objetivo de esta lista es estimular tu pensamiento sobre la importancia y la variedad de las necesidades humanas. Puedes pensar que algunas de ellas no te afectan, que son redundantes, que faltan necesidades o que la lista no está bien clasificada. No pasa nada. De hecho, lo ideal es que te sientas libre de añadir, eliminar, combinar y reorganizar las necesidades propuestas. Será una excelente forma de empezar a pensar en tus propias necesidades personales.

Necesidades físicas. Desde el nacimiento, necesitamos aire limpio para respirar. No viviríamos mucho sin agua para beber y alimentos con los que nutrirnos. A esto puedes añadirle algún tipo de ropa y abrigo que variará según el lugar del planeta en el que vivas. Otras necesidades físicas evidentes son la de descansar y dormir con regularidad. También necesitas ejercitar tus músculos para que no se atrofien. Por último, necesitas un cierto nivel de seguridad para sobrevivir físicamente.

Necesidades emocionales. Son menos obvias, pero eso no quiere decir que sean menos esenciales: amar y ser amado, tener compañía, sentirse respetado y respetar a los demás. Necesitas empatía y compasión de los seres que te rodean y expresar tu propia empatía y compasión hacia ellos. Cuando haces algo bien, esperas reconocimiento, aprecio y felicitaciones. Cuando haces algo mal, lo que te hace falta es perdón y comprensión. Necesitas formas de dar salida a tu impulso sexual, una necesidad que es física a nivel hormonal, pero que constituye una búsqueda de intimidad y pertenencia en un plano emocional.

Necesidades intelectuales. Tu mente necesita información, estímulos y verse desafiada con problemas que resolver. Tienes una necesidad innata de entender y comprender a las personas y los acontecimientos que te rodean. Necesitas variedad, ocio y tiempo de recreo. Tienes el impulso de hacer cosas. Necesitas crecer y cambiar, gozar de la libertad de expresar sinceramente tus pensamientos. Necesitas respuestas auténticas y congruentes de los demás.

Necesidades sociales. Necesitas interactuar con los demás y, a veces, estar a solas y no relacionarte con nadie. Necesitas una ocupación útil: un papel en la sociedad que te ayude a definir tu identidad y que incida de forma útil en otros. Necesitas sentir que perteneces a un grupo. Por otra parte, también necesitas autonomía: ser independiente y realizar tus propias elecciones.

Necesidades espirituales, morales y éticas. Tienes la necesidad de darle un sentido a tu vida. Quieres conocer cuál es el fin del universo y por qué las personas estamos en él. Necesitas una forma de darle valor a tu propia vida. Necesitas creer: en Dios, en la gente, en el amor o en otro valor superior. Necesitas crear tus propios estándares de conducta y ponerlos en práctica.

NECESIDADES Y DESEOS

La diferencia entre necesidades y deseos es de grado. En un extremo del espectro se encuentran las necesidades de vida o muerte, como las de alimentarse y beber. Si no las atendemos, literalmente, morimos. En el otro extremo del espectro encontramos los deseos más triviales y caprichosos. Están constituidos por objetos de lujo que contribuyen a la comodidad, pero que no son esenciales para la supervivencia. Puedes tener el deseo de tomarte un helado de pistacho con crema de caramelo, pero no te morirás si no lo consigues.

En la zona intermedia del espectro está la línea que separa las necesidades y los deseos. Es en este grupo intermedio donde las personas con baja autoestima tienen problemas.

Si tienes una baja autoestima, te resultará difícil perseguir necesidades de supervivencia. Además, tus necesidades y deseos menos vitales te parecerán poco importantes, especialmente si entran en conflicto con los de otra persona. Tiendes a confundir necesidades esenciales como meros deseos y a descuidar su satisfacción. Piensas que estás portándote estoicamente y sacrificando tu comodidad por los demás; pero en realidad eres un mártir inconsciente víctima de tu baja autoestima. No es que estés incómodo, es que estás renunciando a necesidades emocionales, sociales, intelectuales o espirituales importantes por temor a herir u ofender a alguien.

Por ejemplo, puedes quedarte en casa todas las noches en lugar de matricularte en una escuela nocturna porque piensas que tu ausencia por las tardes sería molesta para tu familia. Aunque en realidad te gustaría conseguir un título, sientes que no tendrías que robarle tanto tiempo y energía a tu familia. Por esta razón, ni te lo planteas. Y con ello tienes una sensación cada vez mayor de entropía y estancamiento. El hecho es que tienes una intensa, justificada y legítima necesidad de aprender, cambiar y progresar. Te estás ahogando y causándote un verdadero sufrimiento al considerar erróneamente que tu necesidad genuina es un capricho innecesario.

La línea que divide las necesidades y los deseos varía en cada uno de nosotros. A veces necesitas hablar con alguien imperiosamente sobre un problema personal que te angustia, mientras que otras veces el mismo problema parece menos apremiante, algo que deseas solucionar, pero que puedes posponer.

Igualmente, puedes tener «umbrales de necesidad» inferiores en algunas áreas que en otras. Por ejemplo, puedes tener necesidades emocionales muy intensas, pero intelectuales relativamente discretas. Puedes sentirte forzado a intimar con la gente en un gran grupo afectivo de familiares y amigos, pero tener muy modestas ambiciones en cuanto al trabajo. O al revés.

Eres el único que puede juzgar cuál es la fuerza relativa de tus necesidades y deseos. Si sientes que algo que deseas es importante para ti, eso significa que lo es y que tienes derecho a pedirlo. No importa si el resto del mundo piensa que lo que quieres no es más que un objeto de lujo. Para ti es una necesidad fundamental y no serás feliz hasta que lo pidas y lo consigas.

En este capítulo, y con el objetivo de elevar tu autoestima, a partir de aquí nos vamos a referir a todas las necesidades y deseos como «deseos», y supondremos que todos son importantes y legítimos. Si en algún momento te dices: «Vale, me gustaría tenerlo, pero en realidad no lo necesito», recuerda que tienes el derecho a pedir algo sin que importe si lo necesitas o lo deseas y que, como efecto de una baja autoestima, puede que no reconozcas una necesidad intensa incluso si te apremia.

LISTA DE DESEOS

Esta lista está diseñada para que te des cuenta de cuáles son tus deseos. Completa el siguiente cuestionario. En la columna A pon una X a los elementos que sean aplicables en tu caso. En la columna B puntúa de 1 a un 3 los elementos que has marcado, según la siguiente escala:

1. Ligeramente incómodo.
2. Medianamente incómodo.
3. Muy incómodo.

	A - Marca con una X si es aplicable en tu caso	B - Puntúa de 1 a 3 el grado de incomodidad
LO QUE TENGO DIFICULTAD EN PEDIR:		
Aprobación de _____		
Aprobación por _____		

	A - Marca con una X si es aplicable en tu caso	B - Puntúa de 1 a 3 el grado de incomodidad
Ayuda en algunas tareas		
Más atención o tiempo con mi pareja		
Alguien que me escuche y comprenda		
Atención a lo que tengo que decir		
Citas con las personas a las que considero atractivas		
Entrevistas de trabajo		
Aumentos o promociones		
Servicio de dependientes o camareros		
Respeto		
Tiempo a solas		
Satisfacer experiencias sexuales		
Tiempo de ocio y diversión		
Variedad, algo nuevo y diferente		
Tiempo para descansar		
Perdón		
Respuesta a ciertos temas que me agobian		
Compañerismo		
Permiso para escoger mis propias opciones		
Aceptación de mi persona		
Aceptación de mis errores		
Otros: _____		

	A - Marca con una X si es aplicable en tu caso	B - Puntúa de 1 a 3 el grado de incomodidad
A QUIÉN TENGO DIFICULTAD EN PEDIR LO QUE DESEO:		
A mis padres		
A mis compañeros de trabajo		
A mis compañeros de clase		
A los estudiantes y a los profesores		
A mis clientes		
Al clero, a las autoridades religiosas		
A mi cónyuge o pareja		
A extraños		
A mis amigos		
A conocidos		
A funcionarios		
A mi jefe o superiores en el trabajo		
A mis familiares		
A mis empleados		
A mis hijos		
A las personas más mayores		
A vendedores y dependientes		
A mis amantes		
A figuras de autoridad		
A los grupos de más de dos o tres personas		
A una persona del otro sexo		
A una persona del mismo sexo		
A otros: _____		

	A - Marca con una X si es aplicable en tu caso	B - Puntúa de 1 a 3 el grado de incomodidad
TENGO PROBLEMAS EN PEDIR LO QUE QUIERO CUANDO:		
Necesito ayuda		
Pido un servicio		
Quiero salir con alguien		
Tengo que pedir hora		
Necesito un favor		
Pido información		
Quiero proponer una idea		
Me siento culpable		
Me siento egoísta		
Pido cooperación		
Negocio desde una posición débil		
Escucha mucha gente		
Los otros están de mal humor		
Estoy enfadado		
Temo parecer estúpido		
Temo que la respuesta sea negativa		
Puedo parecer débil		
Otros casos: _____		

Evaluación. Repasa el cuestionario y observa qué tipo de cosas deseas más, de quién las deseas y en qué situaciones son más apremiantes tus necesidades. Es probable que detectes ciertas pautas, necesidades que nunca pides a nadie, personas a las que no puedes pedir el mínimo favor o situaciones problemáticas en las que tu autoestima y tu autoafirmación te abandonan por completo.

LOS DESEOS EN PALABRAS

La habilidad más importante que necesitas para pedir lo que quieres es formular una petición afirmativa. Si te cuesta pedir las cosas, es mejor que prepares tu petición por adelantado, en lugar de decir lo primero que te venga a la cabeza. Para preparar una petición afirmativa, tienes que conocer los hechos y luego traducirlos en una formulación clara de lo que quieres. Esta es la información que necesitas:

De: _____

Escribe el nombre de la persona que puede darte lo que quieres. Si son varias las que pueden dártelo, escribe una petición para cada una de ellas.

Quiero: _____

Detalla lo que quieres que haga la otra persona. Deja de lado generalidades como «mostrarme respeto» o «que sea sincera». No pidas un cambio de actitud o de nivel de interés; especifica una conducta concreta: «Quiero que mi voto cuente igual para elegir el cuidador diurno» o «Quiero que Joe me cuente cuál es su verdadero motivo para posponer nuestra boda y de dónde saca todo el dinero que derrocha».

Cuándo: _____

Indica el plazo para obtener lo que deseas, el momento del día concreto en que quieres que alguien haga algo o la frecuencia con que deseas que lo haga: cualquier detalle temporal que te ayude a precisar y especificar tu petición. Por ejemplo, puedes querer ayuda para limpiar tu casa cada semana. Sé específico y escribe: «Cada sábado por la mañana, después de desayunar».

Dónde: _____

Detalla los sitios en los que quieres algo: cualquier información sobre la localización que te sirva para definir con exactitud lo que quieres. Si tu petición es que te dejen solo cuando estás en tu estudio, especifica que este es tu lugar especial para estar solo.

Con: _____

Incluye a cualquier persona relacionada con tu petición. Por ejemplo, si quieres que tu marido deje de hacer bromas sobre ti delante de tus familiares por tu carácter despistado, indica los nombres de estos familiares.

Este esquema está diseñado para ayudarte a concretar qué pides: la conducta deseada, el momento, el lugar y la situación. Cuando dejas claro de antemano estos hechos, tu petición será tan específica que la negociación resultará más fácil y las discusiones, menos probables.

Holly había esperado que Al la ayudase a preparar su artículo sobre el control del dolor. De vez en cuando, después de comer, le comentó por encima algunos de los problemas que tenía para organizar el material. Al la escuchaba mientras trataba de escoger una película en Internet. Nunca atendía a las sugerencias de su compañera. Este es el resumen de los hechos en relación con su petición:

De: Al.
Quiero: Ayuda para editar mi artículo, revisar el contenido y la organización, página por página.
Cuándo: Después de cenar el jueves, durante tres horas. Y si no acabamos, otra vez el sábado por la mañana.

Dónde: En el estudio, donde tengo todos los materiales, y lejos de la televisión.

Con: Al solo.

Randy preparó su petición de que su hermano dejara de hacerle objeto de sus bromas cáusticas. Jim tendía a ridiculizar su ropa, su trabajo, su timidez con las mujeres, etcétera. Esto representaba un problema en especial durante las reuniones familiares, cuando estaba su padre. Este es el resumen que hizo de la situación:

De: Jim.

Quiero: No más chistes u observaciones sobre mi ropa, trabajo o vida social. Una conversación de verdad sobre las cosas recientes que nos han pasado.

Cuándo: Habitualmente después de cenar.

Dónde: En las reuniones y en casa de nuestros padres.

Con: Especialmente con papá.

Ahora es el momento de formular tu propio resumen de petición. Escoge tres peticiones a tres personas diferentes a partir de tu inventario de deseos. Asegúrate de elegir algo que consideres leve o ligeramente incómodo. Aborda más adelante los enfrentamientos más duros y que más ansiedad te causen. Para cada deseo, detalla los hechos en su resumen de petición:

De: _____

Quiero: _____

Cuándo: _____

Dónde: _____

Con: _____

Petición afirmativa

Ya puedes preparar peticiones afirmativas que condensen los hechos básicos de tus tres deseos en una formulación breve. La petición afirmativa de Holly se formuló como sigue:

Al, realmente necesito tu ayuda para editar el artículo. Me gustaría examinar contigo el contenido y organización página a página. ¿Podemos sentarnos el jueves después de cenar para editarlo durante tres horas en el estudio y, si no acabamos, terminarlo el sábado por la mañana?

La petición afirmativa de Randy tomó esta forma:

Jim, me gustaría mucho que dejaras de gastarme bromas sobre mi ropa y mi vida social. Me molestan en especial cuando estamos con papá en las reuniones familiares. Me sentiría mejor si hablásemos un rato sobre cómo nos va y qué hemos hecho últimamente.

Date cuenta de lo específicas que son las peticiones de Holly y Randy. En sus resúmenes han incluido todos los hechos destacados. No quedan conjeturas ni incertidumbres que la otra parte tenga que hacer o resolver. Como tus deseos son claros, ahora la probabilidad de asentimiento o compromiso es mucho mayor. Formula tus propias peticiones afirmativas antes de pasar al siguiente apartado.

Mensajes completos

Con frecuencia no basta con simplemente decir lo que se quiere. La gente necesita conocer más el trasfondo de tu petición, tu perspectiva o comprensión del problema. También puede serles útil saber cuáles son tus sentimientos, cómo te ha afectado emocionalmente la situación o el problema. Cuando en un mensaje presentas tus pensamientos (cómo percibes tú la situación), tus sentimientos y tus deseos, estamos ante un «mensaje completo».

Los mensajes completos fomentan la intimidad y la aceptación mutua. Es menos probable que los demás ignoren tus deseos cuando conozcan tus sentimientos y tu perspectiva de la situación. Es bastante brusco y molesto escuchar: «Quiero marcharme de aquí». Es mejor dar un mensaje completo como este: «La fiesta está abarrotada. Tengo claustrofobia. ¿Te importa si nos marchamos?». Esto deja espacio a una respuesta mucho más empática.

Cuando separas tu experiencia de la situación que vives, o tus sentimientos de lo que pides, la gente puede sentirse apremiada a hacer algo sin saber en realidad por qué. Por consiguiente, es más probable que discutan o se enfaden, que se desentiendan de ti y de tus deseos. Esta es la razón por la que es importante, sobre todo en tus relaciones íntimas, que la gente conozca de dónde vienen tus deseos, es decir, debes ofrecer una imagen completa de tu experiencia de una situación.

Tus pensamientos

Tus pensamientos son tus percepciones, tu comprensión de una situación. Explicas tu experiencia de lo que está ocurriendo y de cómo lo interpretas. Holly y Randy dan ejemplos de la forma en que los pensamientos constituyen un trasfondo de las peticiones.

Pensamientos de Holly: «Cuando estás navegando en Internet mientras te pido consejo, me pregunto si de verdad tienes interés en ayudarme o si lo ves como un incordio demasiado grande».

Pensamientos de Randy: «En tus chistes siempre quedo como un estúpido. Y entonces pienso que eso es lo que crees de mí».

Tus sentimientos

Los sentimientos ayudan a quien recibe tu petición a sentir empatía por tu experiencia de una situación. La mejor forma de expresar tus sentimientos es la formulación de los «mensajes yo». En estos mensajes, tú te haces cargo de la responsabilidad de tus emociones. Dices:

- Yo me siento dolido.
- Yo me he enfadado un poco.
- Yo me he sentido marginado.
- Yo me he sentido triste.
- Yo me he sentido decepcionado.
- Yo me he sentido bastante confuso.

Esto es distinto de los «mensajes tú», que son acusatorios y peyorativos y transfieren toda la responsabilidad de tus sentimientos a la otra persona:

- Tú me has hecho daño.
- Tú me hiciste enfadar.
- Tú me has apartado.
- Lo que tú me hiciste me deprimió.
- Tú me decepcionaste.
- Tú me confundiste.

Fíjate en que los «mensajes tú» tienden a volver defensiva y hostil a la gente, mientras que los «mensajes yo» parecen menos confrontadores y tienden a despertar preocupación.

Holly expresó sus sentimientos hacia Al de este modo: «Yo me siento dolida cuando pareces no estar interesado». Los sentimientos de Randy hacia su hermano adoptaron esta forma: «Yo me siento avergonzado y un poco enfadado cuando estamos con papá».

Formato de los mensajes completos

Los mensajes completos son muy persuasivos. Ahora ya puedes crear los tuyos para formular tus tres peticiones asertivas. El formato es muy simple:

- *Yo pienso* (mi forma de entender, mis percepciones, interpretaciones).
- *Yo siento* (solo «mensajes yo»).

- *Yo quiero* (derivado de tu resumen de peticiones).

Este es el mensaje completo de Holly:

Cuando te pones a navegar mientras te pido consejo sobre el artículo me pregunto si realmente estás interesado en ayudarme. Entonces me siento herida. Realmente necesito tu ayuda para editar el artículo. Me gustaría examinar contigo el contenido y la organización, página a página. ¿Podemos sentarnos el jueves después de cenar para editarlo durante tres horas y, si no acabamos, terminarlo el sábado por la mañana?

Este es el mensaje completo de Randy:

Cuando bromeas sobre mi ropa y mis amigos en las cenas familiares, tus chistes me hacen sentir bastante estúpido. Y creo que es eso lo que realmente piensas de mí. Me siento avergonzado delante de papá y un poco enfadado. Me gustaría mucho que dejaras de gastarme bromas. Me sentiría mejor si hablásemos un rato sobre cómo nos va y qué hemos hecho últimamente.

He aquí algunos otros ejemplos de deseos expresados en forma de mensajes completos:

Creo que trabajo más de lo que me corresponde. Me siento herida cuando estoy trabajando y tú lees el periódico o ves la televisión. Me gustaría que me ayudaras a poner la mesa y a lavar los platos después de las comidas.

Creo que George y yo tenemos mucho en común. Me gusta salir con él y estoy empezando a gustarle mucho. Quiero invitarlo a cenar la próxima semana y que me ayudes a preparar una lasaña.

Creo que tu primo no es muy buen mecánico. Me siento obligado a llevarle el coche a él porque es de la familia, pero realmente me molesta que no pueda arreglar las cosas a la primera. El embrague vuelve a patinar de nuevo y esta vez quiero llevarlo a otro taller.

Creo que *Casablanca* es la mejor película de Bogart. Siempre me ha atraído su amor agridulce e imposible por Bergman. Vamos a verla esta noche.

Cuando te cuento lo duro que ha sido el día con el niño, me dices que tú también has tenido un día difícil en el trabajo. Entonces empiezo a pensar que parece que no me escuchas. Me enfado un poco porque no consigo comunicarte de verdad lo que me pasa. Cuando me quejo del día que he tenido, me sentiría bien si me escuchases un rato y me dijeses luego que comprendes lo difícil que me resulta a veces.

El caso que me das es importante, pero tengo tres casos más en el despacho que están listos para ir a juicio. Sinceramente, estoy saturado y muy estresado. ¿Podrías pasarle ese caso a otro?

Reglas para las peticiones

Elabora tus tres peticiones hasta que sean lo más claras y directas y estén lo más libres de crítica que sea posible. A continuación pruébalas con la gente que puede darte lo que quieres. Aquí tienes algunas reglas para ayudarte a perfeccionar tus peticiones:

1. Si es posible, acuerda con la otra persona un momento y lugar oportunos para hablar.
2. Mantén tu petición lo bastante razonable para evitar una fuerte resistencia.
3. Que tu petición sea lo más simple posible: solo una o dos acciones específicas que le resulten fáciles de comprender y recordar.
4. No culpes o ataques. Utiliza «mensajes yo», limitándote a tus pensamientos y sentimientos. Intenta ser objetivo y circunscríbete a los hechos. Mantén un tono de voz moderado.

5. Sé específico. Aporta cifras y horas exactas de lo que quieres. No divagues. No pongas muchas condiciones. Explica tus deseos en términos de conducta, no de cambio de actitud.

6. Utiliza un lenguaje corporal asertivo y de alta autoestima: mantén el contacto visual, sentado o de pie, no cruces los brazos ni las piernas y asegúrate de estar cerca de tu interlocutor. Habla claro, de forma segura y comprensible, sin tonos quejumbrosos ni de disculpa. Practica tus peticiones ante el espejo para corregir los problemas de lenguaje corporal. También puedes grabar tu petición y escucharla luego para evaluar el tono de voz y la inflexión.

7. A veces es útil recordarle al otro las consecuencias positivas de que tú obtengas lo que quieres. También puedes mencionar las consecuencias negativas de no lograr lo que pides, pero el enfoque positivo es más eficaz. Como se suele decir, es más fácil cazar moscas con miel que con vinagre.

Una vez hayas perfeccionado tus peticiones y las hayas practicado delante del espejo, sigue adelante y formúlalas en la realidad. Dar este paso no será fácil, pero te resultará muy gratificante. Empieza por la persona que menos reparo te cause. Luego, cuando hayas formulado las peticiones que hayas preparado, vuelve a tu lista y prepara otras, dejando las confrontaciones que más te inquieten para el final.

La práctica permite perfeccionarse bastante y acumular éxitos. A medida que repases tu lista de deseos, encontrarás que ya no tienes que debatir mucho contigo mismo sobre si un determinado deseo es razonable o legítimo. Empezarás a ver con más claridad lo que deseas y a pedirlo con espontaneidad y directamente.

Te sorprenderá la frecuencia con que la gente te responde simplemente que sí a una petición clara y sin críticas. Conseguirás el doble de beneficio: obtendrás lo que deseas, pero además incrementarás la confianza en ti mismo.

13

MÁRCATE OBJETIVOS Y PLANIFÍCALOS

«Cualquier cosa que puedas hacer, o sueñes con hacer, comiénzala», dijo Goethe. Este capítulo se centra en cómo establecer un rumbo para el cambio, soñándolo primero y siguiéndolo después.

Hay pocas fuentes de dolor humano tan intensas como el estancamiento o la inmovilidad. Y pocos golpes tan importantes para la autoestima como querer algo y no llegar a conseguirlo. Un autoconcepto sólido depende tanto de lo que haces como de la «idea» que tienes de ti mismo. Puedes acallar a la crítica patológica, reescribir pensamientos autodenigratorios en tonos más amables y comprensivos, pero si te sientes incapaz ante tus sueños y necesidades de cambio, nunca llegarás a aceptarte por completo.

Una autoestima sólida depende de dos factores. El primero es de lo que trata la mayor parte de este libro: aprender a pensar de formas saludables sobre ti mismo. La segunda clave para la autoestima es la capacidad de hacer que ocurran cosas, de saber lo que quieres y de ir a por ello: literalmente, de crear tu propia vida.

Sentirse paralizado e inútil te hace estar enfadado e insatisfecho con la vida. El cambio orientado a la acción y a los objetivos te hace sentir fuerte y en control de la situación.

¿Qué quieres?

Para establecer tus objetivos, el primer paso es saber qué quieres. Hay ocho categorías principales que deberás investigar para tener una idea clara de tus necesidades y deseos:

1. Objetivos materiales: quieres un coche nuevo o una cubierta en tu patio trasero.
2. Familia y amigos: mejorar las relaciones con ellos o disfrutar de más tiempo de calidad compartido.
3. Objetivos educativos, intelectuales y profesionales: completar una licenciatura o un proyecto profesional.
4. Salud: hacer ejercicio o reducir tus niveles de colesterol.
5. Ocio: pasar más tiempo de acampada o paseando.
6. Objetivos espirituales: aprender a meditar o a actuar siguiendo tus valores.
7. Objetivos creativos: pintar con acuarelas o crear un jardín.
8. Desarrollo emocional y psicológico: deseo de controlar los ataques de ira o de asumir más riesgos.

Ahora es el momento de responder cuatro preguntas clave, con estas subcategorías en mente.

Pregunta 1: ¿qué te duele o te hace sufrir?

Piensa en cada una de las categorías anteriores aplicadas a tu vida. Pregúntate si hay sentimientos dolorosos o situaciones difíciles asociados con ellas y qué te gustaría cambiar. Una joven dependiente de una tienda de alimentación respondió a esta pregunta con la siguiente lista:

1. Peleas con Brian, mi hijo de cuatro años.
2. Mi sórdido apartamento.
3. Pasar gran parte del fin de semana con mi madre con alzhéimer.
4. Tendinitis en la muñeca.
5. Largo trayecto al trabajo.
6. Soledad por las noches.

Comienza a elaborar tu propia lista. Escribe todo lo que se te ocurra en la columna de la izquierda, titulada «Lo que me hace sentir mal».

LO QUE ME HACE SENTIR MAL	OBJETIVO CORRESPONDIENTE
1.	1.
2.	2.
3.	3.
4.	4.
5.	5.
6.	6.

Has acabado la mitad de la tarea. Ahora es el momento de traducir los sentimientos negativos en objetivos positivos. Piensa en al menos una acción concreta que puedas realizar para cambiar cada una de estas situaciones de la columna de la izquierda. Asegúrate de que es factible y de que puedes aplicar una estrategia o acción específica. Así completó la joven dependienta su ejercicio:

LO QUE ME HACE SENTIR MAL	OBJETIVO CORRESPONDIENTE
1. Peleas con Brian, de cuatro años	1. Estrategia del tiempo fuera*
2. Mi sórdido apartamento	2. Comprar cortinas y pósteres
3. Pasar gran parte del fin de semana con mi madre con alzhéimer	3. Limitar las visitas a una hora de duración

* **Time out** en inglés. Es una técnica disciplinaria sencilla y segura, para ayudar a controlar la conducta de los niños/as. Se trata de apartar al niño de los demás y de las cosas que le gustan durante un periodo de tiempo muy limitado, utilizando un cronómetro. Es un método usado para ayudar a los niños, sobre todo pequeños, a calmarse y recuperar el control, mientras también nos permite a los adultos recuperar nuestro propio autocontrol.

LO QUE ME HACE SENTIR MAL	OBJETIVO CORRESPONDIENTE
4. Tendinitis en la muñeca	4. Conseguir una muñequera en la consulta del médico
5. Largo trayecto al trabajo	5. Usar la devolución de impuestos para mudarme
6. Soledad por las noches	6. Llamar a amigos cuando Brian se haya acostado

Pregunta 2: ¿cuáles son tus deseos?

Esta es una oportunidad de, una vez más, revisar las ocho categorías y descubrir lo que anhelas. ¿Qué marcaría una diferencia en tu calidad de vida, en tu bienestar general? Un director de hotel hizo la siguiente lista para responder a la pregunta:

1. Más tiempo con mis hijos.
2. Poder interpretar más música.
3. Más tiempo al aire libre.
4. Tiempo reservado para estar solo.
5. Mejores relaciones sexuales con Ellen.

Enumera a continuación tus deseos:

1. _____

2. _____

3. _____

4. _____

5. _____

6. _____

Pregunta 3: ¿qué sueños tienes?

Revisa de nuevo las ocho categorías y crea una lista de cosas que siempre has querido hacer, cambiar o ser. No importa si algunos de los sueños parecen imposibles o lejos de tu alcance. Anota lo que te venga a la mente sin más. Una masajista terapéutica de treinta años hizo la siguiente lista:

1. Convertirme en psicoterapeuta.
2. Escribir una obra de teatro.
3. Crear un jardín japonés.
4. Encontrar un compañero.
5. Mudarme otra vez a Tennessee.
6. Poner en marcha una granja orgánica.

Enumera ahora tus sueños, aquello que siempre has deseado:

1. _____

2. _____

3. _____

4. _____

5. _____

6. _____

Pregunta 4: ¿cuáles son las pequeñas comodidades de la vida?

Por última vez, revisa las ocho categorías para encontrar esos detalles que harían tu vida más cómoda, placentera o sencilla. Debería ser una lista larga: piensa en tantas cosas como puedas, al menos treinta. Algunas pueden ser caras pero muchas de ellas no lo serán e incluso puede que no cuesten nada. Esta es la lista que hizo un profesor de matemáticas:

1. Una butaca para leer que sea cómoda de verdad.
2. Un servicio de alquiler de películas *online*.
3. Un iPad.
4. Una buena novela.
5. El disco de *Working Man's Dead*.
6. Poner mi escritorio cerca de la ventana.
7. Una buena estufa para mi dormitorio.
8. Una cocina más alegre (pintar las puertas de los armarios).

Haz tu propia lista a continuación. Treinta cosas puede parecer mucho trabajo, pero luego te compensará tener tantas ideas útiles para añadir pequeñas comodidades a tu vida.

1. _____	10. _____
2. _____	11. _____
3. _____	12. _____
4. _____	13. _____
5. _____	14. _____
6. _____	15. _____
7. _____	16. _____
8. _____	17. _____
9. _____	18. _____

19. _____   25. _____

20. _____   26. _____

21. _____   27. _____

22. _____   28. _____

23. _____   29. _____

24. _____   30. _____

SELECCIONA TUS OBJETIVOS: PRIMERA FASE

Es hora de hacer una selección preliminar de objetivos en los que te gustaría trabajar. En algún momento deberías encontrarte trabajando en al menos un objetivo a largo plazo, uno a medio plazo y otro inmediato (que puedas cumplir en unas horas o menos). Revisa las listas que has elaborado para responder a cada una de las cuatro preguntas. Escoge cuatro objetivos a largo plazo que puedas tardar meses o años en conseguir. Luego escoge cuatro objetivos a medio plazo (algo que puedas lograr en semanas o unos pocos meses). Y finalmente, selecciona cuatro objetivos inmediatos. Anótalos en el espacio siguiente:

Objetivos a largo plazo

1. _____

2. _____

3. _____

4. _____

Objetivos a medio plazo

1. _____

2. _____

3. _____

4. _____

Objetivos inmediatos

1. _____

2. _____

3. _____

4. _____

Selecciona tus objetivos: la evaluación

Ahora deberías evaluar los doce objetivos que has seleccionado para ver a cuáles es mejor aspirar ahora mismo. Hay tres herramientas que puedes usar para valorarlos. Primero, puntúa en una escala del 1 al 10 la intensidad del deseo para cada objetivo. Una puntuación de 1 significa que conseguir ese objetivo apenas te despierta ningún deseo, mientras que 10 significa un compromiso apasionado. Escribe la puntuación para cada deseo.

¿Cuánto tiempo, esfuerzo, estrés o dinero comportaría intentar conseguir un deseo determinado? Valora los costes asociados con cada objetivo en una escala del 1 al 5. Una puntuación de 1 significa un coste mínimo, mientras que 5 indicaría un gran gasto de tiempo, esfuerzo o dinero; o la contrapartida de alcanzar el objetivo. Escribe la puntuación del coste al lado de cada objetivo usando un color diferente.

Ahora veamos los factores de bloqueo. Se trata de obstáculos importantes que encontrarás en el camino hacia tu meta, por ejemplo necesidad de formación o estudios adicionales, miedo, desaprobación, personas o instituciones que son impedimentos, y así sucesivamente. Puntúa los inconvenientes para cada objetivo del 1 al 5. Una vez más, el 1 indica impedimentos mínimos, mientras que el 5 señala uno importante.

Si vuelves a mirar tus doce objetivos, ahora deberías tener tres puntuaciones para cada uno: intensidad del deseo, costes y obstáculos. Una buena forma de evaluar tus metas es restar el resultado de sumar los costes y los obstáculos a la puntuación de intensidad del deseo. Por ejemplo, imagínate que te gustaría crear un jardín japonés. La intensidad del deseo es 6, pero los costes son 4 y los obstáculos también son 4. Con una puntuación general de -2, es bastante probable que nunca hagas ese jardín, o al menos no mientras los costes y los obstáculos pesen más que tu deseo. Intenta analizar cada uno de tus objetivos usando esta fórmula. Cualquier meta con un número positivo seguramente tiene una oportunidad. Y claro, cuanto más alto sea el número, mayores son las probabilidades. El profesor de matemáticas, por ejemplo, que quería un servicio de alquiler de películas *online*, hizo el siguiente análisis: intensidad del deseo = 7, costes = 2, obstáculos = 1. Los costes y los obstáculos solo sumaron 3. Así que el objetivo acabó teniendo una puntuación general de 4.

Cuando hayas completado el proceso de evaluación, selecciona de la lista un objetivo a largo plazo, otro a medio plazo y otro inmediato, y luego rodéalos con un círculo. Aquí es donde invertirás tus mayores esfuerzos para hacer cambios en tu vida.

HAZ QUE TUS OBJETIVOS SEAN ESPECÍFICOS

Ha llegado el momento de identificar el qué, el cuándo, el dónde y el con quién de las metas que has elegido. Algunas de ellas serán sencillas. En los objetivos inmediatos, por ejemplo, todo lo que tienes que hacer es escribir en tu calendario la hora y los días concretos en que realizarás la tarea. Por ejemplo, «martes, 23 de agosto, nueve de la mañana. Darme de alta en un servicio de alquiler de películas *online*» o «jueves 10 de junio a las seis de la tarde: ir a la librería a comprar una novela». Deberías intentar cumplir al menos un objetivo inmediato por semana. Estas metas sencillas e inmediatas son un estímulo emocional. Y pueden movilizarte para emprender acciones más importantes.

Los objetivos a medio y a largo plazo necesitan un poco más de planificación. Una de las mejores maneras de llevar a cabo estas planificaciones es realizar el siguiente ejercicio.

EJERCICIO: CREA PELÍCULAS MENTALES

Esta técnica te permite visualizarte cuando ya has alcanzado un objetivo y a continuación revisar los pasos concretos que seguiste para ello:

1. Ponte en una posición cómoda y efectúa tu ejercicio favorito de relajación para calmar tu cuerpo y tu mente. Como mínimo, realiza varias inspiraciones diafragmáticas profundas. Deja que todo tu cuerpo se relaje con cada inspiración.
2. Cierra los ojos y permite que tu mente entre en un estado pasivo y receptivo.
3. Visualiza una pantalla de televisión. Represéntate a ti mismo en un vídeo proyectado en la pantalla en el que se te ve justo después de haber conseguido tu objetivo. Mírate y escúchate disfrutando de tu logro.
4. Rebobina el vídeo unos diez segundos. Mira y escucha todo lo que has hecho para llegar a conseguir tu objetivo. Si retrocedes diez segundos y no logras ver ninguna imagen clara, inspira profundamente una vez, estírate y regresa al final de tu vídeo. Una vez más, rebobínalo unos diez segundos.

Continúa esta secuencia hasta que veas y escuches escenas vívidas de los pasos que seguiste para cumplir tu deseo.

5. Pregúntate: «¿Puedo yo hacer eso para conseguir mi objetivo?». Si realmente quieres alcanzarlo, tal vez tengas que probar algo, algo que sea distinto de lo habitual para ti. Si eres capaz de ver en la pantalla los pasos necesarios, adelante. Si no puedes, regresa a la pantalla en blanco y prueba con otro vídeo.

6. Ahora entra en el vídeo. Pasa por las escenas haciéndote cargo de tu éxito, visualízate a ti mismo dando, diciendo y viviendo todos los pasos que seguirás.

7. Regresa poco a poco al momento presente, sintiéndote renovado y confiado, resuelto a dar el primer paso. Ya puedes abrir los ojos.

Enumera los pasos

Ahora que ya has usado la visualización para verte consiguiendo el objetivo, es hora de poner los pasos en negro sobre blanco. Primero, escribe los elementos específicos de tu objetivo. Luego enumera los pasos con un plazo límite para cada uno de ellos. Usemos por ejemplo el objetivo «pasar más tiempo con los niños». Así es como se desarrollaron los pasos:

Quiero pasar más tiempo de los sábados con mis hijos y las tardes de los lunes, los miércoles y los viernes después del trabajo, de siete y media a nueve y media. También, hacer salidas especiales a museos, por ejemplo dos sábados al mes.

Pasos con plazo límite:

1. Reservar tiempo para actividades culturales dos sábados al mes por la mañana.

2. Conseguir una lista de las actividades *online* de los niños (cada semana).

3. Reuniones familiares sobre pasar tiempo en familia de siete y media a nueve y media. Insistir en no ver la televisión después de las siete y media, deben acabar los deberes antes. Reunirnos este miércoles por la noche.

4. Planear una noche especial de juegos (cada semana).

Algunos objetivos requieren más pasos para iniciarlos. Aquí vemos los primeros objetivos mensuales para «convertirme en fisioterapeuta»:

1. Encontrar todos los programas de estudios de fisioterapia en mi zona.

2. Averiguar los requisitos de ingreso de las facultades de fisioterapia.

3. Conseguir información sobre préstamos para matrículas universitarias.

4. Hablar con mi jefe para conocer la posibilidad de trabajar a tiempo parcial.

5. Hablar con mis padres para ver si pueden ayudarme con los costes de la matrícula.

6. Descargar aplicaciones.

7. Encontrar tres personas que puedan escribirme cartas de recomendación.

Fíjate en que los pasos son específicos y concretos y comportan hacer algo. Dicen exactamente lo que la persona debe hacer para echar a rodar la pelota. Escribe tú los pasos que debes seguir para alcanzar tus propios objetivos a medio y a largo plazo.

COMPROMÉTETE

Comprométete con un amigo o alguien de tu familia a intentar cumplir tus objetivos a medio y a largo plazo. Cuéntale los pasos que has previsto seguir y luego ve poniéndole al día de tus progresos semanales hacia su consecución. Si quieres, también puedes incluir tus metas inmediatas en ese informe de progresos. Pídele que te pregunte, al menos una vez a la semana, si has avanzado en caso de que tú no le comuniques novedades.

FRENOS PARA LOGRAR TUS OBJETIVOS

Algunas veces las personas con baja autoestima pueden establecer objetivos pero no logran alcanzarlos. Tienes la visión de un futuro mejor, pero hay algo que se interpone en tu camino y te impide llegar a tocar el trofeo.

Esta es una enumeración de los seis obstáculos más frecuentes y problemáticos que impiden lograr las propias metas. Léelos con atención y comprueba cuáles de ellos te podrían afectar. Luego busca en este capítulo las secciones que explican cómo superarlos.

Planificación insuficiente. Es el escollo más frecuente: tienes que descomponer los grandes objetivos en pasos independientes y más pequeños. Si intentas alcanzar una meta vital de una sola vez, es como si estuvieras intentando comerte una barra de pan de un solo bocado. Es simplemente imposible. Tienes que cortar el pan en trozos más pequeños y comértelos de bocado en bocado, si no quieres asfixiarte.

Conocimiento insuficiente. Esta también es una dificultad muy frecuente, que aparece cuando te falta la información básica necesaria antes de dar incluso los pasos más pequeños hacia tu meta. Perseguir deseos sin el conocimiento mínimo es como querer llegar de una ciudad a otra tomando al azar distintas líneas de tren. Necesitas un mapa y el horario de los trenes, una información esencial para llegar adonde quieres ir.

Mala gestión del tiempo. Las personas ocupadas a menudo se marcan objetivos razonables, los dividen en pasos lógicos y luego nunca parecen encontrar el tiempo para dar el primer paso. Si estás lanzando al aire más bolas de las que puedes manejar con cierta comodidad, añadir aunque sea solo un objetivo puede hacer que te sientas demasiado abrumado. Necesitas convertirte en mejor malabarista de tu tiempo o decidir qué bolas vas a dejar caer.

Objetivos poco realistas. Esta es una forma de autosabotaje, un patrón de pensamiento y una conducta familiar para muchos de quienes sufren una baja autoestima. Cuando te marcas metas irreales que esperas no conseguir, te garantizas que fracasarás y que seguirás teniendo una baja autoestima. Perseguir objetivos poco razonables es como tirar piedras a la luna.

Miedo al fracaso. Todo el mundo tiene miedo de fracasar, pero para aquellos que padecen una baja autoestima, este miedo puede ser una verdadera barricada. Tal vez te has marcado metas realistas que has dividido en pasos manejables, pero tu ansiedad por el fracaso o tu fobia al riesgo es tan grande que no puedes acabar lo que empiezas ni alcanzar tus objetivos. Es como si tuvieras un coche con el depósito lleno de gasolina parado a un lado de la carretera porque no te atreves a pisar el acelerador y a incorporarte al tráfico.

Miedo al éxito. Es un tipo de obstáculo más infrecuente y más debilitante; en realidad es un miedo al fracaso retardado. Temes que después de conseguir tus objetivos, te encuentres con un fracaso destructivo. Si consigues que te promocionen en el trabajo o te casas con don Perfecto, serás más importante. La gente te buscará y dependerá de ti. Entonces tú les acabarás fallando y cuando llegue el fracaso, será aún más desastroso. El lema de los que temen el fracaso después del éxito es «cuanto más alto subes, mayor es la caída». Es como si tuvieras miedo de incorporarte al tráfico porque en realidad podrías llegar a algún sitio, como al acantilado desde el cual te desplomarás.

PLANIFICACIÓN INSUFICIENTE

Giselle era una interiorista y anticuaria de cuarenta y cinco años. Quería introducirse en el próspero sector de la decoración corporativa, diseñando vestíbulos de hoteles, suites de oficinas directivas y recepciones de lujo. Sabía que necesitaría nuevas habilidades, equipamientos y experiencia, que descompuso en una serie de pasos:

- Conseguir un ordenador nuevo más rápido con mucha memoria y capacidad de gestión gráfica.
- Registrarme como sociedad limitada y adquirir los recursos necesarios.
- Visitar los principales salones de exposiciones europeos de mobiliario y diseño para estar al día de los últimos diseños y colores.
- Reunirme con los responsables de las mayores corporaciones locales.

Pero parecía que Giselle nunca arrancaba. Se paseaba por la tienda de ordenadores, cada vez más confundida, y consultaba su cuenta bancaria sin esperanza de poder permitirse alguna vez un viaje por Europa.

Los pasos eran demasiado grandes. No había hecho un trabajo de planificación completo. Cada uno de sus objetivos era razonable a largo plazo, pero no le decían qué debía hacer en ese momento.

HOJA DE ANÁLISIS

Este ejercicio te ayudará a dividir tus objetivos más grandes en pasos asequibles mediante algunas preguntas diseñadas para analizarlos y descomponerlos en partes más pequeñas.

Objetivo general:
Para alcanzar esta meta...

1. ¿Qué información necesito?
2. ¿Cuánto tiempo tengo que trabajar cada día o cada semana?
3. ¿Cuánto dinero necesito?
4. ¿De quién necesito ayuda?
5. ¿Qué recursos o servicios necesito?

6. ¿Cuál sería el primer indicio de que estoy empezando a cumplir mi objetivo?
   (Este es el primer paso hacia mi meta).
7. ¿Cómo sabré que voy bien en mi camino hacia el logro de mi objetivo?
   (Estos son los pasos intermedios hacia mi meta).
8. ¿Cuándo sabré que he logrado mi objetivo?
   (Esto indica que he completado el paso final hacia el logro de mi meta, aunque tal vez las ocho preguntas no puedan aplicarse a cada uno de tus objetivos más importantes).

Cuando Giselle aplicó estas cuestiones a su objetivo de tener un nuevo ordenador más rápido, estas fueron las respuestas:

Información: ¿Qué tipo de ordenador comprar? ¿Cuál es el mejor programa gráfico para diseño de interiores? ¿Cómo aprendes a utilizarlo?
Dinero: Tengo 4000 dólares ahorrados y puedo pedir más prestado, pero debo conseguir que valga la pena gastar ese dinero.
Ayuda: Necesito un experto que me asesore.
Principal indicio: Me veo aprendiendo a utilizar el programa antes de comprar algo.
Voy bien: Me veo seleccionando y comprando un ordenador y un programa con un experto de confianza a mi lado.
Información: Necesito un consultor, una clase o un buen libro.
Dinero: Los consultores pueden cobrar 200 dólares por una hora. Los libros son baratos pero se quedan anticuados rápidamente y pueden ser difíciles de entender. Las clases son asequibles y puedes hacer preguntas. El profesor puede enseñarme y decirme qué puedo comprar. Tal vez consiga descuentos de estudiante para el programa.
Información: Necesito averiguar dónde se ofrecen clases de gráficos por ordenador. ¿Clases presenciales u *online*?

Primer indicio: Puedo encontrar el horario de clases en la web del centro de estudios.

Observa que Giselle, de forma intuitiva, formuló otra vez la pregunta sobre la información cuando su primer paso comenzó a resultarle obvio. Llegó a este punto en su establecimiento de objetivo un martes por la noche, hizo la llamada el miércoles, y estaba en clase el siguiente trimestre.

CONOCIMIENTO INSUFICIENTE

Jake era un graduado en arte de veinticuatro años que quería ganarse la vida como pintor. Durante sus estudios aprendió mucho sobre la historia y la técnica de la pintura al óleo y con acuarelas, pero desconocía el mundo real del artista profesional. Su idea era vaga: consistía en una imagen en la que enviaba lienzos a galerías de prestigio de Nueva York y Chicago a cambio de grandes cheques que le enviaban a su buzón de correo. Esta falta de información le impedía formular objetivos claros y realistas y elaborar un plan paso a paso para alcanzarlos.

Para conseguir la información que necesitas, puedes consultar los siguientes recursos:

Libros: ve a la biblioteca, a una buena librería o busca *online* para encontrar buenas obras de referencia. Jake encontró libros sobre cómo vender arte en las galerías, principios de *marketing* para artistas y biografías de artistas famosos que explican los altibajos de las carreras de pintores reales.

Internet: prueba a buscar palabras clave al azar. Jake descubrió que había todo un mundo de galerías *online*, listados de talleres prácticos para artistas profesionales, chats, catálogos de suministros, webs de venta de arte, y así sucesivamente.

Mentores: localiza a alguien que ya esté haciendo lo que tú quieres hacer y reúnete con él o con ella. Las personas con más éxito a menudo están dispuestas a hablar sobre sus logros a un principiante honesto. Jake descubrió que una de sus pintoras favoritas vivía a solo 20 km de su casa. Ella lo invitó a tomar café a su estudio y tuvieron un par de largas conversaciones sobre los desafíos de mantener la creatividad y ser fiel a la propia visión a la vez que te ganas la vida como artista.

Formación: si para lograr tu meta debes adquirir habilidades que puedes aprender asistiendo a cursos, clases, seminarios o talleres, apúntate. Jake creía que ya tenía suficiente educación artística, hasta que descubrió un taller de una semana llamado «*Marketing para artistas*».

MALA GESTIÓN DEL TIEMPO

Rosalía tenía veintiocho años y dos hijos. Durante cinco tardes a la semana daba clases de inglés. Su marido trabajaba días sueltos en el restaurante de una tienda de suministros. Su hija, de siete años, estaba teniendo problemas para seguir sus clases de segundo curso de primaria y su hijo, de cinco, estaba a punto de empezar a ir a la guardería. Rosalía sentía un intenso deseo de educar a sus hijos en casa. Tenía una mala opinión de las escuelas públicas locales, además de teorías sólidas sobre educación precoz, valores familiares y sus tradiciones culturales de origen hispano.

Finalmente sacó a su hija de la escuela y trató de educar en casa a sus dos hijos. Pero le costaba mucho acabar todas las tareas (su trabajo habitual de profesora, las materias del currículo de sus hijos, las pruebas e informes para la escuela del distrito, el trabajo doméstico, mantener los coches a punto, cuidar del perro, pasar algunos momentos con su marido o ver una película o pasar el día en la playa). Estaba agotada y desanimada.

Necesitaba aprender las tres reglas de la buena gestión del tiempo:

1. Priorizar

Escribe en un papel todos los roles que tienes en tu vida, incluidos los que se deriven de tus nuevos objetivos. Luego clasifica estos roles, empezando por el 1 para el más importante, seguido del 2 para el segundo más importante, y así sucesivamente. Esta es la lista de Rosalía:

1. Madre.
2. Esposa.
3. Profesora en casa.
4. Profesora de inglés.
5. Hija.
6. Católica.
7. Lectora.
8. Hispana.
9. Viajera.
10. Jugadora de tenis.
11. Pianista.
12. Voluntaria de la Cruz Roja.
13. Trabajadora doméstica.
14. Responsable de mantenimiento.

Y ahora la parte difícil: tacha los roles que vas a tener que eliminar o limitar para poder cumplir con los roles prioritarios. Rosalía decidió que colaboraría menos en la iglesia y en la Cruz Roja, jugaría menos al tenis y viajaría y tocaría menos el piano. Además tendría que revisar sus exigencias de limpieza y reparación en la casa, o que alguien más, como su marido, se hiciera cargo de esas tareas. En cuanto a los hábitos que le hacían perder el tiempo, como soñar despierta, hablar con su hermana por teléfono durante horas o mirar la televisión, tenía que olvidarlos.

2. Hacer listas de tareas

Las listas de tareas son un formulario esencial para el buen gestor del tiempo. Tu lista diaria de tareas tiene que estar ordenada por prioridades (alta, media y baja). Las tareas de alta prioridad son las que tienes que completar cada día, sí o sí (por ejemplo, ir a las citas con el médico o enviar el impreso de los impuestos el 15 de abril). Las tareas de prioridad media son algo menos importantes, pero tienes que hacerlas en el día o al día siguiente como muy tarde, como acabar tu currículum o trabajar en tu novela. Las tareas de baja prioridad son las de menor importancia, como descongelar la nevera o darle un baño al perro. Tienes que hacerlas tarde o temprano, pero puedes posponerlas.

Rosalía se aseguró de programar al menos una o dos tareas de alta prioridad cada día. Por ejemplo, programó un juego educacional o salidas para sus hijos en cada día de clases en casa. Además, procuró que su programación le dejara tiempo para comer con su marido y para visitar ocasionalmente a su madre. Retrasó un par de meses algunas tareas de prioridad media, como las higienes dentales y arreglar el tejado del porche trasero. Algunas tareas de baja prioridad, como plantar bulbos en el otoño y afinar el piano, nunca llegó a hacerlas. Se sentía un poco dolida por ello pero su autoestima general mejoró porque podía gestionar los grandes objetivos de educación de sus hijos y de la vida familiar.

3. Decir no

La mayor parte de los planes de gestión del tiempo acaban viéndose perjudicados por las demandas de otras personas. Tienes que contener tu tendencia a aceptar solo porque otros quieren que lo dejes todo para hacer sus encargos. Esto no significa que tienes que volverte desagradable y dejar de ayudar, haciendo que todos te odien. Solo significa que debes preguntarte:

- ¿Es una petición razonable?
- ¿Es una prioridad para mí?
- ¿Puedo aceptar parcialmente o hacer menos para satisfacer a esta persona en menos tiempo del que me pide?

Rosalía se dio cuenta de que tenía que rechazar la invitación de su hermana a acompañarla a una exposición canina, la petición de que dedicara más horas de voluntariado que le hizo el coordinador de la

Cruz Roja y la petición de su club de lectura cuando le pidieron que se celebraran en su casa más reuniones de las que le correspondían.

METAS POCO REALISTAS

Herb llevaba divorciado dieciocho años y era propietario de un vivero, no tenía novia y se sentía solo. Se marcó como objetivo encontrar a una mujer con la que pudiera compartir su vida. Su mujer ideal tenía de treinta y cinco a cuarenta y cinco, era delgada, menuda, de cabello oscuro, elegante, artística, le gustaban las actividades al aire libre y la música, cocinaba bien y era tolerante con sus hábitos de soltero *hippy*. A Herb le gustaba levantarse a las tres o las cuatro de la mañana, preparar una buena cafetera, leer el periódico, y trabajar en diseño de jardines en su ordenador hasta que salía el sol. Luego se iba a trabajar al vivero y al invernadero hasta las diez y media, cuando paraba para tomar una comida abundante y dormir dos horas de siesta. A eso de la una o las dos volvía a trabajar durante unas pocas horas, terminaba, tomaba una cena ligera y se quedaba dormido delante del televisor hacia las ocho.

Como era un hombre organizado, dividió su objetivo en pasos manejables y se puso manos a la obra. Les pidió a todos sus amigos y conocidos que lo ayudaran a organizar una cita con alguna mujer soltera. Se unió a un servicio *online* de citas y tomó café con algunas de las mujeres que respondieron. Aceptó invitaciones a fiestas a las que realmente no quería ir, con la esperanza de conocer a alguien. Pero sus citas nunca funcionaban. Las mujeres eran demasiado mayores, gordas o intolerantes. O si a él le gustaban, a ellas no les gustaba él.

El problema de los objetivos de Herb es que eran poco realistas. Aunque era un hombre interesante, creativo y agradable, era demasiado bajito, tenía demasiado sobrepeso, se advertían en su piel los efectos de demasiado tiempo al aire libre y su aspecto era demasiado desaliñado para las mujeres más jóvenes y más en forma que él. Su estilo de vida y sus hábitos eran demasiado extraños e inflexibles para que las mujeres corrientes lo aceptaran o se acostumbraran.

Herb no consiguió nada, hasta que revisó su lista de criterios de objetivos razonables.

¿Cuáles son las probabilidades?

Sabiendo lo que sabes de la naturaleza humana, de tu personalidad, del modo en que el mundo funciona y de probabilidad, ¿cuáles son las probabilidades en contra de lograr tu objetivo?

_____ 1000 a 1

_____ 100 a 1

_____ 10 a 1

_____ Cincuenta por ciento

_____ Mejores que nunca

Necesitas que tus posibilidades de alcanzar tu meta sean «mejores que nunca»; de otro modo, tu meta no es realista. Si tus posibilidades son del cincuenta por ciento o menos, vas directo al fracaso. Herb se dio cuenta de que si no cambiaba sus requerimientos para la mujer de sus sueños, probablemente tendría que pasar por doscientas candidatas antes de encontrar a alguien con quien emparejarse. Eso son muchas citas y muchos cafés. Tenía que hacer algo para mejorar sus posibilidades, o acabaría enfermando de beber tanto café.

¿Cumplo los requisitos o puedo llegar a cumplirlos? Muchos objetivos demandan requisitos que tal vez no cumplas. Puede que carezcas de altura suficiente para jugar al baloncesto profesional, que no seas lo bastante joven para ingresar en la facultad de medicina o lo bastante implacable para trabajar en el mundo de los grandes negocios o que te falte la experiencia necesaria para un determinado trabajo.

Herb se dio cuenta de que podía adquirir algunos de los requisitos para atraer al tipo de mujer que cumplía sus criterios, pero no todos. Podía perder peso, hacerse un buen corte de pelo, vestirse de forma más favorecedora y mantener unos horarios más acordes con los de todo el mundo. Pero no podía ser más joven ni más alto.

¿Es mi meta o la de otra persona? Esta es una doble pregunta. En primer lugar, ¿es un objetivo que quieres para ti o que otra persona ha escogido para ti? Por ejemplo, tal vez deseas ser ingeniero, médico o abogado porque tu padre o tu madre también lo son. Esa no es una razón lo bastante sólida para pasar por años de estudio y sacrificio personal. Tiene que ser también tu meta, algo que sientas en el estómago.

La segunda parte de la pregunta tiene que ver con quién va a cumplir el objetivo. Si tu meta es que tu marido deje de beber, ese es su objetivo, no el tuyo. Si tu meta es que tu hijo acabe el instituto y entre en la facultad, ese es su objetivo, no el tuyo. Necesitas formular tus objetivos en términos de lo que tú puedes hacer razonablemente. No pongas objetivos en manos de la conducta de otras personas. Puedes decidir comenzar a asistir a las reuniones de familiares de Alcohólicos Anónimos y dejar la casa familiar si tu marido sigue llegando a casa bebido. Esos son pasos lógicos que están a tu alcance. Puedes buscar un profesor particular para tu hijo, proporcionarle un lugar tranquilo para estudiar y aplazar los viajes familiares que pueden hacer que pierda horas de clase. Esto está dentro de tu área de influencia. Pero tú no puedes acabar el instituto por tu hijo.

Herb se dio cuenta de que parte de su frustración y resentimiento venía de que esperaba que alguna mujer maravillosa se acabara enamorando de él, de que creía que, de alguna forma, tenía derecho a una pareja, y que ella había faltado a su palabra al no aparecer en su vida. Estaba poniendo su objetivo en manos de otra persona, en este caso de alguien a quien ni siquiera conocía.

Al final, acabó revisando su idea de «mujer ideal» e incluyó a alguien de su edad, con iguales manías e imperfecciones, alguien a quien ha acabado aceptando y acostumbrándose. Él y Darla llevan dos años casados.

Miedo al fracaso

Jerri, de treinta y nueve años, había trabajado como técnica en el laboratorio de análisis de sangre y orina de una gran institución médica durante doce años. Quería progresar en la organización y conseguir un mejor trabajo, quizás en la unidad de radiología y ecografías. Pero cada vez que se publicaba el anuncio de un trabajo mejor que el suyo, acababa decidiendo no presentarse. Siempre tenía una excusa: «En realidad no tengo lo que piden» se decía, «Es demasiada responsabilidad» o «No podría trabajar para esa mujer».

Jerri estaba sobradamente preparada para distintos trabajos por su experiencia de años en diferentes empleos, pero el miedo al fracaso la frenaba. Temía no poder manejar nuevas tareas y a nuevas personas y ser un terrible fiasco. El siguiente formulario te ayudará a descubrir lo peor que podría ocurrir, valorar los posibles perjuicios y estrategias de afrontamiento y reducir tu miedo al fracaso a un miedo razonable.

Valoración del riesgo

Describe el fracaso que temes: _____

¿Qué te dices sobre este hecho que haga aumentar tu miedo?

_____

Valora la intensidad de tu miedo en una escala de 1 a 10 (10 es el miedo máximo): _____

Valora la posibilidad de fracaso, del 0 al 100 por ciento _____

Suponiendo que suceda lo peor, predice:
Las peores consecuencias posible _____

_____

Los posibles pensamientos de afrontamiento _____

_____

Las posibles acciones de afrontamiento _____

_____

Revisa las consecuencias previstas _____

_____

Clasifica tu miedo de 1 a 10 _____

¿Qué evidencias tienes que contradigan la posibilidad de que se produzca el peor resultado? _____

_____

¿Qué otros resultados puede haber? _____

_____

Valora de nuevo tu miedo de 1 a 10 _____

Valora de nuevo la probabilidad del fracaso que temes _____

Así rellenó Jerri su formulario de valoración del riesgo:

Describe el fracaso que temes: *Fallar en un trabajo nuevo.*

¿Qué te dices sobre este hecho que haga aumentar tu miedo?: *Es demasiado difícil. La fastidiaré. Mejor ni intentarlo.*

Valora la intensidad de tu miedo en una escala de 1 a 10: 9.

Valora la posibilidad de fracaso, del 0 al 100: 75%.

Suponiendo que suceda lo peor, predice:
Las peores consecuencias posibles: *Solicito un nuevo trabajo; me aceptan pero lo hago tan mal que mato a alguien y me despiden, y nunca me vuelven a contratar y muero arruinada.*

Los posibles pensamientos de afrontamiento: *Nunca he matado a nadie. Siempre hay períodos de formación, mentores y revisiones para que no te desvíes del camino esperado.*

Las posibles acciones de afrontamiento: *Pedirle a mi antiguo jefe volver a mi trabajo. Decirle al nuevo jefe que estoy nerviosa y que necesito toda la formación que puedan darme.*

Revisa las consecuencias previstas: *Puedo hacerlo bien y no perder el nuevo trabajo. Incluso si eso ocurre, puedo recuperar mi antiguo empleo.*

Clasifica tu miedo de 1 a 10: 5.

¿Qué evidencias tienes que contradigan la posibilidad de que se produzca el peor resultado?: *La gente cambia de departamento todo el tiempo y ni la fastidia ni la despiden.*

¿Qué otros resultados puede haber?: *Puede que no consiga el primer trabajo que solicite, por lo que no estaría peor de lo que estoy ahora. Puede que me vaya bien y que tenga un trabajo mejor. Puedo hacerlo mal y tener que volver a lo que ya sé que puedo hacer. Puede que tenga que buscar un trabajo en otro hospital.*

Valora de nuevo tu miedo de 1 a 10: 3.

Valora de nuevo la probabilidad del fracaso que temes: *10%.*

Jerri pasó a solicitar y conseguir un trabajo en el departamento de radiología, en el cual destacó, fue rápidamente ascendida y llegó a sentirse como en casa.

Miedo al éxito

Margot es una trabajadora jubilada de Correos que tiene sesenta y tres años de edad. Su marido murió hace cinco años, sus hijos son mayores y ella quiere ver mundo y conocer a alguna gente interesante antes de morir. Tiene tiempo, dinero y bastante buena salud, pero tres años después de jubilarse sigue en su casa, mirando fotos de otras ciudades y países en las páginas de las revistas. Otras mujeres de su edad han volado a Las Vegas con el grupo de la iglesia, han ido al Parque Nacional de Yellowstone a hacer una visita geológica, e incluso han hecho senderismo en el Distrito de los Lagos.

Margot se imagina yendo a un pub y a la iglesia, mirando ruiseñores con los prismáticos, comiendo pastel del pastor y haciendo calcos de lápidas históricas con algún señor vivaz de Indiana. Pero sabe que eso no funcionará a largo plazo. Podría entrarle la añoranza, o torcerse el tobillo, o infringir alguna costumbre y quedar como una idiota. El vivaz señor del medio oeste intentaría seducirla, y ella sufriría un ataque de pánico. O empezarían un romance, y entonces él descubriría que en realidad ella no es nadie, y se desharía de ella en algún pantano. Eso es para otros, no para ella.

¿Por qué alguien puede tener miedo de triunfar? Todo el mundo quiere alcanzar el éxito. Puede parecer una contradicción, pero mucha gente con baja autoestima tiene un profundo sentimiento de vergüenza que la lleva a evitar el éxito al mismo tiempo que lo busca. Quieren las cosas buenas de la vida, pero sienten que no las merecen. Si logran algún éxito, temen que solo sea para sufrir una caída mayor más tarde. Se convierten en objetivos preferentes de las envidias de los demás. O bien otros dependerán de ellos y sucumbirán ante tal responsabilidad.

Si te has marcado unas metas razonables, las has dividido en pasos sencillos, no temes al fracaso, tienes el conocimiento y las habilidades de gestión del tiempo que necesitas (en resumen, has establecido tus objetivos con toda corrección), y aun así estás atascado, piensa que tal vez lo que te sucede es que tienes miedo de lograrlo.

Lo que ocurre es que tu crítica patológica está aún ahí, en la oscuridad, susurrándote la letanía de vergüenza que te debilita: «No puedes. No te lo mereces. ¿Quién te crees que eres? El riesgo no vale la pena. No te expongas a la decepción».

En ese caso, necesitas volver a los capítulos anteriores sobre la naturaleza del crítico patológico, los métodos para acallar las críticas y para responderlas. Margot fue incapaz de apuntarse a la salida al Distrito de los Lagos hasta que compuso y ensayó varios mantras para mantener a raya a su crítica patológica:

- Merezco las cosas buenas de la vida.
- Soy una mujer vital y competente.
- Puedo ir adonde quiera y hacer lo que me proponga.
- Puedo manejar los pequeños inconvenientes sin venirme abajo.
- Cuando dudes, ponte en marcha.

14

LA VISUALIZACIÓN

La visualización es una poderosa técnica comprobada para mejorar tu autoimagen y realizar importantes cambios en tu vida. Para realizarla hay que relajar el cuerpo, despejar todas las distracciones de tu mente e imaginar escenas positivas.

No importa que creas o no en su eficacia. La confianza en esta técnica puede ayudarte a conseguir resultados más rápidamente que si no crees en ella, pero la fe no es esencial en el proceso. Nuestra mente está estructurada de tal forma que la visualización funciona, da igual que lo creas o no. En todo caso, el escepticismo puede impedirte probarla, pero no impedirá que funcione tan pronto como la pruebes.

En este capítulo, ya que te mostramos técnicas básicas de visualización podrás practicar la formación de impresiones mentales vívidas, y te explicaremos cómo crear tus propios ejercicios de visualización para mejorar tu autoestima.

La visualización incrementa tu autoestima de tres formas: en primer lugar, mejora tu autoimagen; en segundo lugar, cambia tu forma de relacionarte con los demás, y por último, te ayuda a conseguir metas específicas.

Mejorar tu autoimagen es el primer paso y el más importante. Si actualmente te ves como alguien débil y desamparado, practicarás una visualización de persona vigorosa y con recursos propios. Si tiendes a verte como alguien sin valía y que no merece cosas buenas, crearás escenas en las que te veas como una persona valiosa y válida que realiza una importante contribución a su mundo. Si te consideras enfermizo, propenso a los accidentes y deprimido, contrarrestarás esta percepción con escenas en las que te veas como una persona sana, cuidadosa y alegre.

El segundo paso consiste en utilizar la visualización para cambiar tu forma de interactuar con los demás. Visualizarás escenas en las que te mostrarás elocuente, afirmativo, afable, y así sucesivamente. Te verás como parte de unas relaciones satisfactorias con tus familiares, tu pareja, tus amigos y tus compañeros de trabajo. Te imaginarás a ti mismo estableciendo relaciones nuevas con personas interesantes y positivas que te encuentran asimismo interesante y positivo por propio derecho.

En tercer lugar, puedes utilizar la visualización para conseguir metas específicas. Te imaginas que consigues el aumento, que logras aquel importante ascenso, te trasladas a aquel vecindario, destacas en tu deporte favorito y realizas una contribución significativa al mundo: en resumen, haces y tienes lo que quieres en la vida.

POR QUÉ FUNCIONA LA VISUALIZACIÓN

El capítulo 11 contiene una metáfora que explica muy bien por qué funciona la visualización. Según esta metáfora, la gente siente la realidad de forma indirecta, como si estuviera mirando una pantalla de televisión en su mente. No experimentamos el mundo tal como es en realidad: solo podemos ver lo que cada uno tenemos en nuestra pantalla. Y lo que hay en ella está determinado, en gran medida, por el poder de la imaginación. Esto quiere decir que tu mente y tu cuerpo reaccionan de forma muy parecida a las experiencias imaginarias y las reales. En particular, tu subconsciente no parece distinguir entre los datos sensoriales «reales» y las impresiones sensoriales vivas que aparecen durante un ejercicio de visualización.

Por ejemplo, si uno se imagina relacionándose libremente en una fiesta, puede lograr casi el mismo aumento de confianza que si de verdad fuera a la fiesta y se relacionara sin problemas. Y la ventaja es que ponerlo en práctica en la imaginación es más fácil, puesto que tienes el control total de la situación y sufres menos ansiedad.

Las afirmaciones que incluirás en tus visualizaciones sirven de corrección consciente y positiva de todos aquellos comentarios negativos de te hace la voz crítica patológica. Son una parte de la visualización, como la voz que escuchas narrando las imágenes de un documental.

Para desarrollar las habilidades necesarias para practicar la técnica de la visualización solo necesitas aprender a hacer conscientemente lo que ahora haces de forma inconsciente. Tú ya creas, editas e interpretas lo que ves en tu pantalla. Si tienes una baja autoestima, probablemente creas escenas en las que te ves desvalido, eliminas todas tus virtudes y das vida a todo lo que te parecen pruebas de tu escaso valor.

Puedes sustituir gran parte de esta propaganda negativa subconsciente con escenas visualizadas en las que eres el héroe, recibes merecidos cumplidos y rindes de la forma más competente. En el proceso de aprender a formar imágenes mentales vivas, también agudizarás tu capacidad de percibir la realidad de forma precisa y de observarte con más distanciamiento y objetividad.

Hay otro modo de explicar por qué la visualización funciona tan bien para cambiar tu conducta y tu imagen de ti mismo. Piensa en la visualización como un método para reprogramar tu manera de tomar decisiones simples. En cada momento del día te enfrentas a pequeñas decisiones, sobre todo inconscientes. ¿Has de girar a la izquierda o a la derecha? ¿Comerte una tostada o un trozo de pastel? ¿Llamar a Jan o no llamarlo? ¿Tomar otro trozo de pastel o no tomarlo? ¿Ponerte el cinturón de seguridad o no ponértelo? ¿Pasar con el semáforo en ámbar o pararte? ¿Unirte al grupo que está delante de la nevera o al de la máquina de café?

La visualización reprograma tu mente para reconocer y elegir la opción ligeramente más positiva de entre dos. Con el tiempo, la suma de miles de elecciones positivas menores significa una mayor autoestima y mucha más felicidad.

Esta programación de tu toma de decisiones automática no es nada nuevo. Se trata de algo que ya practicas, pero si tienes una baja autoestima, la practicas al revés. Tú identificas el camino negativo y luego lo escoges. Te consideras indigno, y por tanto esperas y decides perder, que te rechacen, que te defrauden, deprimirte, estar ansioso, verte abrumado por las dudas y las inseguridades. Tomas el segundo trozo de pastel aunque tengas sobrepeso. Estás enfadado contigo mismo, y no te pones el cinturón y te saltas el semáforo en ámbar. Te sientes atraído hacia las personas negativas y hacia situaciones dolorosas.

La visualización puede cambiar todo esto. Puedes utilizarla para darle un cambio positivo consciente a lo que hasta ahora ha sido un proceso automático, subconsciente y negativo. Puedes reprogramar tu máquina de toma de decisiones para optar por ganar, por ser aceptado, por que se satisfagan tus expectativas, por estar positivo y relajado, por que te muevan la esperanza y la confianza. Puedes reforzar tus tendencias positivas, lo que te permitirá rechazar el pastel y sus calorías excesivas. Puedes apreciarte lo bastante como para dejar de comportarte de forma imprudente y ponerte el cinturón de seguridad y parar cuando el semáforo cambia a ámbar. Puedes acercarte a gente positiva y situaciones emocionalmente sanas en las que tienes la probabilidad de progresar y triunfar.

Imagínate un banco de peces, yendo de derecha a izquierda, de arriba abajo. Todos desarrollan la misma energía para no llegar a ningún sitio en particular. Si pudieras convertirte en un pez programado conscientemente, serías capaz de llegar a un sitio al que quieres ir, sin gastar más energía que antes.

Ejercicios de visualización

El primer paso para realizar una visualización es relajarse. Las sesiones más eficaces tienen lugar cuando tu cerebro produce ondas alfa, que son las que se registran cuando tu mente se encuentra en estado de profunda relajación. El estado alfa es un estado de conciencia despierta y sugestionabilidad.

Practica tus ejercicios de visualización dos veces al día. Los mejores momentos son justo antes de dormirte por la noche y al despertarte por la mañana. En esos momentos estás particularmente relajado y en un estado mental proclive a la sugestión.

PRIMERA SESIÓN

Siéntate en una silla con reposacabezas o túmbate en un lugar tranquilo en el que nadie te interrumpa. Asegúrate de que no hace ni mucho frío ni mucho calor. Cierra los ojos.

Haz una inspiración profunda, dejando que el aire entre poco a poco en tus pulmones, lo que hará que tu pecho y tu abdomen se hinchen. Deja salir todo el aire lentamente. Sigue respirando así, lenta y profundamente.

Centra tu atención en tus pies. A medida que inspiras, observa cualquier signo de tensión en ellos, y al soltar el aire, imagínate que expulsas también la tensión. Siente ahora los pies calientes y relajados.

Ahora centra la atención en tus tobillos, gemelos y rodillas. A medida que inspiras pausadamente, observa cualquier signo de tensión en esta zona. Deja que la tensión se desvanezca cuando exhales lentamente, sumiéndote en un estado de relajación.

Ahora pon la atención en tus muslos. Respira y cobra conciencia de cualquier tirantez en los grandes músculos del fémur. Expulsa el aire y deja que la tensión desaparezca.

A continuación fíjate en cualquier sensación molesta en tus nalgas o zona pélvica mientras inhalas. Al exhalar, deja que se desvanezca la rigidez.

Ahora, mientras vuelves a inhalar, observa si tienes tensión en los músculos del abdomen o de la zona baja de la espalda. Mientras espiras pausadamente, deja que se libere todo foco de tensión.

Sigue respirando lentamente y comprueba si hay tiranteces en tu pecho o en la zona alta de la espalda. Expulsa el aire poco a poco hasta que se haya disipado cualquier signo de tensión.

Pon ahora tu atención en las manos. Inspira y siente cualquier foco de tensión en los dedos, las palmas o las muñecas. Deja salir esta tensión mientras expulsas el aire poco a poco .

Concéntrate ahora en tus antebrazos y fíjate en cualquier tensión en ellos mientras tomas aire. Luego expúlsalo y, con él, libérate de cualquier tensión.

Inspira pausadamente y nota cualquier signo de tensión en tus brazos. Al expulsar el aire, deja que se relajen tus bíceps y el resto de los músculos del brazo y siéntelos ahora relajados y pesados.

A continuación fíjate en si sientes alguna tensión en los hombros. Inspira y céntrate en ella. Espira y deja que el aire se la lleve toda. Encógete de hombros y respira de nuevo si todavía te queda algo de molestia en esta zona, que suele estar muy tirante.

Ahora sube al cuello y siente toda la rigidez concentrada ahí. Exhala y deja salir esa tensión. Si aún sientes el cuello tirante, haz giros de cabeza, realiza otra inspiración profunda y suelta luego el aire hasta que se disipe el resto de la tensión.

Mantén relajada la mandíbula mientras tomas aire y nota si hay algún temblor en la barbilla. Muévela y relájala al exhalar lentamente expulsando todo el aire. Mantén la boca un poco abierta para asegurarte de que la mandíbula está relajada.

Fíjate ahora en los músculos de la cara mientras inspiras: tu lengua, tu boca, tus mejillas, y tu frente y la zona de alrededor de tus ojos. Deja que cualquier resto de tensión o molestia por fruncir los ojos o la frente se desvanezca.

Para acabar, examina todo tu cuerpo. Fíjate en cualquier zona que aún tenga un foco de tensión y relájala por completo mientras sigues respirando lenta y profundamente. Durante tu visualización puedes volver a la fase de relajación en cualquier momento y liberar de tensión cualquier zona que se haya puesto rígida.

Al principio puede que te vengan a la mente pensamientos de distracción cuando intentas visualizar. Es normal. Limítate a identificar esos pensamientos o imágenes y deja que desaparezcan. Resiste la tentación de seguir trenes de pensamiento atractivos y reenfoca tu mente en las imágenes que quieres visualizar. Ahora que te sientes relajado, comienza el ejercicio de visualización:

1. En esta primera parte del ejercicio te centrarás en un sentido cada vez, imaginándote formas y colores simples. Es parecido al modo en que los estudiosos de yoga tántrico aprender a meditar. Los místicos musulmanes y los sufíes utilizan un sistema muy parecido para entrenar su visión interior.

Primero vas a poner en práctica tu sentido interior de la vista. Mantén los ojos cerrados e imagínate un círculo negro sobre un fondo blanco. El círculo tiene que ser perfectamente redondo y muy negro. Procura que el fondo sea todo lo blanco y resplandeciente que puedas. Desplaza tu visión interior alrededor del círculo, fijándote en su redondez perfecta y en el fuerte contraste del límite entre el blanco y el negro.

Ahora cambia el color del círculo del negro al amarillo. Que sea un amarillo muy vivo, el más brillante que puedas concebir. El fondo ha de seguir siendo de un blanco muy claro.

Ahora deja que el círculo amarillo se difumine y sustitúyelo por un cuadrado verde. Imagínatelo de un verde claro u oscuro, como más te guste. Debe ser un cuadrado perfecto, no un rectángulo ni un paralelogramo, sino un verdadero cuadrado.

Borra ahora todo el cuadrado y sustitúyelo por un triángulo azul. Que sea un azul puro y primario, como el que había en la pared de tu clase de primaria para enseñarte el significado de la palabra azul. Los tres lados del triángulo deben tener la misma longitud.

A continuación, borra el triángulo y dibuja una línea roja fina. Ha de ser un rojo intenso, un rojo de coche de bomberos. Comprueba que el fondo aún sea de un blanco intenso.

Ahora deja vagar tu imaginación unos instantes y deja que construya distintas formas cambiantes de muchos colores diferentes. Cambia el fondo y la figura. Intenta acelerar los cambios manteniendo las figuras vívidas, completas y perfectas.

2. La siguiente parte del ejercicio se centrará en el sonido. Cierra tus ojos mentales. Deja que se esfumen las formas y los colores. Puede ayudarte pensar en una espesa niebla, que no te deja ver nada. Ahora conviértete en «todo oídos».

Primero, imagina un timbre. Hazlo sonar una y otra vez. ¿Qué tipo de timbre es? ¿Una campana de iglesia, un timbre de puerta, una campanilla de cena, la bocina de un barco, el cencerro de una vaca, de qué?

Ahora escucha una sirena, muy lejos, como una sirena de incendios que suena a casi un kilómetro de distancia. Haz que suene cada vez más cerca, cada vez más fuerte, hasta que casi tengas que ponerte las manos en las orejas mentales. Haz que se aleje poco a poco. Date cuenta del efecto que hace que el sonido tenga un tono más alto cuando se acerca y otro más bajo a medida que se aleja. Escucha cómo va alejándose cada vez más hasta que ya no lo oigas.

Escucha ahora las olas golpear sobre las rocas de una playa. Percibe el bramido de las olas al golpear las rocas. Nota el chasquido y el murmullo de la espuma cuando las olas se deshacen al final en la arena de la playa. Añade los sonidos de unas gaviotas. Si has vivido siempre en una zona alejada del mar, imagina el sonido de un pequeño río alimentado por las lluvias de primavera que desciende rugiendo entre un lecho rocoso.

Ahora escucha el sonido del motor de un coche. Haz que arranque y que empiece a moverse. Condúcelo hasta una fuerte pendiente ascendente y escucha cómo trabaja el motor. Presta atención al ruido que hace cuando se queda sin gasolina.

Ahora escucha atentamente a tu madre mientras dice tu nombre. Óyelo primero con un tono cariñoso y luego de enojo. Prueba con una llamada teñida de exasperación, otra de felicidad, otra de tristeza. Haz lo mismo con la voz de tu padre y con las voces de otras personas de tu vida.

3. En esta parte nos centraremos en el sentido del tacto. Imagina que tu niebla mental es más espesa que nunca y no ves nada. También tienes tapones en los oídos y no puedes oír nada. Solo puedes sentir con el tacto, a través de la piel. Imagina que estás sentado en una silla de madera. Siente la presión del respaldo y el asiento sobre la espalda. Imagina que tienes delante una mesa de madera. Extiende mentalmente la mano y siente el filo duro y cuadrado y la superficie plana.

Ahora imagínate que hay varios objetos en la mesa. Extiende la mano y toca el primero. Es una pequeña hoja cuadrada de papel de lija, de unos diez centímetros de lado. Siente el lado áspero y el suave. Pasa los dedos por los dos y siente el tacto rugoso por un lado y la suavidad por el otro. Flexiona la hoja con las manos y nota la resistencia a la flexión. Sigue doblándolo hasta vencer el papel y dóblalo por la mitad.

Aparta el papel de lija y toma un trozo de terciopelo de igual tamaño. Siente lo suave y afelpado que es. Súbelo a la altura de tu cara y pásatelo por los ojos cerrados, luego por las mejillas y por los labios. Estruja el trozo de terciopelo y suéltalo sobre la mesa.

Ahora agarra una piedra lisa del tamaño aproximado de un huevo. Siente su dureza y su peso, su tacto frío y suave.

A continuación imagina que alguien te ha puesto un poco de crema de manos. Frótate mentalmente las manos y huele la loción que las impregna. Siente primero la sensación resbaladiza y fría y luego la sensación cálida y agradable.

Sigue explorando tu sentido del tacto. Intenta sumergir las manos en agua corriente caliente. Imagina que el agua se vuelve cada vez más caliente y luego más fría. Imagina que tocas piel humana cálida y viva. Intenta acariciar a un gato o un perro. Imagina la sensación de tu herramienta o utensilio de cocina favoritos.

4. La siguiente parte del ejercicio se centra en el sentido del gusto. Imagínate que no puedes ver, oír ni tocar nada, solamente puedes oler. Imagina unos granos de sal en tu lengua. Deja que el sabor de la sal impregne tu boca, haciéndote salivar, y luego trágatela.

Ahora cambia la sal por unas gotas de zumo de limón. Concéntrate en la sensación ácida y siente cómo toda tu boca se frunce. Toca ahora un poco de pimiento muy picante con la punta de la lengua. Siente el calor intenso quemándote la lengua.
Ahora enfría la sensación picante con un bocado de helado de vainilla: dulce, frío, suave y cremoso. Saboréalo bien.
Sigue saboreando algunos de tus alimentos favoritos. Toma una comida imaginaria completa, empezando por la sopa y acabando por el postre.

5. Ahora te centrarás en el sentido del olfato. Desconéctate de todos los demás sentidos e imagínate el olor del caldo del día de Navidad. Vuelve a sentir el placer de entrar en la cocina o de levantar la tapa de la olla y oler ese rico aroma típico de las fiestas.

Ahora haz lo mismo con tu perfume favorito, tu colonia, el aroma de las flores. Deja que el olor entre por tus orificios nasales imaginarios.
Continúa oliendo otros aromas que te gusten, o incluso olores que no te gusten: pizza, vino, pan recién hecho, la brisa marina,

el heno recién cortado, la pintura húmeda, el alquitrán caliente, el pegamento, los huevos podridos, y así sucesivamente.

Ahora ya puedes dar por acabada la visualización. Recuerda mentalmente dónde estás: la habitación, el mobiliario, etcétera. Abre los ojos cuando estés listo y reoriéntate antes de levantarte. Puede que te sientas un poco mareado si te ha resultado una sesión larga o vívida.

Analiza tu experiencia. ¿Fue más fácil evocar un sentido que los otros? Las imágenes visuales de la mayoría de la gente suelen ser las más intensas. Después siguen los sonidos, en términos de intensidad. En realidad no importa qué sentido te resultó más fácil imaginar. Aun cuando la palabra visualización se refiere al sentido de la vista, cualquier impresión que pueda formar parte de tu imaginación es útil. Sácale partido a tu sentido dominante y trata de potenciar cualquier sentido que te resulte más fácil evocar.

Todos podemos mejorar la capacidad de imaginar impresiones sensoriales mentales. Cuanto más pruebes a formar esas impresiones, mejor resultará. Las imágenes, los sonidos y las sensaciones serán cada vez más fuertes y vívidos, lo que te permitirá percibir cada vez detalles más pequeños.

Mejorar tu capacidad de imaginar con uno de los sentidos mejorará también el resto. Si al principio solo podías ver imágenes borrosas y tenues y no oías sonidos, practica con las imágenes visuales. Tu capacidad de ver imágenes mejorará y se ampliará hasta que puedas oír sonidos. También el tacto, el gusto y el olfato irán volviéndose cada vez más reales.

¿Te costó centrarte en un único sentido cada vez? Quizás cuando formabas el triángulo azul tuviste un destello de las imágenes, los sonidos y los olores de tu clase de primaria. Tal vez se formó una imagen completa de una sirena de bomberos cuando intentaste imaginar el «coche rojo de bomberos». O mientras imaginabas los sonidos del océano puedes haber olido o saboreado el aire salado o sentido la arena bajo tus pies descalzos.

Es una buena señal, un indicio de que tienes capacidad de recuperar los detalles sensoriales y de integrar los estímulos de más de un sentido.

Durante los próximos días, fíjate en cómo tus sentidos se combinan para formar tu experiencia. Date cuenta de cómo la comida de un restaurante es una mezcla compleja de impresiones sensoriales: la visión de la comida, el sonido de la vajilla y de las otras mesas, el sabor y el aroma de los alimentos, la sensación de la comida en tu boca y a medida que la ingieres... Cuanto más percibes el mundo real, más vívido y gozoso se volverá ese mundo. Ser consciente de tus impresiones sensoriales y de tu forma de combinarlas en tu estado de vigilia, consciente y activo, también es una excelente práctica que te servirá para combinar las impresiones sensoriales imaginadas con el fin de formar visualizaciones reales y eficaces.

SEGUNDA SESIÓN

En esta sesión podrás practicar para crear una experiencia completa y real que incluya las percepciones de los cinco sentidos. Para empezar, vete a un lugar tranquilo y relájate utilizando la técnica que aprendiste en la primera sesión.

Ahora vas a crear la experiencia completa de una rica manzana roja. Empieza visualizando el color rojo. Luego convierte el color en forma, creando con tu imaginación el contorno de una manzana: más o menos redonda, un poco más ancha por arriba que por abajo. Después observa la manzana en tres dimensiones. Gira la imagen mentalmente para poder ver las irregularidades que tenga en la piel, el tallo, etcétera. Si no lo has hecho todavía, añade matices de color, desde el rojo claro en un lado a un rojo intenso en el otro. Agrega las pequeñas manchas blancas que las deliciosas manzanas rojas tienen por toda la piel. Fíjate en cómo brilla. Deposita la imagen de tu manzana sobre un plato imaginario.

Ahora añade algunos sonidos. Levanta la manzana unos centímetros y luego déjala caer sobre el plato. Desliza el plato sobre una mesa de madera y luego sobre un mantel. Muérdela y escucha cómo cruje cuando arrancas el bocado con los dientes. Agrega el sentido del tacto. Sujeta la manzana con las manos y siente su tacto frío y suave y su peso. Dale un mordisco lentamente y siente la resistencia del fruto a medida que tus dientes atraviesan su piel.

Ahora siente el primer estallido de sabor de su líquido dulce, un poco ácido. Huele el aroma dulce y fresco.

Sigue notando un sentido detrás del otro: la imagen de la carne blanca, la sensación de la pulpa mientras la masticas, el sabor de la piel y la carne, el olor, la sensación fría y húmeda, cómo la forma de la manzana cambia a medida que te la vas comiendo. Continúa así hasta terminar la manzana y devolver el corazón al plato. Luego límpiate la boca y las manos con una servilleta.

Acaba el ejercicio volviendo al aquí y ahora. Abre los ojos cuando estés preparado y analiza la experiencia. ¿Te has visto en algún lugar particular de tu casa? ¿Te apareció alguna imagen de tu niñez? ¿Te sentiste ridículo? ¿Tuviste ganas de comerte una manzana? ¿Se sentiste saciado al final de la visualización?

TERCERA SESIÓN

La tercera sesión es un ejercicio que puedes practicar en cualquier momento con los ojos abiertos. Observa detenidamente tu cara en un espejo de cuerpo entero: el color de tu pelo y su estilo, la frente, los párpados, los ojos, la nariz, las mejillas, las líneas que la risa y la sonrisa te marcan, la boca, las pecas, cualquier marca, el vello facial y los poros, los diferentes colores, las orejas, etcétera. Pon un gesto serio y otro sonriente. Conviértete en un experto en tu cara. Te sorprenderás de descubrir muchos detalles nuevos en tu propia cara.

Haz lo mismo con el resto del cuerpo. Mira hacia abajo y analiza tu cuello, tus hombros, tus brazos y tus manos. Examina tu pecho y tu estómago, tus caderas y tus piernas. Gírate y observa lo que puedas de tu parte trasera. Fíjate también en tu postura. Mantente de pie y luego agáchate poco a poco. Mueve los brazos y marcha sin avanzar. Mira algunas viejas fotos tuyas si las tienes, para ver cómo te mostraste a los demás. Tienes que hacerte una idea clara y consciente de cómo es tu verdadero aspecto para llegar al siguiente paso de este ejercicio.

Es importante que tengas presente que no se trata de que hagas una valoración crítica de tu cuerpo. No es momento de hacer una lista de todo aquello que querrías cambiar o que querrías que fuese distinto.

Cuando seas un experto en tu aspecto, ya puedes realizar la segunda parte de este ejercicio. Hazlo en la cama por la mañana, en cuanto te despiertes. Mantén los ojos cerrados y asegúrate de que estás completamente relajado.

Visualízate levantándote por la mañana. Siente la cama caliente, nota la oscuridad del interior de los párpados. Escucha la alarma del despertador y toca el plástico duro del botón para apagarla. Suspira, gruñe, date la vuelta y sal de la cama.

Nota el suelo frío en las plantas de tus pies descalzos. Mira a tu alrededor y ve tu habitación: los muebles, tus cosas, las puertas y las ventanas. Toma la ropa y póntela, una pieza detrás de otra, sintiendo cómo la tela se desliza por tu piel. Fíjate en los colores. Arréglate como tienes por costumbre: péinate, lávate los dientes, etcétera. Siente el sabor del dentífrico, el olor de la colonia, el tacto del peine. Nota los dolores o molestias habituales de tu cuerpo a medida que se pone en marcha y empieza a andar. Haz la escena lo más vívida y real que puedas.

Recuérdate a ti mismo que en realidad aún estás tumbado en la cama. Abre los ojos, levántate y realiza todas las acciones que acabas de visualizar. Fíjate bien en las sensaciones reales y compáralas con las de tu visualización. Apunta cuidadosamente las diferencias, todo lo que haya faltado o fuera incorrecto.

Haz este ejercicio cada mañana durante una semana, y cada vez añade los detalles que te olvidaste en la visualización del día anterior. Estás desarrollando tu capacidad de imaginar, como lo haría un director de cine que quiere visionar cómo va ser una escena antes de filmarla.

Si practicas durante una semana de forma sistemática, aumentarás considerablemente la complejidad y la intensidad de las escenas imaginarias que crees. Esta es una preparación excelente para imaginar escenas personales que aumenten tu autoestima.

REGLAS PARA CREAR VISUALIZACIONES EFICACES PARA LA AUTOESTIMA

Además de realizar los ejercicios que acabamos de ver, sigue estas reglas para ayudarte a crear visualizaciones eficaces para tu autoestima:

1. Imagínate a ti mismo dando pequeños pasos positivos cada día hacia tu meta. Incluye el proceso y también el resultado. Si quieres dejar de ser «la fea del baile», puedes visualizarte dirigiendo la orquesta o haciendo un monólogo divertido en una gran fiesta. Además deberías incluir otros pasos más pequeños. Escúchate a ti mismo preguntándole a un extraño que te suena dónde os habéis visto antes. Imagínate a ti mismo levantándote y acercándote a alguien para preguntarle si quiere bailar. Imagínate a ti mismo ofreciéndoles a los asistentes a una fiesta una fuente de aperitivos, como una forma que te permitirá acercarte a los demás y relacionarte con ellos.

2. Visualiza tu conducta pública. Imagínate realizando alguna actividad, en lugar de simplemente mirando o representando alguna cualidad abstracta. Pregúntate una y otra vez: «¿Qué significa la autoestima para mí trasladada a la conducta? ¿Qué

estaría haciendo si tuviese una alta autoestima? ¿Qué aspecto tendría mi conducta, cómo sonaría, cómo la sentiría?». Por ejemplo, si quieres crear una imagen de ti mismo sintiéndote bien por tus cualidades, necesitas algo más que una imagen tuya sonriendo: esta imagen debería significar algo. Es más interesante que te veas y te oigas aceptando voluntariamente una tarea difícil pero gratificante. Escucha a alguien elogiándote por un trabajo bien hecho y escúchate aceptando el cumplido con calma y sin ninguna muestra de autodevaluación.

3. Incluye las consecuencias positivas de una mayor autoestima. Siéntete como una persona de éxito en el trabajo, disfrutando de relaciones más íntimas y satisfactorias, alcanzando tus metas.

4. Incluye un lenguaje corporal asertivo y que muestre una alta autoestima: postura erguida, inclinado hacia las personas, sonriendo, con los brazos y las piernas extendidos, cerca de la gente en lugar de manteniendo la distancia, asintiendo mientras alguien te habla y tocando a los demás cuando sea oportuno.

5. Imagínate a ti mismo teniendo que esforzarte un poco al principio, pero triunfando después. Se ha probado que este enfoque es más eficaz que considerarte como una persona de éxito de buenas a primeras.

6. Imagínate a ti mismo gustándote más, no solo gustando más a los demás. Lo último sigue a lo primero, y no al contrario.

7. Imagínate a ti mismo no solo «mejor» en el futuro, sino también siendo adecuado tal como eres ahora mismo.

8. Piensa en la autoestima como en una cualidad que ya posees, pero de la que estás desconectado. Visualízate descubriendo tu autoestima como un tesoro perdido y recuperado. Imagínate negros nubarrones que abren para dejar paso al sol, que nunca ha dejado de estar ahí. Escucha una música hermosa que surge de tu interior a medida que conectas con tu amor a

ti mismo. Siente más amabilidad y dulzura, como si te pusieras un jersey de cachemira que habías perdido y que acabas de encontrar.

9. Es útil combinar visualizaciones y afirmaciones. Haz una breve afirmación durante y al final de cada sesión de visualización. La afirmación actuará como una sugestión hipnótica, reforzando los mensajes visuales, auditivos y táctiles con un mensaje verbal directo a tu subconsciente.

Una afirmación es una declaración enérgica, positiva y rica en sensaciones de que algo ya es así. «Declaración» significa que debe ser una frase afirmativa, no una pregunta, una orden o una exclamación. «Enérgica» quiere decir que la afirmación tiene que ser corta, sencilla y sin condiciones. «Positiva», que omite los negativos para no dar lugar a malas interpretaciones de tu subconsciente, que tiende a desechar los adverbios negativos. Por ejemplo, la afirmación «yo no vivo en el pasado» se interpreta como «yo vivo en el pasado».

«Rica en sensaciones» significa que una afirmación tiene que expresarse en un plano emocional, no abstracto ni teórico. Di «me amo a mí mismo» en lugar de «reconozco que tengo un valor innato».

«Ya es así» significa que una afirmación debe estar en tiempo presente, porque ese es el lenguaje que habla el subconsciente. Tu mente no consciente no entiende el tiempo, no hace distinciones entre pasado, presente y futuro: todo es un gran ahora.

Vamos a ver algunas muestras de afirmaciones eficaces:

- Me quiero a mí mismo.
- Me siento confiado.
- Tengo éxito.
- Hago las cosas lo mejor que puedo.
- Me interesa la vida.
- Me encuentro bien tal y como soy.

Las mejores afirmaciones para ti serán las que tú crees porque serán adecuadas a tu personalidad, circunstancias y metas. Seguramente puedes adaptar las afirmaciones que has ideado para los ejercicios de los demás capítulos y usarlas con las visualizaciones.

10. Si tienes creencias espirituales profundas o teorías sobre el cosmos, incorpóralas a tu visualización. Siéntete libre de visualizar a Dios o a Buda o cualquier otro símbolo de amor universal. Puedes verte a ti mismo tratándote con respeto y cariñosa ternura como reflejo del amor de Dios hacia toda la humanidad. Podrías visualizar un amor o energía universal fluyendo por el cosmos e imaginar tu aumento de autoestima como una forma de abandonar las pantallas que detienen esa energía y le impiden llegar hasta ti. Utiliza tus convicciones de una forma creativa.

En general, es útil ver el universo como un lugar con suficiente alimento emocional, físico y espiritual para todos. En ese tipo de universo, todos los seres humanos pueden cambiar y prosperar, todos merecen amor, todos tienen motivos para sentir esperanza.

SESIONES DE VISUALIZACIÓN PARA MEJORAR TU AUTOESTIMA

Las sesiones de ejemplo que siguen son solo una guía. Desarrolla tus propias versiones personalizadas y adaptadas a tus peculiaridades con los detalles sensoriales y las afirmaciones específicas que más te ayuden.

SESIÓN DE VISUALIZACIÓN PARA MEJORAR TU AUTOIMAGEN

Este es el primer tipo de visualización de la autoestima que deberías crear. Se trata de una sesión de carácter general cuyo objetivo es corregir tu forma de verte. Crearás escenas en las que tu conducta denote que eres una persona valiosa en lugar de alguien que se siente insuficiente, confiado y no dubitativo, seguro y no ansioso, animado y no deprimido, que se quiere a sí mismo en lugar de odiarse, extrovertido y no avergonzado, atractivo y no de feo, capaz en vez de inútil, bueno y no de malo, orgulloso y no culpable, y que se acepta a sí mismo en lugar de criticarse.

Prepárate para la sesión retirándote a un lugar tranquilo y realizando tu rutina de relajación. Con los ojos cerrados, respira pausada y profundamente e imagínate esta primera escena:

Te estás duchando. Ves el vapor que desprende el agua caliente. Sientes el agua cayéndote sobre la espalda y resbalando por todo tu cuerpo. Oyes el sonido del agua que corre. Hueles el gel y el champú.

Te sientes genial: lleno de energía, amable y confiado. Recréate en el puro placer sensual. Te dices: «Merezco disfrutar de esto». Disfruta de la sensación de sentirte totalmente limpio, nuevo y fresco.

Has salido de la ducha y te has secado. Te vistes con tus prendas favoritas. Ves el color de tu ropa. Sientes las texturas a medida que te pones cada pieza de ropa sobre el cuerpo caliente y limpio. Te dices a ti mismo: «Merezco cosas buenas. Merezco sentirme bien».

Ve frente al espejo. Admira tu ropa. Fíjate en lo bien que te sienta. Permanece de pie y siente lo limpia y fresca que está tu piel debajo de la ropa, lo fuertes y resistentes que notas tus músculos cuando estás de pie. Compruebas agradablemente sorprendido que en ese momento han desaparecido tus molestias y dolores habituales. Te dices a ti mismo: «Me siento bien».

Arréglate el pelo a tu gusto. Ajústate el cuello y sonríe ante el espejo, sintiendo realmente cómo los músculos de tu cara dan forma a tu sonrisa. Te miras sonriendo y ves lo abierto y relajado que pareces cuando sonríes. Cuando ves las partes de ti que normalmente te disgustan, compruebas que ahora son menos dominantes, menos importantes. Si aparece en tu mente un pensamiento de autocrítica, te encoges de hombros y lo dejas pasar. Te dices a ti mismo: «Me siento realmente bien tal como soy».

Ahora vas a la cocina y la miras con detalle: los fogones, los armarios y el fregadero tal como son. Abres la nevera y la ves llena de alimentos nutritivos y atractivos: frutas y verduras frescas, leche y zumos, carne magra, todos aquellos alimentos sanos que te gustaría tomar. Abres los armarios y ves los cereales integrales y las legumbres, las versiones sanas del tipo de comidas que más te gustan. Te dices: «Tengo lo que necesito».

Prepárate una comida sencilla, algo delicioso y que te encante. Podría ser una ensalada, una sopa o un nutritivo bocadillo. No te apresures: disfruta del proceso de reunir los ingredientes, cortar el pan o las verduras, calentar la sopa, disponer los ingredientes en el plato de forma atractiva. Te dices: «Merezco comer bien».

Observa los colores, percibe las temperaturas y las texturas de los alimentos, huele los sabrosos aromas. Admira el plato que te has preparado. Te dices a ti mismo: «Lo he hecho muy bien».

Cómete el plato, sentado a la mesa con tranquilidad y sin prisas. Disfruta cada bocado, saboreando y degustando cada trozo de comida que te has preparado. Cuando acabes, siente lo saciado y cómodo que estás, lo nutrido y reconciliado con la vida que te sientes. Deja que te invada una sensación de satisfacción plácida y bienestar. Te dices a ti mismo: «Me quiero. Cuido de mí».

Luego limpia lo que has ensuciado. Mientras lo haces, tira una taza o un plato y rómpelo. Te dices a ti mismo: «Venga, no es para tanto». Si te vienen a la mente palabras de menosprecio como estúpido, torpe o malo, detenlas y encógete de hombros. Te dices: «Puedo permitirme cometer errores. Me siento bien como soy, con mis errores también».

Ahora prepárate para salir de casa a dar un paseo. Sal y recorre la calle. Es un día soleado, caluroso y agradable. Disfruta la sensación del movimiento de tus músculos, siente cómo tus pulmones respiran aire limpio y fresco, el calor del sol sobre tus hombros. Date cuenta de que tus dolores y molestias parecen haber desaparecido en ese momento. Fíjate en lo brillante y resplandeciente que está todo. Escucha el canto de los pájaros, un perro que ladra a lo lejos, el paso de los coches, una música que sale de una radio próxima. Te dices a ti mismo: «Puedo disfrutar de las cosas sencillas de la vida». Observa cómo alguien camina hacia ti, un extraño o un vecino al que conoces de vista. Mira cómo se cruzan vuestras miradas y te sonríe. Tú asientes y bajas la vista, cortando el contacto. Sientes una leve palpitación en el pecho, una ligera sensación de encogimiento o de adrenalina que sueles sentir y que identificas como timidez o reserva.

Ahora mira cómo se acerca otro extraño. También te mira y te sonríe. Esta vez, mantienes el contacto visual y le devuelves una ligera sonrisa. Te dices a ti mismo: «Estoy dispuesto a asumir riesgos». Otra vez más, ves cómo se acerca un desconocido que te sonríe. En esta ocasión mantienes el contacto visual, sonríes y dices con voz clara y enérgica: «¡Hey! ¿Cómo estás?». Sigue caminando por la acera, con una leve sonrisa. Te dices a ti mismo: «Me siento pletórico y confiado».

Ahora prepárate para terminar la sesión. Recuerda dónde estás. Cuando te sientas preparado, abre los ojos y levántate. A medida que sigues con tu rutina diaria, recuerda esta visualización y repite las afirmaciones que te has hecho antes: «Merezco cosas buenas. Merezco sentirme bien. Me siento realmente bien tal como soy. Tengo lo que necesito. Merezco comer bien. Me siento bien haciendo esto. Me quiero a mí mismo. Me cuido.

Puedo permitirme cometer errores. Me siento bien como soy, con mis errores también. Puedo disfrutar de las cosas sencillas de la vida. Estoy dispuesto a asumir riesgos. Me siento pletórico y confiado».

Aquí tienes otras sugerencias de escenas en las que puedes visualizarte: conciertas una cita con el médico para que te hagan un chequeo; recibes un halago con agradecimiento; compras ropa o muebles nuevos; compras vitaminas, cosméticos o equipos para hacer ejercicio; disfrutas del ejercicio físico o de actividades culturales; pasas un rato solo tranquilo; tienes éxito en una actividad deportiva; disfrutas de tu hobby favorito. Escoge estas u otras situaciones en las que suelas ser muy exigente contigo mismo o que serían una prueba de que tienes una buena autoestima.

Asegúrate de seguir las reglas de visualización de la conducta pública, incluido un lenguaje corporal positivo, subrayar primero la aceptación de ti mismo y considerarte adecuado tal cual eres en el presente.

SESIÓN DE VISUALIZACIÓN PARA MEJORAR TUS RELACIONES

La siguiente serie de escenas se centra en cómo te sientes en tus relaciones con otras personas. Las cuestiones importantes son sentirte cómodo en compañía de los demás, expresarte adecuadamente, pedir lo que quieres, responder a la crítica y, en general, sentir que puedes considerarte como un participante igualmente valioso en tus relaciones con los demás.

Esta es una visualización orientativa que puedes utilizar como modelo, pero lo más eficaz es crear tus propias escenas, adaptadas a tu personalidad y circunstancias.

Prepárate retirándote a un lugar tranquilo y tomándote todo el tiempo necesario para relajarte por completo. Cuando estés relajado y dispuesto a comenzar, imagínate la siguiente situación:

Estás cenando en un buen restaurante con alguien que te gusta. Puede ser alguien que ya conoces, a quien te gustaría conocer mejor o a quien solo conoces de vista. Observa la luz de la vela, huele la comida, saborea la cena, escucha el sonido apagado de la cubertería y el murmullo de las conversaciones. Mira a través de la pequeña mesa y observa a esa persona. Dile: «¿Sabes? Es divertido. Me gusta mucho estar contigo». Ella te responde: «Bien, gracias, qué bonito resulta eso. Yo siempre me lo he pasado bien contigo, también». Te dices a ti mismo: «Me gusta estar con mis amigos. A mis amigos les gusta estar conmigo».

Imagínate ahora que estás en casa hablando con otra persona. Habéis pensado pasar la tarde juntos y ella te sugiere probar un nuevo restaurante húngaro y luego ir a ver una película extranjera en la ciudad vecina. Ve claramente a la otra persona. Escucha sus tonos de voz mientras trata de persuadirte.

Imagínate que esa otra persona es alguien a quien quieres complacer, alguien con quien normalmente estás de acuerdo de forma automática. Pero esta vez di que estás cansado y que te duelen los pies. En realidad preferirías pedir una pizza y quedarte en casa viendo la televisión.

Imagínate a ti mismo cuadrándote, inspirando profundamente y confesando: «Bueno, estoy muy cansado esta noche y lo que me gustaría hacer es encargar una pizza y quedarme en casa. Podemos ver la televisión y relajarnos. No me apetece conducir mucho y quedarme hasta tarde».

Escucha cómo te muestra su apoyo y acepta quedarse en casa contigo. Di para ti: «Puedo pedir lo que quiero».

Ahora imagínate que estás en una clase, una reunión de negocios, una reunión de comité u otro tipo de grupo de discusión. Observa la sala, escucha las voces de los demás, mira lo que llevas puesto, fíjate en la decoración de la habitación, el reloj de pared. Tómate un tiempo para dar realidad a la escena en tu imaginación.

A medida que escuchas la conversación, te das cuenta de que el grupo está intentando llegar a un acuerdo unánime, y que eso no ocurrirá. Te da la impresión de que deberían votar y aceptar la decisión de la mayoría.

Mírate y escúchate, sentado recto en tu silla, mientras te aclaras la garganta, respiras profundamente e interrumpes la discusión para decir: «Esperad un minuto». Cuando todos te atiendan, di: «Creo que podríamos seguir discutiendo esto toda la noche y no llegaríamos a ningún acuerdo. Sugiero que votemos y aceptemos lo que la mayoría decida. Hay otros temas más importantes que tenemos que tratar».

Observa cómo los demás sonríen y asienten. Escucha cómo el líder del grupo te da las gracias y procede a iniciar la votación. Te dices a ti mismo: «Tengo opiniones valiosas. Puedo hablar en un grupo».

En la siguiente escena, imagínate que estás hablando con tu madre, con tu padre o con alguien que te conoce bien y tiene opiniones claras sobre tu vida. Examina los rasgos de la cara de esa persona y escucha con atención su tono de voz mientras oyes el comentario teñido de crítica: «No sé por qué no te vas de este barrio, está volviéndose una barriada pobre. Seguro que puedes conseguir algo mejor».

Tan pronto como oyes la crítica, observas cómo te retraes solo un poco ante el ataque. Advierte cómo tu postura adopta una actitud más defensiva; puedes cruzar los brazos o volver la cabeza.

Luego te imaginas listo para responder a la crítica con asertividad. Sientes cómo descruzas los brazos, levantas la cabeza y miras fijamente al crítico. Te escuchas respondiendo en tono tranquilo y razonable: «Sí, seguramente tienes razón. Este vecindario se está deteriorando bastante». Fíjate en que no pides disculpas, no te defiendes, te explicas o discutes. Te dices a ti mismo: «Puedo aceptar la crítica a la vez que mantengo el respeto hacia mí mismo».

Ahora prepárate para poner fin a la visualización. Sé consciente de tu entorno, abre los ojos poco a poco y ve reorientándote. A medida que te encuentras con las personas de tu vida cotidiana, recuerda tus visualizaciones interpersonales y trae a tu mente las adecuadas: «Me gusta estar con mis amigos. A mis amigos les gusta estar conmigo. Puedo pedir lo que quiero. Tengo opiniones valiosas. Puedo hablar en grupo. Puedo aceptar la crítica a la vez que mantengo el respeto hacia mí mismo».

Aquí tienes otras situaciones que puedes probar: pedirle una cita a alguien, disfrutar de estar con personas que acabas de conocer, manejar bien una queja o una situación difícil socialmente, devolver un producto que no quieres, decirle a alguien «me gustas» como un cumplido, pedir un aumento de sueldo, pedir un empleo o decir no a alguien que quiere que hagas algo que no deseas hacer. Escoge situaciones en las que suelas sentirte inseguro y en desventaja.

Cuando crees las escenas interpersonales, las reglas importantes que debes recordar son incluir una cierta dosis de conflicto inicial, un lenguaje corporal asertivo, consecuencias positivas y subrayar que aceptarse a uno mismo va antes que aceptar a los demás.

SESIÓN DE VISUALIZACIÓN PARA ALCANZAR TUS METAS

Fijarte y alcanzar metas puede suponer un gran impulso para mejorar tu autoestima. La visualización es una de las técnicas más eficaces para clarificar tus metas y crear expectativas de éxito.

Comienza con metas pequeñas y muy simples. Escoge el tipo de metas cotidianas que suelen darte quebraderos de cabeza: llegar puntual al trabajo, hacer una determinada cantidad de ejercicio cada semana, terminar tareas de estudio, responder un correo importante, ir al dentista, etcétera. Cuando estás empezando a utilizar las visualizaciones, no servirá de mucho visualizar logros impresionantes o posesiones valiosas a veinte años vista.

Las siguientes visualizaciones muestran varios ejemplos de cómo imaginar metas simples. Te servirán de modelo para crear tus propias imágenes de lo que quieres conseguir.

Siéntate o túmbate en una sala tranquila y haz el ejercicio de relajación que prefieras. Cuando estés relajado y receptivo, imagina las siguientes situaciones: primero, visualiza que llegas a tiempo al trabajo o a clase. Observa cómo te levantas, paras el despertador y sales de la cama. Sigues con tus hábitos de ducharte, vestirte, desayunar y salir de casa con tiempo suficiente para llegar puntual a tu destino. Añade detalles multisensoriales como los que has utilizado antes para que tu visualización sea realista y convincente.

Durante toda la escena, añade detalles que demuestren que estás relajado, sin prisas, y que eres eficiente. Encuentras tus llaves y tus papeles donde los pusiste la noche anterior. Tienes el abono de autobús a mano o el depósito de tu coche lleno de combustible y la canguro en casa: todo lo que necesitas tener a punto para llegar a la hora a tu destino. Te dices a ti mismo: «Soy organizado y puntual».

Imagina algunos obstáculos, como que suena el teléfono o que tu coche se ha quedado sin batería. Imagínate despachando la llamada en un momento con total tranquilidad o recibiendo un empujón del coche del vecino. Te dices: «Puedo estar relajado y centrado en cumplir mis horarios».

Visualiza los beneficios positivos de ser puntual. Estás relajado y dispuesto a empezar el día. Tu jefe, tu profesor o tus compañeros de trabajo están contentos contigo. Has empezado con el pie derecho. Te dices: «Gestiono bien mi tiempo».

Antes de dejar esta escena, te dices: «Hoy, en cuanto acabe de cenar, me aseguraré de que tengo todo lo que necesito para mañana».

Ahora imagínate otra escena. Has estado retrasando tareas para escribir tu tesis, una gestión para pagar tus impuestos o una solicitud importante que debes rellenar, y se acerca el fin del plazo. Imagínate que vas a tu despacho o a la biblioteca. Reúnes todos los materiales que necesitas: papel, bolígrafos, carpetas, libros, recibos, etcétera. Observa cómo organizas tu trabajo en secuencias lógicas y, con calma y persistencia, vas trabajando para cumplir tu tarea. Te dices: «Paso a paso se va lejos».

Incluye algunas dificultades en esta visualización. Te sientes cansado, impaciente y desanimado. Te escuecen los ojos, el estómago te arde, la mente te pide desconectar un rato. Te levantas y te estiras, das una vuelta por la habitación y regresas a tu sitio. Imagínate haciendo un esfuerzo, encontrando la forma de superar las dificultades. Te dices: «Puedo hacer frente a esto».

Ve, oye y siente la experiencia de teclear la última página de tu tesis, firmar el impreso de los impuestos o meter la solicitud en un sobre y enviarla. Te dices: «He terminado con tiempo de sobra».

Observa los resultados positivos visibles de haber cumplido el plazo: la sonrisa complacida de tu director de tesis cuando se la entregas terminada, la nueva tableta que te has comprado con la devolución del dinero de Hacienda, la carta en la que te notifican que se ha aceptado tu solicitud. Te dices: «Merezco esta recompensa».

Antes de dejar esta escena, te dices a ti mismo: «Voy a preparar todo lo que necesito para mañana a primera hora».

Ahora pasa a la siguiente escena. Imagínate que hace mucho que quieres pasar más tiempo al aire libre, hacer más ejercicio y cultivar tus propios alimentos. Imagínalo y llena la escena de detalles sensoriales de cada uno de los pasos lógicos que tendrás que dar para hacerlo.

Imagínate que tu casero te da permiso para plantar un huerto. Imagínate las vistas, los sonidos y los olores de esta experiencia: ir al vivero a comprar tomateras, semillas de lechuga y col, bulbos de cebolla y hierbas aromáticas. Te dices a ti mismo: «Es fácil conseguir las cosas cuando las haces paso a paso».

Siente de forma auténtica la tierra en tus manos, el asa dura de madera de la pala prestada, el sol en tus hombros mientras cavas el suelo. Te dices: «Lo estoy haciendo muy bien».

Imagínate la cuidada plantación, las filas rectas, la siembra, el riego, los primeros brotes... Al final, te ves recolectando tus propias verduras, lavándolas y preparando una enorme ensalada con ellas. Te dices a ti mismo: «Me estoy nutriendo igual que sustento a mi jardín».

Incluye en la visualización las consecuencias positivas que puedas imaginar: el buen color de tu piel, el buen tono muscular, lo agradable y productiva que se ve tu parcela. Imagínate cenando con algunos amigos; les dices: «Todo lo que hay en la ensalada es de mi jardín». Te dices: «Me cuido».

Justo antes de dejar esta escena, te dices: «Voy a dar el primer paso y a hablar mañana con mi casero, después de salir del trabajo».

Ahora te preparas para salir de la escena. Recuerda dónde estás y, cuando estés listo, abre los ojos. Recuerda tu última afirmación, cuando has dicho que darás el primer paso en un determinado momento, y toma una vez más la resolución de hacerlo.

Cuando crees tus propias visualizaciones, fíjate una meta cada vez, no tres metas separadas, como en la sesión anterior de ejemplo. Ten en cuenta que al principio tus metas han de ser sencillas y a corto plazo. El estímulo que tu autoestima obtiene cuando alcanzas pequeñas metas te dará la confianza que necesitas para fijarte metas más grandes y conseguirlas a más largo plazo.

Las reglas más importantes para evocar visualizaciones eficaces de tus objetivos son dividir las acciones necesarias en pequeños pasos, centrarte en la conducta observable, imaginarte a ti mismo luchando al principio, incluir las consecuencias positivas de alcanzar tu meta y terminar la visualización identificando el primer paso para conseguir el objetivo y diciendo que lo harás en un momento específico.

COMENTARIOS ADICIONALES

Si una sesión de visualización no se desarrolla con facilidad, detenla y regresa a ella más tarde. La visualización eficaz es agradable y casi no te supone esfuerzo, sino que depende de que permanezcas en un estado de receptividad relajada. Si estás demasiado inquieto o preocupado, es mejor que hagas otra cosa y dejes la visualización para un momento en el que te encuentres más calmado.

Algunos resultados llegarán inmediatamente. Otros aparecerán a un ritmo imprevisible o tardarán mucho en mostrarse. Habrá también resultados inesperados. Acepta lo que llegue, ten paciencia e intenta no perder el ánimo. Tu subconsciente puede estar realizando cambios importantes mientras tu consciente, y en particular tu crítica patológica, te dicen que toda la técnica es una pérdida de tiempo porque no ves ningún resultado. Sigue los ejercicios con exactitud al menos durante un mes antes de abandonar o de probar otras técnicas.

Los mejores resultados siempre aparecen cuando no te has esforzado mucho o no esperas demasiado. Es una paradoja: tienes que desprenderte de lo que quieres antes de poder alcanzarlo. Considera tus ejercicios de visualización como algo agradable y relajante, tanto si acaban «funcionando» como si no.

15

AÚN NO ESTOY BIEN

$\int$heila es una camarera de veintinueve años que ha estado esforzándose mucho para controlar su voz crítica. Pero sigue convencida de que su baja autoestima tiene mucho más que ver con su sentimiento básico de que carece de valía que con su voz crítica interior. Así se lo dijo a su psicoterapeuta:

> Es una sensación de que soy mala, de que estoy jodida. Como si fuera indigna... alguien que no merece nada. La crítica procede de esta sensación. Cuando me critico, solo estoy poniendo palabras a un sentimiento que ya está ahí. Aun si suprimiese la crítica y la aniquilara, estoy segura de que este desprecio hacia mí misma seguiría ahí y que empeoraría aún más si trato de arreglarlo.

Sheila tiene razón. La sensación de ser «mala» que relata tiene mucho que ver con su madre alcohólica, que siempre le exigió que cuidase de ella. Ya desde los tres años, Sheila sabía que «había de ser muy dulce con mamá o de lo contrario estallaría». Ser dulce significaba decirle a su madre que era guapa, cepillarle el pelo, escuchar sus quejas y luego leerle en la cama. Si prefería jugar en lugar de hacerle compañía a su madre, si se quejaba o quería conseguir su apoyo, su madre se enfadaba mucho: era una egoísta que no se preocupaba por nadie. O, peor, le hacía el vacío: podía ser educada, incluso amable, pero no pronunciaba una sola palabra. La sensación de ser mala que sentía Sheila es una suma de literalmente miles de interacciones dolorosas como la anterior. Muchas de esas experiencias ocurrieron antes de que comprendiese bien el lenguaje. Ella sabía que «no estaba bien» a un nivel muy profundo de su consciencia. Lo sabía igual que sabía que el limón tiene sabor ácido o que la noche es oscura.

En personas como Sheila, la sensación de falta de valía es una creencia muy arraigada. La crítica hiperactiva solo es una parte del problema. Bajo ella hay una acumulación de dolor y culpa. Hay también sentimientos de ira, resentimiento y venganza, pero son menos relevantes para nuestro discurso.

La sensación de mala conducta puede crearse de distintos modos. Veamos algunos ejemplos:

1. El cuidador principal está ausente o no disponible con frecuencia para proporcionar apoyo emocional. El niño vive esta carencia como un abandono, y de algún modo decide que no merece amor. La lógica emocional funciona más o menos así: «Si ella me quisiera, no me dejaría y si no me quiere, no merezco que me quieran».

2. Un niño sufre suficientes privaciones y maltratos como para sentir rabia hacia sus padres. Entonces viene la culpa. La lógica emocional dice: «Tendría que querer a mis padres; por eso soy malo si los odio».

3. Después de un divorcio, el niño pierde contacto con el progenitor que ya no vive en la casa familiar. La lógica emocional señala: «Yo lo eché; se marchó porque me odia, por eso soy malo».

4. Un niño es víctima de abuso sexual. La lógica emocional es: «Hago cosas secretas y malas de las que no puedo hablar; _____ quiere que haga esas cosas malas; debo de ser malo».

5. Un niño es víctima de castigos extremos o caprichosos. La lógica emocional es esta: «Debo de ser muy malo para que me traten tan mal».

6. Un niño recibe críticas por muchas de sus conductas o aspectos de su comportamiento: «Papá siempre me dice que estoy muy gordo; debo de ser feo» o «Mamá dice que soy vago; las personas vagas no merecen la pena».

7. Un progenitor muy deprimido o narcisista obliga al niño a que le preste su apoyo. Todo lo que este hace para satisfacer sus propias necesidades o funcionar de forma independiente provoca un rechazo extremo del padre. El niño aprende: «Mis necesidades son malas, mis sentimientos son egoístas».

Lo que más contribuye a un sentimiento precoz de inadecuación es la sensación de abandono. Un niño puede llegar a esta conclusión de muchas formas, pero una vez recibido ese mensaje, tiene un impacto extraordinariamente destructivo sobre su sentido de sí mismo. El niño vive el abandono físico o emocional como un peligro de muerte. Le resulta aterrador. Y si algo tan horrible sucede, algo debe de ir mal. Pocos niños son capaces de ver que ellos no tienen la culpa. La mayoría vive el abandono como un castigo lacerante por un crimen imperdonable.

Una vulnerabilidad especial

Las personas que han crecido en situaciones familiares como las anteriores tienen una especial vulnerabilidad. Estas experiencias tempranas tienen un eco duradero que puede alimentar cualquier trauma presente. La antigua sensación de maldad amplifica daños incluso leves, convirtiéndolos en destructivos. Por ejemplo, si alguien se enfada contigo, tienes la sensación automática de que eres completamente malo. Por un momento, experimentas de nuevo esa profunda sensación de indignidad. Tienes que desterrarla rápidamente negándola o enfadándote contigo mismo. Casi cualquier suceso doloroso tiene la capacidad de desencadenar esa sensación de «no estoy bien»: la pérdida de una relación, ser criticado o sentirse marginado o ignorado. Un mínimo error o fallo puede magnificarse hasta convertirse en una montaña. A veces, la sensación de ser controlado o marginado puede hacer revivir la convicción «soy malo». La soledad o incluso el simple aburrimiento pueden confirmar tu maldad. En cierto punto, puedes sentir que mereces el dolor. Y sufrir ese dolor prueba lo espantosos que son tus crímenes.

Llevas contigo un terrible secreto: bajo tu máscara social hay una persona que está tan desfigurada psicológicamente que nadie podría soportar mirarla. Y vives en el temor constante de que alguien te vea, de que algún error o torpeza muestren la existencia de esa persona indigna que hay en tu interior. Si alguien se enfada, te critica o te margina, tu sensación es que te lo hacen porque han visto a ese ser que hay en tu interior y lo rechazan. Y esta nueva herida hace más profundas todas las anteriores. Por pequeños que sean los traumas actuales, son un recuerdo de tu época infantil, cuando te sentiste rechazado o abandonado y empezaste a pensar que la culpa de todo era tuya.

PROTÉGETE DEL DOLOR

Un sentimiento básico de inadecuación te sitúa en constante peligro de sentir un dolor importante. Una palabra dura puede provocarlo, una mirada de enojo, un error evidente. Necesitas protección. El problema es que las pequeñas defensas, como quitarte la afrenta de la cabeza o refutar al crítico, no siempre funcionan. Simplemente, el dolor es demasiado grande. Intentas racionalizarlo diciéndote que no es nada, que todo el mundo se enfada alguna vez. Pero la voz razonable se ahoga en un diluvio de inadecuación. Por debajo de todo queda ese lugar vacío y solitario en el que sigues sintiendo que no vales nada. Y tienes miedo de caer en él. El miedo te provoca una necesidad urgente de salvarte, de protegerte de esos sentimientos de todas las formas posibles. Un dolor enorme exige una defensa enorme: el equivalente psicológico de la Línea Maginot.[1] Los principales tipos de defensas son tres:

---

1. N. del T.: tras la Primera Guerra Mundial, Francia construyó una serie de fortificaciones defensivas a lo largo de sus fronteras colindantes con Alemania e Italia, principalmente para evitar un posible ataque del primer país, que recibieron el nombre de Línea Maginot.

1. Huida. Esta defensa incluye las drogas y el alcohol, distintas formas de evitación y el aislamiento emocional.
2. Atacar a los demás. Consigues bloquear el sentimiento de ser malo dirigiendo la rabia a quienes te rodean.
3. Atacarse a uno mismo. Consigues evitar el sentimiento de ser malo dirigiendo la rabia contra ti mismo.

Los dos primeros mecanismos de defensa son bastante obvios, pero el último parece verdaderamente absurdo. ¿De qué forma es posible evitar la sensación de indignidad atacándose a uno mismo? La respuesta es que uno se ataca con la esperanza de conseguir ser perfecto. La creencia profunda es que si te castigas lo suficiente, al final corregirás tus fallos y pagarás por tus pecados. Todo el ataque a uno mismo es un ejercicio de negación: niegas el terrible miedo a sentirte siempre tan indigno como en este momento. Mientras te enfades contigo mismo, mantendrás una especie de fantasía omnipotente que te permite creer que puedes arreglar todo lo que detestas de ti y que cuando lo hayas corregido a base de maltratarte a ti mismo, la sensación de maldad acabará desapareciendo.

Este autocastigo realmente alivia el dolor. Estás tan concentrado en identificar tus errores y en movilizarte para arreglarte psicológicamente que ocultas durante un tiempo el arraigado sentimiento de no ser bueno.

Adicto a tus defensas

Puedes convertirte en un adicto a tus defensas psicológicas igual que la gente se vuelve adicta al alcohol. Al principio, te ayudan a anestesiar parcialmente los niveles más profundos de ansiedad y dolor. Funcionan y puedes contar con ellas, así que vuelves una y otra vez a esa misma estrategia. Después de un tiempo, estás dispuesto a tolerar una dosis mínima de ansiedad o dolor original antes de volver a recurrir a la defensa. Pero igual que un alcohólico vuelve a beber, una y otra vez huyes, atacas a los demás o te atacas al primer indicio de dolor.

En el resto de este capítulo hablaremos sobre todo de esa defensa que consiste en atacarse a uno mismo. Y lo hacemos así porque el autoataque tiene un efecto más directamente tóxico sobre tu autoestima que las defensas de huida o ataque a los demás. Estas dos últimas perjudican tus relaciones familiares, con amigos y compañeros, pero el autoataque daña tu identidad básica.

Uno de los problemas humanos más básicos es el rechazo a afrontar algunos tipos de dolor. Es bastante comprensible, pero al final la defensa acaba siendo peor que los sentimientos que la crearon. La adicción tiene un precio. Para aliviar el dolor a corto plazo creas pautas destructivas que acaban con tus relaciones y tu autoestima. El alcohólico se siente mejor después de beber. Pero su productividad en el trabajo desciende, tiene menos energía que dedicar a sus hijos y su mujer se cansa de verlo bebido. Lo mismo sucede con los ataques a ti mismo. Te sientes mejor mientras tu acusado sentido de maldad queda, paradójicamente, atenuado con la caza de brujas en busca de tus fallos. Pero con el tiempo estás destruyendo aún más tu autoestima. Y cuando no consigues ser perfecto, cuando el gusano no acaba convirtiéndose en mariposa, parece la confirmación de todo lo negativo que siempre has pensado de ti.

El adicto afronta la realidad

No puedes recuperarte de una adicción sin afrontar la verdad. Quienes asisten a las reuniones de Alcohólicos Anónimos se ponen de pie para hablar. Empiezan diciendo: «Soy alcohólico». Tú eres adicto a tus defensas. Te vuelves adicto a atacarte. Tienes que admitir esto antes de poder cambiar nada.

Confiar en arreglar lo que hay de malo en ti forma parte de su sistema de negación. Cada vez que intentas castigarte para ser mejor, estás huyendo de la realidad. Estás pretendiendo vivir de acuerdo con unos estándares de perfección, creando una fantasía en la que finalmente cambias para convertirte en tu persona ideal. Como si tu psique fuese un bloque insensible de madera y tuvieses que cincelarla, tallarla y esculpirla para lograr una obra maestra. O peor, te ves como un niño esforzado al que hay que azuzar y pegar para que vaya por el buen camino.

Esta adicción niega la realidad de dos formas. En primer lugar, niegas que eres humano insistiendo en que es posible, y hasta deseable, alcanzar la perfección. Te olvidas de tus necesidades, de tus anhelos y deseos. Te olvidas de cómo te sientes cuando no los consigues, de cómo por mucho que te esfuerces hay sueños que siguen estando fuera de tu alcance, de cómo buscas un sustituto, una estrategia de satisfacción parcial. Tu supervivencia psicológica y física depende de esta lucha básica. Las metas son elevadas y se falla muchas veces, pero hay que seguir intentándolo, probar incluso técnicas dolorosas o destructivas mientras contengan una mínima esperanza de satisfacer tus necesidades. Esto es ser humano. Así están hechas las personas: con una búsqueda ininterrumpida de sustento. Esperar la perfección es un intento de ignorar esta lucha humana básica.

La segunda forma de negar la realidad es pensar que uno puede hacerse daño y producir más bien que mal. Sin embargo, atacándote a ti mismo, estás ayudando a destruir el primer requisito necesario para un cambio sano: la sensación de valía. Cuando uno está bien consigo mismo, se siente motivado en lugar de deprimido, más atractivo y socialmente competente y lo bastante fuerte como para afrontar riesgos y probar cosas nuevas. Atacarte a ti mismo reduce, de hecho, tu capacidad de cambiar, de probar, de contactar. En lugar de impulsarte a ser mejor, hace que tu sentimiento de desamparo sea más intenso.

Comprueba las consecuencias

Igual que el alcohólico, tienes que reconocer el precio que estás pagando por mantener tus defensas. En el capítulo 3 analizaste el coste de escuchar a tu voz interior crítica. Ahora te vendrá bien revisar la lista de los efectos negativos de los ataques a ti mismo.

Cuando te juzgas duramente, casi todos los aspectos de tu vida se vuelven más difíciles. Veamos algunos ejemplos:

- Esperas que los demás vean tus puntos débiles y se sientan tan disgustados por ellos como tú. Así, para prepararte contra su inevitable rechazo, has de estar atento todo el tiempo.
- Te resulta difícil ser abierto o franco con los demás porque esperas de antemano el rechazo a tu «verdadero yo».
- Te encolerizas o te deprimes cuando te critican.
- Evitas las situaciones sociales en las que hay alguna probabilidad de crítica o de rechazo.
- No asumes riesgos, no conoces a gente nueva y te sientes solo.
- Temes los errores y no te gusta hacer cosas nuevas. Es difícil aprender nada porque los inevitables errores te derrumban. Tienes que trabajar muy duro para que nadie encuentre nunca un error en lo que haces.
- Evitas los retos porque crees que siempre vas a fracasar.
- No les impones disciplina a tus hijos porque temes que se enfaden contigo.
- Te resulta difícil decir no o poner límites en las relaciones, porque si la otra persona se enfada, te sentirías mal.
- Temes pedir algo porque si te lo niegan, significaría que eres una persona indigna.
- Eliges parejas sexuales con fallos y que imaginas parecidas a ti. Es difícil desear a una persona realmente atractiva porque no concibes que alguien así quiera estar con alguien como tú.
- Das demasiado y a veces dejas que abusen de ti porque no puedes imaginar qué otra cosa les interesa de ti.
- Estás tan centrado en tus errores que a menudo te sientes deprimido o disgustado contigo mismo. Gran parte de lo que haces te parece mal, estúpido o resultado de la incompetencia.
- Evitas a las personas que te admiran o te aprecian de verdad porque deben de estar engañadas o ser peores que tú.

De todos estos ejemplos, tal vez solo te sean aplicables algunos, pero en cualquier caso merman y limitan tu vida. Así, te resulta difícil satisfacer tus necesidades, hacer lo que te gusta o estar con personas realmente valiosas.

Puede que hayas crecido en una familia en la que te sentiste mal y sin ningún amor. Estos sentimientos son muy difíciles de afrontar. Pero debes comprender esto: al defenderte del dolor atacándote, no haces más que empeorar aún más el daño, haciéndote más vulnerable. A fin de cuentas, tus ataques a ti mismo serán más destructivos que el dolor original.

Aprende a abstenerte

Solo hay una respuesta para el verdadero alcohólico: la abstinencia. Y puede decirse lo mismo del adicto a atacarse a sí mismo. Tienes que abstenerte, literalmente, de todas las formas de juicio patológico.

Los juicios patológicos se basan en la creencia de que todo es intrínsecamente positivo o negativo. Te evalúas a ti mismo y a los demás como seres buenos o malos, ángeles o demonios. En cambio, el juicio sano es la consciencia de que algo parece mejor o peor o de que te afecta de una forma en que te sientes bien o mal. Dicho de una forma más sencilla, el juicio patológico sería decir que algo es malo, mientras que el juicio sano sería decir que parece malo (es decir, doloroso). Vamos a ver algunos tipos concretos de juicios de los que debes abstenerte:

1. Juzgar la conducta de alguien como buena o mala. Por duro que suene, debes dejar de emitir opiniones morales sobre las acciones de los demás. En lugar de eso, cultiva la actitud de que los demás lo han hecho lo mejor que han podido, dado su conocimiento y necesidades de ese momento. Ten presente que aunque su conducta pueda no parecerte buena, no es mala.

2. Evaluar como positivo o negativo, correcto o incorrecto, todo lo que lees, ves en la televisión u observas en la calle. Esto incluye los atracos, los atentados terroristas, los casos de corrupción política, y así sucesivamente.

3. Comparar a la gente de forma que una persona te parece mejor que otra. Esto incluye la prohibición de especular sobre quién es más inteligente, más generoso, más competente, etcétera.

4. Usar designaciones negativas globales de cualquier tipo (estúpido, egoísta, loco, feo, gordo, atolondrado, necio, etcétera).

5. Esperar que los demás sean diferentes de lo que son. Es fundamental que aceptes que la gente hace exactamente lo que tiene que hacer, dados sus conocimientos y necesidades. Puede resultarte desagradable o doloroso que actúen como lo hacen, pero tienes que aceptar que su conducta es exactamente la que debe ser en ese momento.

6. Echarle la culpa a otro de tu dolor. El dolor existe, pero culpar a otro es decir que esa persona debería ser diferente de lo que es.

7. Juzgarte como bueno o malo. Esto incluye tus pensamientos, sentimientos, motivaciones, esperanzas, anhelos, fantasías o conducta.

Tus juicios son venenosos. Son como un trago doble de *whisky* para alguien con cirrosis o como un caramelo para un diabético. No te puedes permitir los juicios a ti mismo o a otros. Cada vez que haces un juicio de valor sobre otra persona, estás animando a tu voz crítica a formular el mismo juicio sobre ti. Cada «debería» que aplicas a tus amigos, a tu pareja o a alguien de quien has leído algo en el periódico volverá a ti para dañarte. La paradoja está en que, mientras que las reglas que creas para los demás rara vez les influyen, a ti siempre te afectan y te limitan.

El juicio tiene el efecto de contraerte espiritualmente. Levanta vallas y límites dentro de ti. Está bien sentir esto pero no aquello, decir esto pero no aquello, querer esto pero no aquello. Tu vida interior se convierte en una carrera de obstáculos en la que tienes que evitar de forma constante los pensamientos, sentimientos e impulsos negativos, erróneos o indignos. Pierdes la espontaneidad y la apertura mental. Te rechazas porque no te resulta posible seguir todas las reglas en todo momento. Los juicios le quitan la alegría a la cualidad expansiva de tu vida. El miedo a ser juzgado y a ser vulnerable a la depresión te hace encogerte.

¿Cómo deja de juzgarse una persona adicta a atacarse a sí misma? Hace falta mucha fuerza de voluntad y compromiso. Supone una vigilancia constante para detener la vocecita que te va diciendo: «Ese es un payaso, ella es perezosa, el otro es un corrupto, yo soy egoísta, los vecinos son bobos». Esta voz va repartiendo su veneno en todo momento. Tienes que encontrar la forma de acallarla. El concepto de abstinencia es clave aquí. Igual que el alcohólico tiene que abstenerse de tomar un solo trago, tú no tienes que hacer siquiera un solo juicio. No hay nada que merezca ser juzgado. Nada es bueno, nada es malo. Las cosas suceden. Pueden ser agradables, dolorosas o neutras. Puedes lamentarte de algunas y desear que otras se repitan. Igual que evitas a ciertas personas y deseas estar con otras. No hay nada bueno o malo en todo esto.

Abstenerse de juzgar no significa que tienes que pasar el tiempo con gente que no te guste, permitir que te maltraten o dejarte tomar el pelo. Sigues siendo libre de hacer lo que creas mejor para progresar y protegerte. Tener preferencias está bien, que te guste Buddy Holly y no Johannes Brahms. Pero estas opciones se basan en tus necesidades y gustos particulares, y no en un sentido de deber moral. Puedes elegir ser fiel a tu pareja, pero no debes juzgar a quienes no lo son. Puedes abstenerte de la violencia, pero debes ser capaz de reconocer que los violentos escogen la mejor opción que tienen a mano, dadas sus necesidades y su conocimiento del momento.

Recuerda: un juicio lleva a otro. Incluso una leve observación crítica, como pensar en lo mal vestido que alguien va, te hace más vulnerable a juicios sobre tu propia indumentaria. Pensar en lo incompetentemente que se ha dirigido una reunión te hará más vulnerable cuando organices una más adelante. Y es increíblemente fácil caer en una imagen del mundo que fomente este juicio crítico:

1. Ves que la gente opta por hacer cosas «malas». Crees que podían haberlo hecho de otra forma, pero que han optado por «el camino fácil». Ves a los demás haciéndose daño y te imaginas que lo hacen porque han sucumbido a la «tentación» y se permiten ser malos.

2. Ves que la gente hace cosas «insensatas», que se causan dolor a ellos mismos y a los demás, y te imaginas que han elegido deliberadamente la opción más absurda.

3. Crees que la gente «cede» a la debilidad y comete pecados, que puede optar por no querer a los demás o no cuidarlos, que se deja hundir en el egoísmo, la corrupción, la codicia, y así sucesivamente.

4. Imaginas que tus reglas personales son universales y deberían aplicarse a todos.

Puede ser muy gratificante ver las cosas así. Hay una sensación de rectitud, e incluso de superioridad. El mundo parece tener más sentido cuando lo divides en buenos y malos. Tu ira parece justificada cuando puedes considerar a la otra persona culpable e infame. Y es más fácil rechazarte a ti mismo cuando piensas que has elegido deliberadamente hacer algo ruin o absurdo.

Hay muchas cosas dolorosas en el mundo y es reconfortante calificarlas de negativas y rechazarlas. Cuando conviertes algo doloroso en algo malo, te estás distanciando y protegiendo. Es completamente natural. Pero opinar así depende de una idea irreal: que las personas son cien por cien libres de hacer lo que quieran. Y cuando cometen errores con los que se causan dolor a sí mismas o a otros, solo puede ser porque han sido vagas o egoístas.

¿Cómo puedes deshacerte de esta forma de ver el mundo? Solo puedes escapar de ella siendo consciente de que todos elegimos el máximo bien percibido. Platón fue el primero en decirlo: el hombre siempre elige el mayor bien. El inconveniente es que su máximo bien depende de qué necesidad domina en un momento dado. Si está sexualmente excitado, su máximo bien es tener relaciones sexuales, a menos que haya otra necesidad mayor opuesta a esa, por ejemplo protegerse del daño emocional, como cuando siente ese deseo por una persona distinta de su pareja y sabe que ella se sentirá herida y enfadada. Otra necesidad opuesta podría ser proteger tu autoestima («No pensará bien de mí si me acuesto con él la primera noche» o «Estoy tan nervioso que tal vez no consiga tener una erección»).

Veamos el siguiente ejemplo. Supón que tu hija llega a casa y estás viendo la televisión. Te pide que la ayudes a hacer los deberes. En ese momento tienes dos necesidades contradictorias:

1. Seguir viendo la televisión.
2. Ayudarla a hacer sus deberes.

Además, tienes unas creencias y conocimientos:

1. Tu hija a menudo te pide que la ayudes con deberes que ella podría hacer sola.
2. Crees que debería aprender a ser más autosuficiente y a resolver algunos de sus problemas.
3. También crees que un padre siempre debe estar dispuesto a ayudar a su hija.

Tu máximo bien dependerá de cuál de las necesidades y conocimientos sea más poderoso en ese momento. A fin de cuentas, tu necesidad de ver la televisión y tu con vicción de que tu hija tiene que ser autosuficiente pueden tener más peso. No importa que tus creencias y convicciones sean falsas o verdaderas, o cómo va a afectar tu decisión a tu hija a largo plazo. Tu solo puedes actuar tomando como punto de partida las necesidades y los conocimientos dominantes en un momento dado. Tres meses después, cuando tu hija traiga a casa unas notas desastrosas, puedes decidir que cometiste un error no ayudándola. Pero cuando tomas tu decisión, no puedes saber qué va a ocurrir más tarde.

Veamos otro ejemplo. Imagínate que estás con un amigo en una fiesta. No conoces a casi nadie y sientes que necesitas más apoyo y atención de tu amigo. Pero tienes un problema: te da miedo pedir las cosas directamente. Tu familia tenía un estilo de comunicación muy indirecto y tú, literalmente, no sabes cómo expresar tus necesidades. Necesitas atención y empiezas a recurrir a las estrategias que conoces para conseguirla. Una vez más, tu decisión depende de tu conocimiento actual de la situación. Si todo lo que sabes hacer es mostrarte frío y molesto y esperar hasta que tu amigo se dé cuenta de tu malestar, esta será tu estrategia. Seis meses después, cuando hayas hecho un curso de autoafirmación personal, tal vez hagas algo distinto. Pero hoy por hoy, tomarás una decisión basada en los conocimientos de que dispones ahora.

¿Qué significa que la gente elija su máximo bien? Significa que cada uno de nosotros hace las cosas lo mejor que puede en cada momento. Significa que la gente actúa siempre de acuerdo con sus conocimientos, necesidades y valores dominantes. Incluso el terrorista que pone bombas para hacer daño a inocentes está tomando una decisión basada en su máximo bien. Significa que no puedes culpar a la gente por lo que hace, ni te puedes culpar a ti mismo. Por muy distorsionado o equivocado que sea el estado de conocimientos de una persona, ella es inocente y no culpable. Y eso es así porque nadie puede actuar de forma diferente a lo que le permite su conocimiento actual y uno solo puede cambiar cuando cambia su conocimiento de la situación.

Ejercicios

Los siguientes ejercicios te ayudarán a integrar una actitud no valorativa en tu vida:

1. Lee un periódico sin hacer ningún juicio sobre las conductas que aparecen en cualquier noticia. Adopta la posición de que cada persona elige el máximo bien sobre la base de sus conocimientos actuales, aun cuando no la creas por completo.

2. Cuando veas a una persona conduciendo peligrosamente o incumpliendo las normas de tráfico, acepta su conducta sin valorarla. Su forma de conducir es un reflejo directo de sus necesidades y conocimientos del momento. El adolescente que conduce a toda velocidad necesita exhibirse ante su acompañante o expresar su ira o su virilidad más que conducir con seguridad. Cuando ya no sea tan joven y pierda la confianza en sus reflejos, tal vez tendrá más presente el peligro y la muerte y modifique su forma de conducir. Cambiará cuando cambie su conocimiento de la situación.

3. Cuando veas a personas con ropas o peinados poco afortunados o cuyo aspecto físico te desagrade, repite este mantra: «Él no tiene la culpa de las elecciones que le han llevado a tener ese aspecto».

4. Piensa en el político que menos te guste. Imagínate por un momento lo que te saca de quicio de él. Ahora aplica la posición de que sus creencias, valores y acciones son los únicos posibles dadas las limitaciones de sus conocimientos actuales.

5. Imagínate a la persona que más te desagrada. Imagínala con todo tipo de detalles sentada en una silla frente a ti: escucha su tono de voz, observa sus maneras y sus gestos. Recuerda un incidente pasado en el que esa persona te sacó de tus casillas. Ahora prueba una actitud no valorativa. Recuerda que no estás eligiendo una mala opción. Esta persona lo está haciendo lo mejor que puede, con las necesidades y los conocimientos que tiene en este momento. Tú consideras penosa su conducta, pero no puedes culparla de ello. Como todo el mundo, intenta sobrevivir buscando su máximo bien en cada momento. Esta persona no puede ser distinta a como es, hasta que cambie su conocimiento de la situación.

6. Pasa unos momentos charlando con un compañero de trabajo que no te guste mucho. Fíjate en sus desagradables gestos, estilo, opiniones, etcétera. Pero hazlo sin valorarlos.

Adopta la posición de que esa persona ha estado condicionada y se ha adaptado a una serie de circunstancias específicas. Ha escogido las mejores opciones disponibles.

7. Llama a un familiar que no te agrade. Durante la conversación, practica la actitud no valorativa. Evita evaluar como bueno o malo cualquier cosa que diga esa persona.

8. Para realizar este ejercicio tendrás que estar un tiempo en el pasado. Recuerda varias escenas en las que te sentiste muy crítico con otras personas o contigo mismo. Recrea estas escenas paso a paso. Fíjate en cómo se desarrolla la acción. Pero esta vez, revive los acontecimientos sin valorarlos. Recuerda que todo el mundo elige su máximo bien, que todo el mundo toma la mejor decisión que puede. Intenta comprender cómo las necesidades y los conocimientos de una persona han dado forma a sus opciones. Esfuérzate en adoptar una imagen compasiva de sus necesidades y opciones.

9. Cuando los amigos cotillean y se critican unos a otros, resístete a la tentación de unirte a sus críticas. Sugiere, sin vehemencia, que «eso no es tan malo» y sepárate del grupo dando alguna excusa.

AFRONTA EL DOLOR

Cuando comiences a abstenerte de juzgar, notarás algunos cambios emocionales importantes. Durante un tiempo serás consciente de esa sensación básica de «maldad» con más intensidad. Juzgar es tu defensa contra el temor de caer en el error, ese lugar vacío y despreciable. Sin el juicio valorativo, no puedes usar la ira hacia ti mismo o hacia los demás para librarte de esos sentimientos.

El alcohólico tiene que aprender a prescindir de su hábito para escapar de sus sentimientos; tú también estás aprendiendo a dejar de huir de la sensación de maldad usando para ello los juicios valorativos. Pero esto significa que ahora tienes que afrontar el dolor. Obviamente, es más fácil decirlo que hacerlo. El dolor puede ser enorme. Pero la otra alternativa es evitarlo, y ya has pagado un precio muy alto por esa estrategia.

Afrontar el dolor es una habilidad. Si sabes cómo funciona y cómo enfrentarte a él, tus encuentros cara a cara con él serán menos abrumadores. Cuando sufres un dolor intenso, tanto si es un dolor de muelas como una sensación de indignidad, este domina tu atención y se convierte en lo único que importa. Cuando algo te duele, es difícil recordar un momento en el que no sintieras dolor. Y te cuesta imaginarte otra vez sin él. Es como si lograra borrar el pasado y el futuro. Todo lo que te preocupa ahora es el presente, y el presente parece insoportable.

Esta peculiar capacidad del dolor de dominar tu atención oculta su verdadera naturaleza. El dolor nunca es estático o permanente: aparece en oleadas.

Quizás la mejor forma de ilustrar la naturaleza cambiante del dolor es la pena. Una sensación de pérdida nos abruma, un sentimiento tan intenso que no puedes vislumbrar el fin. Pero pasado un tiempo, se produce cierto entumecimiento, un período de calma y alivio. Pronto el entumecimiento va seguido de otra oleada de pérdida. Y así sucesivamente: oleadas de pérdida, calma, pérdida, calma.

Este es el ciclo natural del dolor. Tan pronto como llegas al límite, tus emociones se desconectan —dejas, literalmente, de sentir durante unos instantes—. Estas oleadas siguen, con amplitudes más pequeñas y mayores períodos de descanso, hasta que finalmente el dolor acaba desapareciendo.

El cuerpo reacciona al dolor físico exactamente igual. Un hombre que sufrió una quemadura grave en la mano explicó así su reacción: «El dolor era tan intenso que quise gritar. Pero al poco rato noté algo raro. El dolor paraba unos instantes, quizás entre diez y veinte segundos. Y luego volvía a empezar. Se hizo muy regular, de modo que pude anticipar los momentos en que remitía. Así pude descansar. Me di cuenta de que podía soportar el dolor porque sabía que llegarían esas pequeñas interrupciones».

Tanto tu cuerpo como tu mente disponen de mecanismos naturales que amortiguan el dolor por períodos, y así tienes la oportunidad de recuperar el aliento. Cuando entiendes el dolor eres capaz de anticipar estos períodos de reposo y de utilizarlos para descansar.

Tus sentimientos de malestar interior tienen las mismas oscilaciones que cualquier otro tipo de dolor. Aparecen con tanta intensidad, que no piensas más que en escapar. Pero si lo afrontas, muy pronto te darás cuenta de que la oleada pasa. Entre una y otra, puedes recordar tus mantras defensivos. Puedes recordar que has soportado ese sentimiento antes y que al final remite. No tienes que atacarte ni a ti ni a nadie más, porque pronto lo peor del dolor habrá desaparecido.

Lo importante es no aturdirte por la inmediatez del dolor. No caigas en el error de pensar:

- Va a durar siempre.
- No puedo soportarlo.

Usa en su lugar las siguientes ideas defensivas:

- Pasará.
- Sé que puedo esperar hasta que pase la oleada.
- Esta sensación procede de mis anteriores heridas, no tiene nada que ver con mi verdadera valía.

Flotar sobre el dolor

Afrontar el dolor significa no defenderse de él con juicios. Pero eso no implica que no puedas defenderte de otra forma. Además de aceptar las oleadas y esperar los momentos de reposo, tu mejor protección contra el dolor es el distanciamiento. Pones espacio entre tú y el dolor, usando imágenes o palabras, y flotas sobre él.

Imagínate una barcaza navegando alrededor de una isla. Suceden varias escenas. Una representa una masacre india. Hay una cabaña en llamas. Una familia de colonos es asesinada en el patio. La escena es espantosa. Nadie se mueve. Lentamente la barcaza salva un recodo y la imagen de la masacre desaparece de la vista.

Esta es la forma en que puedes flotar sobre el dolor. Sabes que en unos instantes habrá terminado. Solo hay que esperar. Lenta e inexorablemente vas saliendo del daño, de la incorrección. Veamos algunas técnicas que puedes usar para distanciarte del dolor mientras «flotas» sobre él:

- Visualízalo. Dale una forma, un color. Represéntalo lo feo o lo raro que quieras.
- Realiza unas inspiraciones profundas y, con cada una, fíjate en cómo el dolor se desplaza. Estás flotando sobre el dolor y queda cada vez más atrás. Céntrate en tu respiración a medida que el dolor desaparece poco a poco.
- Sal imaginariamente de ti mismo. Puedes ver lo mal que te sientes. Puedes ver cómo luchas con el dolor. Observa tu cara, tu posición corporal. Imagínate el dolor como una luz roja en tu cuerpo. Se desvanecerá en unos momentos. Haz inspiraciones profundas a medida que veas disminuir la luz. Imagina que el dolor va remitiendo a medida que la luz pierde intensidad poco a poco. Cuando estés listo, vuelve dentro de ti.
- Respira profundamente. Céntrate en tu respiración, en el ritmo, la sensación de aire limpio que entra en tus pulmones. Fíjate en cómo sientes tu cuerpo en este momento preciso. Nota dónde está la tensión y relaja todas las zonas tensas. No escuches los pensamientos negativos que pueden aparecer a causa de los sentimientos negativos. Piensa solo en la relajación y la respiración hasta que pasen las sensaciones de dolor.
- Represéntate una imagen mental de ti unos días o incluso años más adelante, cuando este dolor haya pasado hace tiempo. Imagínate a ti mismo con aspecto confiado y relajado. Te dices: «Estos son sentimientos antiguos, aparecen con esta situación. Sobreviviré a ellos. Flotaré sobre ellos hasta que haya pasado lo peor».

Anclarse a los buenos tiempos

Ya has visto que no es fácil contestar al sentimiento de malestar, que está profundamente fijado. La razón es que tus sentimientos de malestar están anclados en la memoria de muchas interacciones negativas con tus padres y otras personas importantes de tu vida. Cuando intentas responder a estos sentimientos, hay una lucha de palabras contra imágenes. Y suelen ganar las imágenes. La respuesta es utilizar este anclaje en tu propio provecho. Puedes combatir los sentimientos de malestar con una técnica que te ayudará a revivir las épocas en que te sentiste confiado y bueno.

El término *anclaje* procede de la programación neurolingüística, un modelo de comunicación desarrollado por Richard Bandler, John Grinder, Leslie Cameron Bandler, Judith DeLozier y otros autores. Estos investigadores entienden por ancla cualquier estímulo que desencadena la misma respuesta una y otra vez. Si piensas en tu tío Alberto cada vez que ves una camisa hawaiana, las camisas hawaianas son un ancla para ti. La camisa es el estímulo y el recuerdo de tu tío es tu respuesta fija.

La mayoría de tus anclas son involuntarias, el resultado de asociaciones sensoriales formadas automáticamente día tras día. Pero tú puedes crear anclas voluntarias, asociaciones conscientes que puedes usar para mejorar tu autoestima. La clave está en elegir un estímulo simple y una respuesta intensa. En el ejercicio de anclaje que sigue a continuación, el estímulo es un toque de muñeca que puedes darte en cualquier momento. La respuesta es una sensación de confianza y autoaceptación extraída de un recuerdo o de una fantasía. Dedica unos instantes ahora a probar este ejercicio fácil y poderoso:

1. Siéntate en una posición cómoda en un lugar tranquilo y sin interrupciones. Pon las manos en tu regazo, ligeramente separadas. Cierra los ojos y dedica unos instantes a relajar tu cuerpo. Examínalo de pies a cabeza y relaja conscientemente todas las zonas que estén en tensión.

2. Mantén los ojos cerrados y remóntate a una época anterior. Imagínate un momento en que te sentiste con éxito y especialmente confiado. Encuentra una época durante la que te sentiste muy bien contigo mismo. A continuación haz una inspiración profunda. Fíjate en todos los detalles de ese

momento: las imágenes, los sonidos, los sabores, los olores y los sentimientos. Mira tu aspecto, el aspecto de las otras personas. Escucha el tono de confianza de tu voz, oye el elogio de los demás. Permítete sentir la confianza y la aceptación de ti mismo.

Si te cuesta encontrar un recuerdo que te cause fuertes sentimientos de confianza, crea una fantasía de imágenes que tengan el mismo efecto. Obsérvate en algún momento del futuro sintiéndote y pareciendo confiado y lleno de valía personal. No te preocupes de si la fantasía parece probable o irreal. Es el sentimiento de confianza lo que te interesa crear.

3. Cuando tus imágenes sean lo suficientemente claras para hacerte sentir confiado, tócate la muñeca izquierda con la mano derecha. Toca firmemente, en un punto particular que puedas recordar con facilidad. Estás anclando tu sentimiento de confianza a esta impresión táctil en tu muñeca y quieres ser capaz de reproducir exactamente esa sensación más adelante.

4. Repite esta secuencia con otros cuatro recuerdos o fantasías. Cuando tu escena mental haya creado un fuerte sentimiento de valía personal, tócate la muñeca exactamente de la misma forma.

Un peluquero llamado Jack utilizó el anclaje para combatir sus sentimientos de falta de valía. Buscó en su memoria hasta encontrar un buen momento en el que se había sentido confiado y valioso. Recordó que mucho tiempo atrás, su profesor de quinto curso de primaria colgó en la pizarra su dibujo de una escena del desierto como modelo para el resto de la clase. Se centró en la imagen, el sonido y el olor de esa aula, hasta sentir la misma satisfacción en su pecho y la misma sensación de orgullo y rendimiento que había sentido a los once años. En ese momento, se tocó la parte interior de la muñeca izquierda para anclar ese recuerdo.

A continuación recordó su primer permiso cuando estaba en la Marina, cuando se abrazó a su novia de los años de bachillerato, vestido de uniforme, bronceado y en buena forma física por el entrenamiento. Recordó cómo ella se apretó contra él y su sentimiento de plenitud y orgullo, como un hombre hecho y derecho que iba a defender a su país. Cuando estos sentimientos estuvieron en su punto culminante, volvió a tocarse la parte interior de la muñeca izquierda para anclarlos.

Para la siguiente escena, evocó la experiencia de construir una maqueta del buque *Constitution*. Era una maqueta cara y complicada que montó durante las vacaciones de verano, cuando tenía dieciséis años. Recordó un día en el que estaba pintando el casco, imitando el color de las planchas de cobre oxidadas mientras escuchaba su colección de canciones de Broadway en el tocadiscos de su madre. Su madre estaba en el médico, su hermano de campamento y su padre trabajando. Tenía la casa para él solo y estaba pasándolo en grande. Recordó haber pensado entonces lo contento que estaba de tener unas manos tan hábiles. No había nada que no pudiese hacer o aprender a hacer. Cantaba con las canciones del tocadiscos, admirando su propia voz y su memoria para recordar las letras. Cuando esta sensación de contento y satisfacción llegó a su punto máximo, Jack se tocó la muñeca para anclar ese buen momento.

No pudo encontrar otro buen recuerdo, así que eligió una escena imaginada. Se vio abriendo su propia tienda: cuidado total del cabello para hombres y mujeres, en un elegante local del centro de la ciudad. Se vio trabajando en la primera silla, con cuatro aprendices detrás de él que miraban sus movimientos, aprendiendo de su estilo y su talento para el negocio. Se imaginó abriendo la caja al final del día, contando las propinas y añadiendo cincuenta dólares extra para el personal. Vio la admiración y el aprecio en la cara de sus empleados y escuchó sus muestras de agradecimiento. Cuando la sensación de éxito y competencia era más intensa, se tocó la muñeca para anclar ese sentimiento.

Al día siguiente, cuando subió al autobús, le atacó la sensación familiar de «ser un don nadie». Pero recordó que ahora tenía algunos recursos firmemente anclados con los que devolver el ataque. Mientras iba en el autobús, se tocó la muñeca y comprobó complacido que el mal sentimiento remitía. No tuvo que repetir todas las escenas una y otra vez. Simplemente obtuvo una imagen mental de las tizas, de su antiguo uniforme de la Marina, de un pequeño bote de pintura de cobre y del sonido de los secadores. Pero lo más importante es que tuvo contacto con los sentimientos de orgullo, fuerza, competencia y éxito.

Después de haberte anclado a tus buenos recuerdos personales, puedes tocarte la muñeca cada vez que necesites combatir el malestar. Tus recuerdos o fantasías positivos son recursos que puedes invocar cuando lo necesites. Solo tienes que tocarte la muñeca izquierda con la mano derecha y te ayudarán a neutralizar este sentimiento de malestar. Ahora ya tienes algo más que palabras para luchar. Puedes combatir los sentimientos e imágenes negativos con un toque que ancle en ti los sentimientos e imágenes positivos.

La opción de la psicoterapia

A veces, el sentimiento de malestar es extremadamente difícil de superar. Si has ensayado muchas de las técnicas de este libro y este sentimiento persiste, no creas que tu situación es desesperada. Los libros de autoayuda no son la respuesta para todo el mundo. Muchas personas requieren el apoyo de un psicoterapeuta experto que las ayude a cambiar estos sentimientos negativos tan arraigados.

La investigación indica que la psicoterapia es extremadamente efectiva con los problemas de autoestima. Una relación con un terapeuta que aprecie tus mejores cualidades y acepte las menos buenas puede producir enormes cambios con el tiempo. No temas buscar ayuda. A veces es esencial conseguir el apoyo de otra persona que te cuide y tenga los conocimientos necesarios para orientarte durante el proceso de cambio.

16

LAS CREENCIAS ESENCIALES

Tus creencias esenciales son los pilares de tu autoestima, las suposiciones básicas sobre cuál es tu valía en este mundo. Tus creencias esenciales determinan hasta qué punto te ves como alguien de valor, seguro, competente, con poder, autónomo y amado. También establecen tu sentido de pertenencia y una imagen básica de cómo te tratan los demás.

Las creencias esenciales negativas enuncian las reglas que sigues cada día y que dicen: «Como soy estúpido, es mejor que esté callado en las reuniones» o «Nunca podré conducir usando un cambio de marchas automático porque soy un inútil». Las creencias esenciales positivas dicen que puedes dominar el álgebra porque eres listo y capaz de aprender o que puedes pedir un aumento de sueldo porque te lo mereces.

Tu diálogo interno está profundamente afectado por tus creencias esenciales («No intentes arreglar el enchufe; lo más seguro es que te electrocutes»). A su vez, ese diálogo interno sirve para reforzar y hacer crecer tus convicciones esenciales. Cuando te dices constantemente que eres estúpido, te convences de que eso es verdad. De la misma forma, si de tus afirmaciones se desprende una confianza básica en tu inteligencia, esta creencia esencial se verá confirmada y consolidada.

Las creencias esenciales son la misma base de tu autoestima: dictan en gran medida lo que puedes y lo que no puedes (expresado en tus normas) y cómo interpretas los acontecimientos de tu mundo (expresados en tu diálogo interno).

Estas creencias básicas suelen estar distorsionadas como consecuencia de los traumas tempranos y de las carencias sufridas. Tal vez has llegado a verte como alguien con defectos o sin valía como una reacción al daño o al rechazo. Como nadie te ha hecho notar tu valor, simplemente ahora no consigues verlo.

Cambiar tus convicciones básicas demanda tiempo y esfuerzo, pero gracias a ello se modificará la visión que tienes de ti mismo y de tu entorno de una forma fundamental. Cambiar las creencias esenciales negativas, encaminándolas en una dirección más realista, es como cambiar la casa de los espejos deformantes por una con espejos normales. En lugar de parecer un monstruo de tres pies, te verás como alguien normal y bien proporcionado.

Puedes encontrar ayuda para identificar, cuestionar y modificar las creencias básicas negativas en nuestro libro *Prisoners of Belief* [Prisioneros de las creencias] (McKay y Fanning, 1991). Si estás pasando por una crisis, fuiste víctima de maltrato infantil o careces de la motivación necesaria, busca la ayuda de un profesional que te ayude a aplicar esas técnicas.

IDENTIFICA TUS CREENCIAS ESENCIALES

El primer paso para cambiar tus creencias esenciales es hacerte consciente de ellas. No son evidentes, pero como los cimientos de una casa, sobre ellos descansa el resto de la estructura. Si te sientes estúpido, incompetente, feo, un fracasado o una mala persona la mayoría del tiempo, puede que no seas consciente de forma inmediata de las creencias que originan esos sentimientos. Pero gran parte de lo que haces, lo que crees y lo que sientes es una consecuencia directa de las creencias cuya influencia oculta alcanza cada centímetro de tu vida.

Para aumentar la conciencia de tus creencias esenciales, necesitas empezar un diario de tus diálogos internos. Este tipo de diario te da la oportunidad de registrar tu diálogo interior (lo que te dices a ti mismo) en los momentos en que te sientes enfadado, deprimido, culpable, y así sucesivamente.

Al principio puede que te resulte difícil detectar justo ese momento en que emites juicios negativos sobre ti. Este tipo de pensamientos pueden estar tan arraigados que tal vez tengas que hacer un esfuerzo especial solo para identificarlos y distinguirlos del «ruido de fondo» de tu vida. Mucha gente tiene problemas, además, en diferenciar pensamientos y sentimientos. Como verás en el «Ejemplo de un diario de diálogo interno», los sentimientos pueden resumirse en una o dos palabras (*incompetente, inadecuado, derrotado*), mientras que los pensamientos son más complejos: serían como las partes que rescatas de un diálogo. El conjunto de tus pensamientos forman tu diálogo interno y sirven para reforzar y confirmar tus creencias esenciales principales.

Mantén un diario de tu diálogo interno durante una semana, usando el formato que te mostramos a continuación. Empléalo para descubrir tus creencias esenciales identificando situaciones en las que tu autoestima estaba particularmente baja (te sentías aburrido, poco atractivo, sin valor, una mala persona, un fracaso, estúpido, incompetente, lleno de defectos, etcétera). Lleva el diario contigo a todas partes para poder registrar esas situaciones, pensamientos y sentimientos tan pronto como ocurran, cuando todo está todavía reciente en tu mente.

EJEMPLO DE UN DIARIO DE DIÁLOGO INTERNO

George es un padre divorciado que trabaja fabricando herramientas.

Fecha de inicio: *viernes 2 de octubre*
Fecha final: *jueves 8 de octubre*

SITUACIÓN	AFIRMACIONES	SENTIMIENTO
El troquel de forjar en el que estaba trabajando se ha atascado y se ha roto	Estúpido idiota... Siempre rompiendo cosas...	Incompetente, inútil
Billy se ha hecho una pequeña herida en el brazo intentando aprender a montar en bicicleta	¿Por qué no lo he vigilado mejor? No puedo hacer nada bien. Los niños estarían mejor sin mí	Inadecuado
Hablo con el jefe sobre el troquel roto	Sabe que he sido yo. Nunca conseguiré ese aumento de sueldo. Estúpido idiota... hablas como si no tuvieras un cerebro en la cabeza	Derrotado, enfadado
No puedo dormir preocupado por el trabajo, los niños, Sara	Nunca serás bastante bueno para ellos. Abro la boca y parezco estúpido... Siempre la lío... No sé comportarme con las mujeres... No tengo sutileza... No me extraña que Sara me dejara	Desesperado
En la tienda de alimentación, una señora que estaba detrás de mí en la cola pregunta si puede pasar delante. ¡Entonces aparece su marido con otro cesto lleno de comida!	Qué imbécil. La gente se da cuenta de que eres un monigote, tendrías que llevar un cartel que dijera: ¡dame una patada!	Enfadado

Mi DIARIO DE DIÁLOGO INTERNO

Fecha de inicio:

Fecha de fin:

SITUACIÓN	AFIRMACIONES	SENTIMIENTO

Necesitarás unas quince hojas en blanco para empezar. También puedes dibujar estas tres columnas en un cuaderno. Puedes usar el mismo cuaderno para los siguientes ejercicios de este capítulo. Apunta las fechas de inicio y final de tu diario y mantenlo al menos durante una semana completa.

Escalonamiento y análisis del tema

Siempre que no puedas recordar partes de tu diálogo interno, emplea la técnica de visualización para recordar detalles específicos de la situación (ver el capítulo 14). La visualización estimulará tu memoria y te ayudará a representarte una explicación detallada de tus sentimientos y afirmaciones.

Después de registrar tu charla interior durante una semana, puedes analizarla para descubrir las convicciones básicas que están alimentándola en gran parte. Puedes hacerlo usando las técnicas llamadas escalonamiento y análisis del tema.

El escalonamiento revela las creencias esenciales haciendo preguntas a tu diálogo interno. Estos interrogantes proporcionan una forma sistemática de buscar las creencias que sostienen tus afirmaciones.

Para usar el escalonamiento, primero elige una afirmación de tu diálogo interno (por ejemplo, de George: «Qué imbécil»). En una hoja en blanco, escribe una pregunta que lleve esa afirmación hacia su extremo lógico. Luego sigue con otra pregunta que analice qué significa para ti esa respuesta. Para la primera pregunta, usa el formato «¿y qué si _____?». La segunda pregunta debe enunciarse con el formato «¿qué significa eso para mí?».

Ahora empieza el proceso de responder las sucesivas preguntas, acabando las respuestas con una repetición de «¿qué significa eso para mí?». Como los peldaños de una escalera, este proceso de repetición te llevará hacia abajo, hacia las profundidades de las creencias esenciales que sostienen cada afirmación. Así es como funcionó el proceso con George:

¿Y qué si soy tonto de remate? ¿Qué significa eso para mí? Significa que la gente siempre se aprovechará de mí.

¿Y qué si la gente se aprovecha de mí? ¿Qué significa eso para mí? Significa que siempre me llevaré la peor parte.

¿Y qué si siempre me llevo la peor parte? ¿Qué significa eso para mí? Significa que soy una víctima.

¿Y qué si soy una víctima? ¿Qué significa eso para mí? Significa que nunca tendré éxito en lo que intente hacer.

George pudo detenerse aquí. Llegó a la creencia básica que sostenía su pensamiento «qué imbécil».

Durante el proceso de escalonamiento, evita responder las preguntas con sentimientos («Significa que me asusta y me siento sobrepasado»), porque no lleva a ningún sitio y no sirve para detectar tus creencias. Limita tus respuestas a afirmaciones que expresen conclusiones, suposiciones y creencias.

La otra técnica para descubrir tus creencias básicas es el análisis de temas. Para realizar este proceso tienes que buscar un asunto que se repita durante muchas de tus situaciones problemáticas. George vio la incompetencia y la estupidez como cuestiones recurrentes en muchas de las situaciones que le hacían sentirse incómodo (el troquel roto, la herida de su hijo, la bronca del jefe).

Susie, una enfermera que trabajaba a media jornada, leyó la lista de situaciones problemáticas que le provocaban ansiedad o depresión:

- Comprar un coche de segunda mano.
- Que Phil no se sienta atraído por mí.
- Intentar pedir un aumento de sueldo.
- Tratar de afrontar las quejas sobre la conducta de mi hija en el colegio.

- Cuestionar las indicaciones del médico en beneficio del paciente.

Al leer la lista, Susie reconoce una creencia esencial de que es una persona desvalida, incapaz de resolver problemas, satisfacer sus necesidades y manejar un reto con eficacia.

Su diálogo interno confirmó esta creencia básica de ella como una mujer débil e indefensa («Solo una mujer... Me equivocaré... Él nunca te escuchará... Es como hablar con una pared...»).

Puedes descubrir tus creencias esenciales analizando tu diario de esta manera. Busca temas persistentes en las situaciones problemáticas y escríbelos.

Aprende tus reglas

El siguiente ejercicio te ayudará a identificar las reglas implícitas, no evidentes, que has desarrollado para mantener tus sentimientos y tu conducta en línea con tus creencias básicas. Si descubres más de una creencia al realizarlo, céntrate en una que parezca tener más impacto negativo en tu autoestima. Por ejemplo, ¿hace esa creencia que estás convencido de que eres un fracaso, sin atractivo, incompetente, alguien que no tiene valor? Es hora de trabajar para cambiar esa creencia.

Por desgracia, una convicción básica es tan subjetiva que no puedes cuestionarla directamente. Pero sí puedes cuestionar las reglas que se derivan de ella. A partir de cada una de tus creencias esenciales estableces una serie de planes de acción de cómo debe ser tu vida, de cómo evitar el dolor y el desastre. Por ejemplo, si crees que eres un fracaso, tus reglas pueden incluir lo siguiente: nunca te esfuerces demasiado. Nunca hagas preguntas. Nunca esperes progresar. Nunca pruebes los deportes de equipo. Nunca dejes un trabajo. Nunca cuestiones las opiniones de otras personas. Si crees que no tienes valor, reglas de vida pueden incluir: nunca pidas nada. Siempre trabaja más de la cuenta. Nunca digas no. Siempre trata de ser perfecto. No admitas nunca un fallo o un error. Nunca inicies contacto con alguien atractivo.

El siguiente ejercicio puede ayudarte a identificar esas reglas a partir de una creencia esencial.

EJERCICIO

Paso 1: escribe tu creencia esencial en la parte superior de la página.

Paso 2: lee la lista de verificación de reglas esenciales que encontrarás más adelante. Para cada línea de la lista, pregúntate: «Si mi creencia básica es cierta, ¿qué reglas rigen en esa situación? ¿Qué tengo que hacer y qué tengo que evitar?». Sé sincero. Pregúntate: «¿Qué hago para superar esta creencia? ¿De qué formas me protejo del dolor y el desastre de esta situación? ¿Qué sentimientos o conductas evito? ¿Cómo se supone que debo actuar? ¿Cuáles son mis límites?». Tus respuestas te dirán cuáles son tus reglas esenciales para vivir. Escríbelas sin censurarte. Tal vez quieras hacer más copias de la lista de verificación en blanco para usarlas en el análisis de distintas creencias básicas.

Lista de verificación de reglas básicas

(adaptada de Prisoners of Belief, de Matthew McKay y Patrick Fanning, New Harbinger Publications, Inc., 1991):

Lidiar con otras personas y...
- Su ira.
- Sus necesidades, deseos y peticiones.
- Su decepción y tristeza.
- Su retraimiento.
- Sus elogios y apoyo.
- Sus críticas.
- Lidiar con los errores

Lidiar con el estrés, los problemas y las pérdidas

Asumir riesgos, probar cosas nuevas y desafíos

Conversación

- Expresar...
- Tus necesidades.
- Tus sentimientos.
- Tus opiniones.
- Tu ira.
- Tu dolor.
- Tus esperanzas, deseos y sueños.
- Tus límites y negativas.

Pedir apoyo y ayuda.

Estar...

- Solo.
- Con desconocidos.
- Con amigos.
- Con familia.

Confiar en otros.

Hacer amigos...

- A quién buscar.
- Cómo actuar.

Encontrar un compañero sexual...

- A quién buscar.
- Cómo actuar.

Relaciones sentimentales actuales.

Sexo.

Trabajo y carrera.

Lidiar con los hijos.

Salud y enfermedad.

Actividades de ocio.

Viajes.

Mantener tu entorno y cuidarte.

Susie, la enfermera, descubrió sus propias reglas de vida usando la lista de verificación como guía:

Lidiar con la ira de otras personas.

Mantener la paz, estar de acuerdo con Phil cuando se enfada.

Expresar tus necesidades.

No obligar a Julie a limpiar su habitación.

No pedir ayuda a Phil ni a Julie.

Expresar tus opiniones.

No crear problemas en el hospital.

Expresar tu ira.

No informar de las incompetencias del médico.

Comunicar tus límites.

No confrontar al profesor de Julie.

Lidiar con el estrés, los problemas y las pérdidas.

No tomar decisiones o resolver problemas yo sola.

Sexo.

No tratar de persuadir a Phil para tener relaciones cuando él no las inicia.

Cuando Susie acabó su lista de reglas, revisó la lista de predicciones catastróficas que reforzaba cada una de esas reglas:

REGLAS	PREDICCIONES CATASTRÓFICAS
Estar de acuerdo con Phil	Se irá y me dejará
No obligar a Julie	Se rebelará; me rechazará, tal vez se irá
No crear problemas en el hospital	Me pondrán la etiqueta de problemática; me recortarán las horas
No informar de incompetencias	Me despedirán. El médico se enfadará
No confrontar al profesor de Julie	Lo pagará con Julie

REGLAS	PREDICCIONES CATASTRÓFICAS
No pedir ayuda	Se molestarán y me rechazarán
No tomar decisiones	Me equivocaré, empeoraré la situación
No iniciar acercamiento sexual	Me sentiré humillada; él me rechazará

Todas tus reglas se mantienen gracias a la creencia de que algo horrible ocurrirá si las rompes. Las predicciones catastróficas hacen que cuestionar esas reglas te cause terror. Esas predicciones se desarrollaron, lógicamente, en épocas de dependencia y peligro, durante la infancia o durante relaciones en las que estuvo presente el maltrato, por ejemplo. Pero tal vez esas suposiciones ya no sean válidas. Hay que poner a prueba su validez en el momento actual y si ya no son correctas, se pueden crear reglas positivas más objetivas.

Cuestiona tus reglas

Después de enumerar tus predicciones catastróficas para cada regla, selecciona aquella que vas a cuestionar siguiendo estas cinco recomendaciones. Tomemos de nuevo como ejemplo a Susie.

1. **Escoge una regla para la que sea fácil elegir una situación de validación.** Para Susie será más fácil cuestionar la regla «no obligar a Julie a limpiar su habitación». Todo lo que pide es una respuesta asertiva. «No informar de las incompetencias del médico» es más difícil, porque Susie está obligada a esperar de forma pasiva a que la situación de incompetencia se dé.

2. **Escoge una regla que te permita cuestionar directamente la creencia esencial.** «No crear problemas en el hospital» no es una buena regla que cuestionar. Incluso si Susie se queja y todo va bien (en otras palabras, si no pasa nada), la experiencia no tiene mucha relevancia para su creencia de que es una

persona indefensa. «No tomar decisiones» es una regla más fácil de cuestionar, porque la toma de decisiones eficaz es lo contrario de ser alguien inepto o indefenso.

3. **La regla debe incluir una predicción clara de una conducta de respuesta (tuya y de los demás), no solo sentimientos subjetivos.** «No tomar la iniciativa en el sexo» es una buena regla que Susie puede cuestionar, porque le será fácil descubrir si Phil la rechaza o no. «No pedir ayuda» es menos adecuada para cuestionarla, ya que la predicción catastrófica de Susie comporta la «lectura mental» de los sentimientos de otras personas.

4. **El resultado debe ser relativamente inmediato.** No cuestiones algo que tardarás semanas o meses en validar.

5. **Escoge una regla que te cause relativamente poco miedo o una que puedas cuestionar progresivamente, empezando por un riesgo leve y progresando a un riesgo avanzado.** «Confrontar al profesor de Julie» puede conllevar un riesgo demasiado elevado, sobre todo al principio. «Tomar decisiones» comporta menos riesgo y Susie puede comenzar por decisiones relativamente triviales. A medida que su confianza se desarrolle, podrá ir avanzando hacia otras más importantes.

Las siguientes recomendaciones te ayudarán a diseñar la mejor situación para cuestionar cualquier regla que hayas decidido analizar.

Para hacer la prueba inicial, identifica una situación de relativamente bajo riesgo. Susie decidió cuestionar la regla «mantener la paz, estar de acuerdo con Phil cuando se enfada». Como él nunca ha sido violento o cruel con ella, sabía que estar en desacuerdo con él no implicaba una amenaza real o un desastre.

Empieza un registro de predicciones. Usa una libreta para escribir una predicción específica de la conducta o el desastre que esperas que ocurra después de romper la regla. Así es como Susie planeó cuestionar su regla sobre estar de acuerdo con Phil: «Cuando se enfade por mi forma de gastar el dinero, le pediré que hablemos más tarde, cuando se haya calmado». La predicción catastrófica de Susie era que Phil la dejaría a ella y a su familia. Aunque los sentimientos de ambos podían haberse incluido en la predicción, Susie se dio cuenta de que sería más fácil fijarse en los resultados observables.

Comprométete contigo mismo a romper la regla. Reserva un momento, lugar y situación concretos para romperla y confirma tu compromiso con una persona que te ayude, si es posible. Más tarde, puedes contarle a esa persona los resultados.

Crea un guion para tu nueva conducta. Visualiza lo que harás. Haz una prueba imaginaria con tu persona de apoyo o graba una prueba simulada. Examina el tono de tu voz y tu lenguaje corporal en busca de signos negativos que promuevan o programen anticipadamente las consecuencias que quieres evitar. Si pareces frío, culpabilizador, defensivo o inseguro, puedes estar creando una profecía autocumplida.

Prueba tu nueva conducta y recoge información. Escribe los resultados de tu prueba en tu registro de predicciones. ¿Qué ocurrió de lo que habías previsto? ¿Qué dejó de ocurrir? Para confirmar lo que has observado, formula a las personas implicadas preguntas que te ayuden a interpretar sus reacciones a tu prueba:

- ¿Cómo te sentó eso?
- ¿Reaccionaste de alguna manera a lo que dije?
- No sabría decir qué pensaste cuando hablamos de_____
  _____.
- Tuve la impresión de que pudiste sentirte_____cuando dije_____.
- ¿Te pareció bien que yo_____?

Escribe las respuestas en tu registro, además de tus propias percepciones. Por ejemplo, ¿cómo se veía a la otra persona durante tu prueba? ¿Qué fue exactamente lo que dijo? ¿Qué te indicaba su lenguaje corporal? Escoge otras situaciones para poner a prueba tu regla, y repite los pasos 2 a 5 para cada prueba. Elige además situaciones que incrementen el riesgo gradualmente. Al obtener más y más resultados positivos a situaciones que rompen tus reglas, tu creencia básica puede acabar viéndose modificada.

Susie cuestionó varias veces su regla de «mantener la paz, estar de acuerdo con Phil cuando se enfade». Descubrió que él continuaba abrumándola con sus opiniones vehementes, pero no de forma tan drástica como ella había esperado. Durante la primera prueba él se fue de la casa durante una hora, pero el abandono que ella había previsto nunca sucedió. También empezó a cuestionar la regla «no pedir ayuda a Phil ni a Julie». A veces parecían molestos e irritados, pero la predicción catastrófica de Susie nunca se hizo realidad. Además, descubrió que unas tres de cada cuatro veces conseguía lo que pedía. A medida que amplió la exploración de la validez de sus reglas, sus pruebas se volvieron más espontáneas y arriesgadas. Visualizó con más frecuencia situaciones que confrontaban la rabia de Phil. A medida que su autoestima mejoró, revisó sus creencias básicas incansablemente.

Sigue cuestionando tus reglas. Te encontrarás con obstáculos durante el camino, pero tu registro de predicciones te mostrará un objetivo y una visión calculada de los riesgos que comporta romper tus reglas. Esto te servirá para mitigar tus miedos y seguir intentándolo.

NUEVAS CREENCIAS ESENCIALES

Después de haber cuestionado bastantes reglas y de haber anotado tus resultados en el registro de predicciones, es hora de reformular las creencias esenciales que has estado cuestionando. Anota cualquier cosa que haya resultado ser completamente falsa e incluye las «realidades compensadoras», aquello que has aprendido sobre ti que cambia o suaviza las antiguas creencias negativas. Si hay alguna creencia que, en gran medida, haya demostrado ser cierta, anota las excepciones.

¿Te acuerdas de George, que trabajaba fabricando herramientas? Creía que era estúpido e incompetente. Se culpaba del accidente de bicicleta de su hijo dándose la explicación de que no le prestó suficiente atención. La regla de George había sido «no lleves a Billy a sitios donde no lo puedas vigilar bien. Se perderá o se hará daño». Puesto que él y la madre de Billy estaban divorciados, esta regla significaba que

George corría el riesgo de ver reducido su contacto con su hijo. Esto estaba teniendo un efecto devastador en la relación. Después de que comenzase a cuestionar la regla con salidas más arriesgadas, fue capaz de reformular su creencia central: «Si tengo bastante cuidado, puedo ser un padre responsable. Cuido bien a Billy. En quince sábados, ha tenido unos pocos problemas corrientes. Pero nunca se ha perdido y nunca le ha pasado nada malo».

Susie reformuló una de sus creencias básicas diciendo: «Soy capaz de solucionar problemas y de tomar decisiones, y también de decir lo que necesito, sobre todo a Phil y Julie. Algunos desafíos importantes, como lidiar con problemas serios en el hospital, siguen dándome miedo, pero estoy siendo cada vez más capaz de lidiar con la ira de los demás (sobre todo con la de Phil) y con los conflictos».

Los ejemplos de Susie y George te pueden servir para seguir sus mismos pasos con el objetivo de cambiar creencias básicas que persisten en ti de forma profunda. La serie de pruebas y ensayos puede llevarte varias semanas, pero sé paciente. Los resultados harán que el esfuerzo valga la pena.

Nuevas creencias es igual a nuevas reglas

Ahora que has modificado una vieja creencia básica, necesitas cambiar algunas o todas las reglas que se derivaban de ella. Pon tus nuevas normas en forma de afirmaciones sobre ti. Escríbelas en primera persona («Puedo manejar los conflictos» en lugar de «Puedes manejar los conflictos»). Tus afirmaciones deben ser cortas, positivas y sencillas. Y también deben estar en tiempo presente («Tomo buenas decisiones» en lugar de «Tomaré buenas decisiones»).

Tus nuevas reglas pueden resultarte algo incómodas al principio. Esto es perfectamente normal, puesto que se oponen a ideas sobre ti y sobre el mundo que has mantenido durante mucho tiempo. Pero si las utilizas, si te las sigues recordando, estas afirmaciones apoyarán y reforzarán el cambio que estás llevando a cabo.

Así quedaron las viejas reglas de Susie comparadas con sus nuevas afirmaciones:

REGLAS ANTIGUAS	REGLAS NUEVAS
1. Estar de acuerdo con Phil	1. Puedo manejar el conflicto
2. No obligar a Julie	2. Espero que Julie cumpla las peticiones razonables que le hago
3. No crear problemas en el hospital	3. Comento lo que me parece importante
4. No informar de incompetencias	4. Asumo riesgos por lo que es correcto
5. No confrontar al profesor de Julie	5. Comento lo que me parece importante
6. No pedir ayuda	6. Puedo pedir lo que necesito
7. No tomar decisiones	7. Tengo un buen criterio
8. No iniciar el acercamiento sexual	8. Puedo iniciar un acercamiento sexual cuando quiera

A medida que escribas tus nuevas reglas, puede parecerte que pertenecen a otra persona, alguien mucho más positivo de lo que alguna vez pensaste que serías. Lo cierto es que trabajar en tus creencias básicas te cambia de forma asombrosa. Por ello, quizás sientas dudas acerca de tus nuevas normas. Hay una técnica que puede ayudarte a confirmar tus nuevas reglas, llamada registro de evidencias. Como el registro de predicciones, el registro de evidencias es una herramienta que te ayudará a creer en la validez de los cambios que estás realizando. Todo lo que necesitarás serán las páginas de un cuaderno y algunas observaciones cuidadosas de tu parte. La confirmación que proporciona el registro de evidencias reforzará la confianza en tus nuevas creencias y reglas.

El registro de evidencias

Usa tu registro de evidencias para dejar constancia de las interacciones, acontecimientos o conversaciones que apoyen y confirmen tus nuevas reglas y creencias. En el lado izquierdo de la página, escribe «Fecha», en la siguiente columna un encabezamiento que diga «Qué ocurrió» y en el lado derecho otro encabezamiento que rece «Qué significa».

Esta es la entrada del registro de evidencias de Susie en la que dejó constancia de una nueva creencia central: «Soy una mujer fuerte con algunas debilidades».

FECHA	QUÉ OCURRIÓ	QUÉ SIGNIFICA
8/10	Tomé las principales decisiones sobre la reforma de la cocina	Asustada pero confiada. Nunca antes he hecho algo por mi cuenta, como esto. Puedo trabajar con los contratistas, desarrollar planes y ajustarme a un presupuesto. He hecho un trabajo realmente bueno
14/10	Informé de un anestesiólogo que había bebido alcohol antes de una operación.	Me preocupa perder mi trabajo, pero estoy haciendo lo correcto: proteger al paciente
15/10	Pedí ayuda para atender a un paciente difícil	Puedo conseguir más ayuda de mis compañeros de trabajo. Siento más confianza en que me ayudarán sin molestarse

Refuerza tus nuevas creencias básicas poniendo a prueba tus reglas y anotando tus resultados en tu registro de evidencias. Sé persistente, sigue confirmando tus nuevas reglas, pero al principio establece límites seguros alrededor de las situaciones en las que las pongas a prueba. Por ejemplo, cuestiona tus reglas con la ayuda de un amigo comprensivo, en entornos con bajo riesgo (no en el trabajo) o en lugares y situaciones en los que te sientas totalmente seguro. Más adelante, cuando tu confianza y tu autoestima crezcan, puedes ampliar los límites de tus comprobaciones para incluir situaciones menos favorables o en las que actuar te resulte menos seguro.

Cuando hayas puesto en práctica de forma sólida una nueva creencia esencial, empieza a revisar otra. Sigue los pasos que se detallan en este capítulo, luego cuestiona y pon a prueba sus reglas. Revisar tus convicciones básicas contribuirá enormemente a aumentar tu autoestima.

17

FOMENTA LA AUTOESTIMA EN TUS HIJOS

Judith McKay

Quieres lo mejor para tus hijos. Deseas que sean buenas personas, que tengan éxito, que sean felices y competentes. Esperas que sean capaces de hacer amigos, de utilizar tus talentos y de aprovechar las oportunidades que el mundo les ofrezca.

Ayudar a tus hijos a desarrollar una fuerte autoestima es la función más importante de la paternidad. Un niño con una alta autoestima tiene muchas probabilidades de ser un adulto feliz y con éxito. La autoestima es la armadura que protege a los niñows de los dragones de la vida: las drogas, el alcohol, las relaciones dañinas y la delincuencia.

El poder de los padres

Da igual quién seas: tus padres o aquellos que te educaron son aún las personas más importantes de tu vida. Ellos son quienes ejercen la mayor influencia en tu forma de percibirte. Tu propia lucha por conseguir una buena autoestima te ha mostrado que son las mismas voces interiores que oíste durante tu infancia. Los miedos, los límites y los sentimientos de desamparo con los que luchas hoy han estado contigo desde tus primeros años de vida.

Son tus padres quienes te hicieron verte como una persona competente o incompetente, estúpida o inteligente, eficaz o incapaz, indigna de cariño o digna de recibir amor. Y son ellos las personas a quienes quisiste complacer. Tu necesidad de obtener su aprobación es tan intensa que la motivación para conseguirla puede persistir incluso mucho después de que hayan muerto.

Intenta recordar lo que querías de tus padres. ¿Querías su perdón, su reconocimiento, su admiración? ¿Qué significaría para ti hoy que tus padres apreciasen lo que eres realmente: tus límites, tus habilidades singulares, tus sueños?

Quizás no consigas nunca ese reconocimiento de ellos y tengas que aprender a darte el regalo de la aceptación. Pero también puedes darles este regalo a tus hijos. Cuando les ofreces aceptación, cuando de verdad los ves, los valoras y los aprecias, les das a tus hijos una armadura psicológica que los protegerá de por vida.

LOS PADRES COMO ESPEJO

Eres todo el mundo de tu hijo pequeño: la fuente de su comodidad y seguridad, la protección de sus temores y su dolor. En cada una de sus horas de vigilia, aprende de ti. Eres el espejo que muestra a este nuevo ser quién es.

Un bebé aprende de tu sonrisa que es encantador, de tus caricias deduce que está seguro y de tu respuesta a su llanto, un bebé aprende que es eficaz e importante. Estas son las primeras lecciones sobre su valía y los fundamentos de su autoestima.

Los niños que no reciben consuelo, a quienes no se toma en brazos, a quienes no se les habla, mece y quiere aprenden otras lecciones acerca de su valía. Aprenden que su llanto de malestar no les proporciona alivio. Aprenden la impotencia. Aprenden que no son importantes. Estas son las primeras lecciones de una baja autoestima.

Cuando crecen, los niños cuentan con otros espejos que les muestran quiénes son. Este papel lo cumplen los profesores, amigos y otros cuidadores, pero un niño volverá al reflejo del espejo que le dieron sus padres en relación con el sentido de propia bondad, importancia y valía básica.

Proporcionarles un espejo positivo a tus hijos no significa que apruebes todo lo que hacen o que les dejes hacerse cargo de la familia. Se puede criar a niños socializados y razonables con una fuerte autoestima. Para lograrlo tendrás que cuidar a tu hijo, cuidar de ti mismo y cuidar tus patrones de comunicación.

Mira a tu hijo

Ver realmente a tu hijo no es fácil. Tu visión está enturbiada por tus esperanzas y temores. Tal vez tu hijo te recuerda a ti mismo, o a tu pareja o a otro de tus hijos. Tienes opiniones sobre cómo debería ser tu hija y sobre cómo esperas que sea. Es un reto, pero cuando seas capaz de ver con exactitud a tu hijo, recibirás la recompensa de una relación más satisfactoria, con expectativas más razonables y menos conflictos. Y estarás ayudando a que desarrolle una buena autoestima.

Ver con precisión a tus hijos fomenta la autoestima de cuatro formas diferentes: en primer lugar, puedes reconocer sus habilidades y talentos concretos, puedes reforzarlos, criarlos y ayudarlos a ver qué hay de especial en ellos. En segundo lugar, eres capaz de comprender su conducta a partir de quienes ellos son: no interpretas erróneamente una timidez natural como una muestra de hostilidad o la necesidad de privacidad como un rechazo. Cuando las conductas se ven en un contexto, incluso las más negativas son más comprensibles y predecibles. En tercer lugar, ver a tus hijos con exactitud te ayudará a centrarte en las conductas importantes que hay que cambiar: aquellas conductas que son perjudiciales para ellos, que los aíslan socialmente o que son molestas para la familia. En cuarto lugar, cuando los niños sienten que sus padres los ven y los comprenden de verdad, pueden permitirse ser auténticos. Esos niños no tienen que esconder partes de ellos mismos por miedo a que los rechacen. Si aceptas a tu hijo en su totalidad, las partes buenas y las malas, él podrá aceptarse a sí mismo. Esta es la piedra angular de la autoestima.

EJERCICIO: ¿QUIÉN ES TU HIJO?

Este ejercicio te ayudará a mirar a tu hijo y a entender lo que ves en él:

1. Durante una semana, escribe una descripción de tu hijo. Imagínate que la estás escribiendo para alguien que no lo conoce, como un antiguo compañero tuyo del colegio o un familiar lejano. Asegúrate de que describes a tu hijo con todo lujo de detalles: física, social, intelectual y emocionalmente. ¿Cómo se comporta en el colegio? ¿Qué le gusta hacer cuando está solo? ¿Qué le irrita, le hace feliz, le supone un reto? ¿En qué destaca? ¿Cuáles son sus fallos? ¿Cómo satisface sus necesidades de seguridad, atención y afecto? ¿Qué te cuesta más de tu hijo? ¿En qué se parece a ti? ¿En qué es diferente? ¿Le gustan más las situaciones estructuradas o la libertad? ¿Prefiere el orden o el caos? ¿Le gusta la música, los deportes, el dibujo, los libros o las matemáticas?
Escribe una descripción lo más detallada posible y ve aumentándola durante la semana. Te descubrirás pensando en tu hijo y mirándolo como nunca lo habías hecho antes. Puedes descubrir cualidades que nunca habías visto o cambiar una opinión. Una madre descubrió que aún consideraba a su hijo de dieciséis años como una persona «despistada, en las nubes». Cuando tenía doce años, siempre se dejaba la puerta abierta cuando salía de casa. Olvidaba el bocadillo en el autobús o la chaqueta en el campo de juego. Hacía los deberes equivocados. Cuando escribió su carta descriptiva, se dio cuenta de lo mucho que había cambiado. Era un chico responsable en la casa, sacaba buenas notas, tenía un trabajo después de las clases y se había comprado su propio coche. Ya no era el «atolondrado despistado» que había sido a los doce años.
Para completar tu descripción, habla con otras personas que conozcan a tu hijo: profesores, amigos o padres de sus

amigos. Puede sorprenderte (e incluso deleitarte) descubrir alguna cualidad que los demás han percibido y que tú nunca viste en casa. Pueden describir a tu hija como una auténtica líder o como alguien con verdadero espíritu de equipo. Pueden hablar de ella como una persona útil, sensible o divertida. Convierte esta descripción en una búsqueda del tesoro de sus talentos. Busca las semillas de sus potenciales. Sé sincero con sus limitaciones, hábitos molestos y fuentes de conflicto.

2. Ahora regresa a la descripción y subraya las cualidades positivas y negativas de tu hijo. Harás dos listas: la primera tendrá todas las cualidades positivas, talentos, habilidades, intereses y áreas potenciales de crecimiento que quieres fomentar. La otra lista incluirá las cualidades negativas, limitaciones, problemas potenciales y malos hábitos.

Esta es una lista parcial de Joana, una gimnasta de doce años muy apreciada por sus amigos:

CUALIDADES POSITIVAS	CUALIDADES NEGATIVAS
Divertida	Hiperactiva: no puede estarse quieta
Creativa	Se frustra con facilidad
Resuelta	Saca malas notas en matemáticas
Tiene dotes artísticas: dibujo, plastilina, tela.	Se pelea con su hermana
Extrovertida y sociable	Desordenada, despistada
Muy coordinada: se le dan bien los deportes	Muy influenciable por sus amigos. Rinde mal cuando hay cambio de planes

Mira lo positivo

Una vez hayas elaborado las listas, mira las cualidades positivas y escoge dos o tres aspectos que querrías reforzar. Asegúrate de que estas cualidades son realmente virtudes, habilidades o áreas de especial talento de tu hijo, no algo que tú desearías que tuviese. Cada vez que refuerzas esa conducta (elogiándola, recompensándola o reconociéndola) fomentarás que tu hijo vuelva a ponerla en práctica. Reforzar las cualidades positivas reales es una estrategia importante para potenciar la autoestima.

Aquí tienes tres medidas que puedes adoptar para reforzar sus cualidades positivas:

1. **Date cuenta de sus ejemplos de habilidad (talentos, capacidades, intereses, etcétera) en circunstancias muy distintas.** ¿Cómo las muestra tu hijo en el colegio? ¿Y en casa? Díselo. Tal vez no es capaz de apreciar esas capacidades por sí mismo: «Estoy seguro de que eres bueno resolviendo problemas»; «Has colocado las flores como una verdadera artista, ¡qué bonito!»; «Solo alguien con mucha coordinación y equilibrio podía subir a ese árbol y rescatar a la gata».

2. **Encuentra la oportunidad de elogiar a tu hijo con frecuencia.** Y no olvides alabar sus capacidades delante de otros. Más adelante hablaremos del lenguaje de los elogios. Enseña sus trabajos, trofeos, cuentos o esculturas. Relata la historia de cómo resolvió un dilema. Destaca lo paciente, imaginativo, decidido o creativo que es. Convierte a tu hijo en el héroe del cuento.

3. **Dale a tu hijo la oportunidad frecuente de demostrar su capacidad.** Tu hijo necesita muchas oportunidades para desarrollarla y probarla, reforzarla y contar con ella. Para desarrollar cualquier habilidad, sea nadar, leer o pensar, el niño necesita mucha práctica. Estos tres pasos reforzarán la conducta positiva. Tu hijo aprenderá a valorar esos talentos y a considerarse a sí mismo capaz y especial en estas áreas. Incluso cuando

tenga problemas en otras áreas, puede sentirse bien todavía, porque destaca de forma extraordinaria en otras.

Después de reforzar estas conductas durante dos semanas, regresa a la lista y escoge otros dos o tres aspectos más para reforzarlos de la misma manera. Pronto te acostumbrarás a encontrar las cualidades positivas especiales en la vida cotidiana de tu hijo. Como tú lo consideras de forma positiva, él empezará a verse también así. Las voces interiorizadas de los padres, las voces que potencian o destruyen la autoestima, se teñirán de elogio y aprecio. Y tu hijo desarrollará la capacidad de fomentar su propia autoestima.

Mira lo negativo

Cada una de las acciones de tu hijo es un intento de satisfacer sus necesidades, tanto si su conducta consigue responder a ellas como si no. Esto es así con independencia de si su conducta es aceptable o no.

Un niño que se pelea con sus hermanos, se comporta deliberadamente mal, se hace el bebé o actúa como si fuera más pequeño... ¡necesita algo! Puede ser más atención, menos presión o más retos. Un hijo desafiante puede necesitar que impongas límites coherentes a su conducta. Una hija que se comporta mal o se queja continuamente puede necesitar tu atención exclusiva durante un momento, para poder expresar lo que quiere de verdad y sentir que la escuchan. En muchos casos, si eres capaz de descubrir qué necesidad está expresando, puedes ayudar a tu hijo a satisfacerla de forma más apropiada.

Prueba este ejercicio. Hazte estas tres preguntas sobre cada aspecto de la lista negativa:

1. ¿Qué necesidad está expresando con esta conducta?
2. ¿Puedo ver alguna cualidad positiva expresada en esta conducta?
3. ¿Cómo puedo ayudar a mi hijo a expresar esta cualidad y satisfacer tus necesidades de forma más positiva?

Un padre describió a su hija como una chica «tozuda e inflexible, obstinada y mandona». Primero se fijó en la necesidad que estaba expresando con su comportamiento. Se dio cuenta de que tenía una gran necesidad de controlar lo que le ocurría. En lugar de calificarla de «tozuda e inflexible», el padre reformuló su conducta de forma positiva. Entonces vio a una chica decidida e independiente que tenía una opinión clara de cómo debían ser las cosas. Después de pensarlo, decidió seguir tres estrategias para ayudar a su hija a expresar su independencia y su necesidad de control:

1. Darle la posibilidad de elegir siempre que sea posible. Por ejemplo: «¿Quieres hacer tus deberes ahora o después de cenar?» o «Puedes ver una hora de televisión. Decide qué quieres ver».

2. Reforzar las formas positivas y adecuadas que tiene de expresar su determinación y su independencia: «Cuando quieres algo, no paras hasta que lo consigues; me gusta eso».

3. Reconocer cuánto le cuesta aceptar la decepción: «Te costó muchísimo seguir intentándolo aunque los demás chicos eran mucho mayores. Siento que no hayas entrado en el equipo».

Por supuesto, las cosas no siempre han de ser como ella quiere solo porque es decidida, y a veces tendrá que colaborar con los demás aun si es una persona independiente. Pero las decepciones y frustraciones son más fáciles de aceptar cuando los niños ven que sus padres saben y aceptan quiénes son y que reconocen sus esfuerzos y dificultades.

Los padres de Jamie se dieron cuenta de que tenía problemas para sentarse a hacer los deberes o practicar con el piano. Siempre estaba jugueteando, corriendo o peleándose con su hermano, buscando excusas constantes para salir y escabullirse.

¿Qué necesidad estaba expresando? Jamie tenía mucha energía física y nerviosa. Le costaba muchísimo «estarse quieta». Al final de la jornada escolar necesitaba dar vueltas. En lugar de considerar su energía como un problema, sus padres vieron que podía ser una facultad si se canalizaba de forma positiva. Si se le daba la oportunidad de ser realmente activa después del colegio, podría estar en mejores condiciones de sentarse a hacer los deberes después de cenar. De modo que decidieron hacer algunos cambios para asegurarse de satisfacer sus necesidades y que utilizara su energía de forma positiva. La animaron a apuntarse en un equipo de fútbol que entrenaba después de las clases y en el que se valoraba su estilo enérgico, y su buen rendimiento en este deporte le dio más autoestima y confianza. Además, le concedieron pausas frecuentes mientras hacía los deberes, porque estar sentada más de media hora le causaba inquietud. De hecho, ahora hacía más cosas en menos tiempo porque su concentración mejoraba después de una pausa. Jamie cambió las clases de piano por otras de batería y los fines de semana tenía clase de judo. Allí aprendió disciplina y control, utilizando su energía de otra forma positiva.

Algunas conductas deben ignorarse. Mira otra vez las entradas de la lista negativa. ¿Son algunos de estos aspectos cuestión de gusto, preferencia o estilo personal? No pierdas tiempo o energía tratando de cambiar esos rasgos, es mejor dejarlos. Ningún castigo o agobio convertirá a un niño tímido en uno extrovertido, o a un niño torpe en uno elegante. Olvídate de los peinados, vestimentas, gustos musicales, etcétera. Insistir en todas estas preferencias no servirá para cambiarlas. Más bien, lo que conseguirá es estropear las relaciones con tu hijo. Algunas de las conductas que te molestan pueden estar relacionadas con su edad o con la cultura en la que vive. Por ejemplo, los niños de ocho años imitan a superhéroes que son machos dominantes. Las chicas de doce años a menudo están «locas por los chicos». La búsqueda de independencia de los adolescentes hace que a veces se pasen de la raya. Enfadarse por el aspecto de tu hijo adolescente o por su forma de decorar la habitación solo servirá para crear conflictos y no lograrás cambiarlo. Fija límites para proteger a tu hijo y conservar tu salud, pero concéntrate en las cuestiones más importantes.

Un reto especial: el niño diferente

Tal vez tengas la impresión de que uno de tus hijos hubiera encajado mejor en una familia distinta a la tuya. «¿De dónde ha salido?», te preguntas a menudo. Es un artista sensible en una familia de atletas, una persona tímida en una familia de extrovertidos, una persona de aprendizaje lento en una familia de profesores. Ver las cualidades que tiene tu hijo, y dejar de ver las que no tiene, es un verdadero reto. Si intentas hacerlo «encajar en el molde», se sentirá frustrado e infeliz y terminará por creer que hay algo malo en él. Si reconoces y valoras sus cualidades, un niño que no encaje en tu patrón puede tener un buen concepto de sí mismo y una autoestima elevada.

Martin era un niño poco atlético de una familia de deportistas. Su padre era un líder del fútbol local y entrenaba al equipo del colegio. Su hermano había ganado tres diplomas escolares distintos en atletismo, béisbol y fútbol. Su hermana practicaba atletismo y natación. Aunque Martin no era atlético, tenía muchas habilidades en mecánica y era un gran aficionado a la música. De pequeño, siempre preguntaba cómo funcionaban las cosas, las desmontaba e intentaba arreglarlas. A los diez años, arregló un tocadiscos viejo y consiguió hacer una colección de discos de ópera de tiendas de ocasión. Construyó su propia radio para escuchar los conciertos y con los años se aprendió las mejores óperas y una gran cantidad de música clásica. Pero sus padres nunca supieron de estos logros. Su padre se sentía frustrado. Siempre estaba dispuesto a ayudarlo en actividades gimnásticas y de levantamiento de pesas, pero como no mostraba interés por esas cosas, padre e hijo tenían poco trato. A pesar de sus habilidades, Martin desarrolló una autoestima baja porque en aquella familia se sentía como un fracasado. Aunque sus padres lo dejaban tranquilo, nunca valoraban sus cualidades. Le costó muchos años encontrarse a sí mismo y a otros como él que lo valorasen y fomentasen su capacidad natural.

Si las facultades de tu hijo son realmente diferentes de las habituales en la familia, puede serte difícil incluso reconocerlas. El padre de Martin pensaba que su hijo «estaba dando vueltas por su habitación en vez de salir al sol y hacer deporte». Además, se sentía inútil cuando le hacía preguntas que no sabía responder, preguntas del tipo «¿cómo funciona una radio?». Nunca tuvo la oportunidad de compartir sus conocimientos deportivos con su hijo.

EJERCICIO

Si uno de tus hijos parece no adaptarse a la norma familiar, prueba este ejercicio. Escribe una breve descripción del «niño ideal», del que mejor expresaría ese patrón familiar. ¿Qué aspecto tiene? ¿En qué destaca? ¿Cuáles son sus intereses, rasgos de personalidad, aficiones y qué le desagrada? Enumera las cualidades ideales de ese niño y compáralas con las de tu hijo. Pon una «A» junto a las cualidades similares y una «D» junto a las que son distintas de las del niño ideal. Ten en cuenta que «diferente» no significa «negativo». Un atributo puede ser positivo aunque sea diferente de tu ideal. A continuación:

1. Fíjate en los aspectos que has marcado y en si puedes cambiar tu enfoque de lo que el niño no es a lo que es. Si a tu hijo no le gusta lo mismo que te gusta a ti, apunta lo que le gusta. Si no es competente en cualidades que tú valoras, describe las cualidades que tiene. Si tu hija es floja en matemáticas, busca el área en la que destaca: ¿inglés, debates, atletismo, música?

2. ¿Tienen las cualidades diferentes de tu hijo algo que tú valoras? Por ejemplo, tanto Martin como su padre eran personas muy analíticas. El padre era analítico en su forma de observar a sus alumnos: eso le convertía en un buen entrenador. Podía ver a un niño lanzar una pelota de baloncesto y decirle cómo debía cambiar su posición, el movimiento de su brazo y la técnica para conseguir ser un buen lanzador. Martin expresaba tus dotes analíticas de otro modo. A los quince años podía desmontar casi cualquier aparato y descubrir la avería de un coche escuchando el motor.

3. Revisa las listas positiva y negativa de tu hijo para incluir tus nuevas apreciaciones.

Cuando un hijo es diferente de la norma familiar, es especialmente importante reconocer, reforzar y admitir sus diferencias de forma positiva. Cuando no reconocemos su potencial, podemos estar privándolo de una importante oportunidad para aumentar su autoestima y su realización.

Los padres de Nancy nunca valoraron su talento para el patinaje sobre hielo; consideraban que era una actividad infantil y sencilla, una pérdida de tiempo y dinero. Gracias a su habilidad ganó una beca, con lo que empezó a participar en campeonatos locales. Sus padres nunca iban a verla y le recriminaban el tiempo que les restaba a sus actividades escolares. A menudo la amenazaban con obligarla a dejar el patinaje si descuidaba sus estudios. Con el apoyo y el reconocimiento de sus padres, pudo haber sido una gran patinadora, pero sin él se desanimó y lo dejó sin llegar a alcanzar nunca su potencial.

Cuando se refuerzan las cualidades positivas de un hijo que es diferente, hay que asegurarse de incluir algunas cualidades o talentos que son distintos del patrón familiar. Dile a tu hijo que es especial en sus diferencias: «Tú eres el que lo arregla todo; yo soy un manazas» o «Tú eres la creativa de la familia. ¿Qué haríamos sin ti?».

También puedes destacar la forma en que tu hijo es parecido o similar a la familia, aun si expresa de forma diferente esa cualidad. Esto le permitirá sentirse menos extraño: «Somos una familia de artistas: tres músicos y una bailarina» o «A todos nos gusta aprender cosas nuevas; algunos aprenden de los libros y otros de la experiencia».

Un hijo igual que tú

Tu hijo puede recordarte a ti mismo, bien a como eres ahora o a como eras. Si tu hijo tiene tus cualidades negativas, puede que seas demasiado sensible a ellas. Como padre, debes tener cuidado de no incurrir en el error de fijarte en las conductas negativas que son cuestión de gusto o preferencia o algo sobre lo que tu hijo tiene escaso control.

Ann había sido una niña obesa. Después de años de dieta, consiguió reducir su peso y llevaba orgullosa una talla 36. Cuando su hija Heather empezó a ponerse gordita a los ocho años, a Ann le costaba trabajo no reñirla para que comiese menos en cada comida. Hizo desaparecer todas las golosinas de la casa y empezó a preparar comidas bajas en calorías. Pero se dio cuenta de que Heather tendría que hacerse responsable de controlar su tendencia a engordar.

Si tus hijos tienen tus cualidades positivas, puedes experimentar una enérgica reacción cuando no rinden, no se aplican o no logran lo que pueden conseguir. Al reforzar las cualidades positivas de unos hijos muy similares a ti, incluye también las formas en que es diferente y en que expresa cualidades similares de diferente forma.

Por ejemplo, Clara es lista como su madre y le va bien en el colegio, pero está más interesada en ciencias que en historia y tiene más habilidades verbales que de escritura. Estas diferencias deberían ser observadas y reforzadas. Todos los niños quieren ser considerados únicos y sentir que tienen el permiso para desarrollarse a su manera.

LA ESCUCHA

«Yo nunca le cuento nada a mi madre –dice Carla, de dieciséis años–. Es un caso. Llego del colegio y está leyendo el periódico o haciendo un crucigrama. Me pregunta qué tal el día, pero me doy cuenta de que en realidad no está escuchando. Dice que puede oír y leer al mismo tiempo, pero sé que para ella es un latazo. A veces me dan ganas de decirle que me han secuestrado y torturado a la hora de comer, para ver si levanta los ojos del periódico. A veces se levanta y va a la cocina para empezar a preparar la cena en medio de nuestra "conversación". ¡Me saca de quicio!».

La madre de Carla no es un caso aislado. Muchos padres bienintencionados escuchan a sus hijos a medias. Uno llega del trabajo y hay muchas cosas que reclaman nuestra atención: los demás niños, las tareas domésticas, el teléfono, el perro. A lo mejor estás demasiado cansado para ser un buen oyente.

Pero es esencial para la autoestima de tu hijo que encuentres tiempo para escucharlo y hacerlo de una forma que exprese tu interés y disposición. Cuando te detienes y escuchas a alguien, le estás diciendo: «Eres importante. Lo que dices me interesa. Tú me interesas».

Cómo escuchar a tus hijos

Utiliza los siguientes consejos para escuchar a tus hijos:

1. **Asegúrate de que estás preparado para escucharlos.** Cuando llegas de trabajar, puedes necesitar media hora para recuperar el aliento y centrarte. Puedes estar preocupado por tu empaste roto o absorto en tu programa favorito de televisión. Tienes que poder atender algunas de tus necesidades antes de ser un buen oyente.

2. **Préstale toda tu atención a tu hijo.** Aunque solo sean cinco minutos de repaso después del colegio antes de que salga a jugar, deja a un lado el periódico, apaga la televisión, siéntate y escúchalo.

3. **Minimiza las distracciones.** Si suena el teléfono, responde rápido y pide que vuelvan a llamarte más tarde. Diles a los demás niños: «Phil y yo estamos hablando; dentro de un rato te ayudaré a encontrar tu jersey». Si tu hijo quiere contarte algo personal o que le avergüenza, tal vez necesite algo de intimidad, estar separado de sus hermanos. Si no puedes eliminar las distracciones, díselo a tu hijo y dedícale un tiempo más adelante: «Estoy preocupado por Mindy; hace una hora que debería haber llegado del colegio. Ahora no puedo escucharte. Después de cenar encontraremos un rato para hablar».

4. **Practica la escucha activa.** Haz preguntas, aclara situaciones, responde y mira a tu hijo. Dale todos los signos de que estás interesado en lo que te cuenta. Recuerda los nombres de sus amigos y sus mascotas. Pregúntale más detalles sobre algo que te dijo ayer. Se sentirá importante porque lo escuchas y recuerdas lo que le preocupa.

5. **Invita a hablar a tu hijo.** Algunos niños se te echarán encima tan pronto como abras la puerta; están llenos de novedades y tienen ganas de hablar. Pero sobre todo en las grandes familias puede haber al menos uno que tenga dificultades para conseguir un espacio de conversación. Aun si este hijo no te pide atención, puede necesitarla. Dedícale un tiempo exclusivo. Empieza haciéndole preguntas abiertas, y luego deja que él lleve la conversación. No es el momento de discutir sus malas notas o de quejarse del desorden de su habitación.

Qué escuchar

Igual de importante que escuchar a tus hijos es saber qué es lo que tienes que escuchar:

1. **Escucha el núcleo central de la historia.** Cuando tu hijo te esté hablando, pregúntate: «¿Por qué es importante esto para él? ¿Qué me está intentando decir?». ¿Te está contando sus planes? ¿O que ha conseguido resolver un problema? ¿Te está diciendo que ha sido valiente y fuerte? ¿O que se ha sentido confuso, enfadado y perplejo? Responde al verdadero tema que mueve la historia y no te distraigas con los detalles.
   Suzie, una chica de catorce años, le habla a su madre sobre su día en el instituto. Está muy excitada y habla muy rápido: «Llegué tarde a la clase de segunda hora porque me olvidé la libreta de mates en el aula de dibujo. Entonces el profesor me dijo que hiciera el problema a la hora de comer, y fue un fastidio porque entonces no pude ver a Quima, que me debe un montón de dinero. Me quedé sin dinero y sin comida. Así que volví al gimnasio para intentar encontrar la cazadora que me había dejado ayer, y vi a ese chico haciendo tiros libres él solo en la cancha. Me senté un rato a mirarlo y pareció que le gustaba que alguien lo mirara. Me quedé un rato y luego empezamos a hablar y le conté lo fastidiada que estaba por perder la cazadora y no ir a comer.

Tenía un refresco y lo compartió conmigo. Es genial. Ojalá le haya gustado».

Al escuchar esta historia, era fácil que la madre de Suzie pasara por alto lo verdaderamente importante. Podría reñirla por lo despistada que es (¡se olvida el cuaderno de matemáticas, pierde la cazadora!). Podría enfadarse por que no hubiera hecho los problemas. Podría molestarse por que su hija no comió, por que le haya prestado dinero a Quima, por que esté hambrienta, por que merodee por el gimnasio y demás. Pero el núcleo de la historia de Suzie es que ha conocido a un chico guapo. Está emocionada y quiere compartirlo con su madre.

2. **No pienses que has de arreglar las cosas.** La principal dificultad de escuchar a los niños es no hacer sugerencias, dar consejos ni resolver sus problemas. Sabes lo molesto y frustrante que es hablar con alguien que te interrumpe antes de que acabes para darte «su solución». Sientes que te cortan. Así no hay forma de expresar tus sentimientos o compartir detalles importantes de tu problema. Además, te quitan la oportunidad de hallar tu propia solución. Pero cuando los hijos cuentan un problema, es demasiado frecuente que los padres los interrumpan rápidamente con la solución. Quieres «arreglarlo y hacerlo mejor» o te preocupa que tu hijo sea demasiado joven o inexperto para encontrar sus propias soluciones. Sin embargo, es probable que tu hijo, más que una solución, esté buscando explicar su experiencia.

Si es oportuno, después de darle tiempo suficiente para expresarse, puedes ayudar a tu hijo a explorar posibles soluciones al problema. Si es capaz de encontrar una salida por sí mismo, es mejor para su autoestima que si alguien le explica lo que puede hacer. Además, tal vez sea un dilema sin solución, o puede encontrarla más tarde, cuando esté menos enfadado o desanimado.

3. **Atiende a sus sentimientos y responde a ellos.** Cuando escuchas a tu hijo, presta atención no solo a sus palabras, sino

también a los sentimientos que expresa. Además, fíjate en su postura y su tono de voz. ¿Está emocionado y feliz? ¿Parece desanimado o abatido? ¿Está sentado, andando, saltando o tirado en el sofá con actitud apática? Responde a los sentimientos que observes y a la historia que escuches: «Veo que estás tan emocionado con el partido que casi no puedes estar sentado. ¿Por qué es tan especial para ti?».

En el caso de un niño más pequeño, a menudo hay que ayudarlo a encontrar las palabras para explicar lo que siente: «Parece que estés enfadado porque no conseguiste jugar. Te sientes triste y enfadado, ¿no?».

Acepta los sentimientos negativos de tu hijo

Es muy inquietante oír a tu hijo expresar sentimientos que desearías que no sintiera. Odia a su hermano o a su padrastro o está enfadado contigo. Tu hija se rebela contra lo que crees que debería hacer y rechaza lo que te parece importante. Intentar contener a un hijo cuando expresa sentimientos muy negativos es tentador, pero ponerle una tapa a una olla hirviendo llena de sentimientos no conseguirá apagarlos.

Muchas veces, nuestros hijos se asustan de la intensidad de sus propios sentimientos. Se sienten abrumados por su propia ira, frustración, celos o miedo. Si calificamos de «malos» sus sentimientos o si les hacemos reprimirlos, negarlos u ocultarlos, el resultado puede ser una autoestima baja («Debo de ser malo para sentir cosas así»); una conducta deshonesta («Tengo que fingir si quiero que mis padres me acepten. Si supieran lo que siento de verdad, me abandonarían»); o perder el contacto con los sentimientos, tanto los positivos como los negativos. Junto con la ira, los celos y el temor, también reprimirán la alegría, la emoción, el afecto y la curiosidad. Recuerda que no pueden crearse los sentimientos al gusto de uno ni desterrarse cuando son inconvenientes. Un niño cuyos intensos sentimientos negativos se reconocen y que recibe apoyo para expresarlos de una forma aceptable puede acabar comunicándolos. No tiene que encerrarse, esconderse o dar vueltas a lo que le preocupa. Solo pueden disfrutarse los buenos sentimientos con plenitud cuando también pueden expresarse los malos.

Veamos cinco reacciones frecuentes de los padres que hacen que los hijos nieguen sus sentimientos:

1. Negar que esos sentimientos existen: «No te duele el codo, solo ha sido un golpecito».
2. Decirle al niño lo que debería sentir: «Tienes que querer a tu hermano».
3. Comparar al niño con otros: «Jimmy no se porta así en el dentista. ¿Qué te pasa?».
4. Responder ridiculizándolo o con sarcasmo: «¿Vas a volver a llorar solo porque no puedes hacerlo? ¡Qué pequeño eres!».
5. Utilizar amenazas y castigos: «Si cada vez que te dan un golpe reaccionas así, olvídate de la liga este año».

Estas son algunas formas de ayudar a tus hijos a afrontar los sentimientos negativos intensos:

1. Anímalos a expresar sus verdaderos sentimientos en un entorno seguro y de aceptación. Proporciónales la privacidad y el tiempo que necesïten para expresar su enfado, tristeza o frustración. Si tu hijo está enfadado contigo, intenta no ponerte a la defensiva o quitárselo de la cabeza. Puedes reconocer sus sentimientos sin por ello tener que disculparte o ceder: «Ya veo lo enfadado que estás conmigo. Sé que no te gusta que te digan lo que tienes que hacer»; «Ya sé que quieres quedarte a dormir en casa de Sheila, pero hoy no puedes ir».
2. Ayúdalos a encontrar diferentes formas de expresarse, por ejemplo, a gruñir, golpear la almohada o patear el suelo para expresar sus sentimientos de enfado. A veces, un niño necesita contar una historia una y otra vez para conseguir una verdadera catarsis. Los más mayores pueden hacer un dibujo,

escribir una carta o llamar a un amigo para contarle lo que ha ocurrido. Los deportes y otras actividades físicas intensas pueden ser otra forma positiva de dar salida a estos sentimientos intensos.

3. Anímalos a utilizar su imaginación para expresar sus sentimientos: «¿Qué desearías haberle dicho o hecho a ese acosador?»; «¿Cuánto deberías medir para correr más rápido o saltar más alto que ella?»; «¿Quieres que desaparezca? ¿Que sea invisible?».

4. Cuéntales una historia sobre ti en una situación similar, sintiendo cosas similares: «Cuando tenía tu edad, mi hermana hurgaba en mis cajones y se quedaba con algunas de mis cosas. Me molestaba mucho». Tu hijo puede sentir que no está solo al sentirse así y el hecho de que lo comprendas puede reconfortarlo. Pero ten cuidado cuando le cuentas algo sobre ti: no te conviertas en el centro de la conversación o lo utilices para minimizar su malestar.

5. Ofréceles un buen modelo mostrándoles la forma en que afrontas tus propios sentimientos intensos. Comparte con ellos algunas de tus estrategias para defenderte.

6. Ayúdalos a sentirse bien con ellos mismos incluso en situaciones de derrota o decepción: «No ganaste, pero tu estilo en mariposa ha mejorado mucho. Cuando logres más velocidad, serás imparable»; «Aunque te perdieras y tuvieras miedo, hiciste bien pidiéndole ayuda a la vendedora. ¿Cómo se te ocurrió?».

El lenguaje de la autoestima

El instrumento más potente que un padre puede usar para ayudar a construir la autoestima de su hijo es el lenguaje que utiliza. Cada día, en los centenares de interacciones con tus hijos, les muestras tu identidad. Como las herramientas de un escultor en el barro, tus palabras y tu tono de voz dan forma a su sentido de sí mismo. Por eso, es vital que las respuestas que les das, tanto cuando incluyen elogios como correcciones, estén impregnadas del lenguaje de la autoestima.

La información que les das a tus hijos y que fomenta la autoestima tiene tres partes:

1. **Una descripción de su conducta.** El lenguaje de la autoestima es el lenguaje de la descripción. Tú defines su conducta sin juzgarlo. De este modo marcas la diferencia entre su valía y su conducta. Esta es una distinción importante. Tu hijo no es buen chico porque comparta sus juguetes. Tampoco es mal chico porque le pegue a su hermano. Es bueno porque existe, porque lo quieres y lo cuidas, porque es especial para ti. A veces puede hacer cosas buenas (ayudar, compartir o alcanzar logros). Cuando le describes su conducta (lo que tú ves u oyes, lo que sucedió), le ofreces una información precisa sobre su forma de actuar y sobre cómo afecta a los demás. Y al no calificarla de buena o mala, mantienes en dimensiones separadas su conducta y su valor básico.

2. **Tu reacción a su conducta.** El lenguaje de la autoestima comunica algo sobre ti mismo. Expresas tu aprecio, placer o deleite o tu desaprobación, enfado o cólera. Comunicas tus motivos para querer que se haga algo o tu reacción a una situación. A los niños les resulta más fácil satisfacer las expectativas y evitar el conflicto cuando saben por qué las personas de su entorno reaccionan como reaccionan.

3. **Reconocer sus sentimientos.** El lenguaje de la autoestima valida la experiencia de tu hijo. Aprecias sus esfuerzos, tanto si tienen éxito como si no. Reconoces su criterio y sus motivos, su confusión o su descuido. Él se siente observado y comprendido incluso cuando se le corrige.

En los próximos apartados, veremos cómo aplicar estos tres componentes de la información que le das a tu hijo a los procesos de elogio y de corrección.

Los elogios

Tu aprobación es lo que configura la conducta de tus hijos. Complacerte es la principal motivación que tienen para aprender, desde el lenguaje hasta los modales en la mesa. Cuando los elogias, reciben el mensaje de que están bien, de que lo que hacen es aceptable y se valora.

Pero el lenguaje de la autoestima en el elogio de los niños hace mucho más que comunicar aprobación: les da algo que se quedará con ellos para siempre. Aprenden a reconocer lo que tiene un valor especial, aquello que han hecho de lo que pueden sentirse orgullosos. Pueden aprender a elogiarse a sí mismos y a reconocer y valorar sus propios esfuerzos y talentos.

Veamos el caso de Joey. Este le enseña orgulloso a su padre un dibujo que ha hecho en clase. Su padre reacciona con efusión: «¡Qué dibujo tan bueno. Me encanta. Eres tremendo!». Pero Joey no sabe qué le gusta a su padre de su pintura. En consecuencia, no puede recordarlo luego y decirse a sí mismo qué era lo mejor de su pintura. Con el lenguaje de la autoestima, su padre pudo haber dicho algo parecido a esto: «¡Esto es tremendo! Veo una casa y un chico con unas flores blancas (descripción). Me gustan los colores que has elegido y esas nubes en movimiento. Con qué detalle has pintado los bolsillos de los pantalones del muchacho (reacción). Debes de haber trabajado mucho para hacerlo (reconocimiento). Vamos a colgarlo y a enseñárselo a mamá».

Comunica tus sentimientos cuando lo elogies. Si comunicas algo sobre ti a tus hijos, empiezan a saber qué es lo que te resulta importante. Así pueden saber más sobre tus necesidades y tus estados de ánimo y entender mejor cómo complacerte o evitarte cuando estás de malas. Por ejemplo, valoras que tu hijo se haga la cama por la mañana: te gusta una habitación ordenada. Te alegra cuando tu hija es capaz de arreglárselas sola mientras estás hablando por teléfono: no te gusta nada que te interrumpan. Compartir reacciones como estas con tus hijos hace que los hechos sean comprensibles en lugar de arbitrarios.

Dejas de ser una persona impredecible que pasa de frío a caliente sin razón aparente.

Arlene está esperando que su hijo David, de catorce años, vuelva del colegio para que se quede con sus hermanos, porque ella necesita ir al dentista. Tan pronto como David entra por la puerta, ella le dice: «¡Qué bien que hayas llegado a tiempo. Estaba segura de que te olvidarías. Ahora me tengo que ir, ¡adiós!». David ve que su madre está nerviosa y se pregunta por qué: «No se me ha olvidado volver pronto a casa; entonces, ¿qué le pasa?». Si Arlene se hubiese acordado de utilizar el lenguaje de la autoestima, habría compartido más sus sentimientos: «Gracias por volver a tiempo (descripción). Me preocupaba que lo olvidases (reacción). Sé que te hubiera gustado quedarte a charlar con tus amigos después de clase (reconocimiento). Te lo agradezco porque tengo hora con el dentista y siempre me pongo muy nerviosa (reacción)».

Esta forma de elogio permite a David saber algo sobre su madre y sobre él. Ella estaba nerviosa e inquieta por ir al dentista. Reconoció su buen proceder al acordarse de volver a casa a tiempo y su sacrificio al dejar a sus amigos. Así él también se ve como una persona de confianza que ayuda cuando se la necesita.

Sé generoso con el elogio. Aprovecha todas las oportunidades que puedas para elogiar a tus hijos lo más sinceramente que puedas. El elogio ayuda a los niños a verse a sí mismos de forma más positiva, no solo como son, sino como creen que podrían ser. Así obtienen una confirmación de su mejor identidad.

El elogio excesivo incomoda a los niños. Tu hija sabe que no es «la más lista de la clase, un genio». Hoy ha hecho bien la prueba de matemáticas, pero tu elogio excesivo le hace sentirse presionada a destacar cada día. Cuando al final saca un aprobado o un suspenso en un examen, se siente «estúpida, tonta de remate».

Algunos padres dicen que se resisten a elogiar a sus hijos cuando hacen algo bueno porque temen que tan pronto destaquen lo que el chico ha hecho bien, él hará lo contrario. Este fenómeno se debe al elogio excesivo. La presión de ser demasiado elogiado es insufrible. Tu hija está más cómoda siendo «ella misma» que «la mejor niña del mundo».

Veamos el caso de Suzie. Su amiga Molly está en su casa. Cuando entra Molly, Suzie le da una muñeca. La madre muestra su satisfacción: «¡Qué niña tan generosa! Eres la niña más generosa que he conocido nunca. Eres un ángel». Esta forma de elogio puede poner ansiosa a Suzie. Ella sabe que no es la niña más generosa del mundo. Quizás se sentía generosa en ese momento o estaba distrayendo a Molly para que no se fijase en un juguete mejor, o tal vez complaciendo a su madre para que le dejase comprarse luego un helado. En cualquier caso, cuando Suzie no comparte las cosas, ¿la convierte eso en la niña más egoísta del mundo? Si se la elogiase utilizando el lenguaje de la autoestima, podría sonar como: «Qué bien. Me gusta que la dejes jugar con tu muñeca (descripción, reacción). A veces es difícil compartir los juguetes especiales (reconocimiento, reacción)». Este tipo de elogio permite a Suzie sentirse bien por su gesto de compartir sin creer que su identidad está en peligro si no lo hace.

Evita el elogio ambivalente. Un cumplido ambivalente mezcla el elogio con la descalificación. Halaga al niño por lo que ha hecho bien, pero a la vez le recuerda fracasos anteriores. No es de extrañar que no le siente bien recibirlo.

Elogio ambivalente:	«Tu pelo está mejor ahora que esta mañana».
Elogio real:	«Me gusta cómo te has arreglado el pelo».
Elogio ambivalente:	«Está bastante bien teniendo en cuenta que has esperado hasta el último momento».
Elogio real:	«Hiciste un buen trabajo y además muy rápido».
Elogio ambivalente:	«Lo hiciste por los pelos».
Elogio real:	«Me alegro de que lo hayas acabado».
Elogio ambivalente:	«Lo hiciste; vaya, me has sorprendido».
Elogio real:	«Felicidades, sabía que lo lograrías. ¡Buen trabajo!».

La corrección

Corregir la conducta problemática de un hijo es una situación que requiere un uso más cuidadoso del lenguaje. Los niños a quienes se habla de manera insultante o desconsiderada tienden a hablar así a los demás, incluidos sus padres. Los niños a los que se corrige sin una razón justificada tienden a ser menos razonables. Aquellos cuyos esfuerzos no se reconocen sienten que son incomprendidos. Y aquellos a los que no se les dice claramente lo que se espera de ellos se sienten vencidos e impotentes cuando piensan en hacer algo bien. A un niño le resulta muy difícil desarrollar un sentido de valía cuando su conducta inspira cólera o molestias en los demás.

Los padres son maestros y espejos para sus hijos. Debes enseñarles a controlar sus impulsos, a asumir responsabilidades y a ser considerado con los demás. Este proceso de aprendizaje depende de tu capacidad de utilizar el lenguaje de la autoestima en tus comunicaciones con ellos. Si las correcciones tienen forma de rechazo o insulto, tu hijo no será receptivo a la información nueva ni tendrá deseos de comportarse correctamente. Aunque «obedezca», se sentirá resentido, derrotado, reacio y enfadado.

Los correctivos que utilizan el lenguaje de la autoestima permiten a tu hijo sacar provecho de la corrección y cambiar de conducta sin sentirse mala persona. El lenguaje utilizado en la corrección de los hijos es muy similar al utilizado en el elogio. Consta de estos cuatro pasos:

1. **Una descripción de la conducta (en lenguaje no valorativo):** «La habitación no está recogida aún», «Los platos estaban aún por lavar esta mañana», «En tus notas dice que no fuiste a clase de inglés nueve veces».

2. **Una razón para el cambio de conducta.** Exprésalo simple y directamente: «Hoy estoy cansado», « Cuando llegas tarde me preocupo», «Ella nos espera a la hora».

3. **Reconocer los sentimientos del niño** (de su esfuerzo, criterio o motivo): «Ya veo lo enfadado que estás», «Quizás parecía

la única opción que tenías», «Debes de haberte sentido muy presionado por ellos».

4. **Una formulación clara de lo que esperas:** «Necesito que vengas a ayudarme ahora», «No cojas cosas de la habitación de tu hermana sin pedirlo», «Espero que vuelvas a casa a la hora».

Los siguientes ejemplos comparan un estilo de respuesta agresivo con el lenguaje de la autoestima. Cada una de las cinco típicas reacciones de enfado va seguida de ejemplos de cómo cambiar la manera de expresarse para que comunique la idea de forma clara y respetuosa, sin insultos, enfados o rechazo:

Comunicación agresiva: ¡Qué leonera! Vives como un cerdo (etiquetas negativas).

Lenguaje de la autoestima: Veo ropa, libros y discos por toda la habitación (descripción de la conducta). Cuando tu habitación esta ordenada tienes más sitio para jugar (razón para el cambio conductual). A lo mejor no sabes por dónde empezar (reconocimiento de sentimientos). Quiero que en la próxima media hora pongas la ropa en el armario, los libros en el pupitre y los discos en el estante (formulación de expectativa).

Comunicación agresiva: ¡Deja de molestarme! ¿Es que no puedes jugar nunca solo? (rechazo).

Lenguaje de la autoestima: Me has estado siguiendo por toda la casa (descripción de la conducta). Tengo que hacer una llamada muy importante (razón para el cambio conductual). Sé que te prometí salir a comprar el material escolar después de trabajar (reconocimiento de sentimientos). Necesito que juegues tranquilamente mientras hablo por teléfono y luego saldremos a comprar (formulación de expectativa).

Comunicación agresiva: ¡Estate quieto, monstruito! (etiqueta negativa).

Lenguaje de la autoestima: Estás pegando a Suzie (descripción de conducta). Eso le hace daño (razón para el cambio conductual). Veo que te enfadas cuando se lleva tus juguetes (reconocimiento de sentimientos). Aquí no está permitido pegar (formulación de expectativa).

Comunicación agresiva: ¿No te puedes estar quieto? Sigue así y tendremos un accidente (amenaza).

Lenguaje de la autoestima: Estás saltando mucho y haciendo mucho ruido en el coche (descripción de la conducta). No puedo conducir segura con toda esta distracción (razón del cambio conductual). Sé que es difícil estar sentado tanto tiempo (reconocimiento de sentimientos). Espero que os pongáis los cinturones y habléis tranquilamente hasta que paremos a comer (enunciado de expectativa).

Comunicación agresiva: Solo piensas en ti (generalización excesiva).

Lenguaje de la autoestima: Me prometiste que te quedarías hoy a cuidar de tu hermano, pero ahora quieres ir a la fiesta de Carla (descripción de la conducta). Papá y yo tenemos entradas para esta noche y contábamos contigo (razón para el cambio conductual). Entiendo que te sientas decepcionado por no ir a la fiesta (reconocimiento de sentimientos). Pero espero que mantengas tu promesa y te quedes en casa con tu hermano (formulación de expectativa).

Siguiendo los cuatro pasos a la hora de corregir a tus hijos, a menudo evitarás las discusiones y la resistencia, y además les enseñarás un tipo de comunicación clara. Más adelante, cuando sean mayores, sus voces paternas interiorizadas serán más comprensivas. Y cuando oigas que usan el lenguaje de la autoestima con los demás, sabrás que han aprendido un valioso recurso para su vida.

Cuando corrijas a tu hijo, haz todo lo posible por evitar los siguientes estilos de comunicación destructivos. Suponen una verdadera merma para la autoestima:

1. **Generalizaciones excesivas:** «Siempre lo haces mal», «Nunca piensas antes de actuar», «Lo único que te preocupan son tus amigos». Las generalizaciones excesivas no son verdaderas porque subrayan la conducta negativa e ignoran la positiva. Al final, un niño se las creerá y se sentirá incapaz de hacer bien las cosas alguna vez.

2. **El trato silencioso.** Si estás enfadado o distraído, puede ser útil posponer tu interacción; asegúrate de disponer de un momento para hablar del problema con tu hijo: «Estoy tan enfadado ahora que necesito estar solo un rato. Cuando vuelva hablaremos». Negarse a hablar o incluso a mirar a un hijo por su mala conducta le hace sentir personalmente rechazado, sin modo alguno de compensarlo o de hacerlo mejor.

3. **Amenazas veladas o violentas:** «Espera a que lleguemos a casa», «Hazlo otra vez y verás lo que te pasa», «Si te pillo otra vez haciéndolo te rompo el cuello», «Te voy a dar unos azotes que no te vas a poder sentar en una semana». Este tipo de amenazas asustan a los niños. Cuando son pequeños, se toman las cosas literalmente y en su imaginación el acto violento puede resultar horroroso (un cuello roto, un trasero tan dolorido que no pueda sentarse). Debe de ser muy malo para merecer ese castigo. Los niños mayores saben que realmente no les van a hacer eso y que es una forma de hablar. De cualquier modo, el niño solo ve que estás enfadado y que él es malo.

Cambiar la forma de aplicar correctivos a tus hijos puede resultar difícil al principio. Verás que sigues repitiendo el mismo antiguo estilo de insultar, juzgar, amenazar o regañar. No te desanimes. A medida que te familiarices con el lenguaje de la autoestima, mejorarán tus relaciones con tus hijos y se sentirás cada vez más libre de los antiguos conflictos, puntos muertos y resistencias.

Los tres ejercicios siguientes te ayudarán a saber cómo usas el lenguaje y a aprender nuevos hábitos de comunicación que fomenten la autoestima.

EJERCICIO

1. Presta atención a las interacciones entre padres e hijos cada vez que las presencies: en el supermercado, en el parque o cuando visitas a amigos o familiares. Fíjate en las palabras pero también en el tono. ¿Oyes una descripción o valoraciones? ¿Está el adulto validando sentimientos o fustigando al niño? ¿Parece el adulto razonable o arbitrario? ¿Oyes una formulación clara de expectativas? Decide si la interacción tiene probabilidades de fomentar o de poner en peligro la autoestima del niño.

   Anota tres de estas interacciones. Luego reescribe mentalmente la escena utilizando los cuatro tipos de expresión de correctivos basados en el lenguaje de la autoestima. Practica utilizando todos los pasos, aun si el resultado parece un poco artificioso.

2. Presta atención a las interacciones con tus hijos. Cuando utilices eficazmente todos los pasos en la aplicación de correctivos, fíjate en cómo cambia su respuesta. ¿Hay menos conflicto, menos discusión, menos resistencia? Fíjate en lo diferente que te sientes cuando reconoces los sentimientos de tus hijos. ¿Estás menos enfadado? Cuando das una explicación razonable de por qué quieres que haga algo, ¿te sientes más justificado? Cuando haces una formulación clara de expectativas, ¿te sientes más en control de la situación?

3. Fíjate en los momentos que más dificultades te han causado para utilizar el lenguaje de la autoestima. Puede ser cuando estés muy enfadado o con mucho estrés. O tus antiguas formas de responder pueden aparecer en áreas de conflicto crónico. Cuando «estalles», repasa la interacción más tarde y reescribe mentalmente la situación utilizando los pasos que has aprendido. Te resultará útil planificar cuando anticipas una situación conflictiva sobre un retraso en la hora de llegada, las tareas domésticas o los deberes. Repite tu comunicación utilizando los cuatro pasos que has aprendido.

LA DISCIPLINA

La disciplina es cualquier instrucción o entrenamiento que corrige, moldea o perfecciona las facultades mentales o el carácter moral. Como padre, eres instructor y formador, y enseñas a tus hijos la mayoría de las habilidades que necesitan para vivir en el mundo: controlar sus impulsos, habilidades sociales, tomar decisiones. No importa tanto el número de reglas que tengan que cumplir, sino la forma de presentar y hacer cumplir estas normas. Si son reglas justas y predecibles y tus hijos se sienten aceptados como personas incluso cuando su conducta no es la adecuada, pueden aprender y crecer con una buena autoestima. Si las normas son arbitrarias y se aplican con incoherencia, o si tus hijos se sienten avergonzados, forzados o humillados, aprenderán que son indignos y perderán la confianza en poder hacer bien las cosas.

Es un error pensar que los niños a los que nunca se corrige o se les ponen límites pueden desarrollar una buena autoestima. De hecho, sucede justo lo contrario. Los niños que crecen sin disciplina tienen una menor autoestima y suelen ser más dependientes, rinden menos y sienten que tienen menos control de su mundo. Su vida estará llena de sorpresas desagradables cuando se encuentren con la desaprobación de sus profesores y la respuesta cruel de sus compañeros. Estos niños tienden a sentirse más ansiosos porque nunca saben con exactitud cuáles son los límites y cuándo van a tener problemas, porque incluso los padres más tolerantes verán agotada su paciencia en algún punto. A menudo se sienten no queridos porque carecen de la protección física y emocional de las normas y las limitaciones: «Si no importa lo que haga, entonces no deben de preocuparse de mí».

La disciplina no tiene que ser una agresión a la autoestima. Puede ser la forma de crear un entorno doméstico seguro y comprensivo en el que se facilite el aprendizaje. Empieza construyendo una buena relación con tus hijos, que les permita saber lo que se espera de ellos y que las consecuencias de la mala conducta sean predecibles, razonables y justas.

Una crítica al castigo

El castigo se define como «imposición de obediencia u orden» y supone un control externo de la persona mediante la fuerza o la coerción. En la relación con tus hijos, tienes mucho poder. Eres físicamente más fuerte, más inteligente y experimentado, controlas los recursos y ellos viven en tu casa. Tus hijos dependen de tu apoyo, aprobación, amor y sentimientos de valía. Tienes el poder de intimidarlos y obligarlos a obedecer: «Hazlo porque yo lo digo», «Te vas a acordar», «No te atrevas», «Yo en tu lugar no lo haría».

Si el motivo del castigo es enseñar al niño a comportarse de forma diferente, no funcionará. De hecho, el castigo distrae a los niños, que no piensan en lamentar lo que hicieron o dejaron de hacer. En cambio, se quedan atrapados en sentimientos de desafío, culpa y venganza. Todo lo que pueden recordar es «me la pagarás», «ya verás», «la próxima vez no se lo diré y nunca se enterará». El niño que recibe castigos considera injusto al padre que lo castiga, que es el malo y él, la víctima. Al mismo tiempo, el efecto sobre su autoestima puede ser devastador. Se siente humillado, empequeñecido, impotente y malo. Recibe el mensaje de que, para ser aceptado, tiene que hacer las cosas a tu manera y olvidarse de sus necesidades: «Mis necesidades no son importantes; yo tampoco debo de serlo mucho».

Además, es muy desagradable ser el padre castigador. No se disfruta la buena sensación familiar de cooperación y apoyo y los sentimientos negativos despojan las relaciones de todo placer. El castigo inicia un ciclo negativo de mala conducta, castigo, enfado, venganza y nueva mala conducta. Estás tan atrapado en él como tu hijo.

Para manejar los problemas de disciplina hay una alternativa al castigo. Implica más pensamiento y planificación, pero las recompensas son grandes tanto para ti como para tu familia. Empieza antes de que se produzca cualquier mala conducta, antes de que haya necesidad de disciplinar a tus hijos. Empieza por crear y mantener una buena relación con ellos. Esta relación es el instrumento más poderoso con el que cuentas para motivarlos a cambiar su conducta. Si el niño quiere complacerte, si desea tu aprobación, tiene menos probabilidades de portarse mal.

Pero ¿cómo se mantiene una buena relación cuando lo corriges, lo limitas y lo disciplinas? Utilizando las mismas técnicas de comunicación que usas con cualquier otra persona cuando aparece algún conflicto personal:

- No dejes que crezcan los viejos resentimientos.
- Cuando hagas algo por otro no te martirices o te extralimites más allá de lo que te nazca de manera natural.
- Comunícate claramente utilizando el lenguaje de la autoestima, sin acusar o atacar.
- Evita la lectura mental: no trates de adivinar la motivación o las necesidades de otros.
- Afronta un problema cada vez; evita acumular problemas.
- Reconoce los sentimientos, dificultades o necesidades de la otra persona.

AYÚDALO A HACER LAS COSAS BIEN

Cuando ayudas a tu hijo a portarse bien, su autoestima aumenta. Aprende a verse de forma positiva, como una persona cooperativa y útil, y al ser capaz de complacerte se siente eficaz. Veamos algunas sugerencias para ayudarlo a satisfacer tus expectativas:

1. **Asegúrate de que tus expectativas son razonables y adecuadas a la edad de tu hijo.** No es lógico esperar que una niña de tres años no derrame su bebida. Su coordinación no está totalmente desarrollada, es así de sencillo. Tampoco debes dejar solo en casa todo el fin de semana a tu hijo de doce años; no es sensato que sea capaz de afrontar ese tipo de responsabilidad. Tener expectativas razonables para el nivel de madurez de tu hijo evita conflictos y decepciones.

2. **Planifica con antelación.** Cuando sabes que una situación será difícil para tu hijo, haz lo que puedas para ayudarlo a afrontarla. Un viaje largo en coche puede ser más llevadero para todos si llevas algunos juguetes o comida apropiada.

El niño tiene menos probabilidades de mostrarse paciente, complaciente o flexible cuando está cansado o hambriento. Si planificas y anticipas sus necesidades, será más fácil que coopere.

3. **Sé claro sobre lo que esperas.** Tu hija tiene más probabilidades de satisfacer tus expectativas si explicas claramente lo que significa «portarse bien en casa de la abuela». Asegúrate de decirle específicamente que no salte en los sillones, no toque las figuritas ni se pelee con su hermano.

4. **Céntrate en lo positivo.** Utiliza cualquier oportunidad para elogiar y reforzar la «buena conducta» y el esfuerzo. Cuando corriges a tu hijo, indícale tanto lo bueno como lo malo. Reconoce lo que hizo bien y lo que aún tiene que hacer. Si piensa que ya lo ha conseguido aunque sea solo en parte, le resultará más fácil esforzarse para hacerlo completamente bien: «Me ha gustado mucho tu cuento sobre nuestro viaje, pero me ha costado leer tu letra. Quiero que lo copies otra vez lo mejor que puedas para que tu profe disfrute leyéndolo mañana».

5. **Ofrece alternativas cuando sea posible.** Esto le da al niño una sensación de control y, en consecuencia, se resiste menos: «Tenemos suficiente tiempo de dar otra vuelta antes de volver a casa. Decide tú por dónde».

6. **Ofrece recompensas.** Ampliar la hora de regreso a casa o tomar un postre especial puede ser el incentivo adicional que ayude a un niño a cambiar un viejo hábito: «Si te levantas a la hora durante toda la semana, el viernes iremos a tomar un helado de nata, frutas y nueces»; «Si este trimestre puedes mantener el notable, te pagaré la mitad de la excursión de esquí en Navidad». La meta que ha de alcanzar el niño debe ser asequible haciendo un esfuerzo razonable. La recompensa no ha de ser exagerada. Incluso una estrella dorada o una calcomanía decorativa pueden ser un incentivo eficaz.

Haz que tu hijo resuelva problemas

¿Cuáles son los problemas de conducta o conflictos crónicos de tu familia? En algunas familias, el conflicto se concentra en la hora de dormir; en otras, en la rutina matutina de levantar a los niños, vestirlos, desayunar y salir. Otras tienen dificultades para conseguir que los niños terminen los deberes, o con los niños a los que les prestan cosas y no las devuelven. Puede haber conflictos acerca del uso del coche, el teléfono o el equipo de música.

A veces, simplemente puedes preguntarles a tus hijos si tienen sugerencias sobre cómo resolver un problema. Tal vez te sorprenda la creatividad de sus soluciones. Basta implicar al niño en el proceso, para que cambie su perspectiva del problema y se interese más en resolverlo.

Otro sistema para implicar a un niño en el proceso de solucionar problemas es una sesión familiar intensiva (una sesión de lluvia de ideas). El objetivo debe ser encontrar una solución que todos puedan sobrellevar, con lo que la sesión no debe ser un encuentro en el que se dicte una ley. Incluso puede implicarse a niños pequeños en este proceso con buenos resultados.

Primero comunica con tiempo a todos los miembros de la familia que quieres hablar del problema y pon una hora en la que todos puedan estar. Sugiéreles que piensen en él antes de la reunión para prepararse para encontrar una solución. En la reunión, permite todo el tiempo necesario para que cada uno presente sus necesidades, tú incluido. No pases a la solución demasiado rápido. Asegúrate de que todo el mundo tiene tiempo para hablar. Pon por escrito todas las sugerencias, sin criticarlas. Más tarde podrás eliminar las que sean poco razonables. Si los niños tienen problemas para arrancar, haz tú primero unas sugerencias y escríbelas. Dales suficiente tiempo a tus hijos para participar y ampliar la lista. A continuación, ayúdalos a acortarla hasta concentrarla en las sugerencias más razonables compartidas por todos. Asegúrate de que en el plan definitivo se expresa todo: el qué, cuándo, dónde, cómo y quién de la solución. Esto incluye especificar qué conducta se va a seguir si alguien no se ciñe al plan. Antes de terminar la sesión, anuncia una nueva reunión un tiempo después (una semana, un mes) para ver cómo funciona el plan y hacer los cambios necesarios.

Julia lo pasaba tremendamente mal cada mañana hasta conseguir que sus dos hijos de ocho y once años saliesen por la puerta. Le llevaba media hora sacarlos de la cama y entonces empezaban a discutir sobre la ropa que se iban a poner. Se quejaban de la comida que les preparaba y a menudo se olvidaban de llevarla al colegio. Encontraba resistencia a cada paso y tenía que recurrir al castigo, a la amenaza y al final a los gritos. Cuando se subían al coche, los tres estaban alterados. La reunión familiar hizo posible el siguiente acuerdo:

1. Los niños harían una lista del tipo de comidas que les gustaban.
2. Cada noche los niños elegirían y prepararían la ropa que querían llevar al día siguiente.
3. Además, también dejarían preparadas sus mochilas delante de la puerta la noche anterior.
4. Julia les compraría un radiodespertador a cada uno.
5. Los niños pondrían su radiodespertador a las siete para levantarse. Si se levantaban en quince minutos, Julia les pondría un postre en la mochila.
6. Julia les prepararía la comida y la dejaría encima de sus mochilas, delante de la puerta.

Esta solución resolvió muchos de los problemas de la rutina matinal. A los niños les gustaba utilizar su radiodespertador, en el que sintonizaban su emisora favorita. Estaban motivados para salir de la cama con la promesa del postre. Julia ya no tenía que castigarlos o amonestarlos. El reloj les avisaba que eran las 7.15 y ellos sabían que debían saltar de la cama si querían tener postre. Disfrutaban de la mayor independencia para tomar decisiones sobre lo que tendrían para comer y lo que querían llevar. Julia los ayudó a que se acordaran de llevarse la comida dejándosela delante de su puerta, junto a los libros.

Muéstrale las consecuencias de los hechos

Muéstrales a tus hijos los hechos reales de la vida. Cada acción tiene unas consecuencias. Si conduces a demasiada velocidad en tu nuevo deportivo, te pondrán una multa. Si insultas a alguien, no querrá ser tu amigo. Si llegas tarde a la parada del autobús, lo perderás.

Las consecuencias naturales son las que no vienen impuestas por ninguna autoridad. En muchos casos, permitir que tu hijo viva las consecuencias naturales de su conducta es el mejor método de enseñanza. Si no se come ahora la comida, luego tendrá hambre. Si no estudia, no aprobará el examen. Si no consigue el aprobado, el entrenador no lo mantendrá en el equipo.

Cuando permites que experimente las consecuencias, haces a tu hijo responsable de sus actos. No eres el malo que castiga, riñe o sermonea. Puedes ser incluso simpático y comprensivo. Pero tu hijo capta el mensaje: cuando actúa de determinada manera, suceden cosas malas. Evitando las consecuencias, le impides a tu hijo aprender y le privas de cualquier incentivo para que cambie su conducta.

A veces no es razonable dejar que tu hijo viva algunas consecuencias de sus actos. No puedes arriesgarte a que aprenda de primera mano cuáles son las consecuencias de ponerse en la calzada o de jugar con cerillas. ¡La lección puede ser fatal! En estas y otras situaciones en las que las consecuencias naturales no son una opción, tienes que crear tú mismo las consecuencias de una mala conducta. Las siguientes reglas te ayudarán a hacerlo de forma eficaz y justa:

1. **Las consecuencias deben ser razonables.** Mitiga su gravedad a la importancia de la ofensa. Si tu hijo llega media hora tarde, una consecuencia razonable sería que al día siguiente llegue media hora antes. No es razonable que le prohíbas salir durante una semana.

2. **La consecuencia debe estar relacionada con el suceso.** Si tu hijo deja tu bicicleta a la intemperie mientras llueve, la consecuencia será más eficaz si está relacionada con el uso de la bicicleta que con el del teléfono. Cuando David lavó los platos,

lo hizo tan mal que hubo que lavarlos otra vez. Su madre reaccionó no pidiéndole ya más que lavase los platos. David aprendió que la consecuencia de hacer un mal trabajo es no volver a hacerlo. ¿Cómo habría de mejorar nunca su habilidad para lavar platos? Cuando su madre le hizo volver a lavar los platos, David mejoró su técnica de lavado.

3. **Las consecuencias deben ocurrir con proximidad temporal a los hechos.** Limítale la televisión a tu hijo la misma noche en que pierde su cazadora, no una semana después.

4. **Las consecuencias han de reforzarse con congruencia.** Esta es probablemente la regla más difícil, pero la más esencial. Si tus hijos saben que es incongruente, no estarán motivados para cambiar de conducta. Si tu hijo corretea por el restaurante, dile claramente que os marcharéis. ¡Y hazlo! Es muy probable que solo tengas que pasar por esa molestia una vez y que luego su conducta deje de ser problemática. Decide ser congruente incluso cuando te sientas cansado, estén de visita los abuelos o estés al teléfono. Elegir las consecuencias razonables con antelación, cuando estés tranquilo y no enfadado, te facilitará la congruencia.

5. **Las consecuencias deben ser comprensibles de antemano, tanto para ti como para tus hijos.** Tiene que poder asumir la responsabilidad de sus actos, y tú te liberas de la presión de crear consecuencias razonables cuando estás estresado o enfadado. A Len, un niño de ocho años, le habían dicho muchas veces que no jugase a la pelota cerca de la casa porque podía romper un cristal. Cuando su madre oyó el inequívoco ruido de un cristal roto, se puso furiosa. Si tuviese que crear una consecuencia en ese momento, podía haber amenazado con: «¡Tira esa pelota a la basura!». Pero ya le habían dicho antes que si rompía un cristal, tendría que pagarlo de su asignación; si con eso no bastaba para cubrir el gasto, tendría que «ganar» dinero extra con tareas domésticas el fin de semana. Len no tuvo que discutir o explicarse y su madre no tuvo que reñirlo o amenazarlo.

Permitir a tus hijos que vivan las consecuencias de sus actos les enseña a asumir la responsabilidad de lo que hacen. Eso fomenta la autoestima porque les da control sobre sus propios actos. El niño no es atacado o sermoneado y no tiene que sentirse culpable. Tu relación con tu hijo no se ve afectada. Tú lo aceptas y te preocupas por él aunque haya cometido un error.

La autonomía

Nancy habla de cómo se sentía cuando salía del hospital con su recién nacido: «Me sentía abrumada por la responsabilidad. El bebé parecía tan vulnerable y había tantos peligros... Incluso el sonido de los coches en la calle parecía muy fuerte, muy cercano. Cómo íbamos a satisfacer sus necesidades, mantenerlo seguro y con vida. Dependía totalmente de nosotros».

Frank habla de su hija de dieciocho años que empieza sus estudios universitarios en otra ciudad: «La miro y veo a una joven que empieza en la vida. Durante los dieciocho años anteriores tuvo la seguridad y el apoyo de un padre que la quiere, pero las lecciones que tiene que aprender ahora no se las puedo enseñar yo. Debe aprender a relacionarse con los demás, programar su tiempo, controlar su dinero, cuidarse. Sé que es capaz de vivir por sí sola, pero tiene que hacerlo para probarlo. Yo seré la red de seguridad durante los próximos años, pero ella está en la cuerda floja».

Enseñar a nuestros hijos los conocimientos y habilidades que necesitan para dejar el nido es la tarea básica de la educación de los padres. Quieres que sean capaces de cuidarse y lo bastante confiados en sí mismos para afrontar las situaciones que representen un reto. Quieres que sean socialmente competentes, pero que no pierdan su sentido de identidad; que sean generosos para dar y confiar lo suficiente para tener relaciones íntimas. De algún modo, durante los años que han pasado desde que tomaste en brazos a tu bebé y el momento en que sale de casa para vivir fuera, tu hijo alcanza la autonomía. Y un sentido de autonomía es esencial para una buena autoestima.

Si pasas un tiempo con niños pequeños, verás la motivación inna-ta de alcanzar la autonomía en su forma más pura. Verás su increíble motivación para aprender y dominar habilidades tanto de tipo físico como intelectual. Saltan, agarran, tocan y prueban todos los objetos nuevos de su entorno. Se esfuerzan por adquirir el lenguaje y luego utilizan las primeras palabras (entre las que el «no» es la más impor-tante) para empezar a dinamizar su mundo.

El proceso de fomentar la autonomía del niño es continuo. Tú le proporcionas un equilibrio entre la oportunidad de explorar y la se-guridad de tu protección, un equilibrio que cambia constantemente. Pero, a pesar de las fluctuaciones, hay una tendencia constante hacia la autonomía. Es como ver venir la marea. No todas las olas llegan tan cerca de uno como la última, pero en una hora puedes ver que hay me-nos playa y más mar y que hay que desplazar la toalla o, de lo contrario, te mojarás. A medida que tus hijos crecen, afrontando más desafíos, haciendo más elecciones y asumiendo más responsabilidad, tú actúas como espejo positivo para fomentar su autoestima. Confías en él, le crees capaz. Tu aprobación del impulso a la autonomía le asegura que es seguro crecer y desarrollarse con libertad.

Fomenta su confianza

Colabora al fomento de la confianza de tu hijo, lo que hará que aumente su autoestima, de la siguiente manera:

1. **Enséñale las habilidades necesarias para que sea indepen-diente.** Desde atarse los zapatos y vestirse hasta ayudarlo a arreglar el coche y prepararse la cena, todo lo que tu hijo aprenda que le permita funcionar de forma independiente aumentará su confianza en su propia competencia para vivir eficazmente en el mundo.

2. **Registra su historia.** Igual que mides la estatura de tu hija en una gráfica de altura pegada en la pared, registra sus progre-sos en otras áreas. Recuérdale que es mucho más capaz, hábil, comprensiva y decidida en comparación con el año, o el mes,

pasado. Así es como aprenderá a reconocer sus facultades incipientes y a confiar en ellas.

3. **Dale a tu hijo responsabilidades en casa.** Por pequeño que sea, es un gran estímulo para su autoestima sentir que puede contribuir a la familia. Los niños pequeños pueden poner la mesa, recoger los juguetes, abrir el grifo del jardín o ponerle agua al perro. Los mayores pueden asumir la responsabilidad de todo un proyecto, desde evaluar lo que se necesita hasta encargarse de hacerlo. Por supuesto, al principio suele ser más fácil (rápido y limpio) hacer las cosas uno mismo. Pero así tus hijos nunca aprenderán las habilidades necesarias. Y lo que es más importante, se perderán la experiencia de saberse necesitados y ver reconocidos y apreciados sus esfuerzos, algo que refuerza su autoestima.

Fomenta su sentido de la eficacia

Cuando un niño prueba algo nuevo y afronta un desafío con eficacia, su autoestima aumenta. Tú puedes ayudar a tus hijos a que se atrevan a probar nuevas experiencias proporcionándoles estas cuatro condiciones:

1. **Hazle saber a tu hijo qué puede esperar.** La primera visita al dentista puede resultarle más llevadera si sabe cómo es la consulta, qué hace el dentista, qué va a sentir, el tiempo que va a durar, dónde va a estar, etcétera. Puedes practicar en casa sentándolo en una silla alta y poniendo un espejo en un palo. Un niño preparado de este modo puede esperar con ganas una experiencia nueva. Muchos hechos potencialmente temibles o intimidatorios pueden convertirse en aventuras si el niño sabe con antelación qué va a suceder.

2. **Deja que tu hijo practique las habilidades necesarias.** Ethan, un niño de diez años, quería ayudar a su padre a pintar el vestidor, pero a los pocos minutos estaba nadando en pintura. Su padre se enfadó y empezó a darle órdenes: «¡No metas tanto

417

el pincel en la pintura! Usa el escurridor. Cuidado con los zapatos. No toques eso». Dolido y derrotado, Ethan intentó limpiarse en el cuarto de baño, donde embadurnó de pintura el lavabo, los grifos y las toallas. Ahora había conseguido hacer enfadar también a su madre. Lo que empezó como una aventura terminó en desastre. La probabilidad de que Ethan hubiese ayudado con eficacia a su padre habría aumentado si primero hubiera podido practicar habilidades como poner la punta del pincel en el bote, escurrir la pintura sobrante y pintar suavemente para evitar el goteo, y así sucesivamente.

3. **Sé paciente.** Cuando sea posible, dale tiempo para que pueda avanzar lentamente mientras prueba algo nuevo. Tu hijo puede necesitar un tiempo para conocer el nuevo entorno y las nuevas personas antes de sentirse cómodo para unirse a los compañeros en una clase de karate o hacerse con la sensación de una bicicleta nueva antes de lanzarse a rodar con ella por la calle. Presionarlo para que funcione antes de estar preparado le hará retraerse ante nuevos desafíos.

4. **No le des importancia a la experiencia de fracaso.** El simple hecho de que tu hijo pruebe algo nuevo es un éxito en sí. Aceptar un desafío es un éxito. Si no siente la presión de hacer algo bien a la primera, tendrá más probabilidades de aceptar un desafío o probar de nuevo hasta que lo domine. Elogiando su disposición a probar, en lugar de esperar un resultado perfecto al primer intento, harás que su autoestima crezca.

Fomenta su eficacia en el colegio

Las lecciones aprendidas en la escuela no son solo las de lengua y aritmética o el conocimiento de la historia y de la ciencia. Cuando los niños son capaces de acabar a tiempo sus deberes, con una limpieza y cuidado razonables, aprenden facultades muy importantes para la vida. Aprenden a organizar, planificar con antelación, perseverar y mantener un cierto autocontrol. Unas notas razonables también apoyan la autoestima. Tu hijo ve estrellas y caras sonrientes al acabar sus deberes, que su profesor está complacido y cariñoso con él y que sus compañeros de clase lo consideran competente.

El niño al que se le permite mantener un mal rendimiento en el colegio sufre agresiones diarias a su autoestima. Unas malas notas, la desaprobación del profesor e incluso el ostracismo social son cargas muy pesadas para él. Si se queda cada vez más atrasado, su autoestima se resiente mucho.

Por supuesto, hay muchas razones por las que los niños pueden rendir poco en el colegio. Tu hijo puede tener dificultad para ver u oír al maestro. O puede tener algún trastorno del aprendizaje (afasia, dislexia, hiperactividad). Tu hija puede aburrirse porque no se la estimula o estar frustrada porque no puede alcanzar el nivel. O bien puede que la distraigan sus compañeros de clase.

Sea cual sea el problema, has de afrontarlo antes de que empiece a considerarse un fracaso y de que sufra años de desaprobación de unos profesores frustrados.

En primer lugar, habla con tu hijo. Que te explique su versión del problema y lo que cree que hace falta para resolverlo. Habla con sus profesores. Por ellos sabrás que hay problemas antes de que se desborden y también les harás saber que eres un padre interesado y que tu hijo está esforzándose. Considera las reuniones con ellos como un intercambio de información. El profesor necesita saber si hay alguna situación en casa que afecte a tu hijo: el nacimiento de un nuevo hermano, un traslado reciente, la muerte de un abuelo o una mascota, una enfermedad familiar o un problema matrimonial. Tienes que saber qué se espera de tu hijo y de qué forma él cumple esas expectativas.

Entérate de cómo percibe el problema el profesor. ¿Parece razonable su percepción? ¿Es tu hijo inquieto o es que se distrae? ¿Deja sin acabar los deberes? ¿Se olvida los libros? ¿Trabaja muy lentamente o se queda inmóvil durante los exámenes? Repasa sus pruebas, sus ejercicios artísticos, su escritorio y sus notas. Pregúntale por sus amistades y su participación en la clase. Intenta hacerte una idea de cómo es la experiencia de tu hijo en el colegio. No pares hasta que no tengas una buena idea de cuál es el problema y hayas acordado un plan para solucionarlo. Haz un seguimiento del plan unas semanas después para comprobar su eficacia y ver si se ha registrado alguna mejoría.

Marco era un niño de cuarto curso, brillante pero que se aburría a menudo. Cuando sus notas de matemáticas bajaron de sobresaliente a aprobado, su padre le preguntó cuál era el problema, según él. Marco le dijo que entendía las matemáticas, pero que el profesor era estúpido y aburrido. Su padre habló con el profesor. Tan pronto vio sus hojas de trabajo y los exámenes, descubrió dónde estaba el problema. La escritura de Marco era tan desgarbada que sus sietes parecían nueves y sus cincos, ochos. Algunos errores estaban causados sin duda por una transcripción incorrecta de los números. El profesor le dijo que en la solución de problemas con palabras, Marco parecía entender cómo se hacían, pero que se saltaba algunos pasos. Acordaron que el padre revisaría cada noche sus deberes para mejorar su exactitud y legibilidad. También estaría pendiente de que no se saltase ningún paso al resolver los problemas. El profesor de Marco coincidió con su padre en que podía aburrirse en matemáticas. Por esta razón, empezó a buscar juegos matemáticos divertidos para que pudiera practicarlos después de sus deberes. Esa sencilla intervención devolvió su buen nivel al niño, que mejoró mucho sus calificaciones. Y más importante aún, también mejoró su autoestima. Estaba obteniendo una información positiva de su maestro gracias a su mejor caligrafía, además de conseguir una atención extra y afrontar el desafío de los juegos matemáticos.

Tú y el profesor deberíais ser copartícipes en la labor de ayudar a tu hijo a rendir, sentirse bien con él mismo y prosperar en la escuela. Si piensas que el profesor lo ha insultado o humillado (por torpe, inútil, problemático, etcétera) y que no está dispuesto a colaborar contigo de forma positiva, intenta que tu hijo cambie de clase.

FOMENTA SUS HABILIDADES SOCIALES

Deja que tus hijos pasen tiempo con otros niños. Las habilidades sociales solo se aprenden con la práctica. Los niños tienen que aprender a compartir, a ceder el turno, a cooperar y a negociar. Se instruyen en cómo salir adelante y en predecir cómo van a reaccionar los demás.

Necesitan a los demás chicos para practicar una mejor forma de manejar su enfado, buscar compromisos, hacer las cosas a su manera. Relacionarse con compañeros es muy diferente de relacionarse con adultos y las lecciones sociales de la niñez son esenciales para que una persona sea socialmente eficaz, tanto en la adolescencia como en la edad adulta.

Para los niños muy pequeños son valiosos los grupos de juego o las guarderías, aun cuando solo sea unas mañanas por semana. Lleva a tu hijo a las actividades después de la escuela en las que los niños aprenden a disfrutar del espíritu de equipo y el compañerismo. Anima a tus amigos a visitar tu casa y deja que tu hijo visite otras después del colegio. Si haces una salida, llévate a un amigo de tu hijo. El contacto exclusivo entre dos niños en un viaje puede cimentar una amistad, que luego puede trasladarse al medio escolar. Esa es una oportunidad muy útil para los más tímidos.

Ten presente la enorme presión a que están sometidos los niños para ser como los demás. Desde montar en bicicleta por la calle hasta salir en pareja, los chicos van a querer hacer lo que «hace todo el mundo». Lo que todo el mundo hace será diferente en diferentes comunidades, y casi con toda seguridad será diferente a tus expectativas. El tipo de peinado, de indumentaria y la música son campos de batalla clásicos del conflicto familiar durante la adolescencia. Pero ser parte de un grupo identificado por un estilo y filosofía distintos les da a los adolescentes una identidad preestablecida y la seguridad del grupo mientras se esfuerzan por descubrir quiénes son y qué quieren. Como padre, te enfrentas a un delicado equilibrio entre aceptar su necesidad de establecer una identidad independiente y poner límites claros en temas relacionados con su seguridad física y psicológica. Si tu hijo tiene suficiente experiencia y se siente socialmente competente, tendrá más oportunidades de resistir las presiones de «seguir» a la multitud cuando este imitar a los demás represente algún tipo de peligro.

MODELAR LA AUTOESTIMA

Los niños aprenden a valorarse a sí mismos mediante el ejemplo que tú les das. Cuando tienes la autoestima necesaria para perdonarte, ellos aprenden a perdonarse. Cuando hablas de tu aspecto y tu conducta con aceptación, ellos aprenden a hacer lo mismo. Cuando tienes la autoestima suficiente para fijar límites y protegerte a ti mismo, ellos siguen tu ejemplo y también aprenden a poner límites y protegerse a ellos mismos.

Modelar la autoestima significa valorarte lo suficiente como para atender tus propias necesidades básicas. Cuando te pones siempre en último lugar, cuando te sacrificas crónicamente por tus hijos, les enseñas que una persona solo es valiosa en la medida en que esté al servicio de los demás. Les enseñas a utilizarte y a que ser utilizado sea una probabilidad real. Fijar límites coherentes y comprensivos y protegerte a ti mismo de las demandas autoritarias le comunica a tu hijo el mensaje de que tanto él como tú sois importantes y que ambos tenéis necesidades legítimas. Le estás mostrando que cada una de las partes de una relación tiene un valor y que hay que conseguir un equilibrio para satisfacer las necesidades importantes de cada cual.

A menudo se considera que la imagen del padre sacrificado es un ideal que alcanzar. El buen padre lo da todo por sus hijos, sin importar el precio. La buena madre no se permite un respiro y no tiene amigos o actividades fuera de casa. Los buenos padres tienen necesidades que pueden ser ignoradas, pospuestas y olvidadas. ¿Es esto realmente ideal?

En realidad, es lo contrario. Unos padres hiperestresados y sobrecargados suelen ser irritables, estar resentidos y sentirse deprimidos. Igual que no puedes conducir un coche sin parar en algún momento a poner gasolina, no puedes seguir entregándote a tus hijos sin repostar emocionalmente. Cuidar de uno mismo te proporciona la capacidad de cuidar de los propios hijos. Una comida fuera con amigos, una cena con tu pareja, una clase de gimnasia semanal o incluso una hora de soledad en un banco con un buen libro pueden permitirte volver a tu labor paterna con más energía, interés y paciencia.

BIBLIOGRAFÍA

BARKSDALE, L. S. (1972). *Building Self-Esteem*. Idyllwild, CA: The Barksdale Foundation.

BERNE, P. H., y L. M. SAVARY (1985). *Building Self-Esteem in Children*. Nueva York: Continuum Publishing.

BRANDON, N. (1969). *The Psychology of Self-Esteem*. Nueva York: Nash. *La psicología de la autoestima*. Barcelona: Paidós Ibérica (2001).

BRIGGS, D. C. (1977). *Celebrate Yourself*. Garden City: Doubleday.

———. (1970). *Your Child's Self-Esteem*. Nueva York: Doubleday. *El niño feliz*. Barcelona: Gedisa (2009).

BROWNE, H. (1973). *How I Found Freedom in an Unfree World*. Nueva York: Macmillan Publishing.

BURNS, D. D. (1981). *Feeling Good*. Nueva York: Signet. *Sentirse bien*. Barcelona: Paidós Ibérica (1998).

COOPERSMITH, S. *(*1967*)*. *The Antecedents of Self-Esteem*. San Francisco: W. H. Freeman.

DURRELL, D. (1984). *The Critical Years*. Oakland, CA: New Harbinger Publications.

EIFERT, G. H., y J. P. FORSYTH (2005). *Acceptance and Commitment Therapy for Anxiety Disorders: A Practitioner's Treatment Guide to Using Mindfulness, Acceptance and Values-Based Behavior Change Strategies*. Oakland, CA: New Harbinger Publications.*Terapia de aceptación y compromiso para trastornos de ansiedad*. Bilbao: Mensajero (2014).

EIFERT, G. H., M. McKAY, y J. P. FORSYTH (2006). *ACT on Life not on Anger: The New Acceptance and Commitment Therapy Guide to Problem Anger*. Oakland, CA: New Harbinger Publications.

FABER, A. y E. MAZLISH (1982). *How to Talk So Kids Will Listen and Listen So Kids Will Talk*. Nueva York: Avon. *Cómo hablar para que sus hijos le escuchen y escuchar para que sus hijos le hablen*. Madrid: Medici (2013).

———— (1975). *Liberated Parents/Liberated Children*. Nueva York: Avon. *Padres liberados, hijos liberados*. Madrid: Medici (2003).

HAYES, S. C. y S. SMITH (2007). *Get Out of Your Mind and Into Your Life: The New Acceptance & Commitment Therapy*. Oakland, CA: New Harbinger Publications. *Sal de tu mente, entra en tu vida*. Bilbao: Desclée de Brouwer (2013).

HAYES, S. C., K. D. STROSAHL y K. B. WILSON (2013). *Acceptance and Commitment Therapy: An experiential approach to behavior change*. 2.ª ed., Nueva York: Guilford Press. *Terapia de aceptación y compromiso. Proceso y práctica del cambio consciente*. Bilbao: Desclée de Brouwer (2013).

ISAACS, SUSAN (1986). *Who's in Control?* Nueva York: Putnam.

McKAY, M., M. DAVIS y P. FANNING (1983). *Messages: The Communication Skills Book*. Oakland, CA: New Harbinger Publications. *Los secretos de la comunicación personal*. Barcelona: Paidós Ibérica (2011).

———— (1981). *Thoughts and Feelings: The Art of Cognitive Stress Intervention*. Oakland, CA: New Harbinger Publications.

McKAY M. y P. FANNING (1991). *Prisoners of Belief*. Oakland, CA: New Harbinger Publications. *Tú vales más de lo que piensas*. Barcelona: Robin Book (2010).

McKAY, M., P. FANNING y P. ZURITA ONA (2011). *Mind and Emotions: A Universal Treatment for Emotional Disorders*. Oakland, CA: New Harbinger Publications.

RUBIN, T. I. (1975). *Compassion and Self-Hate*. Nueva York: Ballantine.

WASSMER, A. C. (1978). *Making Contact*. Nueva York: Dial Press.

ZILBERGELD, B. (1983). *The Shrinking of America*. Boston: Little Brown.

ZIMBARDO, P. G. (1977). *Shyness*. Reading, MA: Addison-Wesley.

ANEXO

EJERCICIOS DE LOS CAPÍTULOS

AFIRMACIÓN	DISTORSIÓN	REFUTACIÓN

LISTA DE «DEBERÍAS»

1. RELACIONES:
   - Cónyuge o pareja
   - Hijos
   - Padres
   - Hermanos
   - Amigos
   - Personas necesitadas
   - Maestros, estudiantes o clientes

2. ACTIVIDADES DOMÉSTICAS:
   - Mantenimiento
   - Limpieza
   - Decoración
   - Orden

3. ACTIVIDADES RECREATIVAS Y SOCIALES

4. ACTIVIDADES LABORALES:
   - Eficiencia
   - Relaciones con los compañeros
   - Iniciativa
   - Fiabilidad
   - Rendimiento y logro de objetivos

5. ACTIVIDADES CREATIVAS

6. ACTIVIDADES DE AUTOSUPERACIÓN:
   - Formación
   - Experiencias de desarrollo
   - Proyectos de autoayuda

7. ACTIVIDADES SEXUALES

8. ACTIVIDADES POLÍTICAS Y COMUNITARIAS

9. ACTIVIDADES RELIGIOSAS Y ECLESIALES

10. DINERO Y FINANZAS:

- Hábitos de consumo
- Ahorros
- Persecución de objetivos financieros
- Capacidad de ganar dinero

11. CUIDADO DE SÍ MISMO:
- Aspecto
- Indumentaria
- Ejercicio
- Tabaco
- Alcohol
- Drogas
- Prevención

12. ALIMENTO Y COMIDA.

13. FORMAS DE EXPRESAR Y MANEJAR LOS SENTIMIENTOS:
- Cólera
- Miedo
- Tristeza
- Dolor físico
- Gozo
- Atracción sexual
- Amor

ÁMBITO	SIN IMPORTANCIA	ALGO IMPORTANTE	MUY IMPORTANTE	VALOR
Relaciones íntimas				
Paternidad				
Educación y aprendizaje				
Amigos y vida social				
Cuidado físico y salud				
Familia de origen				
Espiritualidad				
Vida comunitaria y ciudadanía				
Recreo y ocio				
Trabajo y carrera				
Otros				

REGISTRO DE LOS VALORES PUESTOS EN PRÁCTICA

Ámbitos/valores más importantes	Intenciones en detalle: qué, quién, dónde, cuándo	Barreras: sentimientos y pensamientos que me impiden poner en práctica mis intenciones	Número de veces que he puesto en práctica mis intenciones cada díA									
			1	2	3	4	5	6	7	8	9	10

Ejercicio de plan de acción

Si mantienes el registro de las diez semanas y tienes problemas para poner tus valores en práctica, prueba este ejercicio. Escoge el ámbito más sencillo y menos amenazante de tu lista. En una hoja de papel aparte, escribe la afirmación siguiente, que incluye tu valor, las emociones dolorosas que surgen como barrera, los beneficios de poner tu valor en práctica y tres pasos concretos que puedes dar. Firma el escrito y considéralo un contrato obligatorio que has firmado contigo.

Al servicio de mi valor de

Estoy dispuesto a sentir _____

_____

Para poder _____

_____

En estos pasos:

1. _____

_____

_____

2. _____

_____

_____

3. _____

_____

_____

Firma: _____

ÁRBOL DE DECISIÓN

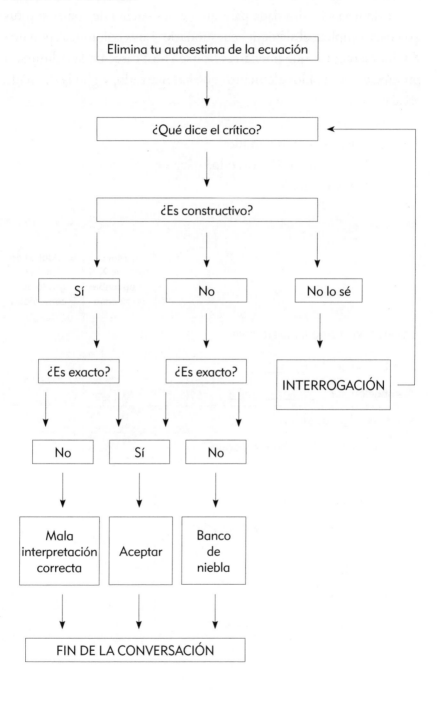

LISTA DE DESEOS

Esta lista está diseñada para que te des cuenta de cuáles son tus deseos. Completa el siguiente cuestionario. En la columna A pon una X a los elementos que puedan aplicarse en tu caso. En la columna B puntúa de 1 a un 3 los elementos que has marcado, según la siguiente escala:

1. Ligeramente incómodo.
2. Medianamente incómodo.
3. Muy incómodo.

	A - Marca con una X si es aplicable en tu caso	B - Puntúa de 1 a 3 el grado de incomodidad
LO QUE TENGO DIFICULTAD EN PEDIR:		
Aprobación de _____		
Aprobación por _____		
Ayuda en algunas tareas		
Más atención o tiempo con mi pareja		
Alguien que me escuche y comprenda		
Atención a lo que tengo que decir		
Citas con las personas a las que considero atractivas		
Entrevistas de trabajo		
Aumentos o promociones		
Servicio de dependientes o camareros		
Respeto		
Tiempo a solas		

	A - Marca con una X si es aplicable en tu caso	B - Puntúa de 1 a 3 el grado de incomodidad
Satisfacer experiencias sexuales		
Tiempo de ocio y diversión		
Variedad, algo nuevo y diferente		
Tiempo para descansar		
Perdón		
Respuesta a ciertos temas que me agobian		
Compañerismo		
Permiso para escoger mis propias opciones		
Aceptación de mi persona		
Aceptación de mis errores		
Otros: _____		
A QUIÉN TENGO DIFICULTAD EN PEDIR LO QUE DESEO:		
A mis padres		
A mis compañeros de trabajo		
A mis compañeros de clase		
A los estudiantes y a los profesores		
A mis clientes		
Al clero, a las autoridades religiosas		
A mi cónyuge o pareja		
A extraños		
A mis amigos		
A conocidos		
A funcionarios		

	A - Marca con una X si es aplicable en tu caso	B - Puntúa de 1 a 3 el grado de incomodidad
A mi jefe o superiores en el trabajo		
A mis familiares		
A mis empleados		
A mis hijos		
A las personas más mayores		
A vendedores y dependientes		
A mis amantes		
A figuras de autoridad		
A los grupos de más de dos o tres personas		
A una persona del otro sexo		
A una persona del mismo sexo		
A otros: _____		
TENGO PROBLEMAS EN PEDIR LO QUE QUIERO CUANDO:		
Necesito ayuda		
Pido un servicio		
Quiero salir con alguien		
Tengo que pedir hora		
Necesito un favor		
Pido información		
Quiero proponer una idea		
Me siento culpable		
Me siento egoísta		
Pido cooperación		

	A - Marca con una X si es aplicable en tu caso	B - Puntúa de 1 a 3 el grado de incomodidad
Negocio desde una posición débil		
Escucha mucha gente		
Los otros están de mal humor		
Estoy enfadado		
Temo parecer estúpido		
Temo que la respuesta sea negativa		
Puedo parecer débil		
Otros casos: _____		

Petición resumida

A partir de tu lista de deseos, escoge tres cosas que quieras de tres personas diferentes. Elige elementos que hayas puntuado como medianamente o moderadamente incómodos. Las confrontaciones más difíciles y que te causen más ansiedad deberías dejarlas para más adelante. Rellena la información de tu petición resumida para cada deseo.

De: _____

_____

_____

Quiero: _____

_____

_____

Cuándo: _____

_____

_____

Dónde: _____

_____

_____

Con: _____

_____

_____

¿QUÉ QUIERES?

Para establecer tus objetivos, el primer paso es saber qué quieres. Hay ocho categorías principales que deberás investigar para tener una idea clara de tus necesidades y deseos.

1. **Objetivos materiales:** quieres un coche nuevo o una cubierta en tu patio trasero.
2. **Familia y amigos:** mejorar las relaciones con ellos o disfrutar de más tiempo de calidad compartido.
3. **Objetivos educativos, intelectuales y profesionales:** completar una licenciatura o un proyecto profesional.
4. **Salud:** hacer ejercicio o reducir tus valores de colesterol.
5. **Ocio:** pasar más tiempo de acampada o paseando.
6. **Objetivos espirituales:** aprender a meditar o a actuar siguiendo tus valores.
7. **Objetivos creativos:** pintar con acuarelas o hacer un jardín.
8. **Desarrollo emocional y psicológico:** deseo de controlar los ataques de ira o de asumir más riesgos.

Ahora es el momento de responder cuatro preguntas clave, con estas subcategorías en mente.

Pregunta 1: ¿qué te duele o te hace sufrir?

Piensa en cada una de las categorías anteriores aplicadas a tu vida. Pregúntate si hay sentimientos dolorosos o situaciones difíciles asociados con ellas y qué te gustaría cambiar. Una joven joven dependiente de una tienda de alimentación respondió a esta pregunta con la siguiente lista:

1. Peleas con Brian, mi hijo de cuatro años.
2. Mi sórdido apartamento.
3. Pasar gran parte del fin de semana con mi madre con alzhéimer.
4. Tendinitis en la muñeca.
5. Largo trayecto al trabajo.
6. Soledad por las noches.

Comienza a elaborar tu propia lista. Escribe todo lo que se te ocurra en la columna de la izquierda, titulada «Lo que me hace sentir mal».

LO QUE ME HACE SENTIR MAL	OBJETIVO CORRESPONDIENTE
1.	1.
2.	2.
3.	3.
4.	4.
5.	5.
6.	6.

Has acabado la mitad de la tarea. Ahora es el momento de traducir los sentimientos negativos en objetivos positivos. Piensa en al menos una acción concreta que puedas realizar para cambiar cada una de estas situaciones de la columna de la izquierda. Asegúrate de que es factible y de que puedes aplicar una estrategia o acción específica. Así completó la joven dependienta su ejercicio:

LO QUE ME HACE SENTIR MAL	OBJETIVO CORRESPONDIENTE
1. Peleas con Brian, de cuatro años	1. Estrategia del tiempo fuera
2. Mi sórdido apartamento	2. Comprar cortinas y pósteres
3. Pasar gran parte del fin de semana con mi madre con alzhéimer	3. Limitar las visitas a una hora de duración
4. Tendinitis en la muñeca	4. Conseguir una muñequera en la consulta del médico
5. Largo trayecto al trabajo	5. Usar la devolución de impuestos para mudarme
6. Soledad por las noches	6. Llamar a amigos cuando Brian se haya acostado

Pregunta 2: ¿cuáles son tus deseos?

Esta es una oportunidad de, una vez más, revisar las ocho categorías y descubrir lo que anhelas. ¿Qué marcaría una diferencia en tu calidad de vida, en tu bienestar general? Un director de hotel hizo la siguiente lista para responder a la pregunta:

1. Más tiempo con mis hijos.
2. Poder interpretar más música.
3. Más tiempo al aire libre.
4. Tiempo reservado para estar solo.
5. Mejores relaciones sexuales con Ellen.

Enumera a continuación tus deseos:

1. _____

2. _____

3. _____

4. _____

5. _____

6. _____

Pregunta 3: ¿qué sueños tienes?

Revisa de nuevo las ocho categorías y crea una lista de cosas que siempre has querido hacer, cambiar o ser. No importa si algunos de los sueños parecen imposibles o lejos de tu alcance. Anota lo que te venga a la mente sin más. Una masajista terapéutica de treinta años hizo la siguiente lista:

1. Convertirme en psicoterapeuta.
2. Escribir una obra de teatro.
3. Crear un jardín japonés.
4. Encontrar un compañero.
5. Mudarme otra vez a Tennessee.
6. Poner en marcha una granja orgánica.

Enumera ahora tus sueños, aquello que siempre has deseado:

1. _____

2. _____

3. _____

4. _____

5. _____

6. _____

Pregunta 4: ¿cuáles son las pequeñas comodidades de la vida?

Por última vez, revisa las ocho categorías para encontrar esos detalles que harían tu vida más cómoda, placentera o sencilla. Debería ser una lista larga: piensa en tantas cosas como puedas, al menos treinta. Algunas pueden ser caras pero muchas de ellas no lo serán e incluso puede que no cuesten nada. Esta es la lista que hizo un profesor de matemáticas:

1. Una butaca para leer que sea cómoda de verdad.
2. Un servicio de alquiler de películas *online*.
3. Un iPad.
4. Una buena novela.
5. El disco de *Working Man's Dead*.
6. Poner mi escritorio cerca de la ventana.
7. Una buena estufa para mi dormitorio.
8. Una cocina más alegre (pintar las puertas de los armarios).

Haz tu propia lista a continuación. Treinta cosas puede parecer mucho trabajo, pero luego te compensará tener tantas ideas útiles para añadir pequeñas comodidades a tu vida.

1. _____   5. _____

2. _____   6. _____

3. _____   7. _____

4. _____   8. _____

9. _____   20. _____

10. _____   21. _____

11. _____   22. _____

12. _____   23. _____

13. _____   24. _____

14. _____   25. _____

15. _____   26. _____

16. _____   27. _____

17. _____   28. _____

18. _____   29. _____

19. _____   30. _____

Hoja de análisis

Este ejercicio te ayudará a dividir tus objetivos más grandes en pasos asequibles mediante algunas preguntas diseñadas para analizarlos y descomponerlos en partes más pequeñas.

Objetivo general:

Para alcanzar esta meta...

1. ¿Qué información necesito?
2. ¿Cuánto tiempo tengo que trabajar cada día o cada semana?
3. ¿Cuánto dinero necesito?

4. ¿De quién necesito ayuda?

5. ¿Qué recursos o servicios necesito?

6. ¿Cuál sería el primer indicio de que estoy empezando a cumplir mi objetivo?

Este es el primer paso hacia mi meta.

7. ¿Cómo sabré que voy bien en mi camino hacia el logro de mi objetivo?
   (Estos son los pasos intermedios hacia mi meta).

8. ¿Cuándo sabré que he logrado mi objetivo?
   (Esto indica que he completado el paso final hacia el logro de mi meta, aunque tal vez las ocho preguntas no puedan aplicarse a cada uno de tus objetivos más importantes).

VALORACIÓN DEL RIESGO

Describe el fracaso que temes: _____

¿Qué te dices sobre este hecho que haga aumentar tu miedo?

_____

Valora la intensidad de tu miedo en una escala de 1 a 10 (10 es el miedo máximo): _____

Valora la posibilidad de fracaso, del 0 al 100 por ciento _____

Suponiendo que suceda lo peor, predice:

Las peores consecuencias posible _____

_____

Los posibles pensamientos de afrontamiento _____

_____

Las posibles acciones de afrontamiento _____
_____

Revisa las consecuencias previstas _____
_____

Clasifica tu miedo de 1 a 10 _____

¿Qué evidencias tienes que contradigan la posibilidad de que se produzca el peor resultado? _____
_____

¿Qué otros resultados puede haber? _____
_____

Valora de nuevo tu miedo de 1 a 10 _____

Valora de nuevo la probabilidad del fracaso que temes _____

MI DIARIO DE DIÁLOGO INTERNO

Fecha de inicio:
Fecha de fin:

SITUACIÓN	AFIRMACIONES	SENTIMIENTO

SITUACIÓN	AFIRMACIONES	SENTIMIENTO

LISTA DE VERIFICACIÓN DE REGLAS BÁSICAS

(adaptada de Prisoners of Belief, de Matthew McKay y Patrick Fanning, New Harbinger Publications, Inc., 1991):

Lidiar con otras personas y...

* Su ira.
* Sus necesidades, deseos y peticiones.
* Su decepción y tristeza.
* Su retraimiento.
* Sus elogios y apoyo.
* Sus críticas.
* Lidiar con los errores

Lidiar con el estrés, los problemas y las pérdidas

Asumir riesgos, probar cosas nuevas y desafíos

Conversación

Expresar...

* Tus necesidades.
* Tus sentimientos.
* Tus opiniones.
* Tu ira.
* Tu dolor.
* Tus esperanzas, deseos y sueños.
* Tus límites y negativas.

Pedir apoyo y ayuda.

Estar...

* Solo.
* Con desconocidos.
* Con amigos.
* Con familia.

Confiar en otros.

Hacer amigos...

* A quién buscar.
* Cómo actuar.

Encontrar un compañero sexual...

* A quién buscar.
* Cómo actuar.

Relaciones sentimentales actuales.

Sexo.

Trabajo y carrera.

Lidiar con los hijos.

Salud y enfermedad.

Actividades de ocio.

Viajes.

Mantener tu entorno y cuidarte.

REGISTRO DE PREDICCIONES

Fecha: _____

Predicción: _____

Prueba: _____

Resultado: _____

Fecha: _____

Predicción: _____

Prueba: _____

Resultado: _____

Fecha: _____

Predicción: _____

Prueba: _____

Resultado: _____

Fecha: _____

Predicción: _____

Prueba: _____

Resultado: _____

Fecha: _____

Predicción: _____

Prueba: _____

Resultado: _____

Fecha: _____

Predicción: _____

Prueba: _____

Resultado: _____

REGISTRO DE EVIDENCIAS

FECHA	QUÉ OCURRIÓ	QUÉ SIGNIFICA

SOBRE LOS AUTORES

Matthew McKay es profesor del Instituto Wright en Berkeley, California. Obtuvo su doctorado en psicología clínica en la Facultad de Psicología Profesional de California, y está especializado en el tratamiento de la ansiedad y la depresión desde una perspectiva cognitivo-conductual. Es autor y coautor de numerosos títulos, entre ellos *Buscando a Jordan: más allá de la vida*, *Los diálogos del compromiso*, *Guía práctica para controlar tu ira*, *El libro del divorcio y la separación*, *Técnicas de autocontrol emocional*, *Venza su ira*, *Los secretos de la comunicación personal* y *Tú vales más de lo que piensas*. También es autor de dos novelas: *Us* y *The Wawona Hotel*. Vive y trabaja en la Bahía de San Francisco.

Patrick Fanning es escritor profesional especializado en el área de la salud mental. Es autor y coautor de dieciocho títulos de autoayuda, entre ellos *Tú vales más de lo que piensas* y *Los secretos de la comunicación personal*.